Kubernetes Best Practices
쿠버네티스 창시자에게 배우는 모범 사례 2판

| 표지 설명 |

표지 그림은 물오리의 일종인 청둥오리(Old World mallard duck, 학명 *Anas platyrhynchos*)다. 사냥할 때 잠수하지 않고 물 표면에서 먹이를 잡는다. 청둥오리는 조성조이며 부화하자마자 수영을 할 수 있다. 생후 3~4개월 사이에 날기 시작해 14개월이면 완전히 자란다. 평균 수명은 3년이다. 청둥오리는 중간 크기의 오리로 대부분의 수면성 오리보다 약간 무거운 편이다. 다 자란 오리의 평균 길이는 58cm, 날개 길이는 91cm, 무게는 1kg이다. 새끼 오리는 노란색과 검은색 깃털을 가진다. 생후 6개월쯤 되면 색이 변하면서 수컷과 암컷을 구분할 수 있다. 수컷은 녹색 머리 깃털, 흰색 깃, 자갈색의 가슴, 회갈색의 날개, 황갈색의 부리를 가진다. 암컷은 얼룩덜룩한 갈색이다.

청둥오리의 서식지는 북반구와 남반구에 다양하게 걸쳐 있어 담수와 해수 습지, 호수와 강, 해변에서 발견된다. 남의 둥지에 알을 낳는 새들은 청둥오리 둥지를 표적으로 삼는다. 청둥오리는 다른 새의 알이라도 자신의 것과 비슷하면 함께 부화시키므로, 탁란을 위해 청둥오리의 둥지를 노리는 새들도 있다. 뇌의 한쪽 반구는 잠을 자고 다른 쪽 반구는 깨어 있는 단일반구수면이 청둥오리에게서 처음 발견되었다. 이는 포식자를 피하기 위한 것으로 수생 조류 사이에서 자주 나타난다.

오라일리 표지에 등장하는 동물은 대부분 멸종 위기종이다. 이 동물들은 모두 소중한 존재다. 표지 그림은 호세 마르산(José Marzan)의 『The Animal World』에 수록된 흑백 판화를 기초로 했다.

쿠버네티스 창시자에게 배우는 모범 사례 2판

실전에 바로 적용하는 핸즈온 쿠버네티스

초판 1쇄 발행 2024년 10월 11일

지은이 브렌던 번스, 에디 비얄바, 데이브 스트레벨, 라클런 이븐슨 / **옮긴이** 이일웅 / **펴낸이** 전태호
펴낸곳 한빛미디어(주) / **주소** 서울시 서대문구 연희로2길 62 한빛미디어(주) IT출판2부
전화 02-325-5544 / **팩스** 02-336-7124
등록 1999년 6월 24일 제25100-2017-000058호 / **ISBN** 979-11-6921-293-9 93000

총괄 송경석 / **책임편집** 박민아 / **기획** 이채윤 / **편집** 김민경
디자인 표지 박정우 내지 최연희 / **전산편집** 강창효
영업 김형진, 장경환, 조유미 / **마케팅** 박상용, 한종진, 이행은, 김선아, 고광일, 성화정, 김한솔 / **제작** 박성우, 김정우

이 책에 대한 의견이나 오탈자 및 잘못된 내용은 출판사 홈페이지나 아래 이메일로 알려주십시오.
파본은 구매처에서 교환하실 수 있습니다. 책값은 뒤표지에 표시되어 있습니다.

한빛미디어 홈페이지 www.hanbit.co.kr / 이메일 ask@hanbit.co.kr

© HANBIT MEDIA INC. 2024.
Authorized Korean translation of the English edition of **Kubernetes Best Practices 2E**
ISBN 9781098142162 © 2024 Brendan Burns, Eddie Villalba, Dave Strebel, and Lachlan Evenson
This translation is to be published and sold by permission of O'Reilly Media, Inc.,
the owner of all rights to publish and sell the same.
이 책의 저작권은 오라일리와 한빛미디어(주)에 있습니다.
저작권법에 의해 보호를 받는 저작물이므로 무단 복제 및 무단 전재를 금합니다.

지금 하지 않으면 할 수 없는 일이 있습니다.
책으로 펴내고 싶은 아이디어나 원고를 메일(writer@hanbit.co.kr)로 보내주세요.
한빛미디어(주)는 여러분의 소중한 경험과 지식을 기다리고 있습니다.

Kubernetes Best Practices

쿠버네티스 창시자에게 배우는 모범 사례 [2판]

O'REILLY® 한빛미디어

추천사

이 책은 이미 쿠버네티스로 서비스를 운영 중인 개발자들에게 특히 유용합니다. 쿠버네티스의 방대한 기능을 알게 된 후 '그다음 단계'를 고민하는 분들에게 훌륭한 길잡이가 될 것입니다. 특히 보안 측면에서는 클러스터를 위협으로부터 보호하는 방법과 보안 정책 설정 방법을 상세히 다루고 있습니다. 또한 개발 방법론 부분에서는 쿠버네티스 환경에서의 개발 시 고려해야 할 사항과 다양한 접근법의 장단점을 설명하여, 팀에 가장 적합한 방식을 선택하는 데 도움을 줍니다. 이 책은 쿠버네티스를 활용해 더욱 안전하고 효율적인 서비스 운영을 목표로 하는 모든 이에게 필수적인 참고서가 될 것입니다.

조현석, 래블업 주식회사

이 책의 초판 독자로서, 이번 2판이 최신 쿠버네티스 동향을 훌륭히 반영했음을 확신합니다. 쿠버네티스 생태계는 무궁무진한 조합과 구성이 가능해 '표준'이라는 개념이 모호할 수 있지만, 이 책은 다양한 환경에서 쿠버네티스를 효과적으로 활용하는 검증된 방법들을 제시하고 있어 모든 쿠버네티스 사용자에게 필독서로 자신 있게 추천합니다.

전현준, OneLineAI

이 책은 쿠버네티스의 운용, 배포, 관리에 관한 모범 사례를 포괄적으로 다루고 있습니다. 쿠버네티스를 처음 접하는 독자에게는 일부 용어나 개념이 다소 생소할 수 있지만, 4명의 저자가 각기 다른 관점에서 쿠버네티스 운용을 설명하고 있어 실제 현장에서 쿠버네티스를 더욱 의미 있게 활용하고자 하는 독자들에게 큰 가치를 제공할 것입니다. 특히 초판과 비교해 최근 주목받고 있는 보안과 카오스 테스팅 관련 내용이 추가되어, 이 분야의 지식을 실무에 적용하고자 한다면 매우 유용할 것입니다.

강찬석, LG 전자

이 책은 쿠버네티스 운영 과정에서 발생하는 다양한 궁금증과 고민에 대한 해답을 제시합니다. 특히 이번 2판에서는 실무자들이 궁금해하던 운영 방법의 모범 사례를 더욱 상세히 다루고 있습니다. 1판에서 간략히 소개되었던 CI/CD 부분이 최신 트렌드인 깃옵스 모범 사례로 확장되었으며, 새롭게 추가된 내용들은 쿠버네티스를 도입하기 시작한 조직에게 올바른 운영 방향을 제시해 줄 것입니다. 쿠버네티스 운영에 대한 기준을 잡고 싶은 모든 이에게 이 책을 강력히 추천합니다.

이병호, 뉴넥스

쿠버네티스의 생태계를 이해하고 효과적인 시스템을 구축하기 위해서는 쿠버네티스에서 사용되는 다양한 컴포넌트들의 개념을 명확히 이해하는 것이 매우 중요합니다. 이러한 개념들을 깊이 있게 파악하고 능숙하게 다룰 수 있을 때, 우리가 운영하는 환경에 가장 효율적이고 적합한 방식으로 쿠버네티스를 활용할 수 있습니다. 이 책은 쿠버네티스의 설치부터 워크플로, 모니터링, 배포, 권한 등 폭넓은 주제를 다루고 있어 사용자들이 직면할 수 있는 다양한 고민과 문제에 대한 해답을 제시합니다.

김신국, 컬리

이 책은 쿠버네티스의 거의 모든 오브젝트에 대한 모범 사례를 탁월하게 다루고 있습니다. 역자 또한 현업에서 사용되는 용어를 충실히 반영하고, 추가 설명이 필요한 부분은 독자의 이해를 돕도록 세심하게 구성했습니다. 현재 쿠버네티스를 다루고 있는 운영자나 개발자라면, 이 책에서 제시하는 항목들을 재점검해 볼 것을 강력히 권합니다. 쿠버네티스 도입을 고려 중인 분들에게는 이 책의 가이드라인을 따라 시스템을 구축할 것을 제안합니다.

이장훈, 데브옵스 엔지니어

지은이/옮긴이 소개

지은이 브렌던 번스 Brendan Burns

마이크로소프트 애저의 수석 엔지니어이자, 쿠버네티스 오픈 소스 프로젝트의 공동 창립자다. 10년 넘게 클라우드 애플리케이션을 구축해 왔다.

지은이 에디 비얄바 Eddie Villalba

구글 클라우드 북미 지역 엔지니어링 부문의 관리자 겸 애플리케이션 플랫폼 프랙티스 리더다. 확장성 있고 안정적인 분산 애플리케이션에 최적화된 컨테이너 플랫폼을 구축할 수 있도록 고객을 지원하는 엔지니어 팀을 이끌고 있다.

지은이 데이브 스트레벨 Dave Strebel

오픈 소스 클라우드와 쿠버네티스가 전문인 클라우드 네이티브 책임 아키텍트다. 쿠버네티스 오픈 소스 프로젝트에도 깊이 관여했고, 쿠버네티스 릴리스 팀을 도와주면서 SIG 프로젝트를 리딩하고 있다.

지은이 라클런 이븐슨 Lachlan Evenson

마이크로소프트 애저 클라우드 네이티브 에코시스템 팀의 수석 프로그램 관리자다. 수많은 실무 교육과 콘퍼런스 강연을 통해 쿠버네티스에 입문하려는 사람들에게 도움을 주었다.

옮긴이 이일웅

20년 가까이 국내외 엔터프라이즈 현장에서 자바 전문 풀스택 개발자, 소프트웨어 아키텍트로 프로젝트에 참여해 왔다. 어느덧 50대를 바라보는 중년 아재가 되었지만 아직도 기술이 궁금한 엔지니어다. 20여 권의 IT 전문서를 번역하며 동료, 후배 개발자들과 지식과 경험을 나누는 일에도 힘쓰고 있다. 집에서는 세 여인의 분에 넘치는 사랑을 받고 사는, 세상에서 제일 행복한 딸바보 아빠다.

이 책에 대하여

대상 독자

쿠버네티스는 클라우드 네이티브 개발의 사실상 표준 de facto standard 으로, 애플리케이션을 더 쉽게 개발하고 더 빠르게 배포하면서도 더 안정적으로 운영할 수 있는 강력한 툴이다. 하지만 쿠버네티스의 진가가 제대로 발휘되려면 사용법을 정확히 알아야 한다. 이 책은 실무에서 쿠버네티스 기반으로 개발된 애플리케이션을 쿠버네티스에 배포하면서 애플리케이션에 적용 가능한 패턴과 활용 방안에 관심 있는 모든 독자를 대상으로 한다.

다만, 이 책은 쿠버네티스 입문서가 아니다. 독자 여러분이 쿠버네티스 API와 툴에 익숙하고, 쿠버네티스 클러스터를 구축하고 다루는 기본 지식은 갖고 있다고 가정한다. 쿠버네티스를 처음부터 배우고 싶다면 『쿠버네티스 시작하기(Kubernetes: Up and Running) 3판』(에이콘출판사, 2023) 등 좋은 책들이 많으니 읽어보자.

이 책은 특정한 애플리케이션과 워크로드를 쿠버네티스에 배포하는 방법을 깊이 알고 싶은 독자를 위한 리소스다. 하지만 쿠버네티스에 처음 애플리케이션을 배포하는 유저든, 수년간 쿠버네티스를 계속 사용해 온 유저든, 모두에게 유용한 참고서가 될 것이다.

책을 쓴 이유

우리 필자 네 사람은 쿠버네티스에 애플리케이션을 배포하는 문제와 관련하여 다양한 계층의 유저에게 도움을 준 경험을 갖고 있다. 그 과정에서 우리는 그들이 무엇을 어려워하는지 알았고 결국 그들을 성공으로 향하는 길로 이끌었다. 이러한 실무 경험을 바탕으로 더 많은

> 이 책에 대하여

이들에게 배움을 전도하고자 이 책을 집필했다. 우리가 겪은 일들을 글로 써보면서 우리 스스로의 지식을 넓히고, 여러분도 혼자서 쿠버네티스에 애플리케이션을 성공적으로 배포/관리할 수 있게 되기를 희망한다.

책의 구성

이 책은 각 장마다 쿠버네티스로 할 수 있는 일을 하나하나 독립적으로 자세히 다룬다. 따라서 처음부터 끝까지 쭉 읽어도 되지만, 어떤 주제나 흥미가 생길 때마다 틈나는 대로 펼쳐보고 나중에 새로운 주제가 생기면 다시 읽어보는 독자들이 많을 것 같다.

독립된 주제라고 했으나 책 전반에 걸쳐 다루는 주제도 있다. 가령, 쿠버네티스에서 애플리케이션을 개발하는 주제는 여러 장에서 다룬다. 2장은 개발자 워크플로, 5장은 지속적 통합과 테스팅을 설명한다. 15장은 쿠버네티스를 기반으로 고수준 플랫폼을 구축하는 방법, 16장은 상태와 스테이트풀 애플리케이션 관리하는 방법을 안내한다. 애플리케이션 개발 외에 쿠버네티스에서 서비스를 운영하는 주제도 여러 장에 고루 흩어져 있다. 1장은 기본 서비스 설치, 3장은 모니터링 및 메트릭, 4장은 구성 관리, 6장은 버저닝과 릴리스에 대해 이야기한다. 7장은 애플리케이션을 전 세계에 배포하는 문제를 다룬다.

클러스터 관리 역시 여러 장에 걸쳐 설명한다. 8장은 리소스 관리, 9장은 네트워킹, 10장은 파드 보안, 11장은 정책 및 거버넌스, 12장은 멀티클러스터, 17장은 어드미션 컨트롤 및 인가에 대해 자세히 이야기한다. 머신러닝(14장)과 외부 서비스 연동(13장)은 각각 완전히 독립적인 장으로 분리했다.

실무에 적용하기 앞서 이 책을 처음부터 끝까지 정독하는 것도 나쁘지 않지만, 우리는 여러분이 이 책을 곁에 끼고 참고서로서 계속 찾아봤으면 싶다. 이 책에서 다룬 주제들은 실무를 하는 여러분의 충실한 가이드가 될 것이다.

2판에 추가된 내용

쿠버네티스가 발전하면서 모범 사례best practice도 계속 진화했다. 2판에서는 18장(깃옵스와 배포), 19장(보안), 20장(카오스 테스팅, 로드 테스팅, 실험), 21장(오퍼레이터 구현), 이렇게 네 장을 추가하여 새로운 툴과 패턴을 다루었다.

소스 코드 내려받기

이 책에서 사용한 코드 예제, 연습 문제 등의 자료는 아래 링크에서 내려받을 수 있다.

https://github.com/brendandburns/kbp-sample

일러두기

1. 이 책은 국립국어원 한글 맞춤법, 특히 외국어 표기법을 준수함을 기본 원칙으로 합니다.

2. 쿠버네티스를 비롯한 IT 기술 영역의 용어는 의미가 가장 가까운 한국어로 옮겨도 중의적인 미묘한 뉘앙스를 모두 전달하는 데 한계가 명확하며, 또 이 책의 주된 대상 독자는 IT 현장에서 근무하는 인프라 엔지니어, 소프트웨어 아키텍트임을 고려하여 가능한 한 원어를 음차하여 번역하는 방식을 선택했습니다.

3. 쿠버네티스 관련 용어는 이 책의 초판 및 '쿠버네티스 문서 한글화 가이드(https://kubernetes.io/ko/docs/contribute/localization_ko)'를 참고하였으나, 두 자료의 내용을 그대로 따른 것은 아닙니다.

4. 원서에 등장하는 용어를 한 번도 들어보지 못한 독자를 위해, 또한 들어봤더라도 정확한 의미를 한 번 더 환기하는 차원에서 위키백과 및 클라우드 프로바이더 공식 웹사이트 등을 참고하여 부연 설명을 각주에 덧붙였습니다. 편의상 출처 표기는 생략합니다.

5. 모든 코드는 주석을 제외하고 원서 그대로 두었습니다. 프로그램에 의해 생성된 주석이나 원문 주석을 참고해야 코드 이해에 도움이 되는 경우에도, 별도로 번역하지 않았습니다.

6. 이 책은 실습을 통해 쿠버네티스 기술을 연마하는 자습서가 아닌, 쿠버네티스를 실무에서 활용하는 모범 사례에 관한 레시피북입니다. 또한 쿠버네티스를 비롯한 클라우드 네이티브 기술은 상당히 변화무쌍한 분야이므로 이 책에 소개된 기술이나 각종 라이브러리, 툴 등은 언제라도 지원이 중단^{deprecated}될 수 있습니다. 세세한 부분에 집중하기보다 쿠버네티스 기술의 전반적인 흐름을 읽고 실무 활용도를 높이는 방안에 초점을 두고 읽어보시기 바랍니다.

목차

추천사 ··· 4

지은이/옮긴이 소개 ··· 6

이 책에 대하여 ··· 7

일러두기 ·· 10

CHAPTER 01 기본 서비스 설치 ·· 25

1.1 애플리케이션 개요 ··· 26

1.2 구성 파일 관리 ··· 27

1.3 디플로이먼트를 이용한 복제 서비스 생성 ··· 29

　　1.3.1 이미지 관리 모범 사례 ·· 29

　　1.3.2 애플리케이션 레플리카 생성 ·· 30

1.4 HTTP 트래픽을 처리하는 외부 인그레스 설치 ································ 34

1.5 컨피그맵으로 애플리케이션 구성 ··· 36

1.6 시크릿 인증 관리 ·· 38

1.7 간단한 스테이트풀 데이터베이스 배포 ··· 42

1.8 서비스를 응용한 TCP 로드 밸런서 구축 ·· 48

1.9 인그레스를 이용해 트래픽을 스태틱 파일 서버로 전달 ···················· 50

1.10 헬름을 이용한 애플리케이션 파라미터화 ······································· 53

1.11 서비스 배포 모범 사례 ·· 56

11

목차

CHAPTER 02 개발자 워크플로 · 57

2.1 목표 · 58
2.2 개발 클러스터 구축 · 60
2.3 여러 개발자가 사용할 공용 클러스터 구축 · 61
    2.3.1 유저 온보딩 · 62
    2.3.2 네임스페이스 생성과 보안 · 67
    2.3.3 네임스페이스 관리 · 69
    2.3.4 클러스터 수준 서비스 · 70
2.4 개발자 워크플로 활성화 · 71
    2.4.1 초기 설치 · 71
    2.4.2 액티브한 개발 환경 · 73
    2.4.3 테스팅과 디버깅 · 74
2.5 개발 환경 설정 모범 사례 · 75

CHAPTER 03 모니터링과 로깅 · 77

3.1 메트릭 vs 로그 · 78
3.2 모니터링 기법 · 78
3.3 모니터링 패턴 · 79
3.4 쿠버네티스 메트릭 개요 · 81
    3.4.1 cAdvisor · 82
    3.4.2 메트릭 서버 · 82
    3.4.3 kube-state-metrics · 83

3.5   어떤 메트릭을 모니터링하나? ·· 84

3.6   모니터링 툴 ·· 85

3.7   프로메테우스를 이용한 쿠버네티스 모니터링 ·· 88

3.8   로깅 개요 ·· 94

3.9   로깅 툴 ·· 96

3.10 로키 스택을 사용한 로깅 ·· 97

3.11 알림 ·· 100

3.12 모니터링, 로깅, 알림 모범 사례 ·· 103

   3.12.1 모니터링 ·· 103

   3.12.2 로깅 ·· 103

   3.12.3 알림 ·· 104

CHAPTER 04 구성, 시크릿, RBAC ·· 105

4.1   컨피그맵과 시크릿을 통한 구성 ·· 106

   4.1.1 컨피그맵 ·· 106

   4.1.2 시크릿 ·· 107

4.2   컨피그맵, 시크릿 API 모범 사례 ·· 109

4.3   시크릿 모범 사례 ·· 116

4.4   RBAC ·· 118

   4.4.1 RBAC 기초 ·· 119

   4.4.2 RBAC 모범 사례 ·· 122

목차

CHAPTER 05 지속적 통합, 테스팅, 배포 125

    5.1 버전 관리 127

    5.2 지속적 통합 127

    5.3 테스팅 128

    5.4 컨테이너 빌드 129

    5.5 컨테이너 이미지 태깅 130

    5.6 지속적 배포 131

    5.7 배포 전략 132

    5.8 프로덕션 테스팅 138

    5.9 파이프라인 구축과 카오스 실험 139

        5.9.1 CI 구축 140

        5.9.2 CD 구축 144

        5.9.3 롤링 업그레이드 수행 145

        5.9.4 간단한 카오스 실험 145

    5.10 CI/CD 모범 사례 146

CHAPTER 06 버저닝, 릴리스, 롤아웃 149

    6.1 버저닝 150

    6.2 릴리스 151

    6.3 롤아웃 152

    6.4 종합 예제 154

    6.5 모범 사례 158

CHAPTER 07 글로벌 애플리케이션 분산과 스테이징 · 161

7.1 이미지 분산 배포 · 163
7.2 배포 파라미터화 · 165
7.3 글로벌 트래픽 로드 밸런싱 · 165
7.4 안정적인 글로벌 롤아웃 · 166
    7.4.1 사전 롤아웃 검사 · 167
    7.4.2 카나리 리전 · 171
    7.4.3 리전 타입 식별 · 172
    7.4.4 글로벌 롤아웃 전략 수립 · 172
7.5 문제 발생 시 대처 요령 · 174
7.6 글로벌 롤아웃 모범 사례 · 175

CHAPTER 08 리소스 관리 · 177

8.1 쿠버네티스 스케줄러 · 178
    8.1.1 프레디킷 · 178
    8.1.2 우선순위 · 179
8.2 고급 스케줄링 기법 · 180
    8.2.1 파드 어피니티와 안티-어피니티 · 181
    8.2.2 노드셀렉터 · 182
    8.2.3 테인트와 톨러레이션 · 183
8.3 파드 리소스 관리 · 185
    8.3.1 리소스 요청 · 186

목차

8.3.2 리소스 리밋과 파드 QoS ·· 187

8.3.3 PodDisruptionBudgets ··· 190

8.3.4 네임스페이스를 이용한 리소스 관리 ·· 191

8.3.5 리소스쿼터 ··· 193

8.3.6 리밋레인지 ··· 195

8.3.7 클러스터 스케일링 ·· 197

8.3.8 애플리케이션 스케일링 ··· 199

8.3.9 HPA를 이용한 수평 스케일링 ··· 200

8.3.10 커스텀 메트릭을 이용한 HPA ··· 202

8.3.11 수직 파드 오토스케일러 ·· 202

8.4 리소스 관리 모범 사례 ·· 203

CHAPTER 09 네트워킹, 네트워크 보안, 서비스 메시 ·································· 205

9.1 쿠버네티스 네트워킹 원리 ··· 206

9.2 네트워크 플러그인 ··· 210

9.2.1 Kubenet ·· 210

9.2.2 Kubenet 모범 사례 ··· 211

9.2.3 CNI 플러그인 ·· 211

9.2.4 CNI 모범 사례 ··· 212

9.3 쿠버네티스 서비스 ··· 213

9.3.1 ClusterIP 서비스 타입 ··· 214

9.3.2 NodePort 서비스 타입 ·· 216

9.3.3 ExternalName 서비스 타입 ·· 218

9.3.4 LoadBalancer 서비스 타입 ·· **218**

9.3.5 인그레스와 인그레스 컨트롤러 ·· **221**

9.3.6 게이트웨이 API ·· **223**

9.3.7 서비스와 인그레스 컨트롤러 모범 사례 ································ **225**

9.4 네트워크 보안 정책 ·· **226**

9.5 네트워크 정책 모범 사례 ·· **229**

9.6 서비스 메시 ·· **232**

9.7 서비스 메시 모범 사례 ·· **234**

CHAPTER 10 파드와 컨테이너 보안 ··· **237**

10.1 파드 시큐리티 어드미션 컨트롤러 ·· **238**

10.1.1 파드 시큐리티 어드미션 활성화 ·· **239**

10.1.2 파드 보안 수준 ·· **239**

10.1.3 네임스페이스 레이블을 이용한 파드 시큐리티 활성화 ········ **241**

10.2 워크로드 격리와 런타임클래스 ·· **242**

10.2.1 런타임클래스 사용하기 ·· **244**

10.2.2 런타임 구현체 ·· **245**

10.2.3 워크로드 격리와 런타임클래스 모범 사례 ·························· **246**

10.3 파드와 컨테이너 보안 관련 고려 사항 ·· **247**

10.3.1 어드미션 컨트롤러 ··· **247**

10.3.2 침입 및 이상 징후 탐지 툴 ·· **247**

CHAPTER 11 클러스터 정책과 거버넌스 — 249

- 11.1 정책과 거버넌스의 중요성 — 250
- 11.2 정책의 변별성 — 250
- 11.3 클라우드 네이티브 정책 엔진 — 251
- 11.4 게이트키퍼 개요 — 251
  - 11.4.1 정책 예제 — 252
  - 11.4.2 게이트키퍼 용어 — 252
  - 11.4.3 제약조건 템플릿 정의 — 253
  - 11.4.4 제약조건 정의 — 256
  - 11.4.5 데이터 복제 — 258
  - 11.4.6 UX — 258
- 11.5 집행 액션과 감사 적용 — 259
  - 11.5.1 변형 — 262
  - 11.5.2 정책 테스팅 — 262
  - 11.5.3 게이트키퍼 연습하기 — 262
- 11.6 정책과 거버넌스 모범 사례 — 263

CHAPTER 12 멀티클러스터 관리 — 265

- 12.1 멀티클러스터의 필요성 — 266
- 12.2 멀티클러스터 설계 문제 — 269
- 12.3 멀티클러스터 배포 관리 — 271
- 12.4 배포와 관리 패턴 — 272

12.5 깃옵스로 클러스터를 관리하는 방식 · **274**

12.6 멀티클러스터 관리 툴 · **277**

12.7 쿠버네티스 페더레이션 · **279**

12.8 멀티클러스터 관리 모범 사례 · **279**

CHAPTER 13 외부 서비스와 쿠버네티스 통합   **281**

13.1 쿠버네티스로 서비스 임포트 · **282**

    13.1.1 셀렉터리스 서비스로 안정적인 IP 주소 사용 · **283**

    13.1.2 CNAME 기반 서비스로 안정적인 DNS 네임 사용 · **285**

    13.1.3 액티브 컨트롤러 방식 · **287**

13.2 쿠버네티스에서 서비스 익스포트 · **288**

    13.2.1 내부 로드 밸런서로 서비스 익스포트 · **288**

    13.2.2 NodePort로 서비스 익스포트 · **289**

    13.2.3 외부 서버와 쿠버네티스 통합 · **291**

13.3 쿠버네티스 간 서비스 공유 · **292**

13.4 서드파티 툴 · **294**

13.5 클러스터와 외부 서비스 연결 모범 사례 · **294**

CHAPTER 14 쿠버네티스에서 머신러닝 실행하기   **297**

14.1 머신러닝에 쿠버네티스를 사용하면 좋은 점 · **298**

14.2 머신러닝 워크플로 · **300**

14.3 쿠버네티스 클러스터 관리자가 고려해야 할 사항 · **301**

목차

14.3.1 모델 훈련 · 301
14.3.2 분산 훈련 · 307
14.3.3 리소스 제약조건 · 307
14.3.4 특수 하드웨어 · 308
14.3.5 라이브러리, 드라이버, 커널 모듈 · 309
14.3.6 스토리지 · 310
14.3.7 네트워킹 · 311
14.3.8 전용 프로토콜 · 311

14.4 데이터 과학자의 관심사 · 312
14.5 쿠버네티스 머신러닝 모범 사례 · 313

CHAPTER 15 고수준 애플리케이션 패턴 구축 · 317

15.1 고수준 추상화 개발 방식 · 318
15.2 쿠버네티스 확장 · 320

15.2.1 쿠버네티스 클러스터 확장 · 320
15.2.2 쿠버네티스 UX 확장 · 322
15.2.3 컨테이너화 개발 간소화 · 323
15.2.4 '푸시-투-디플로이' 환경 구축 · 323

15.3 플랫폼 구축 시 설계 고려 사항 · 324

15.3.1 컨테이너 이미지로 익스포트하는 기능 지원 · 324
15.3.2 기존 서비스와 서비스 디스커버리 메커니즘 지원 · 325

15.4 애플리케이션 플랫폼 구축 모범 사례 · 326

CHAPTER 16 상태와 스테이트풀 애플리케이션 관리 ············· 329

    16.1 볼륨과 볼륨 마운트 ············· 331

    16.2 볼륨 모범 사례 ············· 332

    16.3 쿠버네티스 스토리지 ············· 333

        16.3.1 퍼시스턴트볼륨 ············· 333

        16.3.2 퍼시스턴트볼륨클레임 ············· 334

        16.3.3 스토리지클래스 ············· 336

        16.3.4 쿠버네티스 스토리지 모범 사례 ············· 338

    16.4 스테이트풀 애플리케이션 ············· 339

        16.4.1 스테이트풀셋 ············· 340

        16.4.2 오퍼레이터 ············· 343

        16.4.3 스테이트풀셋과 오퍼레이터 모범 사례 ············· 344

CHAPTER 17 어드미션 컨트롤과 인가 ············· 347

    17.1 어드미션 컨트롤 ············· 348

        17.1.1 어드미션 컨트롤러란? ············· 349

        17.1.2 어드미션 컨트롤의 중요성 ············· 349

        17.1.3 어드미션 컨트롤러 타입 ············· 350

        17.1.4 어드미션 웹훅 구성 ············· 351

        17.1.5 어드미션 컨트롤 모범 사례 ············· 354

    17.2 인가 ············· 358

        17.2.1 인가 모듈 ············· 359

        17.2.2 인가 모범 사례 ············· 363

CHAPTER 18 깃옵스와 배포 ········ 365

18.1 깃옵스란? ········ 367

18.2 깃옵스가 필요한 이유 ········ 368

18.3 깃옵스 리포지터리 구조 ········ 371

18.4 시크릿 관리 ········ 373

18.5 플럭스 설치 ········ 375

18.6 깃옵스 툴 ········ 379

18.7 깃옵스 모범 사례 ········ 380

CHAPTER 19 보안 ········ 383

19.1 클러스터 보안 ········ 384

    19.1.1 etcd 액세스 ········ 385

    19.1.2 인증 ········ 385

    19.1.3 인가 ········ 385

    19.1.4 TLS ········ 386

    19.1.5 kubelet과 클라우드 메타데이터 액세스 ········ 386

    19.1.6 시크릿 ········ 387

    19.1.7 로깅과 감사 ········ 387

    19.1.8 클러스터 보안 태세 툴 ········ 387

19.2 클러스터 보안 모범 사례 ········ 388

19.3 워크로드 컨테이너 보안 ········ 389

    19.3.1 파드 시큐리티 어드미션 ········ 389

19.3.2 Seccomp, AppArmor, SELinux ········· 389

19.3.3 어드미션 컨트롤러 ········· 390

19.3.4 오퍼레이터 ········· 390

19.3.5 네트워크 정책 ········· 390

19.3.6 런타임 보안 ········· 391

19.3.7 워크로드 컨테이너 보안 모범 사례 ········· 392

19.4 코드 보안 ········· 393

19.4.1 넌루트와 무배포 컨테이너 ········· 393

19.4.2 컨테이너 취약점 탐색 ········· 394

19.4.3 코드 리포지터리 보안 ········· 394

19.5 코드 보안 모범 사례 ········· 395

CHAPTER 20 카오스 테스팅, 로드 테스팅, 실험 ········· 397

20.1 카오스 테스팅 ········· 398

20.1.1 카오스 테스팅의 목표 ········· 398

20.1.2 카오스 테스팅의 전제 조건 ········· 399

20.1.3 애플리케이션 통신에 관한 카오스 테스팅 ········· 400

20.1.4 애플리케이션 작동에 관한 카오스 테스팅 ········· 401

20.1.5 애플리케이션의 보안 및 복원성에 관한 퍼즈 테스팅 ········· 403

20.2 로드 테스팅 ········· 404

20.2.1 로드 테스팅의 목표 ········· 404

20.2.2 로드 테스팅의 전제 조건 ········· 406

20.2.3 실제와 가까운 트래픽 생성 ········· 406

20.2.4 애플리케이션 로드 테스팅 ··················· 407
20.2.5 로드 테스팅을 이용한 애플리케이션 튜닝 ··················· 408
20.3 실험 ··················· 410
20.3.1 실험의 목표 ··················· 410
20.3.2 실험의 전제 조건 ··················· 410
20.3.3 실험 구축 ··················· 411

CHAPTER 21 오퍼레이터 구현 ··················· 415

21.1 오퍼레이터 핵심 컴포넌트 ··················· 417
21.2 커스텀 리소스 정의 ··················· 417
  21.2.1 쿠버네티스 API 오브젝트, 리소스, 버전, 그룹 및 카인드 ··················· 418
21.3 API 생성 ··················· 420
21.4 컨트롤러 조정 ··················· 431
21.5 리소스 검사 ··················· 433
21.6 컨트롤러 구현 ··················· 433
21.7 오퍼레이터 라이프 사이클 ··················· 441
  21.7.1 버전 업그레이드 ··················· 442
  21.7.2 오퍼레이터 모범 사례 ··················· 443

맺음말 ··················· 447
찾아보기 ··················· 448

CHAPTER

01

기본 서비스 설치

이 장에서는 멀티티어multitier 애플리케이션을 쿠버네티스에 설치하는 과정을 소개한다. 단순하게 웹 애플리케이션과 데이터베이스, 두 티어로 구성된 예제다. 복잡한 실제 애플리케이션과는 거리가 있지만, 쿠버네티스에서 애플리케이션을 관리하는 방법을 배우기에 좋은 출발점이 될 것이다.

1.1 애플리케이션 개요

예제 애플리케이션은 다음과 같은 요소로 이루어진 간단한 저널journal 서비스다.

- Nginx(엔진엑스)[1]로 구성된 별도의 스태틱 파일 서버static file server
- 파일 서버의 메인 URL은 `https://some-host-name.io`, RESTful API의 컨텍스트 경로는 `/api`다.
- SSLSecure Socket Layer(보안 소켓 레이어)은 Let's Encrypt(렛츠 인크립트)[2]에서 발급하는 무료 인증서를 사용한다.

[그림 1.1]은 이 예제 저널 애플리케이션의 전체 구성도다. 이번 장 내내 설명할 그림이 모든 조각이 바로 눈에 들어오지 않아도 걱정 말자. 일단 YAML 구성 파일configuration file부터 시작해 나중에 헬름 차트Helm chart를 사용하는 주제로 차근차근 옮겨갈 것이다.

---

1 옮긴이_ https://www.nginx.com/
2 https://oreil.ly/7XN3G

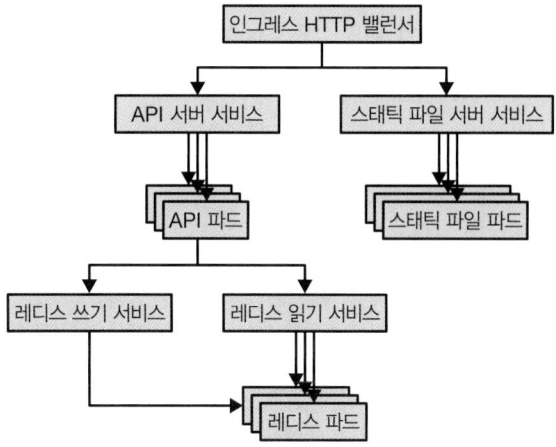

그림 1.1 쿠버네티스에 배포할 저널 서비스 구성도

1.2 구성 파일 관리

애플리케이션을 구성하는 방법을 알아보기 전에, 먼저 쿠버네티스에서 구성 자체를 어떻게 관리하는지 알아보자. 쿠버네티스는 모든 것을 선언하여 declaratively 나타낸다. 즉, 클러스터에서 애플리케이션이 이렇게 되었으면 좋겠다 싶은 상태 desired state[3]를 (보통 YAML이나 JSON 파일 형태로) 기재하면 모든 애플리케이션 조각들이 그에 따라 정의된다. 이러한 선언형 방식 declarative approach은 클러스터에 대한 여러 변경 결과로서 클러스터 상태가 만들어지는 명령형 방식 imperative approach보다 훨씬 낫다. 클러스터를 명령형 방식으로 구성하면 클러스터가 어떻게 그 상태가 됐는지 이해하고 되살리기 어렵다. 즉, 애플리케이션에서 발생한 문제를 이해하거나 재현하기가 쉽지 않다.

사람들은 애플리케이션의 상태를 선언하는 포맷으로 JSON보다 YAML을 선호하는 편이지만, 쿠버네티스는 친절하게도 둘 다 지원한다. 아무래도 JSON보다는 YAML이 간결하고 편집하기 쉽다. 단, YAML은 들여쓰기 indentation에 주의해야 한다. 실제로 쿠버네티스의 구성 에

---

[3] 옮긴이_ 이후로는 간단히 '의도한 상태'로 표기합니다.

러는 YAML 파일의 들여쓰기 오류가 원인인 경우가 많다. 뭔가 예상대로 흘러가지 않으면 제일 먼저 들여쓰기를 의심하자. 요즘 웬만한 편집기 프로그램은 JSON, YAML 모두 구문 강조 표시syntax highlighting 기능을 지원하므로 사람의 실수를 쉽게 찾을 수 있다. 비주얼 스튜디오 코드Visual Studio Code 역시 쿠버네티스 파일의 에러를 체크하는 훌륭한 익스텐션extension(확장 프로그램)을 제공한다.

YAML 파일에 선언한 상태는 애플리케이션의 진실 공급원source of truth[4]이다. 따라서 애플리케이션 성공에 있어서 상태를 정확하게 관리하는 일이 매우 중요하다. 애플리케이션의 의도한 상태를 수정할 때 변경 사항change을 관리하고, 그것이 올바른지 검사하고, 누가 변경했는지 감사하고audit, 실패하면 롤백할 수 있어야 한다. 다행히 소프트웨어 엔지니어링 분야에서 선언 상태declarative state의 변경과 감사, 롤백을 관리하는 툴은 다양하다. 버전 관리version control와 코드 리뷰code review에 관한 모범 사례는 애플리케이션의 선언 상태를 관리하는 태스크와 직접 연관된다.

요즘은 대부분 쿠버네티스 구성을 깃git으로 관리한다. 버전 관리 시스템을 속속들이 다 알 필요는 없지만, 쿠버네티스 생태계의 많은 툴이 깃 리포지터리repository(저장소)에 구성 파일이 있을 거라 기대한다. 코드 리뷰 쪽은 종류가 훨씬 다양하다. 깃헙GitHub이 대세이긴 하나, 경우에 따라 온프레미스on-premise[5] 툴 또는 서비스도 사용한다. 어떤 방법이든 버전 관리에 드는 노력만큼 코드 리뷰에도 정성을 쏟아야 한다.

애플리케이션을 파일 시스템file system에 배치할 때에는 파일 시스템의 고유한 디렉터리 체계에 맞게 컴포넌트component를 구성하는 것이 좋다. 보통 애플리케이션 서비스Application Service마다 하나의 디렉터리를 사용한다. 애플리케이션 서비스를 구성하는 요소를 어떻게 정의할지는 팀마다 다르겠지만, 8~12명으로 이루어진 팀이 개발하는 단위를 애플리케이션 서비스로 보는 것이 일반적이다. 이 디렉터리 내부에 애플리케이션의 서브컴포넌트subcomponent별로 서브디렉터리subdirectory를 하나씩 만들어 쓴다.

---

4 옮긴이_ 모든 중요한 설정 정보를 한곳에 담아 둔 원천
5 옮긴이_ 직접 인프라를 구매하여 운영/관리하는 방식

저널 애플리케이션의 파일 레이아웃layout은 다음과 같다.

```
journal/
  frontend/
  redis/
  fileserver/
```

각 디렉터리에는 서비스를 구체적으로 정의한 YAML 파일이 있다. 이 파일 레이아웃은 앞으로 여러 지역이나 클러스터에 애플리케이션을 배포하기 시작하면서 점점 복잡해질 것이다.

1.3 디플로이먼트를 이용한 복제 서비스 생성

그럼, 프론트엔드frontend부터 애플리케이션을 하나씩 만들어보자. 저널 예제의 프론트엔드는 타입스크립트TypeScript로 작성된 Node.js 애플리케이션이다. 지면상 전체 소스 코드는 깃헙에 공개하니 나중에 찾아보기 편하게 즐겨찾기에 추가하자. 이 애플리케이션은 8080 포트의 /api/* 경로로 HTTP 접속을 하면 백엔드에서 레디스Redis로 현재 저널 엔트리entry를 조회, 추가, 삭제한다. 일단 Dockerfile(도커파일)을 사용하여 저널 애플리케이션을 컨테이너 이미지로 빌드하고 여러분 PC의 이미지 리포지터리image repository로 푸시할 것이다. 예제 파일 네임 대신, 여러분이 원하는 컨테이너 이미지 네임을 코드에 넣어도 좋다.

1.3.1 이미지 관리 모범 사례

컨테이너 이미지를 빌드/관리하는 방법은 이 책에서 다루지 않겠다. 하지만 이미지 빌드와 네이밍naming(명명)에 관한 일반적인 모범 사례는 잘 알아두는 것이 좋다. 먼저, 이미지 빌드 프로세스는 '공급망 공격supply-chain attacks'에 취약한 편이다. 공급망 공격은 신뢰할 수 있는 소스의 디펜던시dependency**6**에 해커가 악의적인 코드나 바이너리를 삽입하여 애플리케이션에 집어넣는 행위다. 이런 공격을 받게 될 위험이 있으므로 이미지를 빌드할 때는 잘 알려진, 믿을 만한 이미지 프로바이더provider(공급자)가 제공한 이미지를 베이스로 삼는 게 중요하다. 아예 밑바닥부터 모든 이미지를 빌드하는 방법도 있다. 그러나 이 방법은 스태틱 바이너리를 빌드할 수 있는 언어(예: Go)에서는 쉽지만, 파이썬Python, 자바스크립트JavaScript, 루비Ruby 같은 인터프리터 언어에서는 굉장히 복잡해진다.

이미지의 네이밍에도 모범 사례가 있다. 이미지 레지스트리에 있는 컨테이너 이미지의 버전, 즉 태그tag는 이론적으로는 변경 가능하나 불변immutable으로 취급해야 한다. 특히 이미지가 빌드된 커밋의 시맨틱 버전semantic version과 SHA 해시hash를 조합하여 네이밍하는 것이 좋은 습관이다(예: `v1.0.1-bfeda01f`). 이미지 버전을 따로 지정 안 하면 `latest`가 디폴트 버전이 되는데, 개발 중에는 사용하기 편하지만 운영 단계로 가면 새 이미지가 빌드될 때마다 `latest` 이미지가 계속 변경되므로 조심하자.

1.3.2 애플리케이션 레플리카 생성

프론트엔드 애플리케이션은 스테이트리스stateless**7**로, 상태는 백엔드에 위치한 레디스가 전담 관리한다. 덕분에 트래픽에 영향을 주지 않고 마음대로 애플리케이션을 복제할 수 있다. 저널 애플리케이션을 많은 사람들이 사용할 가능성은 없다. 그러나 예기치 않은 크래시crash**8**에 대비하거나 애플리케이션의 새 버전을 중단 없이 롤아웃rollout**9**할 수 있도록 적어도 두 개의 레플리카replica(사본)를 운영하는 것이 좋다.

---

6 옮긴이_ 서로 의존 관계를 갖고 있어 한쪽이 변경되면 다른 쪽도 영향을 미치는 코드 또는 라이브러리(타 역서에는 '의존성'으로 번역하였으나, dependency에는 '의존' 이외에도 독특한 뉘앙스가 있으므로 이 책에서는 원어를 그대로 음차하여 옮깁니다).

7 옮긴이_ 상태를 저장하지 않는, 즉 상태와 상관없이 작동되는 구조

8 옮긴이_ 프로그램이 갑자기 중단되어 장애가 발생한 상황

9 옮긴이_ 유저에게 처음 제품을 서비스하는 행위

레플리카셋ReplicaSet은 컨테이너화한containerized[10] 특정 버전의 애플리케이션을 직접 복제하기 위해 만든 쿠버네티스 리소스다. 하지만 시간이 지나 코드를 수정하면 모든 애플리케이션의 버전도 함께 변경되므로 레플리카셋을 직접 쓰기보다 디플로이먼트Deployment를 대신 사용하는 게 좋다. 디플로이먼트는 레플리카셋의 복제는 물론, 버저닝versioning과 단계적 롤아웃staged rollout을 지원하므로, 쿠버네티스의 기본 내장 툴만으로도 애플리케이션의 한 버전을 다른 버전으로 매끄럽게 변경할 수 있다.

저널 애플리케이션의 디플로이먼트 리소스를 보자.

```
apiVersion: apps/v1
kind: Deployment
metadata:
  labels:
    # 디플로이먼트에 있는 모든 파드에 이 레이블을 붙인다.
    app: frontend
  name: frontend
  namespace: default
spec:
  # 레플리카는 적어도 2개 이상은 있어야 안정적이다.
  replicas: 2
  selector:
    matchLabels:
      app: frontend
  template:
    metadata:
      labels:
        app: frontend
    spec:
      containers:
        - image: my-repo/journal-server:v1-abcde
```

---

[10] 옮긴이_ 소프트웨어 코드를 라이브러리, 프레임워크 및 기타 종속성과 같은 필수 요소와 함께 패키지에 포함하여 각자의 '컨테이너'로 분리

```
            imagePullPolicy: IfNotPresent
          name: frontend
          # TODO: 실제 리소스가 얼마나 필요한지 확인한다.
          resources:
            request:
              cpu: "1.0"
              memory: "1G"
            limits:
              cpu: "1.0"
              memory: "1G"
```

몇 군데 눈여겨봐야 할 부분이 있다. 먼저, 디플로이먼트와 디플로이먼트가 생성하는 레플리카셋 및 파드를 레이블로 구별하고 있다. 모든 리소스에 app: frontend 레이블을 붙인 것은 한 번의 요청으로 특정 레이어에 있는 모든 리소스를 가져오기 위함이다. 다른 리소스도 이와 동일한 방법으로 추가한다.

YAML 파일 곳곳에 주석을 넣었다. 일반 코드 주석처럼 주석이 서버에 저장될 쿠버네티스 리소스에 영향을 주진 않지만, 이 파일을 처음 보는 사람들은 눈물 흘리며 고마워할 것이다.

디플로이먼트의 컨테이너에 지정한 requests(요청)와 limits(리밋)에도 주목하자. 이 예제는 두 값을 동일하게 설정했다. requests는 애플리케이션을 실행하는 호스트 머신에 예약한 리소스, limits는 컨테이너가 사용할 수 있는 최대 리소스다. 처음부터 두 값을 동일하게 설정하면 애플리케이션의 동작을 가장 정확하게 예측할 수 있다. 물론, 예측 가능성^{predictability}은 그만큼 리소스를 사용하는 비용을 지불하고 얻은 대가다. 따라서 애플리케이션이 과도하게 스케줄링 되거나 막대한 유휴 리소스를 낭비하는 현상을 막을 수는 있지만, 신중하게 튜닝하지 않으면 리소스 사용 효율을 최대로 끌어올리기가 어렵다. 앞으로 여러분이 쿠버네티스의 리소스 모델을 점점 더 깊이 이해할수록 요청과 리밋을 서로 독립적으로 설정할 수 있겠지만, 대부분의 유저는 사용 효율은 조금 떨어져도 예측 가능한 안정성에 더 큰 점수를 주는 경향이 있다.

주석에도 써 놓았듯이, 리소스 리밋에 어떤 값을 넣어야 할지 알쏭달쏭하다. 일단 예상치를 크게 잡고 지속적으로 모니터링하면서 올바른 값으로 조정해 나가는 게 좋다. 하지만 신규 서비스를 런칭할 경우, 초기에 대규모 트래픽이 발생하면서 리소스 요구량이 급증할 가능성이 있다. 또 어떤 프로그래밍 언어, 특히 가비지 컬렉션 언어로 개발된 서비스는 모든 가용 메모리를 기꺼이 다 써 버리므로 메모리를 최소한 어느 정도로 잡아야 정답에 가까울지 결정하기가 참 어렵다. 일종의 이진 탐색binary search은 불가피하겠지만, 반드시 프로덕션에 영향을 미치지 않도록 테스트 환경에서 수행해야 한다는 점을 강조하고 싶다.

정의한 디플로이먼트 리소스를 이제 쿠버네티스에 배포하자.

```
git add frontend/deployment.yaml
git commit -m "Added deployment" frontend/deployment.yaml
kubectl apply -f frontend/deployment.yaml
```

클러스터의 콘텐츠contents와 실제로 소스 코드에 정의한 콘텐츠가 서로 정확히 일치하는 그림이 가장 이상적이다. 가장 좋은 방법은 깃옵스GitOps를 이용해 지속적 통합 및 배포Continuous Integration/Continuous Delivery(CI/CD) 시스템을 자동화함으로써 특정 브랜치branch만 프로덕션에 배포하는 것이다. 이렇게 하면 소스 코드와 프로덕션을 확실하게 일치시킬 수 있다. 이토록 단순한 애플리케이션에 완벽한 CI/CD 파이프라인 구축하는 것이 다소 지나쳐 보일 수 있지만, 자동화 그 자체의 신뢰성은 차치하더라도, 설치 시간을 절약하는 것만으로도 가치는 충분하다. 그런데 이미 명령형으로 배포된 기존 애플리케이션을 CI/CD에 다시 맞추는 일은 대단히 어렵다.

컨피그맵ConfigMap과 시크릿볼륨SecretVolume, 파드의 QoSQuality of Service(서비스 품질) 등의 다른 쿠버네티스 요소는 이후 절에서 다시 살펴보겠다.

1.4 HTTP 트래픽을 처리하는 외부 인그레스 설치

애플리케이션 컨테이너는 배포됐지만 아직 아무도 액세스access할 수 없는 상태다. 기본적으로 클러스터 리소스는 클러스터 안에서만 사용 가능하므로 애플리케이션을 외부에 표출하여 expose 트래픽이 들어오게 하려면 외부 IP 주소를 제공하는 서비스와 로드 밸런서load balancer (부하 분산기)가 필요하다. 실제로는 애플리케이션 컨테이너를 외부에 표출하기 위해 두 가지 쿠버네티스 리소스를 사용한다.

첫째, TCPTransmission Control Protocol/UDPUser Datagram Protocol 트래픽을 로드 밸런싱하는 서비스Service 다. 이 예제는 TCP 프로토콜을 사용한다. 둘째, HTTP 경로와 호스트 기반의 요청을 지능적으로 라우팅routing하도록 HTTP(S) 로드 밸런싱을 수행하는 인그레스Ingress다. 단순한 애플리케이션에 굳이 복잡한 인그레스까지 사용해야 할까? 그러나 (이후 절에서 설명하겠지만) 이렇게 단순한 애플리케이션도 서로 다른 두 서비스에서 HTTP 요청을 처리하며, 향후 서비스 확장 시 유연성을 확보하려면 트래픽 진입점에 인그레스를 배치하는 것이 좋다.

> **NOTE** 인그레스는 쿠버네티스에서 가장 오래된 리소스 중 하나인데, 마이크로서비스에 HTTP로 액세스하는 방식을 두고 수년 간 논란이 분분했고 결국 쿠버네티스용 게이트웨이 API가 개발되었다. 게이트웨이 API(GatewayClass)는 쿠버네티스 익스텐션이므로 사용하려면 클러스터에 추가 컴포넌트를 설치해야 한다. 혹시 인그레스가 여러분의 요건을 충족시키지 못하면 게이트웨이 API를 대안으로 고려하자.

인그레스 리소스를 정의하려면 먼저 인그레스가 가리킬 쿠버네티스 서비스가 있어야 한다. 레이블을 사용해서 이전 절에서 생성한 파드로 직행하는 서비스를 바라보게 하자. 서비스는 디플로이먼트보다 훨씬 더 간단하게 정의할 수 있다.

```
apiVersion: v1
kind: Service
metadata:
  labels:
```

```
      app: frontend
    name: frontend
    namespace: default
  spec:
    ports:
    - port: 8080
      protocol: TCP
      targetPort: 8080
    selector:
      app: frontend
    type: ClusterIP
```

서비스와 달리, 인그레스를 정의하려면 클러스터에서 실행 중인 인그레스 컨트롤러 컨테이너가 필요하다. 클라우드 프로바이더$^{cloud\ provider}$[11]가 기본 제공하거나 오픈 소스 서버로 사용 가능한 다양한 구현체 중에서 선택하자. 오픈 소스 인그레스 프로바이더가 맘에 들면, 헬름 패키지 관리자$^{Helm\ package\ manager}$[12]로 설치/관리하는 것이 좋다. 보통 Nginx나 HAProxy[13]를 많이 쓴다.

```
  apiVersion: networking.k8s.io/v1
  kind: Ingress
  metadata:
    name: frontend-ingress
  spec:
    rules:
    - http:
        paths:
        - path: /testpath
          pathType: Prefix
```

---

11 옮긴이_ 이 책을 옮기는 현재 AWS, GCP, Azure 3개 주요 클라우드 서비스 프로바이더가 있으나, 아직까지는 아마존의 AWS가 압도적으로 점유율이 높습니다.
12 *https://helm.sh*
13 옮긴이_ *https://www.haproxy.org*

```
    backend:
      service:
        name: test
        port:
          number: 8080
```

인그레스 리소스까지 준비됐으니 이제 전 세계의 누리꾼이 저널 애플리케이션에 접속할 수 있다. 다음은 컨피그맵을 이용해 애플리케이션을 쉽게 구성하고 커스터마이징customizing하는 방법을 알아보자.

1.5 컨피그맵으로 애플리케이션 구성

모든 애플리케이션은 어느 정도 구성이 필요하다. 구성 항목은 한 페이지에 표시할 저널 엔트리 수, 배경색, 임시 공휴일 표시 등 다양할 것이다. 이런 정보는 대개 애플리케이션과 분리하는 것이 바람직하다.

왜 분리하는 것이 바람직할까? 첫째, 동일한 애플리케이션 바이너리라도 구성을 달리 적용해야 하는 경우가 있다. 예를 들면, 유럽에서는 부활절을, 중국에서는 춘절을 각각 특별한 명절로 표시한다. 환경에 따른 특수성 외에도 애질리티agility(민첩성)를 고려해야 한다. 일반적으로 바이너리 릴리스binary release[14]에는 여러 가지 신규 기능이 포함되는데, 이런 기능을 코드로 켜고 끄는 구조에서 이미 서비스 중인 기능을 수정하려면 새 바이너리를 빌드해서 릴리스하는 방법 밖에 없다. 하지만 이렇게 하면 비용도 많이 들고 프로세스 처리 속도가 느려진다.

구성 파일을 통해 기능을 제어할 수 있으면 유저의 니즈가 바뀌거나 애플리케이션 코드가 실패할 경우 신속하게(심지어 다이내믹하게) 전체 신규 기능을 켜고 끌 수 있을 것이다. 또한

---
14 옮긴이_ 별도 컴파일 없이 특정 타깃 시스템에서 바로 실행할 수 있는 상태로 소프트웨어를 배포하는 것

기능별로 롤아웃 또는 롤백rollback하는 일도 가능하다. 이런 유연성 덕분에 구성 오류나 성능 이슈를 해결하기 위해 일부 기능을 롤백시키는 경우에도 무중단으로 진행할 수 있다.

이런 구성을 쿠버네티스에서는 컨피그맵ConfigMap이라는 리소스에 정의한다. 컨피그맵에는 구성 정보나 구성 파일을 나타내는 여러 키/값 쌍이 담겨있고, 파일 또는 환경 변수 형태로 파드 내부의 컨테이너에 구성 정보를 전달할 수 있다. 예를 들어, 한 페이지당 구성 가능한 수의 저널 엔트리 수를 표시하도록 신문 애플리케이션을 구성하고 싶다면, 다음과 같이 컨피그맵을 정의하면 된다.

```
kubectl create configmap frontend-config —from-literal=journalEntries=10
```

구성 정보를 애플리케이션의 환경 변수로 표출한 것이다. 애플리케이션에서 이 환경 변수값을 전달받아 사용하려면 앞서 정의한 디플로이먼트의 컨테이너 리소스에 configMapKeyRef를 추가한다.

```
...
# 디플로이먼트의 파드템플릿에 있는 컨테이너 배열
containers:
  - name: frontend
    ...
    env:
    - name: JOURNAL_ENTRIES
      valueFrom:
        configMapKeyRef:
          name: frontend-config
          key: journalEntries
...
```

지금까지 컨피그맵으로 애플리케이션을 구성하는 방법을 살펴보았다. 실제로 프로덕션에 배포하는 환경에서는 변경된 구성을 적어도 매주 한 번 정도는 정기적으로 롤아웃해야 한다.

그냥 알기 쉽게 컨피그맵 자체를 바꾸어 롤아웃하고 싶겠지만, 좋은 방법이 아니다. 왜냐하면, 구성을 변경해도 기존 파드가 저절로 업데이트되는 건 아니기 때문이다. 변경된 구성은 파드를 재시작해야 반영되므로, 결국 롤아웃은 헬스 체크health check 기반이 아닌[15], 불시에ad hoc 또는 랜덤하게 일어날 수 있다. 그리고 컨피그맵은 버전 관리 시스템으로만 버저닝하므로 롤백하기가 아주 어려워질 가능성도 있다.

컨피그맵의 네임에 버전 번호를 넣는 것이 좋은 방법이다. 예를 들어, frontend-config 대신 frontend-config-v1이라고 네이밍하는 것이다. 변경을 해야 할 경우, 기존 컨피그맵은 놔두고 v2 컨피그맵을 새로 만든 뒤 이 구성을 사용하도록 디플로이먼트 리소스를 업데이트한다. 이렇게 하면 적절히 헬스 체크를 하면서 기회를 엿보아 디플로이먼트 롤아웃이 자동으로 트리거된다. 뭔가 잘못되어 롤백해야 할 경우, v1 컨피그맵은 이미 클러스터에 있으므로 디플로이먼트를 그냥 한 번 더 업데이트하면 그만이다.

1.6 시크릿 인증 관리

아직 프론트엔드에서 연결할 레디스 서비스는 살펴보지 않았는데, 실제 애플리케이션에서는 서비스 간 통신 보안을 강구해야 한다. 유저와 데이터를 보호하는 명분 외에도 개발 프론트엔드를 프로덕션 데이터베이스에 연결하는 것 같은 어처구니없는 실수를 예방하기 위해서라도 꼭 필요하다.

레디스는 단순 패스워드로 인증이 가능하다. 이 패스워드를 그냥 애플리케이션 소스 코드나 이미지의 내부 파일에 저장하고 싶겠지만, 정말 안 좋은 생각이다. 첫째, 액세스 제어가 제대로 되지 않는 환경에서 시크릿secret(패스워드)이 노출될 수 있다. 패스워드를 소스 관리 시스템에 두면 이 시스템에 액세스 권한을 가진 사람은 모든 시크릿에 액세스할 수 있다. 그러나 실제로 레디스 인스턴스에 액세스해야 하는 유저보다 소스 코드에 액세스 가능한 유저가 더

---

15 옮긴이_ 즉, 파드는 일정한 주기로 자신의 상태가 정상인지 자가 진단을 수행하지 않습니다.

범위가 넓을 가능성이 크므로 이 또한 좋은 방법이 아니다. 마찬가지로, 컨테이너 이미지 액세스 권한을 가진 유저가 프로덕션 데이터베이스에 액세스해야 할 이유도 없다.

액세스 제어 문제 외에도, 시크릿을 소스 관리 시스템이나 이미지에 바인딩binding(엮거나 묶기)하지 말아야 할 이유가 또 있다. 바로 파라미터화parameterization[16]다. 동일한 소스 코드를 다양한 환경(예: 개발, 카나리canary, 프로덕션)에서 똑같이 사용할 수 있어야 하는데, 시크릿이 소스 코드 또는 이미지와 한몸이면 환경별로 각기 다른 이미지(또는 코드)를 준비해야 한다.

이전 절에서 배운 컨피그맵을 잘 이용하면, 패스워드를 구성의 일부로 저장한 뒤 나중에 각 애플리케이션에 맞는 값으로 채워 넣으면 안 될까 싶을 것이다. 애플리케이션과 구성을 분리하는 것이나 애플리케이션에서 시크릿을 분리하는 것이나 결국 똑같은 개념이라고 생각할 수 있다. 하지만 시크릿은 그 자체로 중요한 정보다. 응당 구성과는 다른 방식으로 액세스 제어, 처리, 업데이트를 해야 한다고 보는 게 타당하다. 또 개발자가 시크릿에 액세스하는 행위와 구성에 액세스하는 행위는 당연히 구별해야 맞다. 쿠버네티스는 시크릿 데이터를 관리하는 시크릿Secret이라는 리소스를 기본 제공한다.

레디스 데이터베이스의 시크릿 패스워드는 다음과 같이 생성한다.

```
kubectl create secret generic redis-passwd --from-literal=passwd=${RANDOM}
```

패스워드는 당연히 난수random number 아닌 값을 사용해야 한다. 여기서 시크릿/키 관리는 마이크로소프트 애저Microsoft Azure의 키 볼트Key Vault 같은 클라우드 프로바이더의 서비스나 해시코프 볼트HashiCorp Vault 같은 오픈 소스 구현체를 활용하는 것이 좋다. 일반적으로 이러한 키 관리 서비스는 쿠버네티스 시크릿과 더 빈틈없이 연동된다.

쿠버네티스에 시크릿으로 저장한 레디스 패스워드는 배포 시 실행 중인 애플리케이션에 바인딩해야 한다. 이때 쿠버네티스 볼륨Volume을 사용한다. 볼륨은 실행 중인 컨테이너에 마운

---

16 옮긴이_ 코드를 일반화할 목적으로 함수나 메서드 내부에 정의된 값이나 개체를 가져와 해당 함수나 메서드의 파라미터로 만드는 것

트mount 가능한 파일이나 디렉터리를 유저가 지정한 것이다. 시크릿의 경우, 볼륨은 tmpfs 램 기반의 파일 시스템으로 생성한 후 컨테이너에 마운트한다. 그러면 물리 장비가 손상되어도 (클라우드는 거의 그럴 일이 없지만 데이터센터라면 충분히 가능성 있다) 공격자가 시크릿을 취득하기가 훨씬 어렵다.

> **NOTE** 쿠버네티스 시크릿은 암호화되지 않은(unencrypted) 상태로 저장되는 것이 디폴트다. 시크릿을 암호화해서 저장하려면 키 프로바이더와 연동시켜 클러스터의 모든 시크릿을 암호화할 키를 제공한다. 이렇게 하면 etcd 데이터베이스를 직접 공격하는 행위로부터 키는 보호할 수 있지만, 쿠버네티스 API 서버를 통해 유입되는 트래픽을 적절히 보안해야 한다는 사실은 변함없다.

디플로이먼트 YAML에 두 엔트리를 기재하면 시크릿볼륨이 추가된다. 먼저, 파드에 볼륨을 추가하는 volumes 엔트리다.

```
...
  volumes:
  - name: passwd-volume
    secret:
    secretName: redis-passwd
```

CSI^{Container Storage Interface}(컨테이너 스토리지 인터페이스) 드라이버를 사용하면 쿠버네티스 클러스터 외부에 위치한 KMS^{Key Management System}(키 관리 시스템)을 사용할 수 있다. 대기업이나 규제 기관^{regulated organization}은 보통 이렇게 보안 요건이 까다롭다. CSI 드라이버를 사용하면 다음과 같이 볼륨을 구성할 수 있다.

```
...
  volumes:
  - name: passwd-volume
    csi:
      driver: secrets-store.csi.k8s.io
```

```
      readOnly: true
      volumeAttributes:
        secretProviderClass: "azure-sync"
...
```

파드에 정의한 볼륨을 volumeMounts 필드를 통해 특정 컨테이너에 마운트한다.

```
...
  volumeMounts:
  - name: passwd-volume
    readOnly: true
    mountPath: "/etc/redis-passwd"
...
```

이제 클라이언트 코드에서 액세스 가능한 시크릿볼륨이 redis-passwd 디렉터리에 마운트됐다. 다음은 지금까지 설명한 내용을 모두 종합한 전체 디플로이먼트 구성 YAML이다.

```
apiVersion: apps/v1
kind: Deployment
metadata:
  labels:
    app: frontend
  name: frontend
  namespace: default
spec:
  replicas: 2
  selector:
    matchLabels:
      app: frontend
  template:
    metadata:
```

```
      labels:
        app: frontend
    spec:
      containers:
      - image: my-repo/journal-server:v1-abcde
        imagePullPolicy: IfNotPresent
        name: frontend
        volumeMounts:
        - name: passwd-volume
          readOnly: true
          mountPath: "/etc/redis-passwd"
        resources:
          requests:
            cpu: "1.0"
            memory: "1G"
          limits:
            cpu: "1.0"
            memory: "1G"
      volumes:
        - name: passwd-volume
          secret:
            secretName: redis-passwd
```

지금까지 클라이언트 애플리케이션에서 레디스 서비스에 인증할 때 사용할 시크릿을 구성했다. 레디스가 이 패스워드를 사용하도록 구성하는 것도 비슷하다. 시크릿볼륨을 레디스 파드에 마운트하고 해당 파일에서 패스워드를 가져오면 된다.

1.7 간단한 스테이트풀 데이터베이스 배포

스테이트풀stateful 애플리케이션은 프론트엔드 같은 클라이언트 애플리케이션과 배포 개념 자체는 비슷하지만 상태를 고려해야 해서 약간 복잡하다. 쿠버네티스에서 파드는 노드의 상태나 업그레이드, 리밸런싱 등 여러 사유로 인해 리스케줄링rescheduling될 수 있는데, 이 과정에서 파드가 다른 머신으로 옮겨질 가능성이 있다. 그런데 레디스 인스턴스에 보관 중인 데이터가 특정 머신이나 컨테이너에 있으면, 컨테이너가 이관되거나 재시작될 때 모든 데이터가 소실될 것이다. 이런 일이 생기지않게 하려면, 쿠버네티스에서 스테이트풀 워크로드workload (작업부하)[17]를 실행할 때 원격 퍼시스턴트볼륨PersistentVolume을 사용하여 애플리케이션의 상태를 관리해야 한다.

쿠버네티스는 다양한 퍼시스턴트볼륨 구현체를 제공하는데, 이들 모두 앞서 배운 시크릿볼륨처럼 파드와 연관되어 특정 위치의 컨테이너에 마운트된다. 그러나 시크릿볼륨과 달리 퍼시스턴트볼륨은 보통 NFS Network File System (네트워크 파일 시스템), SMB Server Message Block (서버 메시지 블록) 같은 다양한 네트워크 프로토콜이나 iSCSI, 클라우드 디스크 같은 블록 스토리지block storage 방식으로 마운트되는 원격 스토리지다. 데이터베이스처럼 성능이 중요한 애플리케이션은 블록 스토리지가 더 나은 선택이지만, 그렇지 않은 경우에는 훨씬 유연한 구조의 파일 기반의 디스크가 낫다.

> **NOTE** 상태 관리는 대체로 복잡하다. 쿠버네티스라고 예외는 아니다. 그래서 SaaS(Software as a Service, 서비스형 소프트웨어)[18] 형태의 MySQL이나 레디스처럼 처음부터 스테이트풀 서비스가 지원된다면 그런 서비스를 잘 활용해보자. 처음에는 이러한 스테이트풀 스토리지 SaaS 이용료가 비싸게 느껴지겠지만, 백업, 데이터 로컬리티locality[19], 리던던시redundancy[20] 등 상태와 관련된 갖가지 운영 요건과 상황 때문에 쿠버네티스 클러스터 간에 애플리케이션을 옮기기가 얼마나 어려운지 따져보면 그만한 값어치를 톡톡히 한다. 스토리지 SaaS를 사용할 수 없는 온프레미스 환경이라면 팀별로 알아서 구축하기보다 전담 팀을 따로 꾸려 사내 스토리지 서비스를 제공하는 것이 효과적이다.

---

17 옮긴이_ 컴퓨터로 어떤 작업을 완료하거나 목적을 달성하는 데 필요한 컴퓨팅 리소스의 양과 소요 시간
18 옮긴이_ 보통 IT 실무 현장에서는 영어 발음 그대로 IaaS를 '아이아스' 또는 '이아스', SaaS를 '싸스', PaaS를 '파스'라고 부르는 경우가 많습니다.
19 옮긴이_ 메모리, 스토리지 등의 장치에서 정보를 균일하게 접근하지 않고 특정 부분(지역)을 집중적으로 참조하는 특성
20 옮긴이_ 다중화, 중복, 여유분 등을 뜻하는 말로, 시스템이 어떤 한계치를 벗어나는 등의 장애 상황에 대비하기 위해 일부러 필요한 것보다 더 많은 리소스를 설계하는 행위를 가리킵니다.

레디스 서비스는 스테이트풀셋StatefulSet 리소스를 사용하여 배포한다. 스테이트풀셋은 쿠버네티스 초기 릴리스부터 레플리카셋 리소스를 보완할 목적으로 추가된 리소스로, 일관된 네이밍(랜덤 해시값 아님), 스케일-업scale-up(규모 확장)/스케일-다운scale-down(규모 축소)의 순서 지정 등의 강점이 있다. 싱글턴 배포singleton deployment[21]라면 이런 특징이 큰 의미가 없지만, 복제된 상태replicated state를 배포할 때는 정말 편리하다.

레디스에 붙일 퍼시스턴트볼륨은 퍼시스턴트볼륨클레임PersistentVolumeClaim으로 가져온다. 여기서 클레임claim이란 '리소스를 달라는 요청'이다. 50GB 용량의 레디스 스토리지가 필요하다고 추상적으로 선언하면, 쿠버네티스 클러스터가 알아서 적당한 퍼시스턴트볼륨을 프로비저닝provisioning[22]한다. 이렇게 하는 이유는 두 가지다. 첫째, 디스크 스펙specification(명세/사양)이 서로 다른 클라우드 및 온프레미스 간에 이식 가능한portable 스테이트풀셋을 쓸 수 있다. 둘째, 퍼시스턴트볼륨 타입은 어느 한 파드에만 마운트할 수 있는데, 볼륨클레임으로 템플릿을 작성하면 복제가 가능하므로 파드마다 고유한 퍼시스턴트볼륨을 할당할 수 있다.

다음은 퍼시스턴트볼륨으로 구성한 레디스 스테이트풀셋 구성 YAML이다.

```yaml
apiVersion: apps/v1
kind: StatefulSet
metadata:
  name: redis
spec:
  serviceName: "redis"
  replicas: 1
  selector:
    matchLabels:
      app: redis
  template:
    metadata:
```

---

21 옮긴이_ 레플리카 없이 파드 하나로만 배포하는 것
22 옮긴이_ 유저가 요청한 IT 자원을 사용할 수 있는 상태로 준비하는 것

```
      labels:
        app: redis
    spec:
      containers:
        - name: redis
          image: redis:5-alpine
          ports:
            - containerPort: 6379
              name: redis
          volumeMounts:
            - name: data
              mountPath: /data
  volumeClaimTemplates:
    - metadata:
        name: data
      spec:
        accessModes: [ "ReadWriteOnce" ]
        resources:
          requests:
            storage: 10Gi
```

쿠버네티스에 단일 인스턴스의 레디스 서비스가 배포될 것이다. 만약 읽기 스케일-아웃scale-out[23] 또는 장애 복원성을 고려하여 레디스 클러스터를 복제하고 싶다면? 그러려면 레플리카를 3개로 늘리되, 새로 추가한 레플리카 2개는 쓰기 마스터write master에 연결시키면 된다. 자세한 연결 방법은 다음 절에서 설명하겠다.

레디스 스테이트풀셋에 헤드리스headless[24] 서비스를 생성하면 `redis-0.redis`라는 DNS 엔트리가 생긴다. 이것이 바로 첫 번째 레플리카의 IP 주소다. 이 주소가 있으면 모든 컨테이너에서 실행 가능한 스크립트를 작성할 수 있다.

---

23 옮긴이_ 동일한 스펙의 장비를 추가하여 수평 확장하는 스케일링 방식
24 옮긴이_ Cluster IP가 없는 서비스

```
#!/bin/sh

PASSWORD=$(cat /etc/redis-passwd/passwd)

if [[ "${HOSTNAME}" == "redis-0" ]]; then
  redis-server --requirepass ${PASSWORD}
else
  redis-server --slaveof redis-0.redis 6379 --masterauth ${PASSWORD}
    --requirepass ${PASSWORD}
fi
```

이 스크립트를 이용해 다음과 같이 컨피그맵을 생성한다.

```
kubectl create configmap redis-config --from-file=./launch.sh
```

이제 이 컨피그맵을 스테이트풀셋에 추가하고 컨테이너용 커맨드로 사용한다. 이 장의 시작 부에서 만든 인증 패스워드도 추가해보자.

다음은 레플리카 3개로 이루어진 완전한 레디스를 구성하는 YAML이다.

```
apiVersion: apps/v1
kind: StatefulSet
metadata:
  name: redis
spec:
  serviceName: "redis"
  replicas: 3
  selector:
    matchLabels:
      app: redis
  template:
```

```yaml
      metadata:
        labels:
          app: redis
      spec:
        containers:
        - name: redis
          image: redis:5-alpine
          ports:
          - containerPort: 6379
            name: redis
          volumeMounts:
          - name: data
            mountPath: /data
          - name: script
            mountPath: /script/launch.sh
            subPath: launch.sh
          - name: passwd-volume
            mountPath: /etc/redis-passwd
          command:
          - sh
          - -c
          - /script/launch.sh
        volumes:
        - name: script
          configMap:
            name: redis-config
            defaultMode: 0777
        - name: passwd-volume
          secret:
            secretName: redis-passwd
  volumeClaimTemplates:
  - metadata:
      name: data
    spec:
      accessModes: [ "ReadWriteOnce" ]
```

```
            resources:
              requests:
                storage: 10Gi
```

자, 내결함성^{fault tolerance}[25]을 갖춘 레디스 클러스터가 준비됐다. 이제 세 레디스 레플리카 중 한 곳에 장애가 발생해도 해당 레플리카가 완전히 복구될 때까지 다른 두 레플리카로 애플리케이션을 계속 운영할 수 있다.

1.8 서비스를 응용한 TCP 로드 밸런서 구축

다음은 프론트엔드에서 스테이트풀 레디스 서비스를 사용할 수 있도록 만들 차례다. 이를 위해 두 가지 쿠버네티스 서비스가 필요하다. 첫째, 레디스에서 데이터를 읽는 서비스다. 레디스는 스테이트풀셋 레플리카 세 곳에 모두 데이터를 복제하므로 요청이 어디로 흘러가는지는 신경 쓸 필요가 없다.

기본적인 읽기 전용 서비스는 다음과 같이 구성한다.

```
apiVersion: v1
kind: Service
metadata:
  labels:
    app: redis
  name: redis
  namespace: default
spec:
  ports:
```

---

[25] 옮긴이_ 시스템 하드웨어/소프트웨어의 전체 또는 일부가 실패하여 장애가 발생해도 정상 작동 상태를 유지하는 능력

```
    - port: 6379
      protocol: TCP
      targetPort: 6379
  selector:
    app: redis
  sessionAffinity: None
  type: ClusterIP
```

쓰기는 레디스 마스터(레플리카 #0)가 처리하므로 헤드리스 서비스로 생성한다. 헤드리스 서비스는 클러스터 IP 주소가 없는 대신, 스테이트풀셋의 모든 파드에 대한 DNS 엔트리를 갖고 있다. 즉, 레디스 마스터는 redis-0.redis라는 DNS 네임으로 액세스할 수 있다.

```
apiVersion: v1
kind: Service
metadata:
  labels:
    app: redis-write
  name: redis-write
spec:
  clusterIP: None
  ports:
  - port: 6379
  selector:
    app: redis
```

앞으로는 데이터를 쓰거나 읽기/쓰기 트랜잭션을 하려고 레디스에 접속할 경우, 별도의 쓰기 전용 클라이언트에서 redis-0.redis-write 서버에 접속하면 된다.

1.9 인그레스를 이용해 트래픽을 스태틱 파일 서버로 전달

저널 애플리케이션의 마지막 컴포넌트는 HTML, CSS, 자바스크립트, 이미지 같은 정적 파일을 서비스하는 스태틱 파일 서버다. 앞서 설명한 API 서비스 프론트엔드와는 분명하게 구분해야 더 효과적으로 집중할 수 있다. 즉, 개발자가 API 구현에 필요한 코딩에 전념하는 동안, 일반 파일은 Nginx 같은 고성능 스태틱 파일 서버를 이용해 끊김 없이 서비스하는 것이다.

다행히 인그레스 리소스 덕분에 이런 종류의 자그마한 마이크로서비스 아키텍처를 아주 쉽게 구축할 수 있다. 프론트엔드에서 했던 것처럼 디플로이먼트를 이용해 복제된 Nginx 서버를 만들면 된다. 스태틱 이미지를 서비스하는 Nginx 컨테이너를 만들어 각 레플리카에 배포하자.

다음은 디플로이먼트 구성 YAML이다.

```
apiVersion: apps/v1
kind: Deployment
metadata:
  labels:
    app: fileserver
  name: fileserver
  namespace: default
spec:
  replicas: 2
  selector:
    matchLabels:
      app: fileserver
  template:
    metadata:
      labels:
        app: fileserver
    spec:
      containers:
```

```
        # 다음 예시한 이미지를 여러분의 스태틱 파일 이미지로 교체한다.
      - image: my-repo/static-files:v1-abcde
        imagePullPolicy: Always
        name: fileserver
        terminationMessagePath: /dev/termination-log
        terminationMessagePolicy: File
        resources:
          requests:
            cpu: "1.0"
            memory: "1G"
          limits:
            cpu: "1.0"
            memory: "1G"
      dnsPolicy: ClusterFirst
      restartPolicy: Always
```

복제된 스태틱 웹 서버가 있으니 그 앞단에서 로드 밸런서 역할을 할 서비스를 만들자.

```
apiVersion: v1
kind: Service
metadata:
  labels:
    app: fileserver
  name: fileserver
  namespace: default
spec:
  ports:
  - port: 80
    protocol: TCP
    targetPort: 80
  selector:
    app: fileserver
  sessionAffinity: None
```

```
    type: ClusterIP
```

이제 스태틱 파일 서버용 서비스로 흘려보낼 새로운 경로를 인그레스에 추가한다. /api 경로 뒤에 /를 반드시 기재해야 한다는 사실에 유의하자. 끝에 /가 없으면 /api 요청까지 스태틱 파일 서버가 모두 처리하게 된다.

다음은 디플로이먼트 구성 YAML이다.

```
apiVersion: networking.k8s.io/v1
kind: Ingress
metadata:
  name: frontend-ingress
spec:
  rules:
  - http:
      paths:
      - path: /api
        pathType: Prefix
        backend:
          service:
            name: fileserver
            port:
              number: 8080
      # NOTE: /api 뒤에 기재해야 한다. 안 그러면 요청이 제대로 처리되지 않는다.
      - path: /
        pathType: Prefix
        backend:
          service:
            name: fileserver
            port:
              number: 80
```

API 인그레스와 스태틱 파일 서버용 인그레스까지 다 구축했다. 이제 저널 애플리케이션의 UI$^{User\ Interface}$(유저 인터페이스)를 사용할 준비가 끝났다. 요즘 애플리케이션은 대부분 스태틱 파일(HTML이나 자바스크립트)과 자바, 닷넷(.NET) 또는 Go 같은 서버사이드$^{server-side}$ 프로그래밍 언어로 구현된 다이내믹 API 서버가 함께 맞물려 작동된다.

1.10 헬름을 이용한 애플리케이션 파라미터화

지금까지는 모두 단일 클러스터에 단일 서비스 인스턴스를 배포하는 내용 위주였지만, 실무에서는 여러 서비스를 (클러스터는 공유하더라도) 다양한 환경에 배포하는 경우가 많다. 여러분이 어떤 애플리케이션을 혼자 개발 중이라 해도, 실제 유저에게 영향을 미치지 않고 개발 이터레이션^{iteration}(반복 공정)을 진행하려면 적어도 개발 버전과 프로덕션 버전을 한 세트로 갖고 있어야 한다. 통합 테스팅[26]과 CI/CD까지 감안하면 서너 명의 개발자가 한 서비스를 개발하는 경우에도 최소한 세 가지 상이한 환경에 배포하게 될 것이다. 데이터 센터 수준의 장애 대응까지 고려하면 더 많이 필요할 수도 있다. 이런 상황에서는 어떻게 배포하는 것이 최적일까?

많은 팀이 처음에는 그냥 한 클러스터에서 다른 클러스터로 파일을 복사한다. 흔히 저지르는 실수다. frontend/라는 하나의 디렉터리 대신 frontend-production/, frontend-development/ 식으로 디렉터리를 둘로 나눈다. 불가능한 방법은 아니지만 책임지고 파일을 계속 서로 동기화 상태로 유지해야 하므로 부담스럽다. 완벽하게 똑같이 만들자는 의도라면 이 방법이 제일 쉽지만, 새로운 기능을 개발하는 도중에 이렇게 하면 개발과 프로덕션 간에 간극^{skew}이 점점 더 벌어지게 마련이다. 사실 이 간극을 메우기는 점점 더 어려워질 가능성이 크다.

---

26 옮긴이_ 이 책의 원서를 비롯해 대부분의 IT 도서에서 '테스트'와 '테스팅'은 큰 구별없이 혼용되고 있으나, 이 책에서는 다음과 같은 기준에 따라 구분합니다. 테스트(test)는 테스트 환경, 테스트 스위트처럼 애플리케이션이나 인프라를 테스트하는 코드를 의미하며, 테스팅(testing)은 (이러한 테스트를 이용해) 주어진 대상의 요건에 동작 또는 성능이 부합하는지 확인하고 결함을 찾아내기 위해 계획, 평가, 준비하는 일련의 모든 과정을 포함하는 집합적인 행위를 의미합니다.

그래서 브랜칭branching과 버저닝versioning이라는 대안이 있다. 중앙 리포지터리central repository에서 프로덕션 브랜치와 개발 브랜치를 명확히 구분하고 브랜치 간의 차이점을 눈에 잘 띄게 드러내는 것이다. 이 방법이 잘 듣는 경우도 있지만, 소프트웨어를 다양한 환경에 동시 배포할 때(예: CI/CD 시스템을 통해 다양한 리전에 배포하는 경우)는 브랜치 간에 왔다 갔다 하기가 의외로 어렵다.

결국, 많은 이들이 템플릿 시스템template system을 선택하게 된다. 애플리케이션 구성의 중추에 해당하는 템플릿을 두고 특정 환경 구성에 맞는 값으로 파라미터를 적용해서 특수화specialize하는 시스템이다. 많이 쓰는 구성을 기준으로 삼되 그때그때 필요에 따라 의도적으로(그리고 쉽게 이해할 수 있는 형태로) 커스터마이징하는 것이다. 쿠버네티스는 다양한 템플릿 시스템을 제공하지만, 그중 가장 널리 쓰이는 것은 헬름Helm[27]이다.

헬름에서는 차트chart라는 여러 파일로 애플리케이션을 패키징한다(컨테이너와 쿠버네티스는 이상하게 항해 관련 용어를 많이 쓰는 것 같다[28]).

차트의 시작은 자신의 메타데이터를 정의한 chart.yaml이라는 파일이다.

```
apiVersion: v1
appVersion: "1.0"
description: A Helm chart for our frontend journal server.
name: frontend
version: 0.1.0
```

이 파일은 차트의 루트 디렉터리(예: frontend/)에 있고, 이 밑에 템플릿이 들어갈 templates 디렉터리가 있다. 템플릿 파일도 지금까지의 예제 YAML 파일과 포맷은 같고, 파일 내 일부 값들은 파라미터 레퍼런스reference(참조)로 치환된다.

---

[27] https://helm.sh
[28] 옮긴이_ 'helm'은 배의 방향을 잡는 '키', 'chart'는 '해도'를 의미합니다.

예를 들어, 프론트엔드에서 레플리카 개수를 파라미터화하고 싶다고 하자. 이전에는 다음과 같이 디플로이먼트를 구성했다.

```
...
spec:
  replicas: 2
...
```

하지만 템플릿 파일(frontend-deployment.tmpl)에서는 이렇게 표시된다.

```
...
spec:
  replicas: {{ .replicaCount }}
...
```

replicas 값은 차트를 배포할 때 적절한 파라미터로 치환된다. 파라미터 값 자체는 values.yaml 파일에 지정한다. 이 파일은 애플리케이션을 배포할 환경마다 하나씩 둔다.

저널 애플리케이션의 values.yaml 파일 내용은 다음과 같다.

```
replicaCount: 2
```

다음과 같이 helm 툴을 사용해서 차트를 배포하면 모든 작업은 끝난다.

```
helm install path/to/chart --values path/to/environment/values.yaml
```

정리하면, 애플리케이션에 필요한 값을 파라미터로 전달해서 쿠버네티스에 배포하는 방식이다. 쿠버네티스를 운영하면서 이러한 파라미터화는 점점 애플리케이션의 다양한 환경에 구석구석 스며들 것이다.

1.11 서비스 배포 모범 사례

쿠버네티스는 복잡하지만 강력한 시스템이다. 기본적인 애플리케이션을 쉽게 구축하는 데 도움이 될 만한 몇 가지 모범 사례를 제시한다.

- ✓ 대부분의 서비스는 디플로이먼트 리소스로 배포하는 게 좋다. 리던던시와 스케일링을 고려하여 동일한 레플리카를 생성하기 때문이다.

- ✓ 디플로이먼트는 보통 서비스를 이용하여 표출하는데, 이 서비스가 사실상 로드 밸런서 역할을 한다. 기본적으로 서비스는 클러스터 내부에 표출되며, 외부에도 표출할 수 있다. HTTP 애플리케이션을 표출하려면 인그레스 컨트롤러를 사용해서 요청 라우팅, SSL 등의 기능을 추가하자.

- ✓ 다양한 환경에서 애플리케이션 구성을 재사용하려면 파라미터화가 필수다. 헬름[29] 같은 패키징 툴이 이러한 파라미터화에 안성맞춤이다.

> **정리**
>
> 이 장에서 개발한 애플리케이션은 간단하지만 더 크고 복잡한 애플리케이션을 구축하는 데 필요한 거의 모든 개념이 포함되어 있다. 쿠버네티스를 성공적으로 잘 활용하려면 각 요소들이 어떻게 서로 맞물리는지, 그리고 기본적인 쿠버네티스 컴포넌트는 어떻게 사용하는지 이해하는 것이 중요하다.
>
> 버전 관리, 코드 리뷰, 지속적인 서비스 배포 등 터전을 제대로 일궈 놓으면 무엇이든 견고하게 빌드할 수 있다. 2장부터 갖가지 고급 주제들을 살펴보더라도 기본기가 얼마나 중요한지 항상 잊지 말자.

---

[29] https://helm.sh

CHAPTER

02

개발자 워크플로

쿠버네티스는 소프트웨어를 안정적으로 운영하기 위해 만들어졌다. 애플리케이션 지향application-oriented API, 자가 치유self-healing 속성, 무중단 소프트웨어 롤아웃을 위한 디플로이먼트 등 유용한 툴을 제공하여 애플리케이션을 배포/관리하는 작업을 간편하게 해준다. 그러나 쿠버네티스로 서비스할 애플리케이션을 더 쉽게 개발할 수 있게 해주는 것은 아니다.

따라서 개발자 워크플로developer workflow가 중요하다. 클러스터는 대부분 프로덕션 애플리케이션production application[1]을 운영할 목적으로 설계되었으므로 개발자 워크플로에서 직접 액세스할 일은 드물지만, 쿠버네티스를 타깃으로 한 개발자 워크플로를 구축하는 일은 매우 중요하다. 보통 하나의 클러스터 또는 적어도 전체 클러스터의 일부를 개발 용도로 구축하는데, 개발 클러스터를 잘 구축해서 쿠버네티스용 애플리케이션 개발을 간소화하는 것은 쿠버네티스 시스템의 성공을 보장하는 핵심 요소다.

2.1 목표

이야기를 계속 하기 전에 개발 클러스터를 구축하는 목표를 분명히 하자. 개발자가 쿠버네티스에서 애플리케이션을 쉽고 빠르게 개발하도록 지원하는 것이 궁극적인 목표인데, 현장에서는 이 말이 정확히 어떤 의미일까? 그리고 실용적인 관점에서 개발 클러스터는 어떤 가치가 있을까?

이 질문에 답하려면 먼저 개발자가 클러스터와 인터랙션interaction(상호 작용)하는 과정을 살펴볼 필요가 있다.

첫 번째 단계는 온보딩onboarding[2]이다. 신규 개발자가 팀에 합류하면 클러스터에 로그인 가능한 유저 계정을 발급하고 처음 배포를 할 수 있을 때까지 숙달시키는 과정이다. 목표는 개발

---

1 옮긴이_ 실제 사용자에게 제품으로 서비스되는 애플리케이션
2 옮긴이_ 온보딩 또는 조직 사회화는 새로운 직원이 효과적인 조직 구성원 및 내부자가 되기 위해 필요한 지식, 기술 및 행동을 습득하는 메커니즘에 대한 미국식 용어

자가 최단 시간 내에 업무 적응을 마치도록 돕는 것이다. 이 프로세스는 미리 KPI^{Key Performance Index}(성과 지표)³를 수립해야 한다. 예를 들면, '아무것도 모르는 팀원도 30분 이내에 최신 버전의 애플리케이션을 실행시킨다' 하는 식이다. 새로 팀원이 들어올 때마다 목표가 제대로 달성되고 있는지 점검하자.

두 번째 단계는 개발^{developing}이다. 말 그대로 개발자가 매일 하는 일이다. 이 단계의 목표는 신속한 이터레이션과 디버깅이다. 개발자는 자기가 짠 코드를 빠르게, 반복적으로 클러스터에 푸시하는 동시에 코드를 쉽게 테스트하고 (제대로 작동하지 않으면) 디버깅할 수 있어야 한다. 이 단계의 KPI를 정확하게 측정하기는 쉽지 않지만, PR^{Pull Request}(풀 리퀘스트)⁴를 보내거나 수정한 코드를 클러스터에서 실행하기까지 걸린 시간, 그리고 유저가 느끼는 생산성에 관한 설문 조사(또는 둘 다) 결과를 평가에 반영한다. 팀의 전반적인 생산성을 가늠해보는 것도 좋은 방법이다.

세 번째 단계는 테스팅^{testing}이다. 코드를 커밋 또는 머지^{merge}(병합)하기 전에 코드가 올바른지 검사하는 단계로, 개발과 맞물려 있다. 이 단계의 목표는 두 가지다. 첫째, 개발자가 PR을 보내기 전에 자신의 PC 환경에서 모든 테스트를 실행해야 한다. 둘째, 모든 테스트는 코드가 리포지터리에 머지되기 전에 자동으로 실행돼야 한다. 프로젝트가 복잡해질수록 테스팅 시간도 점점 늘어나므로 테스트 실행 시간도 KPI에 포함시켜야 한다. 이때 개발자가 PR을 보내기 직전, 초기 검사 용도로 사용할 만한 작은 규모의 스모크 테스트^{smoke test}⁵가 있으면 도움이 될 것이다.

코드를 변경하지 않았는데 간헐적으로 (혹은 종종) 테스트가 실패하는 테스트 불안정성^{test flakiness}에 관한 엄격한 KPI도 필요하다. 상당히 액티브한 프로젝트에서 이런 일이 1/1,000 비

---

3 옮긴이_ 성과 지표 또는 핵심 성과 지표는 성과 측정의 일종입니다. KPI는 단체 또는 해당 단체에 참여한 특정 활동의 성공도를 측정합니다. KPI는 전략 및 운영 개선을 위한 포커스를 제공하고 의사 결정의 분석적 토대를 만들며 가장 문제가 되는 부분에 집중할 수 있도록 도움을 줍니다.

4 옮긴이_ 깃 유저가 자신이 작업한 결과물을 원격 리포지터리에 푸시하여 관리자 권한을 가진 유저에게 머지를 요청하는 것

5 옮긴이_ 컴퓨터 프로그래밍 및 소프트웨어 테스트에서 스모크 테스트는 예를 들어 예상되는 소프트웨어 릴리스를 거부할 정도로 심각한 단순한 오류를 밝히기 위한 예비 테스트 또는 온전성 테스트

율로만 생겨도 개발자 마찰developer friction[6]로 이어질 수 있다. 어떤 경우에도 클러스터 환경 때문에 테스트가 실패하지 않도록 해야 한다. 코드 자체의 문제 또는 개발 환경의 간섭(예: 부족한 리소스와 주변 노이즈)으로 테스트가 불안정해지는 경우도 많다. 개발 환경에 이런 문제가 없도록, 또 만약 생기면 재빨리 조치할 수 있도록 항상 준비해야 한다.

2.2 개발 클러스터 구축

쿠버네티스 환경에서 개발을 고려할 때, 제일 먼저 대규모 단일 개발 클러스터를 구축할지, 아니면 개발자마다 클러스터를 따로 부여할지 결정해야 한다. 물론, 이 선택은 퍼블릭 클라우드처럼 클러스터를 그때그때 쉽게 생성할 수 있는 환경에서만 의미가 있다. 물리적 환경에서는 당연히 하나의 대규모 클러스터를 구축하는 방법 하나뿐이다.

장단점을 잘 따져봐야 한다. 개발자마다 클러스터를 구축하면 비용이 많이 들고 비효율적이며 관리할 클러스터가 상당히 늘어나는 중대한 단점이 있다. 클러스터별 활용도가 그리 높지 않으므로 당연히 추가 비용이 많이 들고, 개발자마다 클러스터를 발급하면 사용하지 않는 리소스를 추적해서 정리하기가 쉽지 않다. 물론, 단순함은 이 방식의 가장 큰 장점이다. 개발자마다 각자 알아서 관리할 클러스터를 발급하는 체제라 다른 개발자의 클러스터에 침범해서 영향을 끼칠 일이 거의 없다.

이와 달리, 단일 개발 클러스터는 매우 효율적이다. 개발자 인원수가 같다면 비용은 1/3 이하로 낮출 수 있다. 또 모니터링이나 로깅 같은 공용 클러스터shared cluster 서비스를 훨씬 더 쉽게 설치할 수 있으므로 개발자 친화적인developer-friendly 클러스터를 만들 수 있다. 유저 관리 프로세스와 개발자 간의 간섭은 단점으로 작용한다.

쿠버네티스 클러스터에 새로운 유저와 네임스페이스namespace를 추가하는 과정은 아직도 그리

---

[6] 옮긴이_ 개발자의 작업 생산성과 개발 의욕을 떨어뜨리는 여러 가지 환경적인 요소

간단한 편은 아니라서, 신규 개발자를 온보딩하는 프로세스를 잘 준비해두어야 한다. 쿠버네티스의 리소스 관리 및 RBAC$^{\text{Role-Based Access Control}}$(역할 기반 액세스 제어)를 잘 활용하면 개발자끼리 충돌이 일어날 확률은 줄일 수 있지만, 어느 한 유저가 리소스를 과도하게 써버려 개발 클러스터 전체가 먹통이 되어 버릴 가능성은 항상 존재한다. 그리고 개발자 본인이 자기가 어떤 리소스를 생성했는지 잊거나, 실수로 리소스 릭$^{\text{resource leak}}$(자원 누수)을 일으키지 않도록 신경 써야 한다. 어쨌든, 개발자가 직접 자신의 클러스터를 만들어 사용하는 첫 번째 방식보다는 쉽다.

둘 중 어느 쪽이라도 가능하지만, 우리는 모든 개발자가 단일 대규모 클러스터를 사용하는 방안을 권장한다. 개발자 간의 간섭은 발생할 수 있지만 관리를 잘 하면 되며, 무엇보다 비용 효율성이 높고 전사 공용 기능을 클러스터에 쉽게 추가할 수 있는 장점이 크다. 하지만 개발자 온보딩, 리소스 관리, 가비지 컬렉션 프로세스에 어느 정도 투자는 필요하다. 일단 단일 클러스터를 만들어 사용해보다가 나중에 사세가 확장되면(또는 이미 조직 규모가 커졌다면) 수백 명의 유저를 수용 가능한 아주 큰 클러스터보다는 팀이나 그룹 단위(10~20명)로 작은 클러스터를 두는 방안을 고려하는 것이 좋다. 그렇게 해야 비용, 관리 측면에서 모두 유리하다. 클러스터를 여럿 두면 일관성을 맞추기가 조금 복잡해지지만, 플릿 매니지먼트$^{\text{fleet management}}$[7] 같은 툴을 활용하면 보다 쉽게 여러 클러스터를 관리할 수 있다.

2.3 여러 개발자가 사용할 공용 클러스터 구축

대규모 클러스터를 구축하는 주된 목표는 여러 유저가 서로 영향을 끼치지 않고 사용할 수 있는 환경을 마련하는 것이다. 쿠버네티스 네임스페이스는 유저 간의 간섭을 제거하는 가장 확실한 방법이다. 어떤 유저의 프론트엔드 서비스가 다른 유저의 프론트엔드 서비스를 방해하지 않게 하려면 서비스 배포 스코프를 해당 네임스페이스로 제한하면 된다. RBAC 스코

---

7 옮긴이_ https://en.wikipedia.org/wiki/Fleet_management

프 역시 네임스페이스로 제한할 수 있으므로 다른 개발자의 작업 결과물을 실수로 삭제하는 등의 불상사를 막을 수 있다. 공용 클러스터에서는 네임스페이스를 개발자의 워크스페이스workspace(작업 공간)로 삼는 것이 합리적이다.

2.3.1 유저 온보딩

네임스페이스에 할당하기 전에 먼저 유저를 쿠버네티스 클러스터에 온보딩해야 한다. 방법은 두 가지다. 첫째, 인증서certificate 기반의 인증이다. 유저에게 새 인증서를 발급하고 로그인 시 사용할 kubeconfig 파일을 제공한다. 둘째, 외부 아이덴티티identity(신원 증명) 시스템(예: 마이크로소프트 엔트라Entra ID[8] 또는 AWS IAM[9])을 통해 클러스터에 액세스하도록 구성한다.

일반적으로 외부 아이덴티티 시스템을 이용하는 것이 좋다. 아이덴티티 데이터를 따로따로 보관할 필요가 없고, 대개 수명이 긴long-lived 인증서보다는 수명이 짧은short-lived 토큰을 사용하므로 혹여 사고로 토큰이 노출돼도 보안에 영향을 미치는 시간이 한정된다. 가능한 한 개발자가 외부 아이덴티티 프로바이더를 통해 자신의 아이덴티티를 증명하도록 제한하는 것이 좋다.

물론, 이렇게 할 수 없는 환경에서는 인증서를 사용해야 할 수도 있다. 다행히, 쿠버네티스 인증서 API를 사용하면 인증서를 쉽게 생성하고 관리할 수 있다. 지금부터 기존 클러스터에 새 유저를 추가하는 과정을 설명하겠다.

먼저, 새 인증서를 발급하려면 CSR[10]을 생성해야 한다. 다음은 이 일을 하는 간단한 Go 프로그램이다.

---

8 옮긴이_ https://www.microsoft.com/en-us/security/business/identity-access/microsoft-entra-verified-id
9 옮긴이_ https://docs.aws.amazon.com/ko_kr/IAM/latest/UserGuide/introduction.html
10 옮긴이_ 인증서 발급에 필요한 정보가 담긴 BASE64 포맷의 데이터

```go
package main

import (
    "crypto/rand"
    "crypto/rsa"
    "crypto/x509"
    "crypto/x509/pkix"
    "encoding/asn1"
    "encoding/pem"
    "os"
)

func main() {
    name := os.Args[1]
    user := os.Args[2]

    key, err := rsa.GenerateKey(rand.Reader, 1024)
    if err != nil {
        panic(err)
    }
    keyDer := x509.MarshalPKCS1PrivateKey(key)
    keyBlock := pem.Block{
        Type:  "RSA PRIVATE KEY",
        Bytes: keyDer,
    }
    keyFile, err := os.Create(name + "-key.pem")
    if err != nil {
        panic(err)
    }
    pem.Encode(keyFile, &keyBlock)
    keyFile.Close()

    commonName := user
    // 필요 시 다른 이메일 주소로 업데이트한다.
```

```go
    emailAddress := "someone@myco.com"

    org := "My Co, Inc."
    orgUnit := "Widget Farmers"
    city := "Seattle"
    state := "WA"
    country := "US"

    subject := pkix.Name{
        CommonName:         commonName,
        Country:            []string{country},
        Locality:           []string{city},
        Organization:       []string{org},
        OrganizationalUnit: []string{orgUnit},
        Province:           []string{state},
    }

    asn1, err := asn1.Marshal(subject.ToRDNSequence())
    if err != nil {
        panic(err)
    }
    csr := x509.CertificateRequest{
        RawSubject:         asn1,
        EmailAddresses:     []string{emailAddress},
        SignatureAlgorithm: x509.SHA256WithRSA,
    }

    bytes, err := x509.CreateCertificateRequest(rand.Reader, &csr, key)
    if err != nil {
        panic(err)
    }
    csrFile, err := os.Create(name + ".csr")
    if err != nil {
        panic(err)
```

```
        }

        pem.Encode(csrFile, &pem.Block{Type: "CERTIFICATE REQUEST", Bytes:
          bytes})
        csrFile.Close()
}
```

다음 커맨드를 실행하면 client-key.pem, client.csr 파일이 생성된다.

```
go run csr-gen.go client <user-name>;
```

다음 스크립트를 실행하면 새 인증서를 발급받아 다운로드할 수 있다.

```
#!/bin/bash

csr_name="my-client-csr"
name="${1:-my-user}"


csr="${2}"


cat <<EOF | kubectl create -f -
apiVersion: certificates.k8s.io/v1
kind: CertificateSigningRequest
metadata:
  name: ${csr_name}
spec:
  groups:
  - system:authenticated
  request: $(cat ${csr} | base64 | tr -d '\n')
  usages:
```

```
      - key encipherment
      - client auth
EOF

echo
echo "Approving signing request."
kubectl certificate approve ${csr_name}

echo
echo "Downloading certificate."
kubectl get csr ${csr_name} -o jsonpath='{.status.certificate}' \
    | base64 —decode > $(basename ${csr} .csr).crt

echo
echo "Cleaning up"
kubectl delete csr ${csr_name}

echo
echo "Add the following to the 'users' list in your kubeconfig file:"
echo "- name: ${name}"
echo "  user:"
echo "    client-certificate: ${PWD}/$(basename ${csr} .csr).crt"
echo "    client-key: ${PWD}/$(basename ${csr} .csr)-key.pem"
echo
echo "Next you may want to add a role-binding for this user."
```

해당 유저의 kubeconfig 파일에 추가할 최종 정보를 출력하는 스크립트다. 물론, 이 유저는 아직 액세스 권한이 없으므로 쿠버네티스 RBAC를 적용해야 네임스페이스 권한이 부여된다.

2.3.2 네임스페이스 생성과 보안

네임스페이스를 프로비저닝하려면 일단 `kubectl create namespace my-namespace` 커맨드를 실행하여 실제로 네임스페이스를 생성한다.

네임스페이스에 배포된 컴포넌트의 개발 담당 부서 같은 메타데이터는 보통 애너테이션annotation 형태로 네임스페이스에 추가한다. 진자Jinja[11] 같은 템플릿을 이용해 YAML 파일을 만들고 애너테이션을 붙인다. 다음은 이 일을 수행하는 간단한 스크립트다.

```
ns='my-namespace'
team='some team'
kubectl create namespace ${ns}
kubectl annotate namespace ${ns} team=${team}
```

네임스페이스가 생겼으니 유저에게 네임스페이스 액세스 권한을 부여하자. 해당 네임스페이스에서 다음과 같은 롤바인딩RoleBinding 오브젝트를 만들어 해당 유저의 롤을 바인딩한다.

```
apiVersion: rbac.authorization.k8s.io/v1
kind: RoleBinding
metadata:
  name: example
  namespace: my-namespace
roleRef:
  apiGroup: rbac.authorization.k8s.io
  kind: ClusterRole
  name: edit
subjects:
- apiGroup: rbac.authorization.k8s.io
  kind: User
  name: myuser
```

---

11 https://oreil.ly/vvtTF

kubectl create -f role-binding.yaml을 실행하면 롤바인딩 오브젝트가 생성된다. 네임스페이스만 바꿔 얼마든지 재사용할 수 있고, 다른 롤바인딩이 없는 유저는 클러스터에서 해당 네임스페이스만 액세스할 수 있다. 전체 클러스터의 읽기 권한을 부여하면 다른 사람이 자신의 작업에 간섭을 일으킬 경우 그가 무슨 일을 하고 있는지 들여다볼 수 있지만, 클러스터의 시크릿 리소스도 액세스할 수 있으니 신중하자. 보통 개발 클러스터는 모든 사람이 같은 조직에서 일하고 시크릿은 개발에서만 사용하므로 큰 문제는 없지만, 그래도 문제가 되는 경우에는 역할을 조금 더 세분화하여 시크릿 읽기 권한을 제거하면 된다.

예산이 초과되지 않도록 네임스페이스 리소스의 사용량을 제한하거나 개발자에게 리소스를 공평하게 분배하고 싶다면 리소스쿼터^{ResourceQuota} 오브젝트를 사용한다.

다음은 my-namespace에 속한 파드의 요청과 리밋을 모두 10 코어, 100GB 메모리로 제한하는 구성 YAML이다.

```yaml
apiVersion: v1
kind: ResourceQuota
metadata:
  name: limit-compute
  namespace: my-namespace
spec:
  hard:
    # 중첩 표기하지 않아 이상해 보이지만,
    # 파드 자체의 requests, limits 필드를 가리키는 것이다.
    requests.cpu: "10"
    requests.memory: 100Gi
    limits.cpu: 10
    limits.memory: 100Gi
```

2.3.3 네임스페이스 관리

신규 유저를 온보딩하고 네임스페이스까지 만들었으니, 이제 개발자 유저를 네임스페이스에 할당할 차례다. 완벽한 정답은 없지만, 대략 방법은 두 가지다. 첫째, 온보딩 프로세스의 일부로 각 유저에게 고유한 네임스페이스를 발급한다. 온보딩을 마친 유저는 애플리케이션을 개발/관리할 수 있는 자신만의 워크스페이스를 갖게 된다. 하지만 이렇게 개발자마다 거의 영구 보존되는 네임스페이스를 부여하면 개발자가 작업을 마친 후에도 여기저기 결과물을 방치할 가능성이 높아서 일일이 리소스를 파악하고 가비지를 수거하기가 상당히 복잡해진다. 둘째, TTL^{Time-To-Live} 기반으로[12] 임시성^{temporary} 네임스페이스를 발급한다. 개발자는 발급된 클러스터가 일시적^{transient}인 리소스라고 생각하게 되며, TTL이 끝나는 시점에 전체 네임스페이스를 삭제하는 작업을 쉽게 자동화할 수 있다.

TTL 모델에서 개발자는 새로운 프로젝트를 시작하고 싶을 때 해당 프로젝트의 새 네임스페이스를 할당하는 툴을 사용하는데, 여기서 관리 및 회계 네임스페이스와 연관된 메타데이터를 네임스페이스에 함께 넣는다. 네임스페이스의 TTL, 네임스페이스를 발급한 개발자, 네임스페이스에 할당된 리소스(예: CPU, 메모리), 팀 정보, 사용 목적 등의 메타데이터가 포함될 것이다. 이 메타데이터가 있으면 리소스 사용량을 추적하고 적시에 네임스페이스를 삭제할 수 있다.

네임스페이스를 온디맨드로^{on-demand}(필요할 때 바로 제공하는 식) 할당하는 툴을 개발하기가 다소 어렵게 느껴질 수 있지만, 간단한 툴 정도는 비교적 개발하기 쉽다. 가령, 메타데이터를 프롬프트^{prompt}에서 입력받아 네임스페이스를 생성하는 간단한 스크립트는 금방 만들 수 있다.

유저가 kubectl 툴로 새 네임스페이스를 다이내믹하게 생성/할당하도록 CRD^{Custom Resource Definition}(커스텀 리소스 정의)를 제공하면 조금 더 긴밀하게 쿠버네티스에 통합할 수 있다. 시간이 있고 의지가 있다면 이렇게 네임스페이스를 선언으로 관리하고 RBAC를 활성화하는 구

---

12 옮긴이_ 즉, 수명을 미리 정해놓고 작동시키는 방식

조가 좀 더 바람직하다.

네임스페이스를 할당하는 툴이 있으니 TTL이 만료된 네임스페이스를 회수하는 툴도 필요하다. 회수 작업도 TTL이 만료된 네임스페이스를 찾아내 삭제하는 간단한 스크립트만 있으면 별로 어렵지 않다.

회수 스크립트를 컨테이너에 빌드한 후 스케줄드잡ScheduledJob으로 매시간 1회 등의 간격을 정해 실행하면 된다. 이렇게 툴을 잘 조합해 사용하면 개발자 요건에 따라 프로젝트에 독립적인 리소스를 쉽게 할당했다가 적절한 주기로 리소스를 회수함으로써 낭비를 줄이고 낡은 리소스가 새로운 개발에 걸림돌이 되지 않도록 만들 수 있다.

2.3.4 클러스터 수준 서비스

네임스페이스를 할당/관리하는 툴 외에도 유용한 클러스터 수준의 서비스도 많다. 개발 클러스터에서 적극 활용하자. 먼저, 로그를 한 군데로 모으는 LaaS Logging as a Service (서비스로서의 로깅)다. 애플리케이션이 작동 원리를 이해하려면 STDOUT에 뭔가 써서 로그를 남기는 게 가장 빠른 길이다. 로그는 kubectl logs 커맨드로도 확인할 수 있지만, 로그 길이에 제한이 있고 검색하기가 불편하다. 그래서 클라우드 서비스나 일래스틱서치Elasticsearch[13] 클러스터 같은 LaaS 시스템으로 로그를 자동 전송하면 개발자가 로그에서 원하는 정보를 바로바로 검색할 수 있다. 또한 서비스 내부의 여러 컨테이너에 흩어져 있는 로깅 정보를 쉽게 집계할 수 있다.

---

[13] 옮긴이_ https://github.com/elastic/elasticsearch

2.4 개발자 워크플로 활성화

공용 클러스터를 성공적으로 구축하고 신규 개발자를 무사히 클러스터에 온보딩했다면, 이제 실제로 개발자가 애플리케이션 개발에 착수하도록 유도해야 한다. 개발자 온보딩부터 시작해 클러스터에 애플리케이션을 처음 실행하기까지 걸린 시간이 우리가 측정하려는 KPI 중 하나라는 사실을 기억하자. 앞서 설명한 온보딩 스크립트를 통해 유저가 신속하게 클러스터에 인증하고 네임스페이스를 할당 받게 하는 것은 누가 봐도 명백하다. 하지만 애플리케이션을 처음 실행하는 일은 어떨까? 일부 유용한 기술이 있긴 하지만, 안타깝게도 애플리케이션을 처음 작동시키는 것은 단순한 자동화 이상의 많은 절차를 요하는 작업이다. 지금부터 이 문제에 접근하는 한 가지 방법을 소개하겠다. 이 또한 유일한 정답이나 해결책은 아니니 그대로 적용하든, 스스로 자구책을 찾아내든, 그것은 여러분의 몫이다.

2.4.1 초기 설치

애플리케이션 배포에서 가장 난해한 부분은 디펜던시를 빠짐없이 모두 설치하는 일이다. 특히, 최신 마이크로서비스 아키텍처에서는 어느 한 마이크로서비스를 개발하더라도 데이터베이스나 다른 마이크로서비스에 있는 갖가지 디펜던시를 함께 배포해야 한다. 애플리케이션 자체를 배포하는 작업은 비교적 간단하지만, 완전한 애플리케이션을 빌드하려면 디펜던시를 모조리 찾아 배포해야 하는데, 부실하거나 제때 업데이트가 안 된 매뉴얼 때문에 시행착오를 겪는 일이 잦다.

이 문제를 근본적으로 해결하려면 디펜던시를 기술하고 설치하는 관례convention를 정착시켜야 한다. 모든 필수 자바스크립트 디펜던시를 npm install 커맨드 하나로 전부 설치하는 것을 떠올리면 이해가 빠르다. 쿠버네티스 기반의 애플리케이션도 언젠가 npm 비슷한 툴이 등장해서 편해질 날이 올지 모르겠지만, 그 전까지는 팀 내부의 관례가 제대로 뿌리내리도록 만드는 게 최선이다.

한 가지 예를 들면, 모든 프로젝트 리포지터리의 루트 디렉터리에 다음과 같은 내용으로 setup.sh 스크립트를 작성하는 것이다. 애플리케이션의 디펜던시가 모두 올바르게 생성되도록 특정 네임스페이스에 모든 디펜던시를 생성하는 스크립트다.

```
kubectl create -f my-service/database-stateful-set.yaml
kubectl create -f my-service/middle-tier.yaml
kubectl create -f my-service/configs.yaml
```

그런 다음 package.json에 아래 내용을 추가해서 설치 스크립트를 npm에 통합시킨다.

```
{
    ...
    "scripts": {
        "setup": "./setup.sh",
        ...
    }
}
```

이제 신규 개발자는 npm run setup만 실행해도 클러스터 디펜던시는 알아서 다 설치될 것이다. 물론, 이는 Node.js/npm 체제에서만 통하는 얘기고, 다른 프로그래밍 언어라면 당연히 해당 언어에 맞는 툴과 통합시켜야 한다. 예를 들어, 자바 애플리케이션은 이런 목적으로 메이븐Maven[14] pom.xml 파일을 사용한다.[15]

최근에 깃헙과 비주얼 스튜디오 코드는 devcontainer를 표준화하여 워크플로를 좀 더 일반화했다. devcontainer는 리포지터리의 .devcontainer/ 폴더에 위치한 Dockerfile에 기술된 컨테이너로, 개발자가 해당 리포지터리에서 개발하는 데 필요한 완벽한 환경을 제공한다.

---

[14] 옮긴이_ https://maven.apache.org
[15] 옮긴이_ 근래에는 메이븐보다 이후에 등장한 그레이들(Gradle)을 더 많이 사용하는 추세입니다.

2.4.2 액티브한 개발 환경

개발자 워크스페이스에 필수 디펜던시를 설치한 다음에 할 일은 개발자가 애플리케이션을 신속하게 이터레이션할 수 있는 환경을 제공하는 것이다. 그러려면 무엇보다 컨테이너 이미지를 빌드/푸시하는 능력을 갖추어야 하는데, 아직 경험이 부족해서 잘 모른다면 온라인 리소스와 전문 도서를 학습하자.

컨테이너 이미지를 빌드하고 푸시까지 다 했다면 이제 클러스터에 롤아웃할 차례다. 기존 롤아웃과 달리 개발자 이터레이션 과정에서 가용성을 유지하는 일은 별로 중요하지 않다. 따라서 새 코드를 배포하는 가장 쉬운 방법은 이전 디플로이먼트 오브젝트를 삭제한 다음 새로 빌드한 이미지를 가리키는 디플로이먼트를 생성하는 것이다. 기존 디플로이먼트를 업데이트할 수도 있지만, 그러면 디플로이먼트 리소스에서 롤아웃 로직을 트리거하게 된다. 코드가 재빨리 롤아웃되도록 디플로이먼트를 구성할 수 있어도 개발 환경과 프로덕션 환경의 간극이 벌어질수록 시스템은 위험하고 불안정해질 것이다. 예를 들면, 실수로 프로덕션에 개발용 디플로이먼트 YAML을 푸시했다고 상상해보자. 테스트도 제대로 안 한 새 버전이 갑자기 프로덕션에 배포되면서 롤아웃 단계 사이에 지연이 생길 것이다. 이런 리스크 때문에 디플로이먼트를 삭제하고 재생성하는 것이 모범 사례다.

디펜던시를 설치하는 스크립트처럼 디플로이먼트를 삭제하고 다시 만드는 스크립트도 작성하자.

다음은 이 일을 수행하는 `deploy.sh` 스크립트다. 이 스크립트도 기존 프로그래밍 언어 툴에 통합하면 개발자는 `npm run deploy` 커맨드 하나로 새로 작성한 코드를 클러스터에 바로 배포할 수 있다.

```
kubectl delete -f ./my-service/deployment.yaml
perl -pi -e 's/${old_version}/${new_version}/' ./my-service/deployment.yaml
kubectl create -f ./my-service/deployment.yaml
```

이러한 자동화 툴은 구축 시점부터 깃헙 액션[GitHub Actions][16], 애저 데브옵스[Azure DevOps][17], 젠킨스[Jenkins][18] 등의 CI/CD 툴에 통합하면 두고두고 편하다. 가령, 개발자의 PR을 머지할 때 자동 배포되는 부가 기능을 자동화하면 전체 작업이 한결 간편해질 것이다.

2.4.3 테스팅과 디버깅

개발 버전의 애플리케이션을 클러스터에 배포하는 것까지 성공했으면, 애플리케이션을 계속 테스트해보면서 이슈 발생 시 디버깅을 해야 한다. 하지만 클러스터와 인터랙션하는 과정이 언제나 명료한 것은 아니기 때문에 쿠버네티스 환경에서 개발하는 개발자는 부담을 느끼기 쉽다. 이런 점에서 kubectl 커맨드는 만능 스위스 군용 칼 같은 툴이다. 단, 옵션이 너무 많아서(예: `kubectl logs`, `kubectl exec`, `kubectl port-forward`) 사용법을 전부 다 익히고 친해지려면 상당한 시간과 경험이 필요하다. 또한 터미널에서 실행되는 툴이라서 애플리케이션의 소스 코드와 실행 화면을 여러 창에 띄워놓고 확인해야 하므로 불편하다.

쿠버네티스 툴은 점점 테스팅과 디버깅 작업을 매끄럽게 할 수 있는 방향으로 개발 환경에 통합되는 추세다. 예를 들어, 비주얼 스튜디오 코드[Visual Studio Code]는 오픈 소스 버전의 쿠버네티스용 익스텐션을 제공하는데, 비주얼 스튜디오 마켓플레이스에서 무료로 내려 받아 쉽게 설치할 수 있다. 이 익스텐션은 kubeconfig 파일에 있는 클러스터를 자동으로 검색해 그 콘텐츠를 볼 수 있는 트리뷰[tree-view] 탐색창을 표시한다.

클러스터 상태를 한눈에 파악할 수 있을 뿐만 아니라, 개발 툴에 통합되어 있어 UI가 직관적이고 kubectl 툴을 쉽게 사용할 수 있다. 가령, 원하는 쿠버네티스 파드를 트리뷰에서 찾아 마우스 오른쪽 버튼을 클릭하면 즉시 포트 포워딩[port-forwarding][19]으로 파드에서 로컬 머신으로 직접 네트워크 커넥션을 얻을 수 있다. 파드 로그에 액세스하거나 실행 중인 컨테이너에서

---

16 옮긴이_ https://docs.github.com/ko/actions
17 옮긴이_ https://learn.microsoft.com/ko-kr/azure/devops/?view=azure-devops
18 옮긴이_ https://www.jenkins.io
19 옮긴이_ 특정 포트로 들어온 데이터 패킷을 다른 포트로 바꿔 재전송하는 작업

바로 터미널을 띄워 접속할 수도 있다.

이처럼 전형적인 유저 인터페이스의 기대 사항(예: 마우스 오른쪽 버튼 클릭 시 컨텍스트 메뉴 표시)과 커맨드, 그리고 UX$^{User\ Experience}$(유저 경험)와 애플리케이션 코드의 통합 덕분에 이제는 쿠버네티스 경험이 거의 없는 개발자도 개발 클러스터에서 빠르게 적응하며 결과를 낼 수 있다.

물론, 방금 소개한 비주얼 스튜디오 코드 익스텐션 외에도 여러 프로그래밍 환경 및 스타일(예: vi, emacs 등)마다 설치 가능한 옵션이 다양하다.

2.5 개발 환경 설정 모범 사례

쿠버네티스의 개발 워크플로 구축은 개발자 생산성을 드높여 팀원들이 기쁜 마음으로 일하게 만드는 핵심 포인트다. 개발자가 쿠버네티스에 빠르게 적응하고 개발 성과를 내는 데 도움이 될 만한 모범 사례를 제시한다.

- ✓ 개발자 경험을 온보딩, 개발, 테스팅의 3단계로 생각하자. 자신이 구축한 개발 환경이 이 세 단계를 모두 잘 지원하는지 점검하자.

- ✓ 개발 클러스터는 대규모 단일 공용 클러스터로 구축할 수도 있고, 개발자마다 따로 발급되는 클러스터로 구축할 수도 있다. 각각 장단점이 있지만 일반적으로 공용 클러스터가 더 낫다.

- ✓ 클러스터에 유저를 추가할 때 유저 아이덴티티를 추가하고 각자 자기 네임스페이스만 액세스할 수 있도록 설정하자. 유저가 쓸 수 있는 클러스터의 양은 리소스 리밋으로 제한하자.

- ✓ 네임스페이스를 관리할 때 오래된 미사용 리소스를 어떻게 회수할지 고민하자. 미사용

리소스를 방치하는 개발자는 항상 있기 마련이므로 리소스 정리 작업을 자동화하자.

✓ 모든 유저가 사용 가능한 클러스터 수준의 서비스(예: 로그, 모니터링)를 검토하자. 모든 유저를 대신하여 데이터베이스 등의 클러스터 수준의 디펜던시를 헬름 차트 같은 템플릿으로 구축하는 것이 유용할 때도 있다.

> **정리**
>
> 쿠버네티스 클러스터를 구축하는 작업은 (특히 클라우드 환경에서) 비교적 간단한 편이다. 하지만 개발자가 쿠버네티스 클러스터에서 생산적으로 애플리케이션을 빌드하며 활용할 수 있으려면 온보딩, 이터레이션, 테스팅, 디버깅 등에 관한 핵심 목표를 잘 정의하는 것이 중요하다. 아울러 유저 온보딩, 네임스페이스 프로비저닝, 기본 로그 집계 등 클러스터 서비스에 특화된 기본 툴에도 투자를 고려하자. 사내 모범 사례를 표준화하고 실천하는 기회로 삼아 개발 클러스터와 코드 리포지터리를 구축하면, 향후 개발자가 만족스럽게 생산적으로 코드를 빌드하며 프로덕션 쿠버네티스 클러스터에 성공적으로 배포할 수 있을 것이다.

CHAPTER 03

모니터링과 로깅

이 장의 주제는 쿠버네티스의 모니터링과 로깅에 관한 모범 사례다. 다양한 모니터링 패턴과 수집해야 할 주요 메트릭metric, 그리고 원메트릭raw metric을 토대로 대시보드를 구축하는 방법을 자세히 알아보고 쿠버네티스 클러스터 모니터링 예제를 직접 구현해보자.

3.1 메트릭 vs 로그

먼저, 로그 수집과 메트릭 수집의 차이점을 구별하자. 둘의 관계는 상호 보완적이지만 용도가 다르다.

- 메트릭

정해진 기간에 측정한 수치

- 로그

에러, 경고, 중요 이벤트 등 프로그램 실행 중 일어난 사건을 추적

메트릭과 로그를 모두 수집해야 하는 대표적인 사례는 애플리케이션의 성능이 나빠지는 경우다. 가령, 애플리케이션을 호스팅한 파드에서 레이턴시latency(지연 시간)가 높게 나타난 경우, 메트릭만으로는 뭐가 문제인지 제대로 파악하기 어렵기 때문에 애플리케이션이 기록한 로그를 살펴보며 에러를 조사한다.

3.2 모니터링 기법

폐쇄형 모니터링closed-box monitoring은 주로 애플리케이션 외부에서 모니터링을 한다. 기존에 CPU, 메모리, 스토리지 등을 모니터링하는 시스템에서 많이 써온 방식이다. 그러나 인프라

수준의 컴포넌트를 모니터링할 때는 유용하지만, 애플리케이션이 어떻게 동작하는지 전후 맥락과 인사이트를 얻기는 어렵다. 예를 들어, 파드를 스케줄링할 때 클러스터의 정상 여부를 테스트한다고 하자. 테스트 결과 정상이면 클러스터 내에서 스케줄러와 서비스 디스커버리service discovery[1]는 문제가 없고, 따라서 클러스터 컴포넌트는 정상이라고 볼 수 있다.

개방형 모니터링open-box monitoring은 총 HTTP 요청 수, 500 에러 횟수, 요청 레이턴시 같은 애플리케이션의 상태에 주목한다. 그래서 '왜' 시스템 상태가 이렇게 됐는지 단서를 얻을 수 있다. 예컨대, 단순히 "디스크가 꽉 찼다"가 아니라 "왜 디스크가 꽉 찼을까?" 하는 질문을 던지는 것이다.

3.3 모니터링 패턴

"모니터링이 뭐 어렵나? 여태까지도 계속 시스템을 모니터링해왔는데?"하고 반문할 수도 있다. 사실 모니터링 자체는 새로운 개념이 아니고, 시스템 성능을 이해하는 데 도움을 주는 툴도 많다. 하지만 쿠버네티스처럼 굉장히 다이내믹하고 일시적인transient[2] 플랫폼 환경에서는 어떻게 모니터링하는 게 좋을지 한 번쯤 숙고해야 한다. 예를 들어, 24/7[3] 가동되는 VMVirtual Machine(가상 머신)은 모든 상태가 보존되는지 확인하는 식으로 모니터링하지만, 쿠버네티스는 수명이 짧고 다이내믹한 파드의 특성을 잘 나타낼 수 있는 모니터링 체계를 수립해야 한다.

분산 시스템을 모니터링하는 패턴은 크게 두 가지다. 첫째, 브렌던 그레그Brendan Gregg가 고안한 USE 방법론USE method[4]으로, 다음 항목에 초점을 둔다.

---

1 옮긴이_ 분산 환경에서 클라이언트가 서비스를 호출하기 위해 동적 할당된 IP, Port 등의 네트워크 주소를 찾는 메커니즘
2 옮긴이_ 여기서는 쿠버네티스 오브젝트가 잦은 생성/소멸을 거치는 특성을 뜻합니다.
3 옮긴이_ 매주 7일, 매일 24시간 내내, 즉 쉬지 않고 계속 무중단으로 실행
4 https://www.brendangregg.com/usemethod.html

- U : 사용률^{Utilization}
- S : 포화도^{Saturation}
- E : 에러 수^{Errors}

이 방법론은 애플리케이션 수준의 모니터링으로는 한계가 뚜렷하여 주로 인프라 수준의 모니터링에 쓰인다. 말로 풀이하면 '모든 리소스에 대해 사용률, 포화도, 에러 수를 확인하라'는 것으로, 시스템의 리소스 제약과 에러를 신속하게 파악할 수 있다. 예를 들어, 클러스터 노드의 네트워크 상태는 사용률, 포화도, 에러 수를 체크하여 네트워크 병목^{bottleneck}이나 기타 네트워크 스택의 문제점을 쉽게 파악할 수 있다.

둘째, 톰 윌키^{Tom Wilkie}가 개발한 RED 방법론이다. 주된 관심사는 다음과 같다.

- R : 처리율^{Rate}
- E : 에러 수^{Errors}
- D : 처리 시간^{Duration}

이 방법론의 기본 사상은 구글의 4대 골든 시그널^{Four Golden Signals}다.

■ 레이턴시

요청을 처리하는 데 걸린 시간

■ 트래픽

시스템에 가해진 수요량

■ 에러

실패한 요청의 비율

- 포화도

서비스 사용률

예를 들어, 쿠버네티스에서 실행 중인 프론트엔드 서비스를 모니터링한다면 다음 항목을 계산한다.

- 프론트엔드 서비스는 얼마나 많은 요청을 처리하고 있나?
- 서비스 유저는 500 에러를 얼마나 많이 수신하고 있나?
- 요청 때문에 서비스가 과도하게 사용되고 있나?

이 두 방법론은 서로 상호 보완적인 관계다. USE 방법론은 인프라 컴포넌트에 집중하는 반면, RED 방법론은 애플리케이션의 엔드 유저 경험 위주로 모니터링한다.

3.4 쿠버네티스 메트릭 개요

그럼, 지금까지 배운 다양한 모니터링 기법과 패턴을 활용하여 쿠버네티스 클러스터에서 어떤 컴포넌트를 모니터링할지 알아보자. 쿠버네티스 클러스터는 컨트롤 플레인control plane과 여러 노드 컴포넌트node component로 구성된다. 컨트롤 플레인은 API 서버, etcd, 스케줄러, 컨트롤러 매니저로 구성되며, 노드는 kubelet, 컨테이너 런타임, kube-proxy, kube-dns, 파드로 구성된다. 클러스터와 애플리케이션을 정상 가동하려면 이 모든 컴포넌트를 빠짐없이 모니터링해야 한다.

쿠버네티스는 다양한 방식으로 메트릭을 표출한다. 클러스터 내부의 메트릭을 수집하는 다양한 컴포넌트를 하나씩 살펴보자.

3.4.1 cAdvisor

컨테이너 어드바이저Container Advisor(줄여서 cAdvisor)는 노드에서 실행 중인 컨테이너의 리소스와 메트릭을 수집하는 오픈 소스 구현체다. 쿠버네티스 kubelet과 한몸으로 클러스터의 모든 노드에서 실행된다. cAdvisor는 cgroup(CPU, 디스크 I/O, 네트워크 I/O 리소스를 격리하는 리눅스 커널의 기능) 트리를 통해 메모리, CPU 메트릭을 수집하며, 리눅스 커널에 내장된 statfs로 디스크 메트릭을 수집한다. 자세한 구현 방법을 전부 다 알 필요는 없지만, cAdvisor는 모든 컨테이너 메트릭의 진실 공급원이므로 메트릭이 어떻게 표출되는지, 어떤 종류의 정보를 수집하는지는 알아야 한다.

3.4.2 메트릭 서버

힙스터Heapster는 현재 사용 중단된deprecated 솔루션이다. 데이터 싱크 구현 방식에 몇 가지 아키텍처상 불리한 점이 발견되어 이후 코어 힙스터 코드 베이스에 다양한 벤더의 솔루션이 접목되었다. 이 이슈는 리소스와 커스텀 메트릭Custom Metrics API를 쿠버네티스의 집계aggregated API로 구현하여 해결됐고, 덕분에 API 변경 없이도 구현체를 교체할 수 있다.

메트릭 서버Metrics Server API와 메트릭 서버에서는 다음 두 가지를 이해해야 한다.

첫째, 메트릭 서버는 리소스 메트릭 API의 표준 구현체canonical implementation로, CPU, 메모리 등의 리소스 메트릭을 kubelet API에서 수집해서 메모리에 저장한다. 이렇게 수집된 메트릭은 스케줄러, HPAHorizontal Pod Autoscaler(수평 파드 오토스케일러), VPAVertical Pod Autoscaler(수직 파드 오토스케일러)에서 사용된다.

둘째, 커스텀 메트릭 API을 사용하면 모니터링 시스템에서 임의의 메트릭을 수집할 수 있다. 덕분에 모니터링 솔루션에 커스텀 어댑터를 만들어 붙이면 코어 리소스 메트릭을 외부로 확장시킬 수 있다. 예를 들어, 프로메테우스Prometheus는 커스텀 메트릭 기반의 HPA를 사용할 수 있는 최초의 커스텀 메트릭 어댑터다. 큐 사이즈queue size 같은 메트릭을 가져와 쿠버네티스 외부로 쉽게 스케일링scaling(규모를 늘리거나 줄이는 일)할 수 있고, 각 유스케이스use case마다 효과적인 스케일링이 가능하다.

메트릭 API를 표준화함으로써 CPU, 메모리 같은 평범한 메트릭 외에도 스케일링 가능한 부분이 상당히 늘어났다.

3.4.3 kube-state-metrics

kube-state-metrics는 쿠버네티스에 저장된 오브젝트를 모니터링하는 쿠버네티스 애드온add-on[5]이다. cAdvisor와 메트릭 서버가 리소스 사용량에 관한 구체적인 메트릭을 제공하는 반면, kube-state-metrics는 클러스터에 배포된 쿠버네티스 오브젝트의 상태 파악이 주된 관심사다.

다음은 kube-state-metrics로 확인 가능한 항목이다.

- 파드
  - 클러스터에 파드가 몇 개 배포되었나?
  - 대기 상태인 파드는 몇 개인가?
  - 파드 요청을 처리할 만큼 리소스가 충분한 상태인가?
- 디플로이먼트
  - 실행 중인 파드 대비 몇 개의 파드가 의도한 상태인가?
  - 레플리카는 몇 개 사용할 수 있나?
  - 어떤 디플로이먼트가 업데이트되었나?
- 노드
  - 내 노드의 상태는 어떠한가?
  - 클러스터에 할당 가능한 CPU 코어 수는 몇 개인가?
  - 스케줄링 불가능한 노드가 있는가?

---

[5] 옮긴이_ 작은 부가 기능

- 잡
  - 잡이 언제 시작되었나?
  - 잡이 언제 완료되었나?
  - 실패한 잡은 몇 개인가?

kube-state-metrics는 꽤 많은 오브젝트 타입을 추적한다. 이 글을 쓰는 시점에도 추적 가능한 오브젝트 타입은 계속 늘어나고 있는 중이다(자세한 내용은 깃헙 리포지터리[6] 참고).

3.5 어떤 메트릭을 모니터링하나?

어떤 메트릭을 모니터링해야 할까? 물론, '전부 다'하면 좋겠지만 오만가지 잡다한 메트릭을 보려고 하다간 정작 살펴야 할 신호는 묻혀버리게 될 것이다. 따라서 쿠버네티스 모니터링을 고민 중이라면 다음 요소를 계층적으로 접근할 필요가 있다.

- 물리 또는 가상 노드
- 클러스터 컴포넌트
- 클러스터 애드온
- 엔드 유저 애플리케이션

모니터링을 계층적으로 접근하면 대상 시스템에서 올바른 신호를 보다 쉽게 찾아내고 당면한 문제를 더 집중적으로 파고들 수 있다. 예를 들어, 어떤 파드가 자꾸 대기 상태에 빠질 경우, 일단 노드의 리소스 사용률을 체크하고 문제가 없으면 클러스터 수준의 컴포넌트를 타깃팅하는 targeting (대상으로 삼는) 식으로 살펴보는 것이다.

시스템에서 타깃팅할 만한 메트릭은 다음과 같다.

---

6 https://oreil.ly/bdTp2

- 노드
    - CPU 사용률
    - 메모리 사용률
    - 네트워크 사용률
    - 디스크 사용률
- 클러스터 컴포넌트
    - etcd 레이턴시
- 클러스터 애드온
    - 클러스터 오토스케일러
    - 인그레스 컨트롤러
- 애플리케이션
    - 컨테이너 메모리 사용률 및 포화도
    - 컨테이너 CPU 사용률
    - 컨테이너 네트워크 사용률 및 에러율
    - 애플리케이션 프레임워크에 특정한 메트릭

3.6 모니터링 툴

쿠버네티스와 연동 가능한 모니터링 툴은 거의 매일 새로운 제품이 쏟아져 나올 만큼 다양하다. 다음은 그중 몇 가지 인기 있는 툴이다.

■ 프로메테우스

프로메테우스는 원래 사운드클라우드SoundCloud[7] 사에서 자체 구축한 OSS 모니터링/알림 툴킷이다. 2012년 이후 많은 기업과 조직에서 프로메테우스를 도입했으며, 아직도 개발자 및 유저 커뮤니티는 아주 활발한 상태다. 지금은 기업으로부터 완전히 독립된, 스탠드얼론standalone (자립형) 오픈 소스 프로젝트로 유지되고 있다. 이런 프로젝트 커버넌스governance

---

7 옮긴이_ https://soundcloud.com

를 강조하기 위해 2016년, 쿠버네티스 다음으로 프로메테우스는 CNCF[Cloud Native Computing Foundation](클라우드 네이티브 컴퓨팅 재단)[8]에 합류했다.

▪ InfluxDB

TICK 스택(Telegraf, InfluxDB, Chronograf, Kapacitor)에서 가장 중요한 컴포넌트인 InfluxDB는 높은 쓰기 부하, 쿼리 부하를 처리할 수 있게 설계된 시계열 데이터베이스[time-series database]다. 데브옵스 모니터링, 애플리케이션 메트릭, IoT 센서 데이터, 실시간 분석 등 대량의 타임스탬프 데이터가 연관된 거의 모든 곳에서 기반 저장소로 쓰인다.

▪ 데이터독

데이터독[Datadog]은 클라우드 스케일의 애플리케이션 모니터링 서비스를 제공한다. SaaS 기반의 데이터 분석 플랫폼을 통해 서버, 데이터베이스, 툴, 서비스를 모니터링한다.

▪ 시스딕

시스딕 모니터[Sysdig Monitor]는 컨테이너 네이티브 앱에 도커 모니터링 및 쿠버네티스 모니터링을 제공하는 상용 툴이다. 쿠버네티스에 직접 연동하여 프로메테우스 메트릭을 수집, 상관[correlate], 쿼리할 수 있다.

▪ 클라우드 프로바이더 툴

모든 주요 클라우드 프로바이더는 자사의 다양한 솔루션을 모니터링하는 툴을 제공한다. 이런 툴은 클라우드 프로바이더의 다른 부분과 잘 통합되어 있어서 쿠버네티스 클러스터를 모니터링하는 좋은 출발점이다. 다음은 클라우드 프로바이더가 기본 제공하는 모니터링 툴로 잘 알려진 것들이다.

---

[8] 옮긴이_ https://www.cncf.io

■ GCP 스택드라이버

스택드라이버Stackdriver[9]는 GKE Google Kubernetes Engine (구글 쿠버네티스 엔진) 클러스터를 모니터링하는 툴이다. 모니터링뿐만 아니라 로깅 서비스도 관리하며, GKE 클러스터에 최적화된 대시보드를 제공하므로 클라우드에서 작동되는 애플리케이션의 성능, 가동 시간 및 전반적인 상태를 한눈에 파악할 수 있다. GCP Google Cloud Platform (구글 클라우드 플랫폼), AWS Amazon Web Services (아마존 웹 서비스)에서 다양한 메트릭, 이벤트, 메타데이터를 수집한다.

■ 컨테이너용 애저 모니터

마이크로소프트 애저 모니터 Azure Monitor 는 ACI Azure Container Instance (애저 컨테이너 인스턴스)에 배포된 컨테이너 워크로드나 애저 쿠버네티스 서비스에서 호스팅되는 관리형 쿠버네티스 클러스터의 성능을 모니터링하기 위해 설계되었다. 특히, 대규모 프로덕션 클러스터에서 다수의 애플리케이션을 실행하는 경우에는 컨테이너 모니터링이 아주 중요한데, 애저 모니터는 메트릭 API를 통해 쿠버네티스에서 사용 가능한 컨트롤러, 노드, 컨테이너에서 CPU, 메모리 같은 메트릭을 수집해 보여준다. 컨테이너 로그 역시 수집 대상이다. 쿠버네티스 클러스터에서 모니터링 기능을 켜면 메트릭과 로그가 리눅스용 로그 애널리틱스 Log Analytics 에이전트의 컨테이너화 버전을 통해 자동 수집된다.

■ AWS 컨테이너 인사이트

아마존 ECS Elastic Container Service (일래스틱 컨테이너 서비스)[10], 아마존 EKS Elastic Kubernetes Service (관리형 쿠버네티스 서비스)[11], 그 밖의 쿠버네티스 플랫폼을 EC2 서버에서 사용할 경우, 클라우드워치 컨테이너 인사이트 CloudWatch Container Insights[12]를 사용하면 컨테이너에 배포한 애플리케이션과 마이크로서비스에서 메트릭(예: CPU, 메모리, 디스크, 네트워크 등의 리소스 사

---

[9] 옮긴이_ 2020년 8월 부로 이 서비스는 사용 중단됐으며, 구글 클라우드 오퍼레이션즈(Google Cloud's Operations)로 개편되었습니다. (참고: https://cloud.google.com/products/operations)

[10] 옮긴이_ https://docs.aws.amazon.com/ko_kr/AmazonECS/latest/developerguide/Welcome.html

[11] 옮긴이_ https://aws.amazon.com/ko/eks

[12] 옮긴이_ https://docs.aws.amazon.com/ko_kr/AmazonCloudWatch/latest/monitoring/ContainerInsights.html

용량)과 로그를 수집, 집계, 요약할 수 있다. 또한 컨테이너 인사이트는 컨테이너 재시작 실패 등의 진단 정보를 제공함으로써 운영자가 문제의 범위를 좁혀 신속하게 조치하는 데 유용하다.

메트릭을 모니터링하는 툴을 검토할 때 메트릭이 어떻게 저장되는지 잘 살펴보자. 시계열 데이터베이스를 키/값 쌍으로 제공하는 툴이 메트릭에 관한 더 고수준high-level의 속성을 제공할 것이다.

> **TIP** 새로운 모니터링 툴을 도입하면 사용법을 익히고 실제로 적용하기까지 적잖은 시간과 비용이 들기 때문에 신중하게 평가해야 한다. 쿠버네티스와 연동 가능한 모니터링 툴은 아주 다양하다. 현재 어떤 것을 사용하고 있고, 앞으로 도입할 툴이 요건에 잘 맞는지 정확히 평가하자.

3.7 프로메테우스를 이용한 쿠버네티스 모니터링

프로메테우스는 쿠버네티스의 레이블, 서비스 디스커버리, 메타데이터와 찰떡궁합인 메트릭 모니터링 툴이다. 지금부터 이 장 끝까지 구현할 고수준의 개념은 다른 모니터링 시스템에도 적용된다.

프로메테우스는 처음에 구글 내부 모니터링 시스템인 보그몬Borgmon에서 많은 아이디어를 가져왔다. 보그몬은 키/값 쌍의 다차원 데이터 모델multidimensional data model[13]을 구현한 프로젝트로, 쿠버네티스에서 레이블을 붙여 사용하는 방식과 상당히 유사하다. 프로메테우스는 다음과 같이 사람이 읽을 수 있는 포맷으로 메트릭을 나타낸다.

```
# HELP node_cpu_seconds_total Seconds the CPU is spent in each mode.
# TYPE node_cpu_seconds_total counter
node_cpu_seconds_total{cpu="0",mode="idle"} 5144.64
```

---

13 옮긴이_ https://www.geeksforgeeks.org/multidimensional-data-model

```
node_cpu_seconds_total{cpu="0",mode="iowait"} 117.98
```

메트릭은 풀^{pull} 방식으로, 즉 수집할 대상 엔드포인트^{endpoint}에서 직접 긁어오는 식으로 계속 수집해서 프로메테우스 서버에 밀어 넣는다. 쿠버네티스 같은 시스템은 이미 프로메테우스 포맷의 메트릭을 표출하므로 수집은 간단하다. Nginx, 트래픽^{Traefik}, 이스티오^{Istio}, 링커드^{Linkerd} 등의 여타 쿠버네티스 연관 프로젝트도 대부분 프로메테우스 포맷으로 메트릭을 표출한다. 프로메테우스의 익스포터^{exporter}를 사용하면 서비스가 내보낸 메트릭을 가져와 프로메테우스 포맷의 메트릭으로 변환할 수 있다.

[그림 3.1]에서 보다시피 프로메테우스의 아키텍처는 아주 단순하다.

그림 3.1 프로메테우스 아키텍처

```
┌─────────────────────────┐
│ 쿠버네티스 클러스터        │◄──Pull──┐   ┌──────────────────┐
├─────────────────────────┤         ├──►│  프로메테우스 서버  │
│ 쿠버네티스 클러스터        │◄────────┤   └────────┬─────────┘
├─────────────────────────┤         │            │ 푸시
│ 쿠버네티스 클러스터        │◄────────┘            ▼
└─────────────────────────┘             ┌──────────────────┐
                                        │    알림매니저      │
                                        └────────┬─────────┘
                                                 ▼
                                        ┌──────────────────┐
                                        │  슬랙 페이저 듀티   │
                                        └──────────────────┘
```

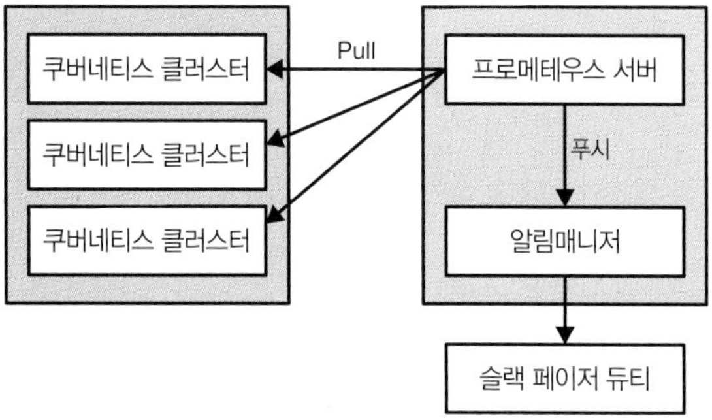

TIP 프로메테우스는 클러스터 내부 또는 외부에 설치할 수 있다. 하지만 클러스터 모니터링은 일반적으로 프로덕션에 영향을 끼치지 않도록 '유틸리티 클러스터(utility cluster)'에서 하는 것이 좋다. 타노스(Thanos)[14] 같은 툴을 이용하면 프로메테우스에 고가용성을 부여할 수 있고, 메트릭을 외부 스토리지 시스템으로 익스포트할(내보낼) 수 있다.

프로메테우스 아키텍처에 관한 상세한 내용은 이 책의 범위를 벗어나므로 궁금한 독자는 『프로메테우스, 오픈 소스 모니터링 시스템(Prometheus: Up & Running)』(책만, 2019) 같

---

14 https://oreil.ly/7e6Wf

은 도서를 참고하자.

자, 이제 본격적으로 쿠버네티스 클러스터에 프로메테우스를 설치하자. 프로메테우스는 여러 가지 방법으로 설치할 수 있지만, 여기서는 헬름으로 설치하겠다.

- **프로메테우스 서버**

시스템에서 수집된 메트릭을 가져와[pull] 저장한다.

- **프로메테우스 오퍼레이터**

프로메테우스를 쿠버네티스에 네이티브하게 구성하고, 프로메테우스 및 알림매니저[Alertmanager] 클러스터를 관리/운영한다. 유저는 네이티브한 쿠버네티스 리소스 정의를 통해 프로메테우스 리소스를 생성, 삭제, 구성할 수 있다.

- **노드 익스포터**

클러스터 내 쿠버네티스 노드에서 수집한 호스트 메트릭을 익스포트한다.

- **kube-state-metrics**

쿠버네티스 관련 메트릭을 수집한다.

- **알림매니저**[Alertmanager]

알림을 설정하고 외부 시스템으로 포워딩한다.

- **그라파나**[Grafana]

프로메테우스로 수집한 메트릭을 대시보드로 시각화한다.

먼저, 프로메테우스를 배포할 Minikube부터 설치한다. 우리는 맥을 사용 중이므로 brew로 설치하겠다. 웹사이트[15]에서 설치 파일을 직접 내려받아 설치해도 된다.

```
brew install minikube
```

이제 kube-prometheus-stack(예전의 프로메테우스 오퍼레이터)을 설치하고 쿠버네티스 API 서버의 변경 사항을 모니터링하도록 클러스터를 준비한다.

모니터링 용도로 사용할 네임스페이스를 생성한다.

```
kubectl create ns monitoring
```

prometheus-community 헬름 차트 리포지터리를 추가한다.

```
helm repo add prometheus-community
    https://prometheus-community.github.io/helm-charts
```

헬름 스테이블Helm Stable 차트 리포지터리를 추가한다.

```
helm repo add stable https://charts.helm.sh/stable
```

차트 리포지터리를 업데이트한다.

```
helm repo update
```

kube-prometheus-stack 차트를 설치한다.

---

[15] https://oreil.ly/BgFFL

```
helm install --namespace monitoring prometheus
    prometheus-community/kube-prometheus-stack
```

모든 파드가 실행 중인지 확인한다.

```
kubectl get pods -n monitoring
```

정상 설치됐다면 다음과 같이 파드가 표시될 것이다.

```
kubectl get pods -n monitoring
NAME                                                    READY   STATUS    RESTARTS   AGE
alertmanager-prometheus-kube-prometheus-alertm...       2/2     Running   1          79s
prometheus-grafana-6f7cf9b968-xtnzj                     3/3     Running   0          97s
prometheus-kube-prometheus-operator-7bdb94567b...       1/1     Running   0          97s
prometheus-kube-state-metrics-6bdd65d76-s5r5j           1/1     Running   0          97s
prometheus-prometheus-kube-prometheus-promethe...       2/2     Running   0          78s
prometheus-prometheus-node-exporter-dgrlf               1/1     Running   0          98s
```

이제 웹 브라우저를 열고 *http://127.0.0.1:3000*에 접속하면 kube-prometheus-stack에 포함된 그라파나 인스턴스로 터널링tunneling[16]되어 로컬 머신에서 그라파나에 접속할 수 있다.

이 장 앞부분에서 USE 방법론을 소개한 바 있으니, CPU 사용률, 포화도 같은 노드 메트릭을 수집해보자. kube-prometheus-stack은 이렇게 흔한 메트릭을 멋지게 시각화하여 보여준다. 이미 그라파나 대시보드가 탑재되어 있어 가능한 일인데, 방금 설치한 kube-prometheus-stack의 강점이기도 하다.

로컬 머신에서 kube-prometheus-stack에 내장된 그라파나 인스턴스로 터널링하여 그라

---

[16] 옮긴이_ 컴퓨터 네트워크의 한 네트워크에서 다른 네트워크로 이동하는 것

파나에 접속하자.

```
kubectl port-forward -n monitoring svc/prometheus-grafana 3000:80
```

웹 브라우저에서 *http://localhost:3000*에 접속 후 다음 계정으로 로그인한다.

- Username: admin
- Password: prom-operator

그라파나 대시보드 하단에 General / Node Exporter / USE Method / Cluster라는 타이틀의 패널이 표시된다. 이들 그래프를 보면 USE 방법론의 핵심인 쿠버네티스 클러스터의 사용률과 포화도를 한눈에 감상할 수 있다(그림 3.2).

그림 3.2 그라파나 대시보드

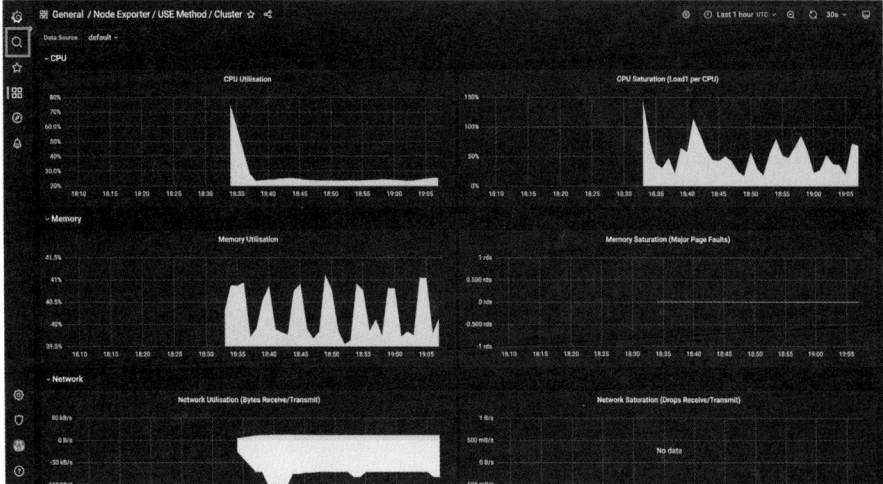

이밖에도 그라파나에서 시각화한 다양한 대시보드와 메트릭이 있으니 천천히 둘러보기 바란다.

> **TIP** 대시보드를 너무 많이 생성하는 건 엔지니어가 트러블슈팅을 할 때 외려 방해가 될 수 있기 때문에 좋지 않다. (그래프의 장벽(The Wall of Graphs)이라고도 한다) 대시보드에 정보가 많으면 모니터링이 잘 되는 것 아닌가라고 생각할지 모르지만, 과도한 정보는 오히려 유저를 더 헷갈리게 만든다. 대시보드는 결과와 문제 해결 시간에 초점을 두고 설계하는 것이 좋다.

3.8 로깅 개요

지금까지는 주로 메트릭에 관한 내용을 살펴보았지만, 쿠버네티스 환경을 전체적으로 파악하려면 쿠버네티스 클러스터와 클러스터에 배포된 애플리케이션의 로그를 수집해 중앙화할 필요가 있다. 그냥 '모든 걸 다 로깅하자'고 말하고 싶겠지만, 그러면 다음과 같은 문제가 생긴다.

- 노이즈가 너무 많아 문제를 빠르게 찾기가 힘들어진다.
- 로그 때문에 과도한 리소스가 소모되어 비용이 많이 든다.

그럼 정확히 무엇을 로깅해야 할까? 디버그 로그는 필요악이므로 이 질문에 대한 정답은 없다. 시간이 지나 환경을 더 잘 알게 될수록 로깅 시스템에서 어떤 노이즈를 걸러내야 할지 자연스레 감을 잡게 될 것이다. 저장할 로그는 계속 늘어날 테니 사전에 유지retention 및 보존archival 정책도 세워두어야 한다. 엔드 유저 관점에서는 30~45일 분량의 과거 로그면 충분하다. 이 정도면 꽤 긴 시간에 걸쳐 문제점을 조사할 수 있고, 로그 보관에 필요한 리소스도 줄일 수 있다. 어떤 컴플라이언스 기준을 맞추기 위해 로그를 장기간 보존해야 한다면[17] 좀 더 저렴한 리소스에 보관하는 것이 좋다.

쿠버네티스 클러스터에는 로그를 수집해야 할 컴포넌트가 참 많다. 그중 몇 가지를 나열하면 다음과 같다.

---

[17] 옮긴이_ 일례로, 전자금융거래법 제22조에 따르면 금융회사 시스템의 전자금융거래기록은 5년간 보존하도록 규정되어 있습니다.

- 노드 로그
- 쿠버네티스 컨트롤 플레인 로그
  - API 서버
  - 컨트롤러 매니저
  - 스케줄러
- 쿠버네티스 감사 로그
- 애플리케이션 컨테이너 로그

노드 로그를 보면 필수 노드 서비스에서 발생한 이벤트를 수집하고 싶을 것이다. 가령, 노드에서 실행 중인 도커 데몬^{Docker daemon}이 기록한 로그를 보고 싶다. 노드에서 컨테이너를 실행하려면 반드시 도커 데몬이 정상이어야 한다. 이런 로그를 수집하면 도커 데몬의 문제점을 진단하는 데 유용하며, 데몬 자체의 근본적인 문제는 없는지 알 수 있다. 이 밖에도 하부 노드에서 로깅 가능한 필수 서비스들이 있다.

쿠버네티스 컨트롤 플레인은 여러 컴포넌트로 구성되어 있는데, 이들의 로그를 수집하면 컴포넌트 내부의 보다 근본적인 문제점에 관한 인사이트를 얻을 수 있다. 쿠버네티스 컨트롤 플레인은 클러스터를 가동시키는 코어로, 호스트의 /var/log/kube-APIserver.log, /var/log/kube-scheduler.log, /var/log/kube-controller-manager.log 파일에 기록된 로그가 수집 대상이다. 컨트롤러 매니저는 엔드 유저가 정의한 오브젝트를 생성하는 역할을 담당한다. 가령, 엔드 유저^{end user}(최종 사용자)가 로드밸런서^{LoadBalancer} 타입의 쿠버네티스 서비스^{Service}를 생성했지만 대기 상태라면 쿠버네티스 이벤트만으로는 원인을 자세히 파악하기 어렵다. 로그를 수집해 중앙화하면 근본적인 문제점이 무엇인지 더 자세히 알 수 있고 더 빨리 조사에 착수할 수 있다.

쿠버네티스 감사 로그는 누가, 언제 시스템에 접속해서 무슨 일을 했는지 기록한, 일종의 보안 모니터링이다. 이런 로그는 특성상 노이즈가 엄청나게 많은 편이라 환경에 맞게 잘 조정할 필요가 있다. 보통 감사 로그는 로깅 시스템을 처음 가동하면 갑자기 폭발적으로 쌓일 가능성이 높기 때문에 감사 로그 모니터링에 관한 쿠버네티스 가이드를 반드시 참조하자.

애플리케이션이 내보낸 애플리케이션 컨테이너 로그는 여러 가지 방법으로 중앙 저장소로 포워딩할 수 있다. 첫째, 우리가 권장하는 방법인데, 모든 애플리케이션 로그를 STDOUT에 전달한다. 애플리케이션을 일관되게 로깅할 수 있고 모니터링 데몬셋이 도커 데몬에서 직접 로그를 수집할 수 있다. 둘째, 사이드카 sidecar 패턴에 따라 쿠버네티스 파드 안의 애플리케이션 컨테이너에 로그 포워딩용 컨테이너를 나란히 붙여 실행시킨다. 애플리케이션이 파일 시스템에 로그를 기록할 경우에는 이런 식의 패턴을 적용해야 할 수도 있다.

> **NOTE** 쿠버네티스 감사 로그는 다양한 옵션 및 구성으로 관리할 수 있다. 감사 로그는 노이즈가 아주 많은 편이고 그 모든 액션을 다 기록하려면 비용이 많이 든다. 따라서 감사 로깅 문서[18]를 꼭 읽어보고 여러분의 환경에 맞게 감사 로그를 세세히 조정하는 것이 좋다.

3.9 로깅 툴

쿠버네티스 및 클러스터에서 실행 중인 애플리케이션에서 로그를 수집하는 툴은 다양하다. 툴마다 로깅을 어떻게 구현했는지 잘 살펴보자. 어떤 툴은 쿠버네티스 데몬셋 DaemonSet으로 실행할 수 있어야 하고, STDOUT으로 로그를 보낼 수 없는 애플리케이션에 사이드카 패턴으로 실행 가능한 툴도 있다. 기존에 사용해온 툴이 있다면 운영 노하우가 있을 테니 잘 살려보는 것도 좋다.

다음은 쿠버네티스에서 가장 인기 많은 툴이다.

- 로키 Loki
- 일래스틱 스택 Elastic Stack
- 데이터독 Datadog

---

18 https://oreil.ly/L84dM

- 수모 로직 Sumo Logic

- 시스딕 Sysdig

- 클라우드 프로바이더 서비스GCP (스택드라이버, 애저 모니터, 아마존 클라우드워치)

로그 중앙화에 필요한 툴은 운영 비용 절감 차원에서 호스티드 서비스hosted service[19]쪽으로 알아보는 것도 좋다. 로깅 솔루션을 직접 호스팅하는 방법은 며칠 동안은 별문제가 없을지 몰라도, 점점 환경이 커질수록 솔루션 관리에 막대한 시간이 소모될 수 있다.

3.10 로키 스택을 사용한 로깅

이 절에서는 클러스터를 로깅하는 출발점으로 괜찮은 로키 스택Loki Stack을 소개하겠다. '굳이 자체 로깅 플랫폼을 구축할 가치가 있을까?'하는 의문이 들 수도 있다. 사실, 자체 구축한 로깅 솔루션은 처음에는 그럴싸해 보여도 시간이 지나면 과도하게 복잡해지는 경우가 많아 그만한 가치는 없다. 실제로 시스템 규모가 커질수록 이러한 자체 로깅 솔루션은 운영하기가 점점 복잡해진다. 정답은 없다. 비즈니스 요건에 따라 자체 솔루션을 호스팅할지 여부를 결정하자. 그라파나에서 제공하는 로키 호스티드 서비스도 있으니 선택지는 다양하다.

로깅 스택은 다음 컴포넌트로 구성된다.

- 로키 Loki

- 프롬테일 Promtail

- 그라파나 Grafana

지금부터 헬름으로 쿠버네티스 클러스터에 로키 스택을 배포하는 절차를 알아보자.

---

[19] 옮긴이_ 원래 호스티드 서비스와(hosted service) 퍼블릭 클라우드의 SaaS(Software as a Service)는 동일한 IT 서비스 모델은 아니지만, 이 책에서 호스티드 서비스는 대략 SaaS와 같은 의미로 생각하면 됩니다.

로키 스택 헬름 리포지터리를 추가한다.

```
helm repo add grafana https://grafana.github.io/helm-charts
```

헬름 리포지터리를 업데이트한다.

```
helm repo update
helm upgrade —install loki —namespace=monitoring grafana/loki-stack
```

프롬테일과 로키가 배포되면 로그가 로키에 포워딩되고 그라파나로 보기 좋게 표시된다.

클러스터에 배포된 파드를 확인하자.

```
kubectl get pods -n monitoring
NAME                    READY   STATUS    RESTARTS   AGE
loki-0                  1/1     Running   0          93s
loki-promtail-x7nw8     1/1     Running   0          93s
```

모든 파드 상태가 Running(실행 중)이면 localhost에서 포트 포워딩을 통해 그라파나에 접속한다.

```
kubectl port-forward -n monitoring svc/prometheus-grafana 3000:80
```

웹 브라우저에서 *http://localhost:3000*에 접속 후 다음 계정으로 로그인한다.

- Username: admin
- Password: prom-operator

그라파나 화면에서 Configuration(구성) 패널을 보면 Data sources(데이터 소스) 메뉴가 있다. 여기서 로키를 데이터 소스로 추가하자(그림 3.3).

그림 3.3 그라파나 데이터 소스

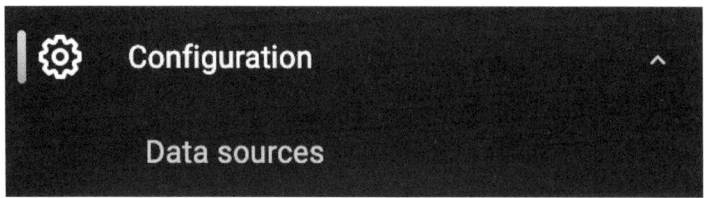

[Add data source(새 데이터 소스 추가)] 버튼을 클릭하여 로키를 추가한다(그림 3.4).

그림 3.4 로키 데이터 소스

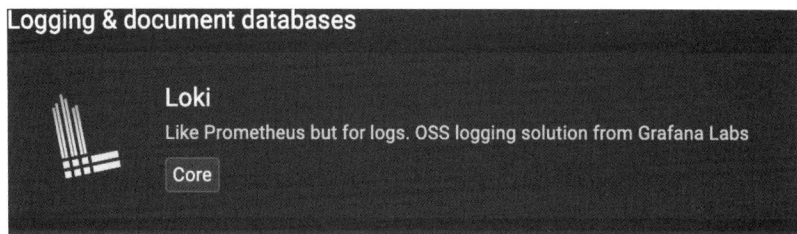

로키 설정 페이지에서 URL란에 *http://loki:3100*을 입력한 다음 [Save & Test(저장 후 테스트)] 버튼을 클릭한다(그림 3.5).

그림 3.5 로키 구성

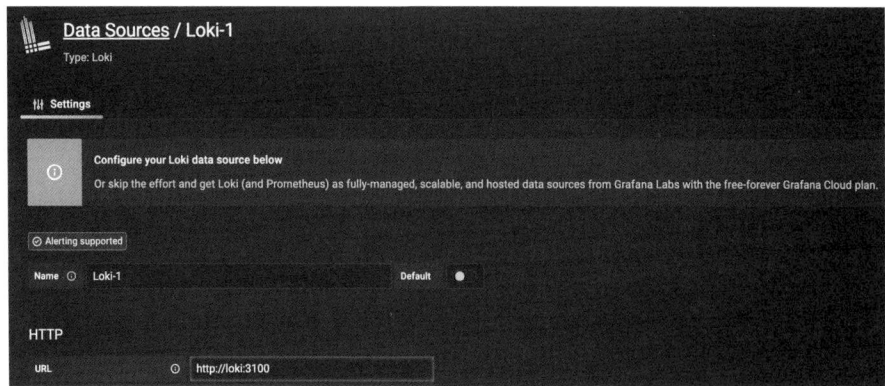

그라파나에서는 수집한 로그에 쿼리를 실행할 수도 있다. 전체 환경을 한눈에 볼 수 있는 대시보드도 있다.

그라파나 Explorer(탐색기) 패널에서 로키 스택으로 수집한 로그를 상대로 쿼리를 실행하면 원하는 정보를 얻을 수 있다(그림 3.6).

그림 3.6 로키 로그 조회

레이블로 필터링하려면 다음과 같이 필터를 지정한다.

```
namespace = kube-system
```

로키 스택으로 수집한 다양한 로그를 그라파나에서 천천히 감상해보자.

3.11 알림

알림alerting은 양날의 검과 같아서 알림을 보내야 할 것과 모니터링만 해야 할 것 사이의 균형을 잘 맞출 필요가 있다. 알림을 너무 많이 보내면 알림을 받는 사람이 무감각해져서 정작 중요한 이벤트가 파묻힐 가능성이 높다. 가령, 파드가 실패할 때마다 알림을 보낸다고 하자. '파드 실패를 모니터링하지 말라는 법은 없지 않습니까?'하고 반문할 수도 있다. 자, 쿠버네티스의 꽃은 바로 컨테이너의 상태를 자동으로 체크하고 알아서 컨테이너를 재시작하는 기능이다.

사실, 유저는 SLO$^{Service-Level\ Objective}$(서비스 수준 목표)[20]에 영향을 미치는 이벤트만 알림 받고 싶을 것이다. 엔드 유저가 기대하는 수준에 부합하도록 SLO를 설정하면 시스템이 어떻게 동작해야 할지 분명해진다. 반대로 SLO가 없으면 유저는 비현실적인 기대치를 들이대며 무리한 요구를 할 수 있다. 쿠버네티스 같은 시스템에서 알림 기능은 우리가 일반적으로 익숙한 것과는 전혀 다른 방식으로 접근해야 하는데, 엔드 유저가 서비스를 어떻게 경험하는지에 초점을 두는 것이 좋다. 예를 들어, 프론트엔드 서비스의 SLO는 응답 시간이 20ms인데 레이턴시가 평균 이상으로 측정됐다면 바로 알림을 받아 조치해야 할 것이다.

어떤 상황에서 알림을 받고 사람이 개입해야 할지는 스스로 결정해야 한다. 보통 모니터링이라고 하면 CPU나 메모리 사용률이 높거나, 응답하지 않는 프로세스가 발생하는 상황에서 알림을 받는 데 익숙할 것이다. 이런 알림을 받는 게 유익할 때도 있지만, 즉시 담당 엔지니어를 불러 조치할 만한 문제가 아닌 경우도 있다. 가령, 애플리케이션 UX에 지대한 영향을 끼칠 만한 문제라 사람이 즉시 대응해야 한다면 당연히 알림을 받아야 하겠지만, 예전에도 경험상 저절로 해결되는 경우가 많았던 문제에 관한 알림이라면 굳이 엔지니어를 호출하여 조치할 필요가 없다.

즉시 조치할 필요가 없는 알림을 처리하는 방법은 문제의 원인을 자동으로 바로잡는 것이다. 예를 들어, 디스크가 꽉 차면 자동으로 로그를 삭제하여 공간을 확보하면 된다. 또 앱을 배포할 때 쿠버네티스의 라이브니스 프로브$^{liveness\ probe}$(활성 프로브)[21]를 활용하면 애플리케이션의 미응답 프로세스 문제를 자동 조치할 수 있다.

---

[20] 서비스 프로바이더가 가용성, 스루풋, 빈도, 응답 시간 등의 측정 가능한 값 또는 그 범위를 달성하기로 고객과 합의한 계약
[21] 옮긴이_ https://kubernetes.io/docs/tasks/configure-pod-container/configure-liveness-readiness-startup-probes

알림을 설정할 때는 알림 임계치$^{alert\ threshold}$도 신중히 고려해야 한다. 임계치가 너무 짧으면 오탐 알림이 너무 자주 발생하므로 적어도 5분 이상으로 설정하는 것이 좋다. 표준 임계치를 정해 다양한 임계치를 표준화하면 수많은 임계치를 세밀하게 관리할 필요가 없을 것이다. 가령, 5분, 10분, 30분, 1시간 식으로 특정 패턴을 따르는 것이다.

그리고 알림과 연관된 유의미한 정보도 함께 제공돼야 한다. 예를 들어, 트러블슈팅이나 문제 해결에 유용한 플레이북^{playbook}[22] 링크를 제공한다든가, 데이터 센터, 지역, 앱 소유자, 영향을 받는 시스템 등의 정보를 알림에 넣어 전달한다. 이런 정보가 있으면 담당 엔지니어가 신속하게 조치하는 데 큰 도움이 될 것이다.

알림이 전파되는 채널 구축에도 신경을 써야 한다. '알림이 트리거되면 누구에게 알리지? 음… 그냥 팀원 명부에 적힌 전체 이메일로 보내버리자.' 하는 식으로 가벼이 생각하면 곤란하다. 알림이 더 큰 단위의 그룹으로 전송되면 유저는 노이즈라고 판단해 걸러낼 가능성이 높다. 알림은 실제로 그 문제를 맡아 해결할 유저에게 보내는 게 맞다.

알림이 처음부터 완벽할 수는 없다. 완벽 여부를 논한다는 것 자체가 어불성설이다. 과도한 알림은 팀원들을 피곤하게 하고 외려 시스템에 더 많은 문제를 일으킬 수 있으므로 알림 기능은 점진적으로 개선하는 것이 바람직하다.

> **NOTE** 시스템 알림과 관리 방법에 관한 더 자세한 내용이 궁금한 독자는 롭 에와슈크(Rob Ewaschuk)의 My Philosophy on Alerting[23]을 읽어보자. 구글의 SRE(Site Reliability Engineer, 사이트 신뢰성 엔지니어)로 근무한 저자의 경험이 담긴 글이다.

---

[22] 옮긴이_ 모든 업무 흐름 및 진행 방식, 비즈니스 목표, 대응 방식 등을 기술한 문서
[23] *https://oreil.ly/YPxju*

3.12 모니터링, 로깅, 알림 모범 사례

기본적인 모니터링, 로깅, 알림과 관련하여 도움이 될 만한 몇 가지 모범 사례를 제시한다.

3.12.1 모니터링

- ✓ 사용률, 포화도, 에러율은 모든 노드와 쿠버네티스 컴포넌트를 상대로 모니터링하자. 애플리케이션의 사용률, 에러 수, 실행 시간도 모니터링한다.

- ✓ 시스템의 예측하기 어려운 상태와 징후를 모니터링할 때는 폐쇄형 모니터링을 이용하자.

- ✓ 시스템과 그 내부를 조사할 때는 개방형 모니터링을 사용하자.

- ✓ 정확도가 높은 메트릭을 얻으려면 시계열 기반의 메트릭을 구현하여 애플리케이션의 동작에 관한 인사이트를 얻자.

- ✓ 다차원 데이터 모델에는 키를 레이블로 사용할 수 있는 프로메테우스 같은 모니터링 시스템을 구축하자. 이슈가 될 만한 증상을 더 쉽게 파악할 수 있다.

- ✓ 사실 데이터factual data에 기반한 소계와 메트릭은 평균 메트릭을 사용하여 시각화하자. 특정 메트릭에 대한 분포는 합계 메트릭을 사용하여 시각화하자.

3.12.2 로깅

- ✓ 쿠버네티스 환경이 전체적으로 어떻게 작동 중인지 메트릭 모니터링과 로깅을 함께 사용하여 파악하자.

- ✓ 로그는 30~45일 이상 쌓아두지 말자. 더 오래 보관해야 할 경우 저렴한 장기 보관용

리소스를 이용하자.

- ✓ 사이드카 패턴에서 로그 전달기^{log forwarder}는 리소스를 많이 소비하므로 가급적 사용을 제한하자. 대안으로, 로그 전달기에 데몬셋을 사용하고 STDOUT으로 로그를 보내는 방법이 있다.

3.12.3 알림

- ✓ 알림을 너무 많이 보내 피로가 쌓이면 담당자와 프로세스 모두에게 안 좋은 영향을 끼칠 수도 있으니 주의하자.

- ✓ 완벽한 알림이란 없다. 이 사실을 인정하고 점진적으로 개선할 방안을 모색하자.

- ✓ 사람이 즉시 대응할 필요가 없는 일시적인 문제는 알림을 보내지 말자. SLO와 고객에게 영향을 주는 증상이 발견될 경우에만 알림을 보내자.

정리

메트릭과 로그를 수집하여 시스템 모니터링에 적용 가능한 패턴, 기술, 툴에 대해 알아보았다. 이 장에서 가장 중요한 대목은 지금까지 여러분이 모니터링을 어떻게 해왔는지 돌아보고 처음부터 다시 시작해야 한다는 사실이다. 나중에 사고가 나서야 모니터링을 구현하는 경우를 참 많이 봐왔는데, 그렇게 해도 시스템을 제대로 파악하기 어려운 불리한 상황에 처하게 될 수 있다. 모니터링의 목표는 시스템을 더 잘 들여다볼 수 있게 만들어 복원성을 높이고 엔드 유저에게 양질의 애플리케이션 경험을 제공하는 것이다. 쿠버네티스 같은 분산 시스템에서 분산 애플리케이션을 모니터링하려면 해야 할 일이 한두가지가 아니다. 험난한 여행을 떠나기 전에 미리 철저하게 대비하는 것이 좋다.

CHAPTER 04

구성, 시크릿, RBAC

컨테이너는 조합 가능한composable 특성을 지니고 있다. 덕분에 관리자는 런타임에도 컨테이너에 구성 데이터를 적용할 수 있고, 애플리케이션의 기능과 그 기능이 실행되는 환경을 분리할 수 있다. 보통 컨테이너 런타임에 환경 변수를 전달하거나 외부 볼륨을 컨테이너에 마운트한다. 이런 식으로 애플리케이션이 처음 시작될 때부터 변경된 구성을 효과적으로 반영할 수 있다. 개발자는 이러한 컨테이너의 다이내믹한 성격을 고려하여 환경 변수를 사용하든지, 아니면 애플리케이션 런타임 유저가 액세스 가능한 경로에서 구성 데이터를 읽도록 허용해야 한다.

시크릿처럼 민감한 데이터를 네이티브 쿠버네티스 API 오브젝트로 전달하려면 쿠버네티스 API에 보안 액세스하는 방법을 이해하는 것이 중요하다. 쿠버네티스에서 가장 많이 쓰는 보안 장치는 특정 유저나 그룹이 어떤 API로 수행 가능한 작업 중심으로 퍼미션 체계를 세분화한 RBAC이다. 이 장은 RBAC에 관한 모범 사례를 제시하고 기본적인 가이드를 제공한다.

4.1 컨피그맵과 시크릿을 통한 구성

쿠버네티스에서는 컨피그맵이나 시크릿 리소스 형태로 애플리케이션에 구성 정보를 제공할 수 있다. 이 둘의 중요한 차이점은 파드가 수신한 정보를 저장하는 방법과 데이터를 etcd에 저장하는 방법이다.

4.1.1 컨피그맵

쿠버네티스에서 커맨드라인 인수, 환경 변수, 시스템에서 사용 가능한 파일 등의 메커니즘을 이용하여 구성 정보를 애플리케이션에 전달하는 일이 아주 흔하다. 컨테이너를 이용하면 구성 정보와 애플리케이션을 서로 떼어놓을 수 있어서 진정한 애플리케이션 이식성portability이 실현된다. 컨피그맵 API를 통해 준비된 구성 정보를 주입하는 것이다. 컨피그맵은 애플리케이션 요건에 따라 얼마든지 조정 가능하며, 키/값 쌍 또는 JSON, XML 같은 복잡한 벌크 데이터 아니면 기타 특별한 형식의 구성 데이터를 제공한다.

컨피그맵은 파드 구성 정보는 물론, 컨트롤러, CRD, 오퍼레이터 등 좀 더 복잡한 시스템의 서비스에서 쓰이는 정보도 제공한다. 앞서 언급했듯이, 컨피그맵 API은 민감하지 않은 문자열 데이터에 적합하며, 민감한 데이터를 요하는 애플리케이션에는 시크릿 API가 더 적절하다.

컨피그맵 데이터를 애플리케이션에서 사용하려면 파드에 볼륨을 마운트하거나 환경 변수로 주입한다.

4.1.2 시크릿

컨피그맵을 사용하는 이유와 필요성은 대부분 시크릿에도 적용된다. 가장 중요한 차이점은 시크릿 자체의 본질적인 특성이다. 시크릿 데이터는 쉽게 감출 수 있거나 적어도 환경이 지원된다면 저장 및 취급 시 암호화해야 한다. Base64 인코딩된 시크릿 데이터는 파드에 시크릿이 주입되면 암호화된 정보가 아닌 일반 텍스트라는 사실에 주의하자.

시크릿 데이터는 작은 데이터다. 쿠버네티스에서는 Base64 인코딩된 데이터 사이즈가 1MB로 제한되므로 인코딩 오버헤드를 감안하면 실데이터는 750KB 정도라고 보면 된다. 쿠버네티스 시크릿은 다음 세 가지 타입이 있다.

- **generic**

평범한 키/값 쌍이다. 파일이나 디렉터리 아니면 --from-literal=<parameter> 형태로 직접 문자열 리터럴을 넣어 생성한다.

```
kubectl create secret generic mysecret --from-literal=key1=$3cr3t1
    --from-literal=key2=@3cr3t2
```

- **docker-registry**

프라이빗 도커 레지스트리 인증에 필요한 크리덴셜credential(자격증명)을 제공하는 이미지 풀 시크릿Pullscret이 있을 경우, kubelet이 파드 템플릿에 전달하는 시크릿이다.

```
kubectl create secret docker-registry registryKey --docker-server
    myreg.azurecr.io --docker-username myreg --docker-password
    $up3r$3cr3tP@ssw0rd --docker-email ignore@dummy.com
```

- **tls**

올바른 공개키/개인키 쌍으로 생성한 TLSTransport Layer Security(전송 레이어 보안) 시크릿이다. cert 경로에 올바른 PEM 포맷의 인증서 파일이 있으면, 키 쌍은 시크릿으로 인코딩된 후 SSL/TLS를 사용하는 파드에 전달된다.

```
kubectl create secret tls www-tls --key=./path_to_key/wwwtls.key
    --cert=./path_to_crt/wwwtls.crt
```

시크릿은 자신을 필요로 하는 파드가 있는 노드에서만 tmpfs에 마운트된다. 파드가 사라지면 시크릿도 함께 삭제되므로 노드 디스크에는 아무 흔적도 남지 않는다. 보안상 안전해 보이지만, 시크릿은 쿠버네티스의 etcd 데이터 저장소에 일반 텍스트로 저장된다. 따라서 시스템 관리자 또는 클라우드 서비스 프로바이더는 etcd 노드 간에 mTLSmutual TLS[1]를 적용하고 etcd 데이터 저장 시 시크릿을 암호화하는 등 etcd 환경의 보안에 각별히 신경을 써야 한다. 쿠버네티스 최신 버전에서는 etcd3를 이용한 네이티브 암호화도 지원하지만, API 서버 구성에 프로바이더와 적절한 키 매체media를 지정하여 etcd에 보관된 시크릿 데이터를 암호화하는 수작업이 필요하다. 서드파티 KMS 시스템을 사용하여 더 안전하게 키를 다룰 수 있는 KMS

---

[1] 옮긴이_ 네트워크 양단에 위치한 당사자가 올바른 개인키를 갖고 있는지 상호 인증하는 방식. 즉, 일반적인 클라이언트/서버 구조라면 클라이언트와 서버가 서로를 서로를 인증한다는 점에서 일반 TLS와 차이점이 있습니다.

프로바이더는 쿠버네티스에서 기본으로 제공된다.

4.2 컨피그맵, 시크릿 API 모범 사례

컨피그맵이나 시크릿의 사용상 문제는 대부분 오브젝트에 있는 데이터가 업데이트되는 시점에 변경된 내용이 어떻게 처리되는지 정확히 모르기 때문에 생긴다. 따라서 여러분이 잘못된 길에서 헤매지 않고 규칙을 올바르게 숙지하고 좀 더 쉽게 준수할 수 있도록 몇 가지 요령을 알려주겠다.

> ✓ 새 버전의 파드를 재배포하지 않고 다이내믹하게 애플리케이션을 변경하려면 컨피그맵/시크릿을 별도의 볼륨으로 마운트하고 필요 시 변경된 파일 데이터를 감지하는 파일 감시기^{file watcher}를 구성하자. 다음은 컨피그맵/시크릿을 볼륨으로 마운트하는 디플로이먼트 구성 YAML이다.

```yaml
apiVersion: v1
kind: ConfigMap
metadata:
    name: nginx-http-config
    namespace: myapp-prod
data:
  config: |
    http {
      server {
        location / {
        root /data/html;
        }

        location /images/ {
          root /data;
```

```
      }
    }
  }
```

```
apiVersion: v1
kind: Secret
metadata:
  name: myapp-api-key
type: Opaque
data:
  myapikey: YWRtd5thSaW4=
```

```
apiVersion: apps/v1
kind: Deployment
metadata:
  name: mywebapp
  namespace: myapp-prod
spec:
  containers:
  - name: nginx
    image: nginx
    ports:
    - containerPort: 8080
    volumeMounts:
    - mountPath: /etc/nginx
      name: nginx-config
    - mountPath: /usr/var/nginx/html/keys
      name: api-key
  volumes:
    - name: nginx-config
      configMap:
```

```
        name: nginx-http-config
      items:
      - key: config
        path: nginx.conf
  - name: api-key
    secret:
      name: myapp-api-key
      secretname: myapikey
```

> **NOTE** volumeMounts를 사용할 때 두 가지 주의할 점이 있다. 첫째, 컨피그맵/시크릿이 생성되자마자 파드 스펙에 볼륨으로 추가하자. 그런 다음 컨테이너의 파일시스템에 해당 볼륨을 마운트한다. 컨피그맵/시크릿에 있는 각 프로퍼티 네임은 마운트된 디렉터리에서 새 파일이 되고, 각 파일의 콘텐츠는 컨피그맵/시크릿에 지정한 값이 된다. 둘째, volumeMounts.subPath 프로퍼티를 사용해서 컨피그맵/시크릿을 마운트하지 말자. 이렇게 하면 컨피그맵/시크릿을 새 데이터로 수정해도 볼륨에 있는 데이터가 바로 업데이트 안 된다.

✓ 파드가 배포되기 전에 컨피그맵/시크릿은 자신을 사용할 파드의 네임스페이스에 존재해야 한다. 컨피그맵/시크릿이 없을 때 파드가 시작되지 않게 하려면 optional 플래그를 세팅하지 말거나 false로 세팅한다.

✓ 어드미션 컨트롤러 admission controller를 사용하여 특정한 구성 데이터가 존재하도록 하거나, 어떤 구성 값 세트가 없는 디플로이먼트가 배포되지 않도록 방지하자. 예를 들어, 자바 기반의 프로덕션 시스템은 모두 특정 JVM 프로퍼티를 지정하도록 강제할 수 있다.

✓ 헬름으로 애플리케이션을 릴리스할 경우, 라이프 사이클 훅 life cycle hook을 걸어 디플로이먼트를 배포하기 직전에 컨피그맵/시크릿 템플릿이 배포되도록 하자.

✓ JSON이나 YAML 파일 하나로 애플리케이션을 구성할 경우, 컨피그맵/시크릿은 다음과 같이 | 문자를 사용해서 원데이터 블록 전체를 넣을 수 있으니 참고하자.

```
apiVersion: v1
kind: ConfigMap
metadata:
  name: config-file
data:
  config: |
    {
      "iotDevice": {
        "name": "remoteValve",
        "username": "CC:22:3D:E3:CE:30",
        "port": 51826,
        "pin": "031-45-154"
      }
    }
```

- ✓ 시스템 환경 변수를 통해 필수 구성 정보를 전달하는 경우, 컨피그맵 데이터를 주입해서 파드 안에서도 환경 변수를 매핑할 수 있다. 방법은 두 가지다. 첫째, envFrom을 사용해서 컨피그맵의 모든 키/값 쌍을 일련의 환경 변수로 마운트하여 파드 안에 집어넣는다. 둘째, configMapRef나 secretRef 아니면 configMapKeyRef나 secretKeyRef를 사용하여 각 키별로 값을 할당한다.

- ✓ configMapKeyRef나 secretKeyRef를 사용할 경우, 실제로 키가 존재하지 않으면 파드가 시작되지 않으니 유의하자.

- ✓ envFrom으로 컨피그맵/시크릿의 모든 키/값 쌍을 파드로 로드할 때, 환경 변수값이 올바르지 않은 키는 모두 무시되지만 파드는 시작할 수 있다. 파드 이벤트를 보면 변수명이 올바르지 않고 어떤 키가 무시됐는지 메시지가 기록된다. 다음은 환경 변수로 컨피그맵/시크릿을 참조하는 디플로이먼트 구성 YAML이다.

```yaml
apiVersion: v1
kind: ConfigMap
metadata:
  name: mysql-config
data:
  mysqldb: myappdb1
  user: mysqluser1
```

```yaml
apiVersion: v1
kind: Secret
metadata:
  name: mysql-secret
type: Opaque
data:
  rootpassword: YWRtJasdhaW4=
  userpassword: MWYyZDigKJGUyfgKJBmU2N2Rm
```

```yaml
apiVersion: apps/v1
kind: Deployment
metadata:
  name: myapp-db-deploy
spec:
  selector:
    matchLabels:
      app: myapp-db
  template:
    metadata:
      labels:
        app: myapp-db
    spec:
      containers:
```

```
        - name: myapp-db-instance
          image: mysql
          resources:
            limits:
              memory: "128Mi"
              cpu: "500m"
          ports:
          - containerPort: 3306
          env:
            - name: MYSQL_ROOT_PASSWORD
              valueFrom:
                secretKeyRef:
                  name: mysql-secret
                  key: rootpassword
            - name: MYSQL_PASSWORD
              valueFrom:
                secretKeyRef:
                  name: mysql-secret
                  key: userpassword
            - name: MYSQL_USER
              valueFrom:
                configMapKeyRef:
                  name: mysql-config
                  key: user
            - name: MYSQL_DB
              valueFrom:
                configMapKeyRef:
                  name: mysql-config
                  key: mysqldb
```

✓ 커맨드라인 파라미터를 컨테이너에 보내려면 $(ENV_KEY) 형태로 환경 변수값을 넣는다.

```
[...]
spec:
  containers:
  - name: load-gen
    image: busybox
    command: ["/bin/sh"]
args: ["-c", "while true; do curl $(WEB_UI_URL); sleep 10;done"]
    ports:
    - containerPort: 8080
    env:
    - name: WEB_UI_URL
      valueFrom:
        configMapKeyRef:
          name: load-gen-config
          key: url
```

✓ 컨피그맵/시크릿 데이터를 환경 변수로 전달하는 경우, 컨피그맵/시크릿 데이터를 수정해도 파드 안에 있는 값은 자동 업데이트되지 않고 반드시 파드를 재시작해야 반영된다. 이 사실은 아주 중요하니 꼭 기억하자. 일단 파드를 삭제하고 레플리카셋 컨트롤러가 파드를 다시 만들도록 재시작하거나, 디플로이먼트 업데이트를 트리거해서 디플로이먼트 스펙에 선언된 업데이트 전략을 수행한다.

✓ 컨피그맵/시크릿이 조금이라도 변경되면 디플로이먼트는 모조리 업데이트해야 한다. 그래야 환경 변수나 볼륨을 사용해도 애플리케이션 코드는 새로운 구성 데이터를 참조할 것이다. CI/CD 파이프라인을 통해 컨피그맵/시크릿의 name 프로퍼티와 디플로이먼트의 레퍼런스를 업데이트하면 더 간편하다. 그러면 일반적인 쿠버네티스 업데이트 전략에 따라 디플로이먼트 업데이트를 트리거할 수 있다. 아래 구성 YAML을 보자. 헬름으로 애플리케이션 코드를 쿠버네티스에 릴리스할 때, 디플로이먼트 템플릿의

annotation을 사용해서 컨피그맵/시크릿의 SHA256 체크섬checksum[2]을 확인한다. 컨피그맵/시크릿의 데이터가 변경되면 헬름이 `helm upgrade` 커맨드를 실행하여 디플로이먼트를 알아서 업데이트할 것이다.

```
apiVersion: apps/v1
kind: Deployment
[...]
spec:
  template:
    metadata:
      annotations:
        checksum/config: {{ include (print $.Template.BasePath "/configmap.yaml")
            . | sha256sum }}
[...]
```

4.3 시크릿 모범 사례

시크릿 API는 주로 민감한 데이터를 취급하므로 데이터 자체의 보안에 관한 좀 더 구체적인 모범 사례를 제시하겠다.

- ✓ 워크로드에서 쿠버네티스 API에 직접 액세스할 필요가 없으면, (디폴트 또는 관리자가 생성한) 서비스 어카운트에 대한 API 크리덴셜API Credential이 자동 마운트되지 않게 차단하는 것이 좋다. 그래야 크리덴셜 만료 시점에 API 크리덴셜 데이터를 업데이트하려고 API 서버를 계속 호출하는 일이 줄어들며, 초대형 클러스터 또는 파드가 아주 많은 클러스터에서는 컨트롤 플레인 호출을 줄여 성능 저하를 일으킬 만한 원인을 제거할 수 있다. 다음과 같이 서비스어카운트ServiceAccount나 파드 스펙에 설정하면 된다.

---

[2] 옮긴이_ 전송 또는 저장 중에 발생할 수 있는 오류를 감지하기 위해 다른 디지털 데이터 블록에서 파생된 작은 크기의 데이터 블록

```
apiVersion: v1
kind: ServiceAccount
metadata:
  name: app1-svcacct
automountServiceAccountToken: false
[...]
```

```
apiVersion: v1
kind: Pod
metadata:
  name: app1-pod
spec:
  serviceAccountName: app1-svcacct
  automountServiceAccountToken: false
[...]
```

✓ 시크릿 API의 스펙은 애당초 실제 요건에 따라 시크릿 스토리지를 구성하는 플러그형 아키텍처pluggable architecture에 기반했다. 해시코프 볼트, 아쿠아 시큐리티Aqua Security, 트위스트락Twistlock, AWS 시크릿 매니저Secrets Manager, 구글 클라우드 KMS, 애저 키 볼트Azure Key Vault 등의 솔루션은 쿠버네티스에 내장된 것보다 훨씬 더 높은 수준의 암호화 및 감사 기능을 사용하여 외부 스토리지 시스템에 시크릿 데이터를 보관할 수 있다. 리눅스 재단 프로젝트인 익스터널시크릿 오퍼레이터ExternalSecrets Operator[3]가 이런 기능을 제공하는 대표적인 예다.

✓ imagePullSecrets을 서비스어카운트에 할당하면 pod.spec에 선언하지 않아도 파드가 시크릿을 자동 마운트한다. 애플리케이션의 네임스페이스에 디폴트 서비스 어카운트를 패치하고 imagePullSecrets을 추가하면 네임스페이스에 있는 전체 파드에 자동으로 추가된다.

---

3 옮긴이_ https://external-secrets.io/latest

```
Create the docker-registry secret first
kubectl create secret docker-registry registryKey --docker-server
myreg.azurecr.io --docker-username myreg --docker-password $up3r$3cr3tP@ssw0rd
--docker-email ignore@dummy.com

patch the default serviceaccount for the namespace you wish to configure
kubectl patch serviceaccount default -p '{"imagePullSecrets": [{"name":
"registryKey"}]}'
```

✓ CI/CD 기능을 사용하여 릴리스 도중 HSM^{Hardware Security Module}(하드웨어 보안 모듈)으로 암호화된 보안 저장소에서 시크릿을 가져온다. 이로써 효과적인 업무 분장이 가능하다. 즉, 보안팀은 시크릿을 생성/암호화하는 일을 맡고, 개발자는 시크릿 네임을 정확히 잘 참조하기만 하면 된다. 좀 더 다이내믹하게 애플리케이션을 전달하는 데브옵스 프로세스에 어울리는 방법이다.

4.4 RBAC

대규모 분산 환경에서 일하다 보면 중요 시스템에 미인가 액세스를 차단하기 위해 어떤 식으로든 보안 장치를 붙이는 경우가 많다. 컴퓨터 시스템의 리소스는 다양한 방법으로 액세스를 통제할 수 있지만 그 절차는 대동소이하다. 쿠버네티스 같은 시스템에서도 여권, 비자, 세관 또는 출입국 관리사무소를 통과해 항공기 탑승 후 해외로 출국하는 여행자가 겪는 것과 비슷한 일들이 일어난다.

■ 여권(주체 인증)

통상 다른 나라에 가려면 정부 기관이 발급한 여권을 소지해야 한다. 여권은 여러분이 누구인지 증명하는 인증 수단이다. 쿠버네티스의 유저 계정도 마찬가지다. 유저를 인증하는 작업은 외부 권한external authority에 의존하지만, 서비스 계정은 쿠버네티스가 직접 관리한다.

- **비자 또는 여행 정책(인가)**

세계 각국은 국가 간 공식 단기 협정인 비자를 통해 다른 국가의 여권을 소지한 여행자를 받아들인다. 비자는 타입에 따라 소지자가 해당 방문 국가에서 할 수 있는 일과 체류 가능 기간이 명시되어 있다. 쿠버네티스의 인가authorization(권한 부여)도 마찬가지다. 다양한 인가 방법이 있지만 그중 RBAC이 가장 널리 쓰인다. RBAC은 화려한 API 기능을 자랑하며 아주 세세한 액세스가 가능하다.

- **세관 또는 출입국 관리(어드미션 컨트롤러)**

보통 외국에 입국하면 여권과 비자 등 필수 서류를 확인하는 출입국 관리와 반입 금지 물품을 갖고 있는지 가방을 열어 검사하는 세관이 있다. 쿠버네티스는 이런 일을 어드미션 컨트롤러에게 위임한다. 어드미션 컨트롤러는 정의된 규칙 및 정책에 따라 API 요청을 허용/거부 또는 변경한다. 쿠버네티스는 파드시큐리티PodSecurity, 리소스쿼터ResourceQuota, 서비스어카운트ServiceAccount 컨트롤러 등 많은 어드미션 컨트롤러를 기본 제공한다. 검사 어드미션 또는 변형 컨트롤러를 사용하면 컨트롤러를 다이내믹하게 사용할 수도 있다.

지금까지 열거한 세 가지 영역 중 사람들이 가장 잘 몰라서 인기가 없는 RBAC을 집중적으로 살펴보겠다. 모범 사례를 논하기 전에 쿠버네티스 RBAC가 무엇인지 알아보자.

4.4.1 RBAC 기초

쿠버네티스에서 RBAC을 사용하려면 주체, 규칙, 롤 바인딩의 세 가지 주요 컴포넌트를 정의해야 한다.

주체

주체subject는 실제로 액세스를 확인할 대상이다. 보통 유저, 서비스 어카운트, 그룹 중 하나다. 앞서 언급했듯이, 유저와 그룹은 쿠버네티스 외부에서 인가 모듈을 사용해서 처리하는데, 기본 인증basic authentication, X.509 클라이언트 인증서, 베어러 토큰bearer token 등이 있다. 애저 액티브 디렉터리AD, Active Directory, 세일즈포스Salesforce, 구글 등의 오픈ID 커넥트OpenID Connect 서비스로 X.509 클라이언트 인증서나 베어러 토큰을 사용하는 방법을 가장 많이 쓴다.

> **NOTE** 서비스 계정은 네임스페이스에 바인딩되고 쿠버네티스 내부에 저장된다는 점에서 유저 계정과 다르다. 서비스 계정은 사람이 아니라 프로세스를 나타내기 위한 것으로, 네이티브 쿠버네티스 컨트롤러가 관리한다.

규칙

규칙rule은 API에 있는 어떤 오브젝트(리소스)나 오브젝트 그룹에서 실제로 수행 가능한 액션 리스트다. 동사verb는 평범한 CRUD(생성Create, 읽기Read, 갱신Update, 삭제Delete) 작업 외에도 `watch`, `list`, `exec`처럼 쿠버네티스에 추가된 기능까지 해당된다. 오브젝트는 다양한 API 컴포넌트를 가리키며 카테고리에 따라 분류된다. 가령, 파드 오브젝트는 코어 API의 일부로 `apiGroup: ""`으로 참조되지만, 디플로이먼트는 앱 API 그룹에 속한다. 그야말로 RBAC 프로세스의 진정한 힘인 동시에, RBAC을 잘 만들어 제어하려는 사람들을 처음부터 주눅 들게 하거나 혼란스럽게 하는 부분이다.

롤

롤role(역할)은 규칙의 스코프scope(범위)를 말한다. 쿠버네티스에는 role과 clusterRole, 두 종류의 롤이 있다. role은 어느 한 네임스페이스에만 해당되지만, clusterRole은 모든 클러스터, 모든 네임스페이스에 적용된다. 다음은 네임스페이스 스코프에 롤을 정의한 구성 YAML이다.

```
apiVersion: rbac.authorization.k8s.io/v1
kind: Role
metadata:
  namespace: default
  name: pod-viewer
rules:
- apiGroups: [""] # ""는 코어 API 그룹을 의미한다.
  resources: ["pods"]
  verbs: ["get", "watch", "list"]
```

롤바인딩

롤바인딩Rolebinding은 주체(예: 유저, 그룹)를 특정 롤에 매핑한 것이다. 바인딩은 특정 네임스페이스로 범위가 국한된 roleBinding과 전체 클러스터에 고루 적용되는 clusterRoleBinding, 두 가지 모드가 있다. 다음은 네임스페이스 스코프의 롤바인딩을 정의한 구성 YAML이다.

```
apiVersion: rbac.authorization.k8s.io/v1
kind: RoleBinding
metadata:
  name: noc-helpdesk-view
  namespace: default
subjects:
- kind: User
  name: helpdeskuser@example.com
  apiGroup: rbac.authorization.k8s.io
roleRef:
  kind: Role # Role과 ClusterRole 중 하나여야 한다.
  name: pod-viewer # 바인딩할 Role 또는 ClusterRole의 네임과 일치해야 한다.
  apiGroup: rbac.authorization.k8s.io
```

4.4.2 RBAC 모범 사례

RBAC은 안전하고 신뢰할 수 있는 안정적인 쿠버네티스 환경을 구축하는 데 필수적이다. 개념이 다소 복잡해서 어려울 수 있지만, 우리가 제시하는 모범 사례를 참고하면 커다란 돌뿌리에 채여 넘어질 일은 없을 것이다.

- ✓ 쿠버네티스에서 실행하려고 개발한 애플리케이션에서 RBAC 롤 또는 롤바인딩이 필요한 경우는 극히 드물다. 애플리케이션 코드가 쿠버네티스 API와 직접 인터랙션하는 경우에만 RBAC 구성이 필요하다.

- ✓ 애플리케이션이 직접 쿠버네티스 API에 액세스하여 서비스에 추가한 엔드포인트에 맞게 구성을 변경하거나 특정 네임스페이스에 있는 모든 파드 리스트가 필요한 경우에는 새 서비스 계정을 만들어 파드 스펙에 지정하는 것이 좋다. 그런 다음, 원하는 목표 달성에 필요한 최소 권한이 부여된 롤을 생성한다.

- ✓ 필요 시 아이덴티티 관리와 2단계 인증two-factor authentication까지도 가능한 오픈ID 커넥트 서비스를 사용하여 한 단계 고수준의 아이덴티티 인증을 구현하자. 유저 그룹은 잡 실행에 꼭 필요한 최소 권한이 부여된 롤에 매핑하자.

- ✓ SRE(사이트 신뢰성 엔지니어), 관리자, 그밖에 특수한 작업 수행을 위해 짧은 기간 동안 권한을 승격시켜야 할 유저가 있다면 적시JIT, Just in Time 액세스 시스템을 사용하자. 단, 이런 부류의 유저는 로그인을 더 엄격하게 감시할 수 있도록 다른 아이덴티티를 발급한다. 이렇게 발급된 계정에는 해당 롤에 바인딩된 유저 계정 또는 그룹에 할당된 것보다 더 높은 권한을 부여한다.

- ✓ CI/CD 툴로 쿠버네티스 클러스터에 서비스를 배포하는 계정은 별도로 마련하자. 그래야 클러스터에서 누가 클러스터의 어느 오브젝트를 배포/삭제했는지 파악하기가 쉽다.

- ✓ 아직도 헬름 v2로 애플리케이션을 배포하고 있다면, 디폴트 서비스 계정은 kube-system에 배포된 틸러tiller다. 틸러 전용 서비스 계정으로 각 네임스페이스에 스코프가

이 네임스페이스로 한정된 틸러를 배포하는 것이 좋다. 헬름 install/upgrade 커맨드를 호출하는 CI/CD 툴은 일종의 예비 단계prestep로, 헬름 클라이언트를 서비스 계정 및 디플로이먼트에 해당되는 네임스페이스로 초기화하자. 이때 서비스 계정은 네임이 같아도 상관없지만 네임스페이스는 다르게 지정하자. 우리는 클러스터에서 더 이상 틸러를 실행할 필요가 없는 헬름 v3로 업그레이드하도록 권장한다. 헬름 v3는 아키텍처 자체가 완전히 클라이언트 기반으로, 헬름 커맨드를 호출하는 유저의 RBAC 액세스를 사용한다. 이는 클라이언트 기반으로 쿠버네티스 API에 액세스하는 바람직한 방식과 자연스레 연결된다.

- ✓ 시크릿 API의 watch와 list를 필요로 하는 애플리케이션은 삼가는 것이 좋다. 기본적으로 이런 애플리케이션은 애플리케이션이나 파드를 배포한 사람이 해당 네임스페이스에 있는 시크릿을 볼 수 있어 위험하다. 애플리케이션에서 시크릿을 가져오기 위해 시크릿 API에 액세스해야 한다면, 직접 할당 받은 시크릿 외에 불필요한 다른 시크릿을 가져오지 않도록 get 사용을 최대한 제한하자.

정리

클라우드 네이티브 애플리케이션의 개발 원칙은 또 다른 주제 영역이지만, 구성과 코드를 엄격하게 분리하는 것이 성공의 핵심이라는 사실에는 이견이 없을 것이다. 민감하지 않은 정보는 네이티브 객체인 컨피그맵 API, 민감한 정보는 시크릿 API를 사용하면 선언형 액세스 방식으로 쿠버네티스에서 별 문제없이 관리할 수 있다. 쿠버네티스를 사용하다 보면 크리티컬한 데이터가 API에 점점 더 많이 쌓이게 되므로, RBAC 및 통합 인증 시스템 같은 채널 보안 프로세스를 통해 API 액세스 보안을 철저하게 통제하는 일이 매우 중요하다.
이 책의 나머지 부분에서도 살펴보겠지만, 안정적이고 신뢰할 수 있으며, 보안이 강화된 시스템을 구축하려면 쿠버네티스 플랫폼에 서비스를 배포하는 모든 과정에 이러한 원칙이 고루 잘 스며들어 지켜지도록 해야 한다.

CHAPTER

05

지속적 통합, 테스팅, 배포

이 장에서는 CI/CD 파이프라인을 구축하여 애플리케이션을 쿠버네티스에 배포하는 방법을 알아본다. CI/CD 파이프라인을 잘 구축하면 공들여 개발한 앱을 안정적으로 프로덕션에 전달할 수 있다. 이 장에서는 쿠버네티스 환경에서 CI/CD를 구축하는 방법 및 이와 연관된 툴과 프로세스까지 설명한다. CI/CD의 목표는 개발자가 코드를 체크인할 때부터 프로덕션에 새 코드를 롤아웃하기까지 완전히 자동화한 프로세스를 구축하는 것이다. 앱을 수동으로 업데이트하면 에러가 나기 쉽고, 구성 드리프트configuration drift[1] 및 취약한 배포 업데이트 문제가 발생하면서 앱을 전달하는 애질리티가 전반적으로 떨어진다.

이 장에서 다룰 주제는 다음과 같다.

- 버전 관리
- 지속적 통합
- 테스팅
- 컨테이너 빌드
- 컨테이너 이미지 태깅
- 지속적 배포
- 배포 전략
- 프로덕션 테스팅
- 카오스 테스팅

개념 설명이 끝나면 실제로 다음 태스크로 이루어진 CI/CD 파이프라인 예제를 구현해보겠다.

- 코드 변경분을 깃 리포지터리에 푸시
- 애플리케이션 코드 빌드 실행
- 코드 테스트 실행
- 테스트 성공 시 컨테이너 이미지 빌드

---

1 옮긴이_ 시간이 지나면서 시스템이나 앱, 서버, 인프라, 하드웨어 등 실제 구성이 관리자의 의도와 달라지는 현상

- 빌드된 컨테이너 이미지를 컨테이너 레지스트리에 푸시

- 애플리케이션을 쿠버네티스에 배포

- 배포된 애플리케이션을 상대로 테스트 실행

- 디플로이먼트에서 롤링 업그레이드 수행

5.1 버전 관리

모든 CI/CD 파이프라인의 시작은 버전 관리다. 즉, 애플리케이션을 실행하고 구성 코드를 변경한 이력을 유지하는 일이다. 깃은 이제 사실상 표준 소스 관리 플랫폼이다. 모든 깃 리포지터리에는 프로덕션 코드가 담긴 main 브랜치[2]가 있는데, 기능 추가 및 개발 용도로 만든 브랜치는 결국 이 main 브랜치로 머지된다. 브랜치 전략은 조직의 구조와 업무 분장에 따라 천차만별이다. 우리는 쿠버네티스 매니페스트나 헬름 차트처럼 애플리케이션 코드와 구성 코드가 함께 있어야 원활한 소통과 협업이라는 데브옵스 사상을 정착시킬 수 있다는 사실을 발견했다. 애플리케이션 개발자와 운영 엔지니어가 모두 단일 리포지터리에서 함께 작업하면 언제든지 애플리케이션을 안정적으로 프로덕션에 배포할 수 있다는 믿음이 생긴다.

5.2 지속적 통합

CI는 코드 변경분을 버전 관리 리포지터리로 계속 통합하는 프로세스다. 이때 덩치가 큰 변경분을 가끔 한 번씩 커밋하는 게 아니라, 작은 변경분을 더 자주 커밋하는 것이 포인트다. 변경된 코드가 리포지터리에 커밋되면 그때마다 즉시 빌드가 시작된다. 따라서 실제로 문제가 발생하면 애플리케이션을 망가뜨린 원인에 대해 좀 더 빨리 피드백 받을 수 있다. CI 기

---

2 옮긴이_ 원래 디폴트 브랜치는 master였지만 인종 차별적 느낌 때문에 현재는 main으로 변경되었습니다.

능을 제공하는 솔루션 중에서 가장 인기 있는 툴은 젠킨스다. 이쯤에서 "애플리케이션이 어떻게 빌드되는지 내가 꼭 알아야 하나? 그건 애플리케이션 개발자들이 알아서 하는 일 아닌가?"하고 반문할지도 모르겠다. 예전에 분명히 그랬던 시절이 있었다. 하지만 이제 점점 더 많은 기업들이 데브옵스 문화를 받아들이는 추세에 따라 운영팀 역시 애플리케이션 코드, 소프트웨어 개발 워크플로와 점차 가까워지고 있다.

5.3 테스팅

파이프라인에서 테스트를 수행하는 목적은 빌드를 망친 코드 변경분을 신속하게 피드백 받기 위해서다. 테스팅 프레임워크는 사용하는 언어마다 다르다. 가령, Go 언어로 개발한 애플리케이션은 `go test`하면 코드 베이스를 상대로 단위 테스트 스위트^{test suite}를 실행한다. 테스트 스위트를 철저하게 준비하면 잘못된 코드가 프로덕션 환경에 전달되는 사고를 최대한 막을 수 있다. 파이프라인에서 테스트가 실패하면 테스트 스위트 실행 이후 빌드가 실패한 것으로 간주해야 한다. 코드베이스 수준에서 테스트가 실패한 소스 코드를 컨테이너 이미지로 빌드해서 레지스트리에 푸시했다간 대형 사고로 이어질 것이다.

이 대목에서도 "테스트 작성은 개발자가 할 일 아닌가?"하고 질문할지 모르겠다. 인프라와 애플리케이션을 프로덕션에 전달하는 일을 자동화하려면 코드베이스 곳곳에서 자동화한 테스트를 실행할 수단을 궁리해야 한다. 예를 들어, 2장에서 쿠버네티스에 배포할 애플리케이션을 헬름으로 패키징하는 방법을 설명했는데, 헬름에는 차트를 상대로 일련의 테스트를 실행하여 차트에 문제가 될 만한 부분은 없는지 체크하는 `helm lint`라는 툴이 있다. 엔드-투-엔드^{end-to-end} 파이프라인에서는 많은 테스트가 병행돼야 한다. 애플리케이션 단위 테스트처럼 개발자가 메인인 경우도 있지만, 스모크 테스트^{smoke test}[3]처럼 공동 협력이 필요할 때도 있다. 코드베이스를 테스트하고 프로덕션에 전달하려면 팀 간 협력이 필요하며 엔드-투-엔

---

3 옮긴이_ 소프트웨어 빌드 후 테스트하기 전에 프로그램의 중요한 기능이 제대로 작동되는지 확인하는 테스트

드로 구현해야 한다.

5.4 컨테이너 빌드

이미지를 빌드할 때 이미지 사이즈를 최적화해야 한다. 사이즈가 작을수록 이미지를 가져와 배포하는 시간이 줄고 이미지 보안성이 좋아지기 때문이다. 사이즈를 최적화하는 방법은 다양한데, 제각기 트레이드오프trade-off[4]가 있다. 애플리케이션을 가능한 한 작은 이미지로 만드는 몇 가지 팁을 공유한다.

■ **멀티스테이지**multistage**(다단계) 빌드**

애플리케이션 실행에 불필요한 디펜던시를 제거한다. 가령, Go 언어는 스태틱 바이너리를 빌드하는 툴이 전혀 필요하지 않으므로 애플리케이션 실행에 꼭 필요한 스태틱 바이너리만 포함된 최종 이미지로 빌드되도록 Dockerfile에서 빌드 스텝을 실행한다.

■ **무배포**distroless **베이스 이미지**

무배포 이미지는 불필요한 바이너리와 셸을 이미지에서 모두 제거한 것이다. 그래서 이미지 사이즈가 작고 보안성이 좋다. 물론, 셸이 없어서 디버거를 이미지에 붙일 수 없는 단점은 있다. 이게 무슨 대수냐고 반문할 수도 있지만, 애플리케이션을 디버깅할 때 디버거가 없으면 상당히 불편하다. 무배포 이미지에는 패키지 매니저, 셸, 기타 일반 OS 패키지에 응당 포함되어 있는 바이너리가 없어서 여러분이 익숙한 디버깅 툴은 대부분 사용할 수 없다.

■ **최적화된 베이스 이미지**

OS 레이어에서 불필요한 부분을 잘라내 최대한 군살을 뺀 이미지다. 예를 들어, 알파인Alpine

---

4 옮긴이_ 한쪽이 좋아지면 다른 쪽이 나빠지는, 또는 그 반대 방향으로 일장일단이 고루 있는 상충 관계

은 10MB에 불과한 용량에 로컬 개발용 디버거까지 탑재한 베이스 이미지다. 다른 리눅스 배포판 역시 데비안Debian 슬림 이미지Slim image처럼 최적화한 베이스 이미지를 제공한다. 개발에 필요한 기능도 있고, 이미지 사이즈와 보안 취약점을 줄일 수 있는 좋은 방법이다.

이미지 최적화는 정말 중요한 일인데 유저들은 이를 가볍게 생각하는 경향이 있다. 사내 표준 때문에 어쩔 수 없이 특정 OS만 써야 하는 경우도 있겠지만, 컨테이너의 가치를 최대로 끌어내려면 이런 장애물을 극복해야 할 필요가 있다.

우리는 쿠버네티스를 새로 도입한 기업들이 처음에는 현재까지 써오던 OS를 쓰다가 나중에 데비안 슬림처럼 더 최적화된 이미지를 선택하는 모습을 많이 봤다. 컨테이너 환경에서 개발하고 운영하는 업무가 점점 익숙해지면 무배포 이미지가 점점 편안하게 느껴질 것이다.

5.5 컨테이너 이미지 태깅

컨테이너 이미지를 빌드하여 어떤 환경에 배포할 이미지 아티팩트를 만드는 것도 CI 파이프라인의 한 과정이다. 이때 환경에 배포한 이미지의 버전을 쉽게 알아볼 수 있게 이미지 태깅 전략을 신중하게 검토하자. `latest`는 이미지 태그로 절대 사용 금지라는 말은 아무리 강조해도 지나치지 않다. `latest`는 버전이 아니므로 이 문자열만으로는 이미지에 어떤 코드 변경 내용이 포함됐는지 알 수 없다. CI 파이프라인을 통해 빌드된 이미지에는 모두 고유한 태그를 붙여야 한다.

CI 파이프라인에서 빌드한 이미지를 태깅하는 효과적인 전략을 몇 가지 소개한다. 코드가 어떻게 변경됐고 그것이 어느 빌드에 담겼는지 쉽게 식별할 수 있게 해주는 전략이다.

- **빌드 ID**

CI 빌드가 개시되면 빌드 ID가 생성된다. 이 ID를 태그의 일부로 사용하면 이미지를 생성한 출처에 해당하는 빌드 ID를 추적할 수 있다.

- **시스템-빌드 ID**

빌드 ID와 동일하지만 빌드 시스템이 둘 이상인 경우에는 빌드 시스템도 추가한다.

- **깃 해시**

새 코드를 커밋하면 깃 해시가 생성된다. 이 값을 태그에 사용하면 어떤 커밋으로 이미지가 만들어졌는지 쉽게 참조할 수 있다.

- **깃 해시-빌드 ID**

이미지를 생성한 코드 커밋과 빌드 ID 모두 참조할 수 있다. 단, 태그가 꽤 길어질 수도 있으니 주의하자.

5.6 지속적 배포

CD는 CI 파이프라인을 무사히 통과한 변경분을 사람의 개입 없이 프로덕션에 매끄럽게 배포하는 기술이다. 컨테이너는 변경된 코드를 프로덕션에 배포할 때 아주 큰 강점을 발휘한다. 컨테이너 이미지는 개발, 스테이징을 거쳐 프로덕션으로 승격되는 불변immutable[5] 오브젝트다. 일관된 환경을 유지하는 것이 얼마나 중요한 문제인지는 아무리 강조해도 지나치지 않다. 스테이징에서 잘 돌아가던 코드가 프로덕션에만 배포되면 이상하게 사고가 발생하는 경험을 한 적 있는가? 이런 문제는 주로 환경마다 라이브러리와 컴포넌트 버전이 달라지는 구성 드리프트 때문에 생긴다. 쿠버네티스는 일관되게 버전을 관리하고 배포하는 선언형 방식으로 디플로이먼트 오브젝트를 기술한다.

---

[5] 옮긴이_ 중간에 임의로 수정이 불가능한

한 가지 명심할 점은 CD에 집중하기 전에 먼저 CI 파이프라인을 탄탄하게 구축해야 한다는 점이다. 파이프라인 초기에 문제를 포착할 수 있도록 빈틈없는 테스트 세트를 준비해야 어느 환경이든 오류가 있는 코드로 롤아웃하는 불상사를 막을 수 있다.

5.7 배포 전략

이제 롤아웃 전략으로 넘어가자. 쿠버네티스는 새 버전의 애플리케이션을 롤아웃하는 다양한 전략을 제공한다. 롤링 업데이트 같은 기본 메커니즘 외에 고급 전략도 구사할 수 있다.

- 롤링 업데이트
- 블루/그린 배포
- 카나리 배포

롤링 업데이트rolling update는 쿠버네티스에 내장된 기본 롤아웃 전략으로, 다운타임 없이 현재 실행 중인 애플리케이션에 업데이트를 트리거한다. 예를 들어, 현재 프론트엔드 앱이 frontend:v1를 실행 중인 상태에서 디플로이먼트를 frontend:v2로 업데이트하면, 쿠버네티스는 레플리카를 frontend:v2로 롤링 업데이트한다(그림 5.1).

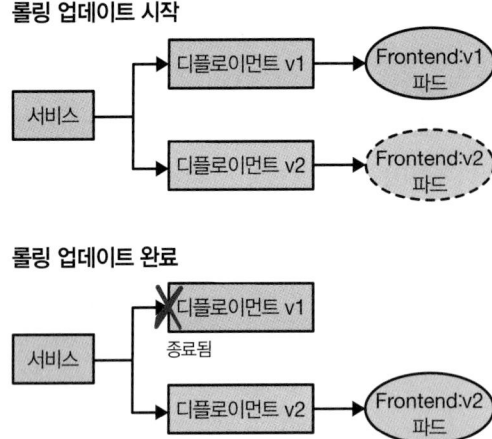

그림 5.1 쿠버네티스 롤링 업데이트

업데이트할 최대 레플리카 수, 롤아웃 도중 사용 불가능한 최대 파드 수는 디플로이먼트 오브젝트에 설정한다. 다음은 롤링 업데이트 전략을 명시한 디플로이먼트 구성 YAML이다.

```
kind: Deployment
apiVersion: apps/v1
metadata:
  name: frontend
  labels:
    app: frontend
spec:
  replicas: 3
  selector:
    matchLabels:
      app: frontend
  template:
    metadata:
      labels:
        app: frontend
    spec:
      containers:
      - name: frontend
        image: brendanburns/frontend:v1
  strategy:
    type: RollingUpdate
    rollingUpdate:
      maxSurge: 1 # 한번에 업데이트할 최대 레플리카 수
      maxUnavailable: 1 # 롤아웃 도중에 사용할 수 없는 최대 레플리카 수
```

롤링 업데이트 중에는 클라이언트와의 커넥션이 끊어질 수 있으니 주의하자. 그래서 레디니스 프로브readiness probe(준비성 프로브)와 preStop 라이프 사이클 훅life-cycle hook이 필요하다. 레디니스 프로브는 배포된 새 버전이 트래픽을 받을 준비가 됐는지 확인한다. preStop 훅은

현재 배포된 애플리케이션에서 커넥션 드레이닝connection drainning[6]을 수행한다. 이 라이프 사이클 훅은 컨테이너가 종료되기 전에 호출되며, 동기 호출이므로 최종 종료 시그널이 내려지기 전에 완료되어야 한다. 다음은 레디니스 프로브와 라이프 사이클 훅을 구성한 YAML이다.

```
kind: Deployment
apiVersion: apps/v1
metadata:
  name: frontend
  labels:
    app: frontend
spec:
  replicas: 3
  selector:
    matchLabels:
      app: frontend
  template:
    metadata:
      labels:
        app: frontend
    spec:
      containers:
      - name: frontend
        image: brendanburns/frontend:v1
        livenessProbe:
          # ...
        readinessProbe:
          httpGet:
            path: /readiness # 프로브 엔드포인트
            port: 8888
        lifecycle:
          preStop:
```

---

[6] 옮긴이_ 인스턴스를 등록/삭제하거나 상태가 비정상일 때 인스턴스에 어느 정도 시간을 부여해 인플라이트(in-flight) 요청을 완료할 수 있도록 하는 기능

```
        exec:
          command: ["/usr/sbin/nginx","-s","quit"]
strategy:
  # ...
```

이 예제의 preStop 라이프 사이클 훅은 Nginx를 그레이스풀 셧다운graceful shutdown (정상 종료) 한다. 즉시 종료시키는 SIGTERM과는 다르다.

롤링 업데이트에서 또 한 가지 문제가 될 수 있는 부분은 롤링 중에 두 버전의 애플리케이션이 동시 실행된다는 점이다. 따라서 데이터베이스 스키마schema는 두 버전의 애플리케이션을 모두 지원할 수 있어야 한다. 기능 플래그feature flag 전략에 따라 새 버전의 앱에서 생성된 새 컬럼을 스키마에서 나타낼 수 있다. 롤링 업데이트가 끝나면 옛 컬럼은 삭제한다.

디플로이먼트에 구성한 라이브니스 프로브와 레디니스 프로브를 보자. 레디니스 프로브는 애플리케이션을 서비스 뒷단의 엔드포인트로 배치하기 전에 애플리케이션이 트래픽을 받을 준비가 됐는지 확인한다. 한편, 라이브니스 프로브는 애플리케이션이 정상 실행 중인지 확인하고 그렇지 않은 파드가 있으면 재시작한다. 파드에 에러가 나서 종료된 경우에만 실패한 파드를 자동 재시작하도록 구성할 수도 있다. 예를 들어, 파드는 종료되지 않았지만 데드락이 발생한 경우, 라이브니스 프로브가 엔드포인트를 체크해서 재기동하는 식이다.

블루/그린 배포Blue/Green deployment를 사용하면 애플리케이션을 예측 가능한 방향으로predictably 릴리스할 수 있다. 트래픽을 언제 새 환경으로 넘길지 조절할 수 있어서 새 버전의 애플리케이션 롤아웃을 효과적으로 제어할 수 있다. 단, 이 배포 방식을 사용하면 옛 환경과 새 환경을 동시 배포할 만큼 충분한 용량이 필요하며, 다음과 같이 이전 버전의 애플리케이션으로 쉽게 되돌릴 수 있는 등의 많은 장점 이면에 조심해야 할 부분이 있으니 신중히 검토하자.

- 인플라이트 트랜잭션in-flight transation[7]과 스키마 업데이트 호환성 때문에 데이터베이스 마이그레이션이 상당히

---

7 옮긴이_ 옛 버전에서 새 버전으로 넘어가는 도중에 발생하는 트랜잭션

어려워질 수 있다.

- 실수로 두 환경 모두 삭제될 위험성이 있다.
- 두 환경을 모두 지원하려면 추가 용량이 필요하다.
- 레거시 앱으로는 처리 불가능한 하이브리드 배포^{hybrid deployment}[8] 문제가 발생할 소지가 있다.

[그림 5.2]는 블루/그린 배포 과정이다.

그림 5.2 블루/그린 배포
기존 버전

블루/그린

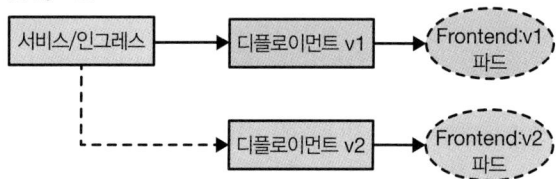

카나리 배포^{Canary deployment}는 블루/그린 배포와 매우 흡사하지만, 새 릴리스로 트래픽을 넘기는 부분을 더욱 정교하게 제어할 수 있다. 최신 인그레스 구현체는 대부분 일정 비율의 트래픽을 새 버전으로 흘리는 기능을 갖고 있다. 이스티오, 링커드, 해시코프 콘술^{HashiCorp Consul}처럼 이 배포 전략 적용에 유용한 기능을 제공하는 서비스 메시 기술을 구현할 수도 있다.

카나리 배포를 하면 일부 유저에 한하여 신규 기능을 테스트할 수 있다. 가령, 새 버전을 출시할 때 전체 유저의 10%만 대상으로 일단 한번 시험해보는 것이다. 이렇게 소수 유저에게 먼저 서비스를 오픈하면 차후 배포 및 기능 에러로 인해 문제가 커질 리스크를 줄일 수 있다. 별문제 없으면 점점 더 많은 비중의 트래픽을 새 버전의 애플리케이션으로 전환시킨다. 특정 리전^{region}의 유저에게만 릴리스하거나 특정 프로필의 유저를 상대로 릴리스하는 등의 고급 카

---

8 옮긴이_ 온프레미스와 퍼블릭 클라우드 환경을 모두 구축해서 애플리케이션을 두 환경에 모두 배포하는 것

나리 배포 기술도 있다. 이런 종류의 릴리스를 A/B 또는 다크 릴리스$^{dark\ release}$라고도 하는데, 유저 자신이 새로운 기능을 테스트하고 있다는 사실조차 모르기 때문에 붙여진 명칭이다.

블루/그린 배포와 마찬가지로 카나리 배포를 할 때도 잘 생각해봐야 할 부분이 있다.

- 일정 비율의 유저에게만 트래픽을 흘리는 기능
- 새 릴리스가 정상 상태$^{steady\ state}$[9]인지 어떻게 확신할 것인가?
- 새 릴리스의 상태가 '양호'인지, '불량'인지 판단하기 위한 메트릭

[그림 5.3]은 카나리 배포 과정이다.

그림 5.3 카나리 배포

기존 버전

카나리

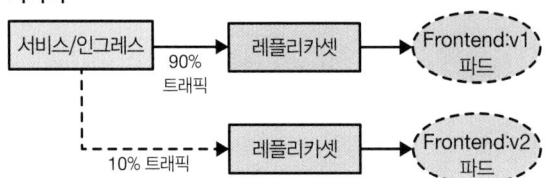

> **NOTE** 카나리 배포 역시 여러 버전의 애플리케이션을 동시 실행하면 데이터베이스 스키마가 두 버전의 애플리케이션을 모두 지원해야 하므로 약간 골치가 아프다. 이 배포 전략을 사용할 때는 의존하는 서비스를 어떻게 다룰지, 여러 버전을 어떻게 실행하는 게 최선일지 고민이 필요하다. 강력한 API 컨트랙트를 준비하되, 데이터베이스가 여러 버전의 애플리케이션을 동시에 지원 가능한지 확인하자.

---

9 옮긴이_ 시스템 이론에서 시스템 또는 프로세스의 동작을 정의하는 변수가 시간에 따라 변하지 않는 경우를 지칭합니다. 예상대로 정상적으로 작동되는 '정상 상태(normal state)'가 아니라는 점에 주의하시기 바랍니다.

5.8 프로덕션 테스팅

프로덕션 테스팅은 애플리케이션의 회복 탄력성resiliency, 확장성scalability 및 UX에 확신을 심어 준다. 물론, 프로덕션 환경에서 테스트하려면 갖가지 어려움과 리스크가 수반되지만, 시스템의 안정성을 확보하는 차원에서 그만한 노력을 들일 가치는 충분하다. 단, 테스팅에 착수하기 전에 먼저 살펴야 할 중요한 문제가 있다. 프로덕션 환경에서 수행한 테스트의 효과를 정확하게 식별할 수 있는 깊이 있는 관찰 가능성observability 전략이 필요하다. 엔드 유저의 애플리케이션 경험에 영향을 미치는 메트릭을 관찰할 능력도 없는데 정작 시스템의 회복 탄력성을 개선하기 위해 어디에 집중해야 할지 가늠하기는 어려울 것이다. 또 시스템에 주입한 장애를 자동 복구하려면 높은 수준의 자동화도 필요하다.

리스크를 줄이면서 효과적으로 프로덕션 시스템을 테스트할 수 있는 툴은 많다. 이 장에서 앞서 열거한 툴 외에도 분산 추적distributed tracing, 인스트루멘테이션instrumentation, 카오스 엔지니어링chaos engineering, 트래픽 섀도잉traffic shadowing 같은 새로운 툴들이 있다. 복습할 겸 앞에서 이미 한번 설명했던 개념을 열거하겠다.

- 카나리 배포
- 블루/그린 배포
- 트래픽 전환
- 기능 플래그

카오스 엔지니어링Chaos engineering은 넷플릭스Netflix에서 개발한 방법으로, 라이브 프로덕션 시스템에 실험본을 배포해서 시스템 내의 취약점을 발견한다. 통제된 실험 환경에서 시스템이 어떻게 작동되는지 관찰함으로써 시스템을 이해한다는 발상이다. 다음은 '게임 데이game-day'[10] 실험을 하기 전에 밟아야 할 절차다.

1. 정상 상태steady state에 대한 가설을 세운다.

---

10 옮긴이_ 테스트 시스템이나 프로세스에 발생하는 갖가지 장애와 이슈를 시뮬레이션한 것으로, 예외적인 이벤트 발생 시 팀이 어떻게 조치하는지 알아보는 것이 목적입니다.

2. 시스템에 영향을 줄 수 있는 다양한 수준의 실제 이벤트를 준비한다.

3. 대조군을 만들고 실험을 하면서 정상 상태와 비교한다.

4. 실험을 통해 가설을 테스트한다.

실험을 할 때는 폭발 반경blast radius[11]을 최소화하여 발생 가능한 문제의 범위를 최대한 좁히는 것이 중요하다. 그리고 실험 수행 과정에서 많은 육체적 노동이 들 수도 있으니 가능한 한 실험을 자동화할 방법을 찾아보는 것이 좋다.

이쯤 되면 '그냥 스테이징 테스트만 하면 안 되나?'하는 의문이 들 수 있다. 하지만 스테이징 테스팅은 다음과 같은 고질적인 문제점이 있다.

- 리소스를 프로덕션과 똑같이 배포할 수 없다.
- 프로덕션과 구성이 다르다.
- 트래픽과 유저 행위는 복합적으로 일어나는 경향이 있다.
- 생성된 요청 수와 실제 워크로드 간에 괴리가 있다.
- 아무래도 스테이징 환경에서는 모니터링이 빈약하다.
- 배포된 데이터 서비스의 데이터와 실제 부하가 다르다.

프로덕션 환경에서 모니터링을 확실하게, 제대로 구축하는 일이 얼마나 중요한지는 아무리 강조해도 지나치지 않다. 프로덕션 시스템의 관찰 가능성이 충분히 확보되지 않으면 모든 노력이 수포로 돌아갈 가능성이 크다. 작은 규모의 실험부터 시작해 하나씩 배우면서 영향도를 파악해 나가면 점차 자신감이 생길 것이다.

5.9 파이프라인 구축과 카오스 실험

그럼, 실제로 CI/CD 파이프라인을 구축하고 카오스 실험을 수행해보자. 먼저, 샘플 애플리

---

11 옮긴이_ 시스템과 유저에게 직접적으로 영향을 미치는 범위

케이션의 깃헙 리포지터리[12]를 포크fork해서 이 장의 나머지 부분에서 사용할 여러분의 개인 리포지터리를 준비한다.

5.9.1 CI 구축

방금 전 포크한 코드를 빌드할 CI 파이프라인을 구축하자. 편의상 예제는 drone.io 서비스를 사용한다. 웹사이트[13]를 방문해서 무료 계정을 등록한 다음, 여러분의 깃헙 크리덴셜로 로그인하자. (이래야 드론에 리포지터리를 등록해서 동기화할 수 있다) 그리고 여러분의 개인 깃헙에 포크된 리포지터리에서 Activate를 선택한다. 가장 먼저 할 일은 도커 허브Docker Hub 레지스트리에 앱을 푸시하고 쿠버네티스 클러스터에 앱을 배포할 수 있도록 드론 설정에 시크릿을 추가하는 것이다.

드론 리포지터리 하단에서 Settings를 클릭한 다음, [Add A SECRET] 버튼을 클릭해 시크릿을 추가한다(그림 5.4).

- docker_username
- docker_password
- Kubernetes_server
- Kubernetes_cert
- Kubernetes_token

---

[12] https://oreil.ly/TtJfd
[13] https://cloud.drone.io

그림 5.4 드론 시크릿 구성

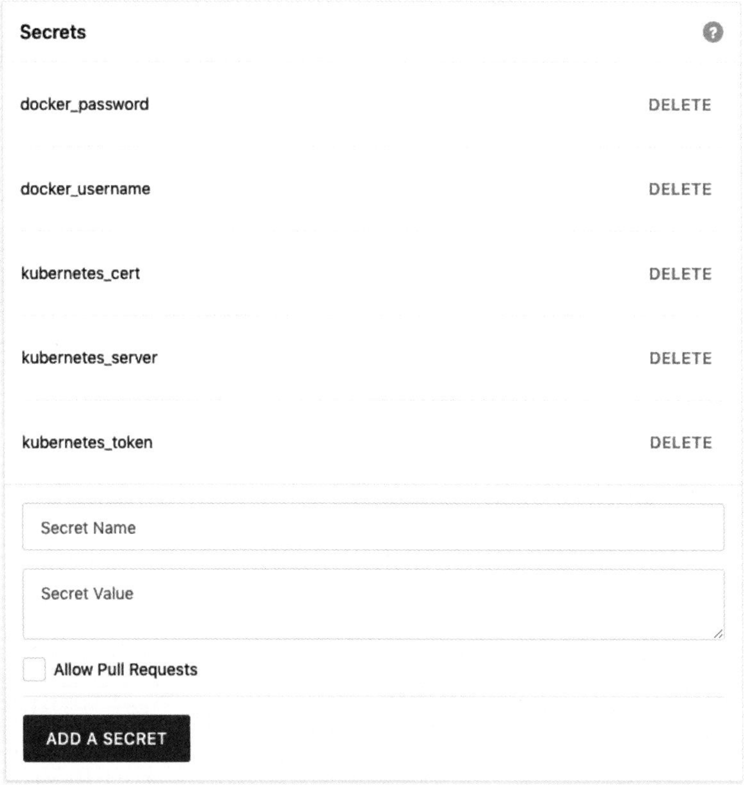

도커 username과 password는 도커 허브 등록 시 사용한 것을 재사용하자. 이제 쿠버네티스 서비스 계정과 인증서를 생성하고 토큰을 발급받는 단계로 넘어간다.

쿠버네티스 서버에 접속하려면 외부에 공개된 쿠버네티스 API 엔드포인트가 필요하다.

> **NOTE** 이 단계를 실습하려면 쿠버네티스 클러스터의 cluster-admin 권한이 필요하다.

다음은 API 엔드포인트를 조회하는 kubectl 커맨드다.

```
kubectl cluster-info
```

쿠버네티스 마스터가 *https://kbp.centralus.azmk8s.io:443*에서 실행 중이라는 메시지가 출력될 것이다. 이 URL을 kubernetes_server 시크릿에 저장한다.

드론에서 클러스터에 접속할 때 사용할 서비스 계정을 만들자. 다음 커맨드로 서비스어카운트를 생성한다.

```
kubectl create serviceaccount drone
```

그런 다음, 이 서비스어카운트에 대한 clusterrolebinding을 생성한다.

```
kubectl create clusterrolebinding drone-admin \
  --clusterrole=cluster-admin \
  --serviceaccount=default:drone
```

서비스어카운트 토큰을 가져온다.

```
TOKENNAME=`kubectl -n default get serviceaccount/drone
    -o jsonpath='{.secrets[0].name}'`
TOKEN=`kubectl -n default get secret $TOKENNAME -o jsonpath='{.data.token}' |
    base64 -d`
echo $TOKEN
```

출력된 토큰의 내용을 kubernetes_token 시크릿에 저장한다.

클러스터에 인증하려면 유저 인증서가 필요하다. 다음 커맨드로 ca.crt를 kubernetes_cert 시크릿에 붙여 넣는다.

```
kubectl get secret $TOKENNAME -o yaml | grep 'ca.crt:'
```

자, 이제 드론 파이프라인에서 앱을 빌드하고 도커 허브에 푸시할 차례다.

첫 번째 단계는 Node.js 프론트엔드를 구축하는 빌드 단계다. 드론은 이 단계에서 컨테이너 이미지를 사용한다. 덕분에 여러 작업을 유연하게 수행할 수 있다. 이 예제는 도커 허브에 있는 Node.js 이미지를 사용한다.

```
pipeline:
  build:
    image: node
    commands:
      - cd frontend
      - npm i redis --save
```

빌드가 끝나면 새로 빌드된 앱에 npm test를 실행하는 테스트 단계를 추가한다.

```
test:
    image: node
    commands:
      - cd frontend
      - npm i redis --save
      - npm test
```

앱 빌드 후 테스트까지 끝나면 배포 단계로 넘어가 앱의 컨테이너 이미지를 생성하여 도커 허브에 푸시한다.

.drone.yml 파일을 열어 다음과 같이 코드를 수정한다.

```
repo: <your-registry>/frontend
publish:
    image: plugins/docker
```

```
    dockerfile: ./frontend/Dockerfile
    context: ./frontend
    repo: dstrebel/frontend
    tags: [latest, v2]
    secrets: [ docker_username, docker_password ]
```

도커 빌드가 끝나면 이미지가 도커 레지스트리에 푸시될 것이다.

5.9.2 CD 구축

다음은 애플리케이션을 쿠버네티스 클러스터에 푸시하는 배포 단계다. 리포지터리의 frontend 폴더에 있는 배포 매니페스트를 사용한다.

```
kubectl:
    image: dstrebel/drone-kubectl-helm
    secrets: [ kubernetes_server, kubernetes_cert, kubernetes_token ]
    kubectl: "apply -f ./frontend/deployment.yaml"
```

파이프라인에서 배포가 끝나면 다음 커맨드로 클러스터에서 실행 중인 파드를 확인하자.

```
kubectl get pods
```

드론 파이프라인에 배포 상태를 조회하는 테스트 단계를 추가할 수도 있다.

```
test-deployment:
    image: dstrebel/drone-kubectl-helm
    secrets: [ kubernetes_server, kubernetes_cert, kubernetes_token ]
```

```
kubectl: "get deployment frontend"
```

5.9.3 롤링 업그레이드 수행

프론트엔드 코드 라인 하나를 바꾸어 롤링 업데이트를 테스트하자. server.js 파일에서 다음 라인을 찾아 수정하고 커밋한다.

```
console.log('api server is running.');
```

디플로이먼트가 롤아웃되고 기존 파드에 롤링 업데이트가 일어날 것이다. 롤링 업데이트가 끝나면 새 버전의 애플리케이션이 배포된다.

5.9.4 간단한 카오스 실험

쿠버네티스에는 유저 환경에서 카오스 실험을 수행하는 여러 가지 툴이 준비되어 있다. 아주 정교한 '서비스로서의 카오스Chaos as a Service' 솔루션부터 유저 환경에 있는 파드를 그냥 죽이는 기본적인 툴까지 다양하다. 그중 많이 쓰이는 툴은 다음과 같다.

- Gremlin

카오스 실험의 고급 기능을 제공하는 카오스 호스티드 서비스

- PowerfulSeal

고급 카오스 시나리오 기능이 탑재된 오픈 소스 프로젝트

- **Chaos Toolkit(카오스 툴킷)**

다양한 형태의 카오스 엔지니어링 툴에 무료 공개 커뮤니티 기반의 툴킷과 API를 제공하는 것이 목표인 오픈 소스 프로젝트

- **KubeMonkey**

클러스터에 배포한 파드를 상대로 기본적인 회복 탄력성을 테스트하는 오픈 소스 툴

다음은 파드를 자동 종료시켜 애플리케이션의 회복 탄력성을 테스트하는 간단한 카오스 실험이다. 이 실험에서는 카오스 툴킷을 사용했다.

```
pip install -U chaostoolkit
pip install chaostoolkit-kubernetes
export FRONTEND_URL="http://$(kubectl get svc frontend
    -o jsonpath="{.status.loadBalancer.ingress[*].ip}"):8080/api/"
chaos run experiment.json
```

5.10 CI/CD 모범 사례

CI/CD 파이프라인을 하루 아침에 완벽하게 구축하기는 어렵다. 다음 모범 사례를 참고하여 조금씩 개선하자.

- ✔ CI는 자동화와 신속한 빌드에 집중하자. 빌드 속도를 최적화하면 변경된 코드 때문에 빌드가 잘못돼도 개발자에게 신속하게 피드백할 수 있다.

- ✔ 파이프라인에 안정적인 테스트를 구축하자. 그래야 개발자가 자신이 작성한 코드에 어떤 문제가 있는지 바로바로 피드백 받을 수 있다. 피드백 주기가 짧을수록 개발자 워크플로의 생산성은 증가한다.

✓ CI/CD 툴을 결정할 때는 파이프라인을 코드로 정의할 수 있는지 확인하자. 애플리케이션 코드로 파이프라인의 버전을 관리하려면 반드시 필요한 기능이다.

✓ 이미지 사이즈는 가급적 줄이고 프로덕션 환경에서 이미지를 실행해도 보안 취약점이 덜 노출되도록 이미지를 최적화하자. 멀티스테이지 도커Multistage Docker 빌드를 사용하면 애플리케이션 실행에 불필요한 패키지를 제거할 수 있다. 쉬운 예로, 메이븐으로 빌드하는 애플리케이션의 이미지에서 메이븐은 불필요하므로 빼는 것이 맞다.

✓ 이미지 태그에 latest를 사용하지 말자. 빌드 ID나 깃 커밋을 다시 참조할 수 있도록 태그를 사용하자.

✓ CD가 처음이면 일단 쿠버네티스 롤링 업데이트로 배포하자. 사용하기 쉽고 배포하기 편하다. 점점 익숙해지고 자신감이 생기면 블루/그린, 카나리 등의 배포 전략을 검토한다.

✓ CD 단계에서는 클라이언트가 애플리케이션에 어떻게 연결되는지, 데이터베이스 스키마 업그레이드는 어떻게 처리되는지 테스트하자.

✓ 프로덕션 환경에서 테스팅은 애플리케이션에 신뢰감을 부여하고 모니터링이 제대로 되는지 확인하는 데 유용하다. 프로덕션 테스팅은 소규모로 시작하고 실험의 폭발 반경을 제한하자.

> **정리**
>
> 애플리케이션을 유저에게 안정적으로 제공하기 위해 CI/CD 파이프라인을 구축하는 방법을 알아보았다. CI/CD 파이프라인은 애플리케이션을 쿠버네티스에 전달할 때 리스크를 줄이고 스루풋throughput(처리량)을 높이는 데 유용하다. 다양한 배포 전략에 대해서도 살펴보았다.

CHAPTER 06

버저닝, 릴리스, 롤아웃

기존 모놀리식 애플리케이션의 고질적인 문제점 중 하나는 시간이 흐르면서 시스템이 점점 비대해져 비즈니스 환경 변화에 따라 신속하게 업그레이드하거나 버저닝하기 어렵다는 것이다. 결과적으로 이런 문제점이 애자일^{Agile} 개발 문화와 마이크로서비스 아키텍처가 자리잡게 된 계기라고 볼 수 있다. 새 코드를 빠르게 이터레이션하여 새로운 문제를 해결하고, 프로덕션에서 심각한 이슈가 터지기 전에 예방하면서 무중단 업그레이드를 보장하는 것은 모든 개발팀이 추구하는 목표다. 어떤 종류의 시스템이든지 이런 문제는 적절한 프로세스와 절차를 통해 해결할 수 있지만, 기술을 관리하고 인력 풀을 유지하는 비용이 많이 드는 편이다.

시스템을 설계할 때 격리^{isolation}와 조합성^{composability}은 중요한 변수다. 컨테이너를 애플리케이션 코드의 런타임으로 활용하면 이 두 가지 목표를 어느 정도 달성할 수 있지만, 대규모 시스템을 안정적으로 관리하려면 고도로 자동화한 시스템 관리 체계가 필요하다. 시간이 흐를수록 시스템은 점점 커지고 취약한 요소는 늘어나게 마련이므로, 시스템 엔지니어들은 복잡한 릴리스, 업그레이드, 장애 감지 메커니즘이 탑재된 복잡한 자동화 프로세스를 구축하기 시작했다.

아파치 메소스$^{\text{Apache Mesos}}$, 해시코프 노마드$^{\text{HashiCorp Nomad}}$ 같은 서비스 오케스트레이터$^{\text{service orchestrator}}$와 쿠버네티스, 도커 스웜$^{\text{Docker Swarm}}$ 등의 컨테이너 기반의 오케스트레이터는 이러한 복잡한 프로세스를 기본적인 런타임 컴포넌트로 제공하는 방향으로 발전했다. 애플리케이션 버저닝, 릴리스, 배포가 시스템의 기본 기능으로 통합되면서 이제 시스템 엔지니어가 훨씬 더 복잡한 시스템 문제도 거뜬히 해결할 수 있게 되었다.

6.1 버저닝

이 책은 소프트웨어 버저닝과 그 이면에 숨겨진 역사를 다루는 입문서가 아니다. 이런 주제가 궁금한 독자는 수많은 컴퓨터 과학 교과서 및 게시글을 참고하자. 이 절의 주제는 패턴을 선택하고 유지하는 일이다. 시맨틱 버저닝$^{\text{semantic versioning}}$이 유용하다는 사실에 이견을 가진 소프트웨어 회사나 개발자는 거의 없을 것이다. 특히, 특정 마이크로서비스의 개발팀이 시스템을 구성하는 다른 마이크로서비스의 API 호환성에 의존하는 마이크로서비스 아키텍처라면 더 더욱 그렇다.

시맨틱 버저닝은 메이저 버전$^{\text{major version}}$, 마이너 버전$^{\text{minor version}}$, 패치^{patch}, 세 부분으로 구성된 버전 번호를 1(메이저).2(마이너).3(패치) 식의 닷 표기법$^{\text{dot notation}}$으로 나타낸다. 패치는 버그 수정이나 API 변경이 없는 아주 사소한 변경이다. 마이너 버전은 API는 변경됐지만 이전 버전과 하위 호환$^{\text{backward compatible}}$되는 업데이트를 말한다. 이는 다른 마이크로서비스와 협업해야 하는 개발자에게 아주 중요한 속성이다.

예를 들어, 내 서비스는 다른 마이크로서비스의 1.4.7 버전과 통신하도록 작성되었지만, 그 마이크로서비스가 최근 1.5.7 버전으로 업데이트됐어도 새로운 API 기능을 내 서비스에서 사용하지 않는다면 코드를 변경할 필요가 없을 것이다. 메이저 버전은 코드에 중대한 변경을 가한 것이다. 동일한 코드라도 보통 메이저 버전 간에는 더 이상 API가 호환되지 않는다. 프로세스에 살짝 변화를 주어 알파 코드는 1.4.7.0, 릴리스는 1.4.7.3 식으로 소프트웨어 개발 라이프 사이클 단계를 '4' 버전으로 나타내는 방법도 있다. 어떤 방법을 사용하든 시스템 전체에 일관성을 지키는 일이 가장 중요하다.

6.2 릴리스

사실, 쿠버네티스에는 릴리스 컨트롤러$^{\text{release controller}}$가 없으므로 릴리스라는 개념 자체가 처음부터 없다. 대신 디플로이먼트의 `metadata.labels`나 `pod.spec.template.metadata.label` 스펙에 릴리스 정보를 추가한다. 둘 중 어디든지 정보를 추가하는 시점이 중요한데, 디플로이먼트의 변경분을 CD로 업데이트는 방법에 따라 다양한 영향을 미칠 수 있다.

헬름이 쿠버네티스에 처음 도입된 당시에는 클러스터에서 실행 중인 동일한 헬름 차트의 인스턴스를 구분하는 것이 릴리스의 주된 개념이었다. 헬름 없이도 이러한 개념은 쉽게 재현할 수 있지만, 헬름은 기본적으로 릴리스 이력을 보관하므로 많은 CD 툴이 파이프라인에 헬름을 연동시켜 릴리스 서비스를 한다. 다시 한번 강조하지만, 여기서도 버저닝을 일관되게 수행하고 클러스터 시스템 전반에 걸쳐 일관성을 지키는 것이 가장 중요하다.

사내에 특정한 네이밍 규정이 있다면 릴리스 네임은 상당히 유용할 것이다. 보통 stable이나 canary 등의 레이블을 사용하는데, 서비스 메시 같은 툴로 세세한 라우팅 결정을 내릴 때 운영 측면에서 제어하기 편하다. 다양한 계층의 유저를 상대로 수시로 변경분을 반영해야 하는 큰 조직이라면 ring-0, ring-1 식의 링 아키텍처 ring architecture를 채택할 수도 있다.

쿠버네티스 선언형 모델에서 레이블에 대해 잠깐 짚고 넘어가자. 레이블 자체는 API의 구문 규칙을 준수하는 어떤 키/값 쌍이든지 자유롭게 사용할 수 있다. 여기서 레이블의 콘텐츠가 아닌, 각 컨트롤러가 레이블과 그 변경 사항, 레이블과 매치되는 셀렉터를 어떻게 처리할 것인가, 하는 문제가 중요하다. 잡, 디플로이먼트, 레플리카셋, 데몬셋은 레이블을 직접 매핑하거나 세트 표현식을 사용한 셀렉터 기반으로 파드를 매치할 수 있도록 지원한다. 레이블 셀렉터는 한번 생성되면 절대로 변경할 수 없으므로 새로운 셀렉터를 추가하고 여기에 매치되는 파드 레이블이 있으면 기존 레플리카셋으로 업데이트되는 것이 아니라 새로운 레플리카셋이 생성된다. 다음 절에서 롤아웃을 배울 때 아주 중요한 내용이니 꼭 이해하자.

6.3 롤아웃

디플로이먼트 컨트롤러가 처음 쿠버네티스에 등장하기 전에는 업데이트할 replicaController의 커맨드라인에서 kubectl rolling-update를 실행하는 것이 애플리케이션 롤아웃을 제어하는 유일한 수단이었다. 그러나 이 커맨드는 매니페스트의 일부가 아니어서 선언형 CD 모델로 처리하기가 아주 어려웠다. 시스템이 실수로 롤백되지 않도록 매니페스트를 올바르게 업데이트하면서 버저닝하고, 더 이상 필요하지 않으면 아카이브되도록 주의 깊게 살펴야 했다.

디플로이먼트 컨트롤러를 사용하면 이러한 업데이트 프로세스를 특정한 전략으로 자동화할 수 있고, 디플로이먼트의 `spec.template`를 변경함으로써 새로운 선언 상태를 읽을 수 있다. 쿠버네티스를 처음 사용하는 이들은 이 사실을 잘 몰라서 디플로이먼트의 `metadata` 필드에 있는 레이블을 변경하고 매니페스트를 다시 적용해도 아무 변화가 없어 당황하는 경우가 흔하다. 디플로이먼트 컨트롤러는 스펙 변경을 감지하여 지정된 전략에 맞게 디플로이먼트를 업데이트한다. 쿠버네티스 디플로이먼트는 `rollingUpdate`와 `recreate`, 두 가지 전략을 제공하는데, 전자가 디폴트다.

`rollingUpdate`는 디플로이먼트로 하여금 새 레플리카셋을 만들어 필요한 레플리카 수만큼 스케일-업하고 이전 레플리카셋은 `maxUnavailble`, `maxSurge` 값에 따라 스케일-다운하는 전략이다. 이 두 값은 새 파드가 충분한 수만큼 온라인 상태가 될 때까지 이전 파드를 제거하지 못하게 하고 이전 파드가 주어진 수만큼 제거될 때까지 새 파드가 생성되지 않게 강제한다. 이처럼 디플로이먼트 컨트롤러가 업데이트 기록을 계속 보관하고 있으므로 커맨드라인에서 언제든지 디플로이먼트를 이전 버전으로 되돌릴 수 있는 장점이 있다.

`recreate`는 서비스 성능을 떨어뜨리지 않고 레플리카셋의 모든 파드를 완전 중단시킬 수 있는 특정 워크로드에서 효과적인 전략이다. 디플로이먼트 컨트롤러는 새로운 구성이 반영된 새 레플리카셋을 만들고 새 파드를 온라인 상태로 전환하기 전에 이전 레플리카셋을 통째로 삭제한다. 이렇게 전면 중단^{disruption}을 해도 무방한 서비스의 좋은 예는, 큐 기반의 시스템을 토대로 작동되는 서비스다. 새 파드가 온라인 상태가 될 때까지 메시지가 큐에 대기하고 있다가 새 파드가 온라인이 되면 즉시 메시지 처리가 재개되기 때문이다.

6.4 종합 예제

예제 디플로이먼트를 살펴보면서 버저닝, 릴리스, 롤아웃 관리의 영향을 받는 핵심 영역을 살펴보자.

```
# 웹 디플로이먼트
apiVersion: apps/v1
kind: Deployment
metadata:
  name: gb-web-deploy
  labels:
    app: guest-book
    appver: 1.6.9
    environment: production
    release: guest-book-stable
    release number: 34e57f01
spec:
  strategy:
    type: rollingUpdate
    rollingUpdate:
      maxUnavailbale: 3
      maxSurge: 2
  selector:
    matchLabels:
      app: gb-web
      ver: 1.5.8
    matchExpressions:
      - {key: environment, operator: In, values: [production]}
  template:
    metadata:
      labels:
        app: gb-web
        ver: 1.5.8
        environment: production
```

```yaml
    spec:
      containers:
      - name: gb-web-cont
        image: evillgenius/gb-web:v1.5.5
        env:
        - name: GB_DB_HOST
          value: gb-mysql
        - name: GB_DB_PASSWORD
          valueFrom:
            secretKeyRef:
              name: mysql-pass
              key: password
        resources:
          limits:
            memory: "128Mi"
            cpu: "500m"
        ports:
        - containerPort: 80
---
# DB 디플로이먼트
apiVersion: apps/v1
kind: Deployment
metadata:
  name: gb-mysql
  labels:
    app: guest-book
    appver: 1.6.9
    environment: production
    release: guest-book-stable
    release number: 34e57f01
spec:
  selector:
    matchLabels:
      app: gb-db
```

```yaml
        tier: backend
  strategy:
    type: Recreate
  template:
    metadata:
      labels:
        app: gb-db
        tier: backend
        ver: 1.5.9
        environment: production
    spec:
      containers:
      - image: mysql:5.6
        name: mysql
        env:
        - name: MYSQL_PASSWORD
          valueFrom:
            secretKeyRef:
              name: mysql-pass
              key: password
        ports:
        - containerPort: 3306
          name: mysql
        volumeMounts:
        - name: mysql-persistent-storage
          mountPath: /var/lib/mysql
      volumes:
      - name: mysql-persistent-storage
        persistentVolumeClaim:
          claimName: mysql-pv-claim
---
# DB 백업 잡
apiVersion: batch/v1
kind: Job
```

```yaml
metadata:
  name: db-backup
  labels:
    app: guest-book
    appver: 1.6.9
    environment: production
    release: guest-book-stable
    release number: 34e57f01
  annotations:
    "helm.sh/hook": pre-upgrade
    "helm.sh/hook": pre-delete
    "helm.sh/hook": pre-rollback
    "helm.sh/hook-delete-policy": hook-succeeded
spec:
  template:
    metadata:
      labels:
        app: gb-db-backup
        tier: backend
        ver: 1.6.1
        environment: production
    spec:
      containers:
      - name: mysqldump
        image: evillgenius/mysqldump:v1
        env:
        - name: DB_NAME
          value: gbdb1
        - name: GB_DB_HOST
          value: gb-mysql
        - name: GB_DB_PASSWORD
          valueFrom:
            secretKeyRef:
              name: mysql-pass
```

```
            key: password
      volumeMounts:
        - mountPath: /mysqldump
          name: mysqldump
      volumes:
        - name: mysqldump
          hostPath:
            path: /home/bck/mysqldump
      restartPolicy: Never
  backoffLimit: 3
```

처음에는 좀 이상하게 생각될 것이다. 어떻게 디플로이먼트의 버전 태그와 해당 디플로이먼트에서 사용하는 컨테이너 이미지의 버전 태그를 달리 할 수 있을까? 둘 중 하나만 바뀌고 나머지는 안 바뀌면 어떻게 되는 걸까? 이 예제에서 릴리스란 무엇을 의미하며, 릴리스가 변경되면 시스템은 어떤 영향을 받게 될까? 특정 레이블이 변경되면 디플로이먼트 업데이트는 언제 트리거될까? 이러한 궁금증은 다음 절에서 버저닝, 릴리스, 롤아웃에 관한 몇 가지 모범 사례를 배우면서 깔끔하게 해소될 것이다.

6.5 모범 사례

효율적인 CI/CD 및 무중단(또는 그에 가까운) 배포 실현은 일관된 버저닝과 릴리스 관리 프랙티스와 깊은 연관이 있다. 데브옵스 팀이 소프트웨어를 매끄럽게 배포하는 데 유용한 모범 사례를 제시한다.

✓ 시맨틱 버저닝을 애플리케이션에 적용하자(전체 애플리케이션을 구성하는 컨테이너 파드의 버전이 아니다). 애플리케이션을 구성하는 컨테이너와 전체 애플리케이션 자체의 라이프 사이클을 독립적으로 관리하려면 시맨틱 버저닝이 필수다. 이 말이 처음에

는 조금 혼란스럽지만, 어느 한 컨테이너가 다른 컨테이너를 변경할 때 원칙적인 계층형 방식으로 접근하면 추적하기가 한결 수월해진다. 조금 전 예제에서도 현재 컨테이너는 v1.5.5 버전이지만 파드 스펙은 1.5.8 버전이었다. 즉, 컨피그맵이나 시크릿을 새로 추가하거나 레플리카 값을 업데이트하는 식으로 파드 스펙은 바뀌었지만 컨테이너 버전은 그대로다. 애플리케이션 자체, 전체 방명록 애플리케이션과 해당 서비스의 버전은 모두 1.6.9이다. 즉, 운영 과정에서 애플리케이션을 구성하는 서비스가 전체적으로 변경됐음을 알 수 있다.

✓ 디플로이먼트 메타데이터에서 릴리스 네임과 릴리스 버전/번호 레이블을 사용하여 CI/CD 파이프라인 릴리스를 추적하자. 릴리스 네임과 번호는 CI/CD 툴 레코드에 기록된 실제 릴리스와 일치해야 한다. 그래야 CI/CD 프로세스를 클러스터에서 추적할 수 있고 쉽게 롤백을 식별할 수 있다. 방금 전 예제에서 릴리스 번호는 바로 매니페스트를 생성한 CD 파이프라인의 릴리스 ID다.

✓ 쿠버네티스에 배포할 서비스를 헬름으로 패키징할 경우, 함께 롤백하거나 업그레이드할 서비스는 동일한 헬름 차트로 묶어야 한다. 헬름만 있으면 모든 애플리케이션 컴포넌트를 업그레이드 이전 상태로 쉽게 롤백할 수 있다. 실제로 헬름은 템플릿과 모든 헬름 지시자 directive를 처리한 다음 평평한 flattened[1] YAML 구성을 전달하므로 라이프 사이클 훅으로 특정 템플릿의 애플리케이션 순서를 정할 수 있다. 관리자는 업그레이드와 롤백이 정확히 발생하도록 헬름 라이프 사이클 훅을 잘 걸어주면 된다. 이전 예제도 잡 스펙에서 헬름 라이프 사이클 훅을 통해 헬름 릴리스를 롤백, 업그레이드, 삭제하기 전에 템플릿으로 데이터베이스를 백업했다. 또 잡이 성공적으로 끝나면 잡은 알아서 삭제되는데, 쿠버네티스에서 TTL 컨트롤러가 정식으로 출시되기 전에는 수작업으로 정리 cleanup 할 수밖에 없었다.[2]

---

1 옮긴이_ 중첩 수준이 깊지 않고 단층적인 구조라서 가독성이 높은

2 옮긴이_ 이 책을 번역하는 현재 버전인 v1.23에서는 TTL 컨트롤러가 정식으로 출시되었습니다. (참고: *https://kubernetes.io/docs/concepts/workloads/controllers/ttlafterfinished*)

✓ 조직의 운영 템포^{operational tempo}에 알맞은 릴리스 네이밍 규칙을 정한다. 대개 stable, canary, alpha 정도만 있어도 충분하다.

정리

쿠버네티스는 크고 작은 기업에서 복잡한 애자일 개발 프로세스를 정착시키는 데 큰 도움이 된다. 많은 인력과 기술 자본을 요하는 복잡한 프로세스를 자동화하는 능력을 누구나 갖다 쓸 수 있다. 덕분에 이제는 스타트업에서도 이 클라우드 패턴의 이점을 쉽게 활용할 수 있다. 쿠버네티스의 진정한 선언형 특성은 레이블을 적절하게 잘 사용할 수 있게 계획하고 네이티브 쿠버네티스 컨트롤러의 기능을 활용할 때 진가가 드러난다. 쿠버네티스에 배포된 애플리케이션의 선언 프로퍼티 내에서 운영 및 개발 상태를 파악함으로써 기업에서는 툴과 자동화를 연계하여 기능 업그레이드, 롤아웃, 롤백 등의 복잡한 프로세스를 쉽게 관리할 수 있다.

CHAPTER 07

글로벌 애플리케이션 분산과 스테이징

지금까지 애플리케이션을 빌드하고, 개발하고, 배포하는 다양한 주제를 살펴보았다. 그런데 만약 전 세계에 애플리케이션을 배포하고 관리해야 한다면 전혀 다른 문제를 고민해야 한다.

글로벌하게 배포할 수 있도록 애플리케이션을 스케일링하는 이유는 뭘까? 첫째, 당연하지만 글자 그대로 스케일링이 필요해서 그렇다. 애플리케이션이 크게 히트하면 각국 유저들이 이용하는 데 불편이 없도록 충분한 배포 능력을 갖추는 일이 아주 중요한 관심사가 될 것이다. 대표적인 사례로, 퍼블릭 클라우드 프로바이더를 위한 국제 API 게이트웨이, 전 세계에 보급된 대규모 IoT 제품, 아주 성공한 소셜 네트워크 등이 그렇다.

둘째, 우리 중에 전 세계적인 스케일링을 요하는 시스템을 구축하려는 사람은 드물겠지만, 레이턴시 때문에 많은 시스템이 전 세계적 환경을 필요로 한다. 아무리 좋은 컨테이너와 쿠버네티스가 있어도 빛의 속도를 따라갈 수는 없는 법! 클라이언트와 애플리케이션 간의 레이턴시를 최대한 줄이려면 아무래도 애플리케이션을 각국에 분산 배포하여 애플리케이션과 유저 간의 물리적 거리를 최소화하는 것이 유리하다.

셋째, 글로벌 분산의 가장 대표적인 이유는 바로 로컬리티^{locality}다. 대역폭^{bandwidth} (예: 원격 센싱 플랫폼$^{remote\ sensing\ platform}$), 정보 보안(예: 공간적 제약) 중 하나 때문에 애플리케이션을 특정 위치에 정확히 배포해야 하는 경우가 있다. 현재 세계적으로 개인정보 보호를 명목으로 정부 규제가 점점 강화되는 추세이므로 특정 지역에 거주하는 유저에게 서비스를 제공하기 위해 특정 위치에 애플리케이션을 배포하는 문제가 흔한 비즈니스 요건이 되었다.

어떤 이유에서든 글로벌 애플리케이션을 목표로 한다면 소수의 프로덕션 클러스터로는 부족하고, 수십 또는 수백 개의 지리적으로 떨어진 위치에 애플리케이션을 분산 배포해야 한다. 하지만 배포 위치를 관리하고 글로벌한 서비스를 안정적으로 롤아웃하는 일은 결코 만만치 않다. 이 장은 이런 작업을 성공적으로 완수하기 위해 필요한 접근 방법과 모범 사례를 다룬다.

7.1 이미지 분산 배포

여러분이 개발한 애플리케이션을 전 세계에서 실행하려면 우선 그 이미지를 전 세계에 위치한 클러스터에서 사용할 수 있어야 한다. 제일 먼저 검토해봐야 할 부분은 이미지 레지스트리에 자동 지리 복제automatic geo-relication 기능이 있는지 여부다. 클라우드 프로바이더가 서비스하는 이미지 레지스트리는 대부분 이미지를 전 세계에 자동으로 퍼뜨리고, 이미지를 풀링하는 클러스터에서 가장 가까이 있는 스토리지에 이미지 요청을 리졸빙하는resolving 기능을 제공한다. 물론, 이미지를 어디서 복제할지 이미 여러분이 알고 있다면 직접 지정할 수도 있다. 일례로, 애저 컨테이너 레지스트리[1]가 그런 기능을 제공하는 이미지 레지스트리인데, 다른 클라우드 프로바이더도 비슷한 서비스를 제공한다. 클라우드에 내장된 지리 복제 지원 레지스트리를 이용하면 전 세계에 이미지를 간편하게 분산 배포할 수 있다. 이미지를 레지스트리에 푸시하고 지리 배포할 리전을 선택하면 나머지 일은 레지스트리가 알아서 처리한다.

클라우드 레지스트리를 사용하지 않거나, 클라우드 프로바이더가 이미지 자동 지리 배포를 지원하지 않을 때는 알아서 해결해야 한다. 한 가지 방법은 특정 위치에 단일 레지스트리를 두고 사용하는 것이다. 그런데 몇 가지 문제가 신경 쓰인다. 먼저, 클러스터에서 컨테이너 기동 속도를 좌우하는 이미지 풀 레이턴시image pull latency다. 머신 자체가 잘못되면 새 머신에서 컨테이너 이미지를 풀링해야 하므로 이미지 풀 레이턴시는 장애 대응 시간에 결정적인 영향을 미친다.

단일 장애점SPoF, Single Point of Failure[2] 가능성 역시 단일 레지스트리의 또 다른 골칫거리다. 레지스트리를 어느 한 리전이나 데이터센터에만 두면 데이터센터에서 대형 재해 발생 시 레지스트리가 그냥 꺼지면서 당연히 CI/CD 파이프라인은 작동을 멈추고 새 코드는 배포할 수 없게 된다. 이는 개발자 생산성과 애플리케이션 운영 측면에서 최악이다. 게다가 새 컨테이너를 기동할 때마다 대역폭을 꽤 많이 쓸 텐데, 컨테이너 이미지가 대체로 작은 편이라도 대역폭 사용량은 합산되므로 생각보다 큰 비용이 들 가능성이 높다. 이런 단점에도 불구하고 극

---

[1] https://oreil.ly/4jWNh
[2] 옮긴이_ 정상 작동하지 않을 경우 전체 시스템을 중단시키는 요소

히 소수의 리전에서만 실행되는 소규모 애플리케이션이라면 설정이 간단한 단일 레지스트리 방식이 확실히 간단하다.

클라우드에 지리 복제 기능이 없으면 직접 이미지를 복제할 방안을 찾아야 한다. 이런 서비스는 크게 두 가지 방법으로 구현한다. 첫째, 각 이미지 레지스트리에 지리 명칭을 부여한다. (예: `us.my-registry.io`, `eu.my-registry.io` 등) 이 방법은 구축/관리가 간편한 장점이 있다. 또 각각의 레지스트리가 완전히 독립적이고 CI/CD 파이프라인 끝에서 모든 레지스트리에 이미지를 푸시할 수 있다. 가장 가까운 리전에서 이미지를 가져오려면 클러스터마다 조금씩 다르게 구성을 해야 하는 단점은 있지만, 어차피 리전마다 애플리케이션 구성은 다를 것이기에 크게 걸림돌이 될 만한 문제는 아니다.

둘째, 네트워킹 구성을 통해 특정 리포지터리에 접속하여 이미지를 가져오는 것이다. 이미지를 여러 레지스트리에 푸시한 다음, 각각 고유한 네임을 붙이지 않고 모두 단일 DNS 엔드포인트를 부여한다(예: `my-registry.io`). IP 주소가 다른 지리적으로 떨어진 지역의 DNS 요청에 응답하는 지리 인식$^{geography-aware}$ DNS^{GeoDNS}를 사용해도 되고, 네트워킹 인프라가 잘 갖춰진 환경이라면 멀티캐스트^{multicast}[3] IP 주소를 사용하는 것이 좋다. 멀티캐스트 방식을 사용하면 모든 레지스트리가 동일한 IP 주소를 같이 사용하지만 여러 물리적 위치에 존재하는 인터넷에 광고되며^{advertised}[4] 최단 경로 네트워크 라우팅$^{shortest-path\ network\ routing}$ 방식으로 가장 가까운 곳에 위치한 이미지 레지스트리를 제공하는 서버로 트래픽이 흐른다. 그런데 이 두 가지 네트워크 구성 모두 정확하게 구현하기가 매우 어렵기 때문에 이미지를 온프레미스 서버로 풀링하더라도 클라우드 기반의 레지스트리를 사용하는 것이 최선이다. 서비스를 복제하는 네트워크를 운영해본 경험이 전혀 없는 여러분이 정말 자체 레지스트리를 구축하고 싶고 그에 수반되는 운영 부담을 기꺼이 감수하겠다면, 이전 단락에서 설명한 리전 서버 방식을 강력히 권장한다. 다음 절에서는 배포를 파라미터화하여 여러 지역에 흩어져 있는 레지스트리를 사용하는 방법을 설명한다.

---

[3] 옮긴이_ 한 번의 송신으로 메시지나 정보를 목표한 여러 컴퓨터에 동시에 전송하는 네트워크 기술
[4] 옮긴이_ 애드버타이징(advertising): 네트워크에 있는 다른 컴포넌트가 사용할 수 있도록 라우팅 정보나 서비스 업데이트 내용을 일정 간격으로 알리는 프로세스

7.2 배포 파라미터화

이미지를 사방팔방 복제한 상태에서 각 리전마다 애플리케이션 구성은 다를 수밖에 없다. 따라서 배포를 파라미터화할 필요가 있다. 예를 들어, 지리 복제 레지스트리가 없다면 리전마다 이미지 네임을 조금씩 다르게 조정하면 된다. 하지만 지리 복제된 이미지가 있어도 애플리케이션 부하는 리전마다 다를 가능성이 크므로 사이즈(예: 레플리카 수) 같은 구성도 달라질 것이다. 큰 수고를 들이지 않고도 이런 복잡성을 관리하는 능력이야말로 글로벌 애플리케이션을 성공으로 이끄는 핵심이다.

우선, 상이한 구성 파일을 디스크에 어떻게 담을지 고민하자. 가장 흔한 방법은 글로벌 리전마다 다른 디렉터리를 사용하는 것이다. 디렉터리가 정해지면 그냥 동일한 구성 파일을 각 디렉터리에 복사해서 쓰는 방법인데, 문제는 어떤 리전은 수정되고 어떤 리전은 까먹고 넘어가게 되면서 서로 점점 안 맞게 된다는 점이다. 그래서 템플릿 기반으로 접근하여 대부분의 구성은 모든 리전이 공유하는 단일 템플릿에 보관하고 템플릿을 파라미터화하여 리전별 템플릿을 만들어 쓰는 것이다. 헬름[5]이 바로 이런 종류의 템플릿을 만드는 데 가장 많이 쓰는 툴이다(자세한 내용은 1장 참조).

7.3 글로벌 트래픽 로드 밸런싱

자, 여러분의 애플리케이션이 전 세계에서 서비스되고 있다. 이제 트래픽을 애플리케이션으로 어떻게 흘릴지 결정해야 할 차례다. 보통은 지리 근접성geographic proximity을 토대로 서비스에 도달하는 레이턴시를 줄이는 게 바람직하지만, 서버 중단 등 갖가지 서비스 장애를 대비하여 여러 리전에 걸쳐 페일오버failover[6]하는 방법이 좋다. 다양한 리전에 배포한 애플리케이션에 균등한 트래픽이 흐르도록 올바르게 설정하는 작업은 성능과 안정성 측면에서 모두 중요

---

[5] https://helm.sh
[6] 옮긴이_ 서버, 시스템, 네트워크 등에서 장애 발생 시 백업 시스템으로 자동 전환시키는 기능

하다.

처음에는 단일 호스트네임(예: *myapp.myco.com*)으로 서비스한다고 가정하자. 우선 DNS Domain Name System (도메인 네임 시스템) 프로토콜을 사용하여 여러 리전 엔드포인트에 걸쳐 로드 밸런싱을 할지를 결정한다. DNS로 로드 밸런싱을 하면 유저가 *myapp.myco.com*을 DNS 서버에 쿼리할 때 반환받는 IP 주소가 서비스에 액세스한 유저의 위치와 해당 서비스의 당시 가용성에 따라 시시각각 달라진다. 멀티캐스트 IP 주소로 동일한 IP 주소를 인터넷의 여러 위치에 전파하는 방식도 생각해 볼 수 있다. 유저가 *myapp.myco.com*을 조회하면 DNS는 항상 이 고정된 IP 주소를 반환하지만 실제 패킷 라우팅은 네트워크가 연결된 위치에 따라 달라지는 것이다.

7.4 안정적인 글로벌 롤아웃

지역마다 적절한 구성으로 애플리케이션을 템플릿화하는 작업까지 마쳤다면 이제 이런 구성을 글로벌하게 배포하는 문제가 남는다. 전 세계에 애플리케이션을 동시 배포하여 효율적이고 신속한 이터레이션을 하고픈 마음이 간절하겠지만, 자칫 글로벌 전면 장애라는 대형 사고로 이어질 수도 있다. 실수로 전 세계에 잘못 배포했다간 모든 지역의 모든 유저가 서비스 이용에 불편을 겪을 것이다. 따라서 프로덕션 애플리케이션을 전 세계에 롤아웃할 때는 좀 더 신중하게, 단계적으로 접근하는 것이 현명하다. 글로벌 로드 밸런싱 같은 기술을 곁들이면 애플리케이션에 중대 장애가 발생해도 고가용성을 유지할 수 있다.

TIP 글로벌 롤아웃을 할 경우에는 어떻게 하면 가능한 한 신속하게 소프트웨어를 롤아웃하는 동시에, 문제 발생 시 어떻게 하면 많은 유저에게 영향을 미치기 전에 가능한 한 빨리 문제를 감지할 것인가 하는 것을 고민해야 한다.

글로벌 롤아웃을 수행할 즈음, 이미 모든 기본 기능과 로드 테스팅 load testing (부하 테스팅)은 마쳤다고 보자. 어떤 애플리케이션 이미지(들)가 글로벌 롤아웃에 적합하다는 인증을 받기 전까지 해당 애플리케이션은 정말 제대로 작동된다고 확신할 만큼 충분한 테스팅을 거쳐야 한다. 여기서 포인트는 테스팅을 충분히 다 했다고 해서 애플리케이션이 올바르게 작동된다는 의미는 아니라는 점이다. 테스팅을 하다가 문제점이 발견될 때도 있지만, 실제로 프로덕션 트래픽을 흘려봐야 처음 발견되는 문제도 비일비재하다. 프로덕션 트래픽의 특성을 완벽하게 시뮬레이션하기는 사실상 매우 어렵다. 가령, 테스트할 때는 영어로만 입력하지만 실제 환경에서는 다양한 언어로 입력이 들어올 수 있다. 또 테스트 입력 데이트는 실제로 애플리케이션에 인입되는 데이터를 전부 커버할 만큼 범위가 넓지 않다. 물론, 테스트에서 걸러내지 못한 문제점이 프로덕션 환경에서 자꾸 나타나면 테스트 범위를 넓혀야 할 당위성이 커지겠지만 어쨌든 막상 프로덕션을 롤아웃하면 예기치 못한 문제가 많이 발견되기 마련이다.

이런 관점에서 롤아웃하는 각 리전은 새로운 문제를 발견할 좋은 기회다. 또 프로덕션 리전에서 발견된 문제라서 반드시 조치해야 할 잠재적 장애 요소가 드러나기도 한다. 이런 각종 팩터를 종합하여 리전 롤아웃을 어떤 단계로 접근할지 결정하면 된다.

> **NOTE** 여기서는 지리적 리전에 소프트웨어를 롤아웃하는 문제를 다루었지만, 이러한 점진적 롤아웃(progressive rollout)은 점진적 표출 제어(progressive exposure control)의 한 가지에 불과하다. 기능 플래그를 이용해 점진적으로 기능을 표출하는 방법도 있다. 기능 플래그를 사용하면 릴리스할 때마다 일단 새 기능이 롤아웃되지만, 기능 플래그의 디폴트 값은 '꺼짐(off)' 상태다. 나중에 릴리스가 모든 리전에 배포되면, 기능이 완전히 다 배포될 때까지 전체 유저의 10%만 대상으로 기능을 활성화하고 그 다음에 20%를 대상으로 활성화하는 식으로 플래그를 점점 켜나간다. 플래그 기반의 실험과 점진적 롤아웃을 수행하는 구성 시스템은 종류가 다양하며, 플래그와 리전별 릴리스를 결합하면 신속한 장애 대응 및 안정적인 신기능 릴리스가 가능하다.

7.4.1 사전 롤아웃 검사

특정 버전의 소프트웨어를 전 세계에 배포할 계획인 경우, 먼저 복합 테스팅$^{synthetic\ testing}$ 환경에서 소프트웨어를 검사하는 것이 아주 중요하다. CD 파이프라인을 제대로 구축했다면 어떤 릴리스 빌드 이전 코드는 제한적이지만 모두 어떤 식으로든 단위 테스팅과 통합 테스팅을 거쳤을 것이다. 그러나 테스트를 다 해도 릴리스 파이프라인으로 진입하기 전, 두 가지 다른 종류의 테스트를 추가 검토해보자. 첫째, 완전한 통합 테스팅이다. 실제 트래픽 없이 전체 스택을 풀 스케일의 애플리케이션 배포로 조합하는 것이다. 이 풀 스택에는 보통 프로덕션 데이터의 사본이나 이와 비슷한 규모의 시뮬레이션 데이터가 포함된다. 실제 환경에서 애플리케이션 데이터가 500GB이면, 사전 프로덕션 테스팅을 할 때 데이터셋 사이즈도 이와 거의 같아야 한다(아니면 말 그대로 완전히 똑같은 데이터셋이어야 한다).

그러나 일반적으로 완전한 통합 테스팅 환경을 구축하기는 상당히 어렵다. 프로덕션 데이터는 대부분 프로덕션에만 존재하므로 동일한 크기와 규모를 가진 데이터셋을 만들기가 무척 까다롭다. 이런 복잡성 때문에 실제와 가까운 통합 테스팅 데이터셋을 구축하는 작업은 애플리케이션 개발 초기에 수행할수록 유리한 대표적 사례다. 데이터셋 덩치가 아직 작을 때부터 데이터셋을 합성한 사본을 미리 구축해두면 통합 테스팅 데이터도 프로덕션 데이터와 동일한 페이스로 늘려갈 수 있다. 그러면 이미 대규모 데이터를 운영 중인 상태에서 프로덕션 데이터를 복제하는 것보다 훨씬 관리하기 쉬울 것이다.

슬프게도 아직도 많은 이들이 규모가 커질 대로 커져 작업이 어려워질 때까지 데이터 사본의 필요성을 깨닫지 못한다. 그래서 프로덕션 데이터 저장소 앞단에 읽기/쓰기 편향 레이어read/write-deflecting layer를 배포하기도 한다. 물론, 통합 테스트가 프로덕션 데이터 저장소에 데이터를 쓰게 해선 절대 안 되기 때문에, 프로덕션 데이터 저장소 앞에 프록시를 구축해서 저장소에서 데이터를 읽기만 하고 나중에 읽을 때 참조되는 사이드 테이블에 데이터를 쓰는 것이다.

개발/테스팅 중에 프로덕션 데이터를 사용할 경우, 데이터 보안에 각별히 신경을 써야 한다. 실제로 개발자 실수로 프로덕션 유저 데이터를 안전하지 않은 위치에 보관했다가 대량 데이터 유출 사고가 일어난 사례가 있다.

통합 테스팅 환경을 어떻게 구축하든 목표는 같다. 일련의 테스트 입력과 인터랙션이 주어진 상황에서 애플리케이션이 예상대로 움직이는지 확인하는 것이다. 통합 테스트를 작성하고 실행하는 방법은 사람이 일일이 워크시트에 기록하며 직접 테스트하는 것(에러가 나기 쉬우므로 권장하지 않음)부터 브라우저에서 유저가 마우스를 클릭하는 인터랙션을 시뮬레이션하는 테스트까지 다양하다. 또 RESTful API를 조사는 하지만 해당 API를 토대로 구축된 웹 UI는 시험하지 않는 테스트도 있다. 통합 테스트를 어떻게 구성하든지 완전한 실제 입력셋이 주어지면 자동화한 테스트 스위트로 애플리케이션이 올바르게 동작하는지 검사한다는 목표는 동일하다. 단순 애플리케이션은 이런 검사까지 사전 통합 테스팅 단계에서 가능하나, 규모가 큰 실제 애플리케이션은 대부분 완전한 통합 환경이 필요하다.

애플리케이션이 정확하게 동작하는지 검사하는 통합 테스팅과 더불어 로드 테스팅도 고려해야 한다. 애플리케이션이 올바르게 작동되는지와 실제 부하를 견딜 수 있는지는 전혀 성격이 다른 문제다. 아주 규모가 큰 시스템에서 성능이 급락하면(예: 요청 레이턴시가 20% 증가) 애플리케이션 UX에 지대한 영향을 미쳐 유저에게 큰 불편을 초래하는 것은 물론, 애플리케이션 자체가 완전히 멈춰버릴 수도 있다. 프로덕션 환경에서 이러한 성능 저하가 발생하지 않도록 철저한 대비가 필요하다.

통합 테스팅과 마찬가지로, 애플리케이션의 부하를 올바르게 테스트할 방법을 찾기도 쉽지 않다. 프로덕션 트래픽과 유사하지만 합성 및 재현 가능한 방식으로 부하를 생성해야 하기 때문이다. 가장 쉬운 방법은 그냥 실제 프로덕션 시스템의 트래픽 로그를 재생하는 replay 것이다. 애플리케이션을 배포할 때 맞닥뜨릴 트래픽과 동일한 특성의 부하로 테스트해 볼 수 있어 좋지만, 과거의 실제 트래픽을 그대로 흘려보는 방법이 과연 완벽한지는 의문이다. 가령, 로그가 너무 오래됐거나 애플리케이션 또는 데이터셋 자체가 변경된 경우, 오래된 로그를 재생할 때의 성능이 미래의 새로운 트래픽을 흘릴 때의 성능과 같을 리 없다. 또 모킹 mocking[7] 하지 않은 실제 디펜던시가 있다면, 과거 트래픽이 그 디펜던시로 흘러가면서 더 이상 유효한 트래픽이라 할 수 없을 것이다(예: 데이터가 더 이상 존재하지 않음).

실제 요청이 기록된 데이터 역시 프로덕션 데이터 못지않게 보안이 중요하다. 일반적으로 프

---

7 옮긴이_ 여기서는 디펜던시를 격리하기 위해 가짜(mock)로 대체하여 테스트하는 기법을 말합니다.

로덕션 요청에는 각종 개인 정보나 보안 크리덴셜(또는 둘 다)이 들어 있어서 실제 요청이 기록된 데이터는 프로덕션 데이터베이스와 동일한 수준으로 보안에 신경 써야 한다.

그러나 테스트 데이터를 안전하게 잘 보관하기가 의외로 쉽지 않기 때문에 핵심 시스템조차 오랜 기간 로드 테스팅 없이 개발되는 경우도 흔하다. 어쨌든 프로덕션 데이터처럼 로드 테스팅도 가급적 일찍 모델링하여 준비하면 나중에 관리하기가 편해진다. 애플리케이션에 디펜던시가 많지 않은 시절부터 로드 테스팅을 조금씩 반복적으로 개선하면 기존 대규모 애플리케이션에 로드 테스팅을 한번에 끼워 맞추는 것보다 훨씬 노력이 덜 들 것이다.

애플리케이션을 로드 테스팅할 때 눈여겨봐야 할 메트릭은 무엇일까? 일단 유저가 피부로 느끼는 메트릭에 해당하는 초당 요청 수$^{\text{requests/second}}$와 요청 레이턴시$^{\text{request latency}}$가 중요하다.

레이턴시는 값 자체가 여러 범위에 분포된다는 사실이 중요하다. 그래서 평균 레이턴시는 물론 '최악의^{worst}' 애플리케이션 UX를 나타내는 특이점 백분위수$^{\text{outlier percentile}}$(예: 90번째 백분위수, 99번째 백분위수)까지 모두 측정해야 한다. 평균만 놓고 보면 레이턴시가 매우 긴 문제는 가려질 가능성이 높지만, 유저 중 10%만 사용상 불편을 느껴도 제품의 미래에 암울한 그림자가 드리워질 수 있다.

로드 테스팅을 하면서 애플리케이션의 리소스 사용량(CPU, 메모리, 네트워크, 디스크)도 주의 깊게 관찰하자. 이런 메트릭이 UX에 직접적인 영향을 주진 않지만, 애플리케이션의 리소스 사용량에 큰 변화가 포착되면 사전 프로덕션 테스팅 단계에서 그 원인을 규명해야 한다. 가령, 애플리케이션이 갑자기 메모리를 2배나 많이 사용하는 경우, 로드 테스팅을 통과했어도 나중에 애플리케이션의 품질 및 가용성에 문제가 생길 수 있으므로 따로 조사해 볼 필요가 있다. 상황에 따라 계속 프로덕션에 릴리스를 적용할 수도 있지만, 동시에 애플리케이션의 리소스 사용 패턴에 변화가 생긴 이유는 밝혀내야 한다.

7.4.2 카나리 리전

첫 번째 단계는 카나리 리전$^{canary\ region}$이다. 카나리 리전은 릴리스를 검사하려는 사람이나 팀에서 보낸 실제 트래픽을 수신하는 배포 공간이다. 트래픽의 출처는 서비스에 의존하는 내부 팀일 수도 있고, 서비스를 사용하는 외부 고객일 수도 있다. 카나리는 그들에게 이제 막 롤아웃하려는 배포 때문에 장애가 발생할 수 있음을 미리 경고하기 위해 존재한다. 통합 테스팅, 로드 테스팅을 아무리 훌륭하게 잘 해내도 유저와 고객에게 치명적인 버그를 모두 걸러내지는 못한다. 사정이 이럴진대 서비스를 사용하거나 배포하는 사람 모두가 실패할 확률이 높다는 가정하에 이슈를 조금이라도 먼저 포착하는 편이 바람직하다. 이것이 바로 카나리 리전이다.

> **NOTE** 카나리는 팀이나 회사에서 프로덕션 단계로 진행하기 직전, 초기 릴리스를 시험 사용(dogfood)하거나 자가 시험(self-test)을 수행하기 좋은 장소다. 회사 내부의 요청이 카나리에서 실행 중인 제품의 인스턴스로 흘러가도록 HTTP 리다이렉터를 구축하면 정말 유용하다. 이렇게 하면 외부 유저에게 릴리스되기 전에 모든 팀원들이 엔드-투-엔드 테스터가 되는 셈이다.

카나리는 모니터링, 스케일링, 기능 관점에서 마땅히 프로덕션 리전으로 다루어야 하나, 릴리스 프로세스의 첫 번째 관문인 만큼 문제가 될 가능성이 가장 높은 곳이기도 하다. 괜찮다, 사실 이게 포인트다. 일부러 고객으로 하여금 리스크가 낮은 유스케이스(예: 개발 또는 내부 유저)는 카나리를 사용하도록 만드는 것이다. 나중에 진짜 릴리스의 일부로 롤아웃할 중대한 변경 사항에 문제가 없는지 조기에 감지하려는 의도다.

카나리의 목표는 릴리스에 대해 초기 피드백을 받는 것이므로, 며칠 동안 카나리 리전에 릴리스를 놓아두는 것이 좋다. 그래야 다른 리전으로 이동하기 전에 폭넓은 고객층이 액세스할 기회가 주어질 것이다. 이 정도 시간이 필요한 이유는 버그 발생 자체가 확률적이고(예: 요청의 1%에만 영향을 미침) 본 모습을 드러내는 데 시간이 걸리는 에지 케이스도 있기 때문이다. 자동 알림을 트리거할 정도로 심각하지 않은 버그도 있지만, 고객과 인터랙션을 해야 비로소 드러나는 비즈니스 로직의 결함도 있다.

7.4.3 리전 타입 식별

전 세계에 소프트웨어를 롤아웃할 생각이라면 각 리전의 다양한 특색을 검토하는 일도 중요하다. 소프트웨어를 프로덕션 리전에 롤아웃하기 시작한 이후에는 초기 카나리 테스팅과 통합 테스팅을 수행해야 한다. 물론, 아무리 철저하게 테스트해도 롤아웃 이후 발생하는 문제를 모두 방지할 수는 없다. 다양한 리전에 대해 잘 생각해보자. 다른 리전보다 유독 트래픽이 더 많이 발생하는 리전은 없나? 다른 방법으로 접근하는 사람은 없는가? 가령, 개발 도상국에서는 모바일 웹 브라우저에서 트래픽이 더 많이 발생하는 편이므로, 개발 도상국과 지리적으로 더 가까운 지역일수록 여러분의 테스트 또는 카나리 리전보다 훨씬 더 많은 모바일 트래픽이 몰릴 것이다.

입력 언어도 그렇다. 비영어권 리전에서는 문자열 처리 도중 버그가 생기기 쉬운 유니코드 문자를 더 많이 전송한다. API 위주의 서비스를 구축할 경우, 어떤 API를 유난히 다른 리전보다 더 많이 사용하는 리전이 생긴다. 이런 요소는 애플리케이션에 내재된 차이점에서 비롯된 것으로, 분명 여러분의 카나리 트래픽과는 다르다. 결국 이 모든 차이점이 프로덕션에서 사고가 발생하는 잠재적 원인이 될 수 있다. 중요하다고 여겨지는 다양한 특성을 표 형태로 정리하자. 이런 특성을 미리 파악해두면 글로벌 롤아웃을 계획하는 데 큰 도움이 된다.

7.4.4 글로벌 롤아웃 전략 수립

리전별 특성까지 파악했으면 모든 리전에 롤아웃할 계획을 수립할 차례다. 프로덕션에 장애가 발생하면 일단 영향도를 최소화하는 것이 급선무이므로, 카나리 리전과 가장 유사한 리전이나 유저 트래픽이 비교적 적은 리전부터 시작하는 게 낫다. 이런 리전은 문제가 발생할 가능성이 아주 낮고, 설령 발생하더라도 트래픽이 적어 영향도가 그리 크지 않다.

첫 번째 프로덕션 리전에 무사히 롤아웃한 이후 다음 리전으로 진행하기 전까지 얼마나 오래 기다릴지도 정하자. 릴리스 시기를 일부러 늦추려고 기다리는 게 아니라, 불이 연기를 낼 때까지 충분히 기다릴 필요가 있기 때문이다. 이 연기를 내기까지의 시간^{time-to-smoke}이 일반적으로 롤아웃을 마친 후 모니터링하다 문제의 징후가 포착되기까지 소요되는 시간이다. 롤아웃에 문제가 있으면 십중팔구 롤아웃이 끝나자마자 인프라에 문제가 생길 것이다. 문제는 있지만 겉으로 드러날 때까지 시간이 필요한 경우도 있다. 예를 들어, 메모리 누수memory leak는 발생해도 그 영향도가 모니터링 도구에 확실히 표시되거나 유저에게 영향을 미칠 때까지 1시간도 더 걸릴 수 있다. 연기를 내기까지의 시간은 릴리스가 잘 작동 중이라고 확신할 수 있을 때까지 기다려야 하는 시간의 확률 분포probability distribution다. 우리 경험으로는 일반적으로 과거에 문제가 불거질 때까지 소요된 평균 시간의 2배 정도를 기다리는 것이 합리적이라고 본다.

예를 들어, 지난 6개월 동안 장애가 발생한 지 평균 1시간 후에 문제가 드러났다면, 다음 리전에 롤아웃할 때까지는 2시간을 기다리는 것이 성공 확률을 높이는 지름길이다. 애플리케이션 이력을 바탕으로 더 유의미한 통계치를 산출하려면 이 연기를 내기까지의 시간을 더욱 꼼꼼하게 측정하면 된다.

트래픽이 적은 리전에 롤아웃해봤는데 문제가 없으면 트래픽이 많은 리전에도 롤아웃해보자. 입력 데이터는 카나리 리전과 비슷하지만 대량 트래픽을 받아 처리하는 리전 말이다. 트래픽이 적은 리전에서도 무사히 롤아웃을 마쳤으므로 여기서는 애플리케이션의 스케일링 능력만 테스트하면 된다. 이 롤아웃까지 안정적으로 잘 끝나면 비로소 릴리스 품질에 대한 강한 믿음이 생긴다.

트래픽이 많은 리전에 롤아웃한 후에는 나중에 트래픽 양상이 다르게 나타날 가능성이 있는 리전에서도 이와 동일한 패턴을 적용한다. 가령, 다음에는 아시아나 유럽의 트래픽이 적은 리전에 롤아웃하는 것이다. 욕심 같아서는 롤아웃을 더 빨리 진행하고 싶겠지만, 입력 데이터나 릴리스 부하에 중대한 변화를 보인 단일 리전에만 롤아웃하는 것이 매우 중요하다. 애플리케이션에 온갖 프로덕션 데이터를 넣어보며 해볼 만한 테스트는 다 해봤다고 여겨지면, 앞으로도 릴리스가 올바르게 작동하고 롤아웃은 성공할 거란 강한 확신을 바탕으로 릴리스를 병렬화하여 속도를 높여보는 것도 괜찮다.

7.5 문제 발생 시 대처 요령

여러분이 개발한 소프트웨어를 전 세계에 롤아웃하는 시스템을 구축하는 데 필요한 요소를 살펴보았다. 문제가 발생할 가능성을 최소화하려면 어떤 방법으로 롤아웃을 구성해야 하는지도 알아보았다. 그런데 진짜 문제가 발생하면 어떻게 대처해야 할까? 119 구급대원들은 화염과 공포가 난무하는 절체절명의 위기 속에서는 엄청난 스트레스로 인해 가장 간단한 프로세스조차 기억이 잘 안 나고 몸이 말을 듣지 않는다는 사실을 잘 알고 있다. 막상 장애까지 발생하면 그 육중한 압박감으로 인해 CEO부터 말단 직원까지 모두가 '이상 없음$^{all\ clear}$' 신호를 하염없이 기다리게 된다. 그런데 하필 꼭 이런 상황에서 실수가 터진다! 이를테면, 복구 프로세스의 어떤 단계를 빠뜨리고 지나가거나, 문제가 더 많은 '조치 완료^{fixed}' 빌드를 롤아웃하는 등 어이없는 실수 때문에 상황이 악화된다.

그러므로 롤아웃을 할 때 예상치 않은 문제에 봉착해도 신속하면서 침착하게, 그리고 정확하게 대응하는 능력이 중요하다. 필요한 작업을 빠짐없이 이행하려면 어느 태스크를 어떤 순서로 해야 하는지 체크리스트를 미리 작성하고 단계별 예상 결과를 정리하자. 아무리 뻔한 단계라도 빠짐없이 기록하자. 정신없이 바쁜 상황에서는 가장 분명하고 쉬운 단계조차 잊어버리고 건너뛰는 실수가 빈번하기 때문이다.

스트레스가 극심한 상황에서 올바르게 대응하는 팁을 한 가지 말하자면, 긴급 상황이라는 스트레스가 없는 상황에서 연습을 하자. 이 연습은 롤아웃 시 발생하는 문제에 대응하여 조치하는 다른 모든 활동에도 적용된다. 가장 먼저 할 일은 이슈 대응 및 롤백 수행에 필요한 모든 단계를 빠짐없이 식별하는 것이다. 이상적인 첫 번째 대응은 시스템을 정상 가동시키기 위해 영향을 받은 리전의 유저 트래픽을 롤아웃하지 않은 리전으로 옮겨, 말하자면 '지혈'을 하는 것이다. 이 작업을 가장 먼저 숙달해야 한다. 트래픽을 어느 리전에서 다른 리전으로 성공적으로 틀 수 있는가? 시간은 얼마나 걸리나?

처음에 DNS 기반의 로드 밸런서로 트래픽을 한번 틀어보면 컴퓨터가 DNS 엔트리를 얼마나 오래, 얼마나 다양한 방법으로 캐시하는지 알 수 있다. DNS 기반의 트래픽 셰이퍼traffic shaper[8]로 어떤 리전으로 인입되는 트래픽을 완전히 드레인하려면drain[9] 거의 하루가 걸릴지도 모른다. 트래픽 흐름을 딴 데로 옮기는 최초의 시도는 그 결과가 어떻든 과정을 꼼꼼히 메모하자. 어떤 부분은 성공했고, 어떤 부분이 잘 안 되었나? 이 데이터를 바탕으로 트래픽을 일정 비율로 드레인하는 시간의 목표치를 정하고(예: 10분 이내 트래픽의 99%를 드레인) 이를 달성할 때까지 꾸준히 연습한다. 원하는 목표를 달성하려면 아키텍처를 바꿔야 할지도 모른다. 사람이 커맨드를 복붙하지 않도록 자동화 기능도 추가해야 할 수도 있다. 어느 부분을 고치든 성실하게 연습하면 사고 발생 시 효과적으로 대응할 수 있는 역량이 갖춰진다. 그리고 시스템 설계를 개선해야 할 부분이 눈에 들어오기 시작한다.

여러분이 시스템에 취할 만한 모든 액션에 대해 지금까지 설명한 연습이 필요하다. 풀 스케일 데이터 복구full-scale data recovery를 연습하자. 시스템을 이전 버전으로 글로벌하게 롤백하는 연습을 하자. 이런 액션에 소요되는 시간의 목표치를 설정하자. 실수한 부분을 기록하고 검사하고 자동화함으로써 실수할 가능성을 없애자. 사고 대응 목표를 수립하면 실제로 사고가 나도 능숙하게 대처할 수 있다는 자신감이 생긴다. 물론, 119 구급대원들이 항시 훈련을 게을리하지 않고 끊임없이 학습하듯이, 여러분도 팀원 모두가 적절한 대응 방법을 숙지하고 시스템 변경 시 대응 방법을 업데이트하고 정기적으로 실습하도록 독려해야 한다.

7.6 글로벌 롤아웃 모범 사례

아직 여러분이 글로벌하게 소프트웨어를 롤아웃해본 경험이 없다면 이 일 자체가 상당히 큰 부담으로 느껴질 것이다. 우리가 오랜 세월 현장을 누비며 경험한 바를 바탕으로 미션 크리

---

8 옮긴이_ 컴퓨터 네트워크의 통신량을 제어하여, 패킷을 지연시킴으로써 대역폭을 확보하고 통신 성능을 보장하거나 최적화하는 장치(출처 : 위키백과)
9 옮긴이_ 우수를 하수구로 배수하듯(drain) 전부 내보내려면

티컬한mission critical[10] 소프트웨어의 글로벌 배포를 위한 몇 가지 모범 사례를 제시한다.

- ✓ 이미지를 전 세계에 분산 배포하자. 롤아웃이 성공하려면 릴리스 비트release bits (바이너리, 이미지 등)가 그것이 쓰이는 위치와 가까운 곳에 있어야 한다. 그래야 네트워크가 느려지거나 불규칙한 양상을 보여도 안정성이 보장된다. 일관성까지 보장하려면 여러분이 구축한 자동 릴리스 파이프라인에 지리적 분산도 반드시 포함시켜야 한다.

- ✓ 포괄적인 통합 및 재현 테스팅을 가급적 많이 수행하자. 정확히 잘 동작하리라는 확신이 드는 릴리스만 롤아웃하자.

- ✓ 먼저 카나리 리전에서 릴리스를 해보자. 카나리 리전은 대규모 롤아웃으로 넘어가기 전에 다른 팀이나 많은 고객들이 서비스를 사용해 볼 수 있는 사전 프로덕션 환경이다.

- ✓ 롤아웃하려는 리전의 다양한 특성을 파악하자. 리전별 차이가 나중에 전체 또는 부분적인 장애를 유발하는 원인이 될 수도 있다. 리스크가 낮은 리전부터 먼저 롤아웃하자.

- ✓ 일어날 법한 문제나 프로세스에 대응하는 절차(예: 롤백)를 문서화하고 연습하자. 사고가 나 경황이 없으면 무슨 일을 해야 할지 잊어버리기 쉽고 그래서 문제가 더 심각해지는 경우가 많다는 사실을 꼭 기억하자.

> **정리**
>
> 당장은 요원한 일처럼 느껴지겠지만, 여러분과 우리는 언젠가 전 세계적인 규모의 시스템을 운영하게 될 것이다. 이 장에서는 글로벌한 시스템 서비스를 위해 점진적으로, 반복적으로 구축하는 방법과 롤아웃을 구축하여 업데이트 도중 시스템의 다운타임을 최소화하는 방법을 설명했다. 끝으로, 문제가 발생할 때('만약 문제가 발생한다면'이라고 하지 않았다) 대응 및 조치에 필요한 프로세스 및 절차를 정착시키는 방법에 대해 이야기했다.

---

10 옮긴이_ 만사를 제쳐두고 비즈니스 측면에서 가장 우선해야 할 중요한

CHAPTER 08

리소스 관리

이 장에서는 쿠버네티스 리소스를 관리하고 최적화하는 모범 사례를 소개한다. 워크로드 스케줄링, 클러스터 관리, 파드 리소스 관리, 네임스페이스 관리, 애플리케이션 스케일링을 설명하고, 어피니티, 안티-어피니티, 테인트, 톨러레이션, 노드셀렉터 등 쿠버네티스가 기본 제공하는 고급 스케줄링 기법을 자세히 다룬다.

리소스 리밋, 리소스 요청, 파드 QoS, PodDisruptionBudget, 리밋레인지, 안티-어피니티 정책을 구현하는 방법도 알아보겠다.

8.1 쿠버네티스 스케줄러

쿠버네티스 스케줄러scheduler는 컨트롤 플레인에 위치하여 클러스터에 배포된 파드를 어떻게 배치할지 결정하는 주요 컴포넌트 중 하나다. 스케줄러는 클러스터의 제약조건과 유저가 지정한 제약조건에 따라 리소스를 최적화하는데, 프레디킷predicate(단정)과 우선순위에 기반한 가점 알고리즘scoring algorithm을 사용한다.

8.1.1 프레디킷

쿠버네티스가 스케줄링하기 위해 사용하는 첫 번째 함수는 어느 노드에 파드를 스케줄링할지 결정하는 프레디킷이다. 프레디킷은 true/false를 반환하는 강한 제약조건hard constraint이다. 예를 들어, 어떤 파드가 4GB의 메모리를 요청했지만 노드가 이 요건을 충족할 수 없는 경우, 노드는 false를 반환하며 해당 파드가 스케줄링될 노드 후보에서 제거된다. 마찬가지로, 노드가 스케줄링 불능unschedulable 상태가 되어도 스케줄링 후보에서 탈락한다.

스케줄러는 제약성restrictiveness과 복잡도complexity 순서로 프레디킷을 체크한다. 다음은 이 글을 쓰는 현재 스케줄러가 체크하는 프레디킷 목록이다.

```
CheckNodeConditionPred
CheckNodeUnschedulablePred
GeneralPred
HostNamePred
PodFitsHostPortsPred
MatchNodeSelectorPred
PodFitsResourcesPred
NoDiskConflictPred
PodToleratesNodeTaintsPred
PodToleratesNodeNoExecuteTaintsPred
CheckNodeLabelPresencePred
CheckServiceAffinityPred
MaxEBSVolumeCountPred
MaxGCEPDVolumeCountPred
MaxCSIVolumeCountPred
MaxAzureDiskVolumeCountPred
MaxCinderVolumeCountPred
CheckVolumeBindingPred
NoVolumeZoneConflictPred
CheckNodeMemoryPressurePred
CheckNodePIDPressurePred
CheckNodeDiskPressurePred
MatchInterPodAffinityPred
```

8.1.2 우선순위

프레디킷이 true/false 값으로 노드를 스케줄링에서 배제하면, 상대적인 값에 따라 전체 노드의 우선순위가 매겨진다. 다음은 값을 매기는 우선순위 목록이다.

```
EqualPriority
MostRequestedPriority
```

```
RequestedToCapacityRatioPriority
SelectorSpreadPriority
ServiceSpreadingPriority
InterPodAffinityPriority
LeastRequestedPriority
BalancedResourceAllocation
NodePreferAvoidPodsPriority
NodeAffinityPriority
TaintTolerationPriority
ImageLocalityPriority
ResourceLimitsPriority
```

우선순위 점수를 합한 최종 점수가 노드에 부여된다. 가령, 어떤 파드에 600밀리코어millicore가 필요한데 900밀리코어를 쓸 수 있는 노드와 1,800밀리코어를 쓸 수 있는 노드가 있다면, 후자의 우선순위가 더 높다.

우선순위가 동일한 노드가 반환되면, 스케줄러는 selectHost() 함수를 사용하여 라운드 로빈round-robin[1] 방식으로 노드를 선택한다.

8.2 고급 스케줄링 기법

쿠버네티스는 대부분 알아서 파드를 최적으로 스케줄링한다. 가능한 한 리소스 사정이 넉넉한 노드에 우선 배치하고, 동일한 레플리카셋의 파드는 여러 노드에 분산시켜 리소스 사용률을 균등하게 맞추려고 노력한다. 그래도 만족스럽지 않다면 여러분이 직접 리소스 스케줄링 로직을 조정할 수도 있다. 예를 들어, 모든 가용 영역AZ, availability zone[2]에 파드를 스케줄링하여

---

[1] 옮긴이_ 여러 타깃에 균등하게 분산하는 로드 밸런싱 알고리즘
[2] 옮긴이_ 하나의 영역(zone)에 문제가 있을 경우 전체 시스템에 장애가 발생하는 것을 방지하기 위해 여러 리전으로 분산 구성하는 것

어느 한 영역에 장애가 생겨도 애플리케이션이 중단되지 않게 만들 수 있다. 또 성능 향상을 위해 여러 파드를 특정 호스트에 배치할 수도 있다.

8.2.1 파드 어피니티와 안티-어피니티

파드 어피니티와 안티-어피니티를 이용하면 파드 간의 상대적인 배치 규칙을 적용할 수 있다. 스케줄링 방식을 변경하거나 스케줄러의 배치 결정을 오버라이드override[3]하는 것이다.

예를 들면, 안티-어피니티 규칙에 따라 레플리카셋에 있는 파드를 여러 데이터센터 영역에 분산시킨다. 파드에 키 레이블을 적절히 잘 활용하면 된다. 키/값 쌍을 설정해서 동일한 노드에 파드를 스케줄링(어피니티)하거나, 반대로 동일한 노드에 파드를 스케줄링하지 않도록(안티-어피니티) 스케줄러에게 지시한다.

다음은 파드 안티-어피니티 규칙을 설정한 YAML이다.

```
apiVersion: apps/v1
kind: Deployment
metadata:
  name: nginx
spec:
  selector:
    matchLabels:
      app: frontend
  replicas: 4
  template:
    metadata:
      labels:
        app: frontend
    spec:
```

---

[3] 옮긴이_ 기존에 정의된 것을 덮어쓰는 식으로 다시 정의

```
        affinity:
          podAntiAffinity:
            requiredDuringSchedulingIgnoredDuringExecution:
            - labelSelector:
                matchExpressions:
                - key: app
                  operator: In
                  values:
                  - frontend
              topologyKey: "kubernetes.io/hostname"
        containers:
        - name: nginx
          image: nginx:alpine
```

Nginx 디플로이먼트에 레플리카 4개와 셀렉터 레이블 app=frontend이 있다. 이렇게 디플로이먼트 어느 한 노드에 여러 레플리카를 함께 배치하지 않도록 PodAntiAffinity를 설정하면 노드에 장애가 발생해도 캐시 데이터를 충분히 제공할 만큼 Nginx 레플리카가 확보된다.

8.2.2 노드셀렉터

노드에 파드를 스케줄링하는 가장 쉬운 방법은 노드셀렉터[nodeSelector]다. 키/값 쌍이 있는 레이블 셀렉터를 이용해 스케줄링하는 것이다. 예를 들어, GPU 같은 특수한 하드웨어 기반의 노드에 파드를 스케줄링하는 식이다. "그냥 노드 테인트를 쓰면 안 되나?" 싶을 수도 있다. 가능하다, 하지만 중요한 차이점이 있다. 노드셀렉터는 GPU가 있는 노드를 '요청[request]'하는 반면, 테인트는 GPU 워크로드에 대해서만 노드를 '예약[reserve]'한다. 둘을 함께 사용하면 GPU 워크로드 전용 노드를 예약하면서, (노드셀렉터로) GPU가 장착된 하드웨어의 노드를 자동 선택할 수 있다.

다음 커맨드는 노드를 레이블링하고 파드 스펙에서 노드셀렉터를 사용하는 커맨드다.

```
kubectl label node <node_name> disktype=ssd
```

자, 노드셀렉터에 disktype:ssd라는 키/값으로 파드 스펙을 생성한다.

```
apiVersion: v1
kind: Pod
metadata:
  name: redis
  labels:
    env: prod
spec:
  containers:
  - name: frontend
    image: nginx:alpine
    imagePullPolicy: IfNotPresent
  nodeSelector:
    disktype: ssd
```

노드셀렉터 덕분에 disktype=ssd 레이블이 부착된 노드에만 파드가 스케줄링된다.

8.2.3 테인트와 톨러레이션

테인트(taint)는 노드에 스케줄링되지 않도록 파드를 내쫓는 역할을 한다.[4] 안티-어피니티와 같은 용도일까? 맞다, 하지만 테인트는 파드 안티-어피니티와 접근 방식과 유스케이스가 다르다. 예를 들어, 특정한 성능 프로파일을 요하는 파드가 있다면, 이 파드가 위치한 노드에 다

---

4 옮긴이_ 적절한 비유일지 모르겠지만, 노드(node)는 음식, 파드(pod)는 파리, 테인트(taint)는 해충제라고 생각하면 이해하기 쉽습니다 (https://kubernetes.io/docs/concepts/scheduling-eviction/taint-and-toleration/ 참고).

른 파드는 배치하고 싶지 않을 것이다. 테인트는 톨러레이션과 맞물려 작동된다. 톨러레이션은 테인트를 설정한 노드를 오버라이드할 수 있으므로 이 둘을 잘 조합하면 안티-어피니티 규칙을 정교하게 조정할 수 있다.

테인트와 톨러레이션의 일반적인 쓰임새는 다음과 같다.

- 특수 하드웨어가 장착된 노드
- 전용 노드 리소스
- 성능이 저하된 노드를 배제

컨테이너의 스케줄링 및 실행에 영향을 주는 테인트는 여러 가지다.

- **NoSchedule**

특정 노드에 스케줄링을 차단하는 강력한 테인트

- **PreferNoSchedule**

다른 노드에 스케줄링 불가한 경우에만 파드를 스케줄링

- **NoExecute**

노드에 이미 실행 중인 파드가 있으면 내쫓는다.

- **NodeCondition**

특정 조건을 충족하는 노드를 테인트

[그림 8.1]은 gpu=true:NoSchedule로 테인트한 노드의 예다. 파드 스펙 1은 톨러레이션 키가 gpu이므로 테인트된 노드로 스케줄링되지만, 파드 스펙 2의 톨러레이션 키는 no-gpu이므로 이 노드에 스케줄링되지 않는다.

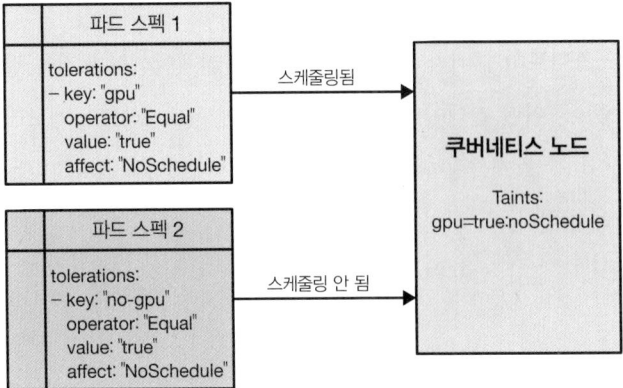

그림 8.1 테인트와 톨러레이션

노드가 테인트되어 파드를 스케줄링할 수 없게 되면, 다음과 같은 에러 메시지가 표시된다.

```
Warning: FailedScheduling  10s (x10 over 2m)  default-scheduler
0/2 nodes are available: 2 node(s) had taints that the pod did not tolerate.
```

실행 중인 파드를 내쫓는 테인트 기반 축출^{taint-based eviction}이라는 더 강력한 개념도 있다. 예를 들어, 디스크 드라이브 불량 때문에 노드가 비정상인 경우, 테인트 기반 축출을 이용하면 클러스터에 있는 다른 정상 노드로 파드를 리스케줄링할 수 있다.

8.3 파드 리소스 관리

쿠버네티스에 배포된 애플리케이션에서 가장 신경 써야 할 부분은 파드 리소스를 적절하게 잘 관리하는 일이다. 파드 리소스의 관리라 함은 곧 쿠버네티스 클러스터의 전체 사용률을 최적화하는 방향으로 CPU, 메모리를 관리한다는 의미다. 이 두 리소스의 관리는 컨테이너와 네임스페이스라는 각기 다른 두 수준에서 이루어진다. 네트워크와 스토리지 같은 다른 리소스도 있지만, 쿠버네티스에서는 아직 CPU, 메모리 이외의 리소스 요청과 리밋을 설정할 방법이 없다.

스케줄러가 리소스를 최적화하고 스마트하게 배치 결정을 하려면 애플리케이션의 요건을 정확히 이해할 필요가 있다. 예를 들어, 어떤 컨테이너(애플리케이션)에 최소 2GB의 메모리가 필요하다면, 스케줄러가 컨테이너를 스케줄링하는 호스트에 2GB의 메모리가 필요하다는 사실을 파드 스펙에 정확히 명시해야 한다.

8.3.1 리소스 요청

리소스 요청resource request은 컨테이너 스케줄링에 필요한 CPU, 메모리 값을 정의한다. 가령, 컨테이너의 리소스 요청에 필요 메모리가 8GB라고 파드 스펙에 정의했는데, 실제 모든 노드에 메모리가 7.5GB 밖에 없는 경우에는 파드가 스케줄링되지 않는다. 이렇게 파드를 스케줄링할 수 없게 되면 필요한 리소스가 확보될 때까지 대기 상태가 된다.

클러스터에서 가용한 리소스를 확인하는 커맨드는 kubectl top이다.

```
kubectl top nodes
```

실행 결과 다음과 같이 출력된다(메모리 사이즈는 여러분의 실습 환경마다 다를 것이다).

```
NAME                       CPU(cores)    CPU%    MEMORY(bytes)    MEMORY%
aks-nodepool1-14849087-0   524m          27%     7500Mi           33%
aks-nodepool1-14849087-1   468m          24%     3505Mi           27%
aks-nodepool1-14849087-2   406m          21%     3051Mi           24%
aks-nodepool1-14849087-3   441m          22%     2812Mi           22%
```

보다시피 메모리가 가장 여유 있는 노드에서 7,500Mi를 사용할 수 있다. 이 상태에서 8,000Mi 메모리를 요청하는 파드를 스케줄링해보자.

```
apiVersion: v1
kind: Pod
metadata:
  name: memory-request
spec:
  containers:
  - name: memory-request
    image: polinux/stress
    resources:
      requests:
        memory: "8000Mi"
```

8,000Mi를 사용할 수 있는 노드가 없기 때문에 해당 파드는 대기 상태가 된다.

```
kubectl describe pods memory-request
```

실제로 파드 이벤트를 보면 다음과 같이 파드를 예약할 수 있는 노드가 없다고 표시된다.

```
Events:
  Type      Reason        Age                From              Message
  Warning   FailedSch...  27s (x2 over 27s)  default-sched...  0/3 nodes are
                                                               available: 3
                                                               Insufficient memory
```

8.3.2 리소스 리밋과 파드 QoS

리소스 리밋resource limit은 파드가 사용하는 CPU, 메모리의 최댓값을 정한 것이다. 이 값에 도달하면 자동 실행되는 액션은 리소스 종류마다 다르다. CPU 리밋을 초과하면 컨테이너가

CPU를 사용하지 못하게 스로틀링되며throttled[5], 메모리 리밋을 초과하면 파드를 (클러스터 내부의 동일한 노드나 아예 다른 호스트에서) 재시작한다.

클러스터 내부에서 리소스를 공정하게 애플리케이션에 배분하려면 컨테이너에 리소스 리밋을 지정하는 것이 좋다.

```
apiVersion: v1
kind: Pod
metadata:
  name: cpu-demo
  namespace: cpu-example
spec:
  containers:
  - name: frontend
    image: nginx:alpine
    resources:
      limits:
        cpu: "1"
      requests:
        cpu: "0.5"
```

```
apiVersion: v1
kind: Pod
metadata:
  name: qos-demo
  namespace: qos-example
spec:
  containers:
  - name: qos-demo-ctr
    image: nginx:alpine
```

---

[5] 옮긴이_ 스로틀링이란 원래 목을 조른다는 뜻인데, 여기서는 어떤 메트릭이 임계치를 벗어난 경우 문제가 더 커지지 않게 강제로 낮추는 것을 의미합니다.

```
    resources:
      limits:
        memory: "200Mi"
        cpu: "700m"
      requests:
        memory: "200Mi"
        cpu: "700m"
```

파드가 생성되면 다음 서비스 품질(QoS) 클래스 중 하나가 할당된다.

- Guaranteed
- Burstable
- BestEffort

CPU, 메모리의 요청과 리밋이 서로 일치하면 Guaranteed가 할당된다. Burstable은 리밋이 요청보다 더 높게 설정된 것이다. 즉, 컨테이너가 요청은 보장하지만 컨테이너에 설정된 리밋까지 폭주burst할 수 있다. 요청, 리밋 모두 지정하지 않으면 BestEffort가 할당된다.

[그림 8.2]는 파드에 QoS가 할당된 사례다.

그림 8.2 쿠버네티스 QoS

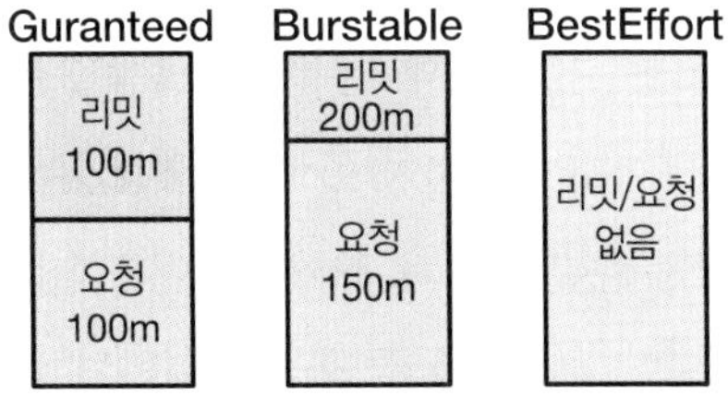

Guranteed	Burstable	BestEffort
리밋 100m	리밋 200m	리밋/요청 없음
요청 100m	요청 150m	

> **NOTE** 파드에 컨테이너가 여러 개인 경우, 컨테이너마다 CPU, 메모리 요청/리밋을 모두 지정해야 Guaranteed가 할당된다. 둘 중 하나라도 빠지면 할당되지 않는다.

8.3.3 PodDisruptionBudgets

어떤 상황이 되면 파드를 호스트에서 내쫓아야 하는데, 자발적 축출voluntary eviction과 비자발적 축출involuntary eviction 두 종류가 있다. 비자발적 축출은 하드웨어 장애, 네트워크 파티션network partition[6], 커널 패닉, 부족한 노드 리소스 등의 사유로 자발적 축출은 운영자가 클러스터 유지보수 작업(예: 노드 드레인)을 하거나, 클러스터 오토스케일러Cluster Autoscaler가 노드를 할당 해제 또는 파드 템플릿을 업데이트할 때 일어난다. 파드가 축출되면 애플리케이션 영향도를 최소화하기 위해 PodDisruptionBudget을 설정하여 애플리케이션의 가동 시간을 보장한다. 자발적 축출 과정 중에 최소 가용 파드 수, 최대 불용 파드 수에 관한 정책을 PodDisruptionBudget에 미리 정해두는 것이다.

예를 들어, 주어진 시간에 전체 파드의 20% 이상 다운되지 않도록 하라, 가용 레플리카 수는 반드시 몇개여야 한다는 식으로 명시한다.

minAvailable(최소 가용 파드 수)

다음 PodDisruptionBudget은 app: frontend 애플리케이션의 가용 파드 수를 항상 최소 5개는 유지한다. 이렇게 설정하면 가용 파드는 최소 5개 이상 유지한 채, 원하는 만큼 파드를 축출할 수 있다.

```
apiVersion: policy/v1
kind: PodDisruptionBudget
metadata:
  name: frontend-pdb
spec:
  minAvailable: 5
  selector:
    matchLabels:
      app: frontend
```

---

6 옮긴이_ 컴퓨터 네트워크를 개별적으로 최적화하거나 네트워크 장치의 오류로 인해 설계상 상대적으로 독립적인 서브넷으로 나누는 것

maxUnavailable(최대 불용 파드 수)

다음 PodDisruptionBudget은 app: frontend 애플리케이션의 불용 파드 수를 최대 20%까지만 축출한다. 이렇게 설정하면 아무리 많아도 전체 파드의 20%까지만 자발적으로 축출된다.

```
apiVersion: policy/v1
kind: PodDisruptionBudget
metadata:
  name: frontend-pdb
spec:
  maxUnavailable: 20%
  selector:
    matchLabels:
      app: frontend
```

쿠버네티스 클러스터를 설계할 때는 여러 노드에 장애가 발생해도 대응할 수 있도록 리소스를 산정해야 한다. 예를 들어, 노드 4개인 클러스터에서 한 노드에 장애가 발생하면 전체 클러스터 리소스의 1/4이 사라지는 셈이다.

> **NOTE** PodDisruptionBudget을 퍼센트로 지정할 경우 파드 수가 정확하지 않다. 가령, 7개 파드로 애플리케이션을 배포할 경우 maxAvailable을 50%로 지정하면 이것이 파드 3개를 말하는 것인지, 4개를 말하는 것인지 불확실하다. 쿠버네티스는 항상 가장 가까운 정수로 반올림하므로 maxAvailable은 4가 된다.

8.3.4 네임스페이스를 이용한 리소스 관리

쿠버네티스의 네임스페이스를 사용하면 클러스터에 배포된 리소스를 논리적으로 구분할 수 있다. 네임스페이스마다 리소스 쿼터, RBAC, 네트워크 정책을 따로 정하는 것이다. 멀티테넌시multitenancy[7] 기능 덕분에 팀이나 애플리케이션마다 전용 인프라를 제공하지 않아도 클러스터에서 워크로드를 분리할 수 있고, 덕분에 클러스터 리소스를 논리적으로 구분하여 최대한 활용할 수 있다. 예를 들면, 팀별로 네임스페이스를 만들고 CPU, 메모리 등의 리소스에 쿼터를 부여해 할당한다.

네임스페이스를 설계할 때 애플리케이션의 액세스를 어떻게 제어해야 할지 고민이 필요하다. 여러 팀이 한 클러스터를 사용할 경우, 네임스페이스는 팀별로 하나씩 할당하는 것이 좋다. 한편, 클러스터를 어느 한 팀만 사용할 경우에는 클러스터에 배포된 서비스 단위로 네임스페이스를 할당하는 것이 합리적이다. 완벽한 정답은 없다. 팀 조직과 역할에 맞게 설계하면 된다.

쿠버네티스 클러스터를 배포하면 다음 네임스페이스를 확인할 수 있다.

- **kube-system**

쿠버네티스 내부 컴포넌트가 배포된 네임스페이스(예: coredns, kube-proxy, metrics-server)

- **default**

리소스 오브젝트에 네임스페이스 미지정 시 사용되는 디폴트 네임스페이스

- **kube-public**

익명 또는 미인증unauthenticated 콘텐츠, 시스템 관리 용도로 예약된 네임스페이스

default 네임스페이스는 가급적 사용하지 말자. 리소스 제약조건을 명시하지 않아도 애플리케이션 배포를 허용할 경우 리소스 경합resource contention이 일어날 수 있기 때문이다. 쿠버네티스 내부 컴포넌트에서 사용되는 kube-system 네임스페이스 역시 사용하지 말자.

---

[7] 옮긴이_ 하나의 소프트웨어 애플리케이션 인스턴스로 여러 고객에게 서비스를 제공하는 아키텍처

kubectl 커맨드에 네임스페이스를 지정할 때는 --namespace 플래그(줄여서 -n)를 사용한다.

```
kubectl create ns team-1
kubectl get pods --namespace team-1
```

kubectl 컨텍스트context에 다음과 같이 네임스페이스를 지정하면, 이후 모든 커맨드에 -namespace 플래그를 지정하지 않아도 된다.

```
kubectl config set-context my-context --namespace=team-1
```

TIP 여러 네임스페이스와 클러스터에서 인프라 작업을 할 경우, 일일이 네임스페이스와 클러스터 컨텍스트를 설정하기가 상당히 번거롭다. 네임스페이스는 kubens[8], 컨텍스트는 kubectx[9]를 각각 이용하면 쉽게 전환이 가능하다.

8.3.5 리소스쿼터

여러 팀이나 애플리케이션이 하나의 클러스터를 사용할 때에는 반드시 네임스페이스에 ResourceQuota을 부여해야 한다. 그래야 클러스터를 논리적인 단위로 분할하여 어느 한 네임스페이스가 클러스터에서 자기 몫 이상의 리소스를 차지하지 못하게 통제할 수 있다. 쿼터를 부여하는 리소스는 다음과 같다.

- **컴퓨팅 리소스**
  - requests.cpu : CPU 요청의 합계는 이 값을 초과할 수 없다.
  - limits.cpu : CPU 리밋의 합계는 이 값을 초과할 수 없다.

---

[8] https://oreil.ly/ryavL
[9] https://oreil.ly/kVBiL

- requests.memory : 메모리 요청의 합계는 이 값을 초과할 수 없다.
- limit.memory : 메모리 리밋의 합은 이 값을 초과할 수 없다.

- **스토리지 리소스**
  - requests.storage : 스토리지 요청의 합계는 이 값을 초과할 수 없다.
  - persistentvolumeclaims : 이 개수 이상의 퍼시스턴트볼륨클레임을 네임스페이스에 생성할 수 없다.
  - storageclass.request : 주어진 스토리지 클래스의 볼륨클레임은 이 값을 초과할 수 없다.
  - storageclass.pvc : 이 개수 이상의 퍼시스턴트볼륨클레임을 스토리지클래스에 생성할 수 없다.

- **오브젝트 카운트 쿼터**
  - 카운트/pvc
  - 카운트/서비스
  - 카운트/디플로이먼트
  - 카운트/레플리카셋

이처럼 쿠버네티스에서는 네임스페이스마다 리소스 쿼터를 세세하게 제어할 수 있으므로 멀티테넌트 클러스터 운영 시 리소스를 효율적으로 사용할 수 있다.

네임스페이스에 쿼터를 지정하면 실제로 무슨 일이 일어날까? 다음 매니페스트 파일을 team-1 네임스페이스에 적용하자.

```
apiVersion: v1
kind: ResourceQuota
metadata:
  name: mem-cpu-demo
  namespace: team-1
spec:
  hard:
    requests.cpu: "1"
    requests.memory: 1Gi
    limits.cpu: "2"
    limits.memory: 2Gi
    persistentvolumeclaims: "5"
    requests.storage: "10Gi
```

```
kubectl apply quota.yaml -n team-1
```

team-1 네임스페이스에 CPU, 메모리, 스토리지에 쿼터를 설정한 것이다.

리소스 쿼터가 디플로이먼트에 어떤 영향을 미칠지 애플리케이션을 한번 배포해보자.

```
kubectl run nginx-quotatest --image=nginx --restart=Never --replicas=1
--port=80
    --requests='cpu=500m,memory=4Gi' --limits='cpu=500m,memory=4Gi' -n team-1
```

메모리 쿼터 2Gi 메모리를 초과하므로 다음과 같이 에러가 나면서 배포가 실패한다.

```
Error from server (Forbidden): pods "nginx-quotatest" is forbidden:
    exceeded quota: mem-cpu-demo
```

예제에서 알 수 있듯이, 리소스 쿼터를 지정하면 네임스페이스별 정책에 따라 리소스를 배포하지 못하도록 차단할 수 있다.

8.3.6 리밋레인지

방금 전 컨테이너 수준에 `request`와 `limits`을 설정하는 방법을 설명했다. 만약 유저가 실수로 파드 스펙에 이 값들을 지정하는 것을 잊어버리면 어떻게 될까? 쿠버네티스는 스펙에 미지정된 값을 자동 설정하는 어드미션 컨트롤러를 제공한다.

먼저, 쿼터와 리밋레인지를 설정할 네임스페이스를 생성한다.

```
kubectl create ns team-1
```

defaultRequest를 limits에 명시한 리밋레인지를 네임스페이스에 적용한다.

```
apiVersion: v1
kind: LimitRange
metadata:
  name: team-1-limit-range
spec:
  limits:
  - default:
      memory: 512Mi
    defaultRequest:
      memory: 256Mi
    type: Container
```

limitranger.yaml 파일에 저장하고 kubectl apply를 실행한다.

```
kubectl apply -f limitranger.yaml -n team-1
```

리밋레인지에 명시한 디폴트 요청/리밋이 잘 적용됐는지 확인한다.

```
kubectl run team-1-pod --image=nginx -n team-1
```

그리고 어떤 요청/리밋이 설정됐는지 kubectl describe 커맨드로 알아본다.

```
kubectl describe pod team-1-pod -n team-1
```

파드 스펙을 보니 다음과 같이 요청/리밋이 설정되어 있다.

```
Limits:
    memory:   512Mi
Requests:
    memory:   256Mi
```

스펙에 요청/리밋이 없으면 배포가 거부되므로 리소스쿼터를 사용할 때는 반드시 리밋레인지를 챙겨야 한다.

8.3.7 클러스터 스케일링

클러스터에서 사용할 인스턴스의 사이즈는 클러스터를 배포하기 전 가장 먼저 결정해야 할 항목 중 하나다. 이 문제는 사실 과학이라기보단 예술에 더 가깝다. 특히, 단일 클러스터에 다양한 워크로드가 섞여 있는 경우에는 정확하게 산정하기가 쉽지 않기 때문에 뭐부터 시작해야 좋을지 잘 생각해보자. 가령, CPU와 메모리의 적절한 균형을 목표로 삼는 것도 괜찮다. 적당한 사이즈를 결정했다면 쿠버네티스의 몇 가지 기본 기능을 사용하여 클러스터 스케일링을 관리하면 된다.

수동 스케일링

쿠버네티스 클러스터의 스케일링은 어렵지 않다. Kops 같은 툴이나 관리형 쿠버네티스 제품을 사용하면 간편하다. 새 노드를 몇 개 추가할지 정도만 결정해서 수동 스케일링하면 서비스가 알아서 클러스터에 새 노드를 추가한다.

노드 풀을 생성하여 이미 실행 중인 클러스터에 새로운 인스턴스 타입을 추가할 수 있다. 하나의 클러스터에 다양한 성격의 워크로드가 실행 중인 경우, 가령 CPU를 많이 사용하는 워크로드와 메모리 집약적인 워크로드가 한데 섞여 있을 때 특히 유용한 방법이다. 노드 풀을 이용하면 단일 클러스터 내에서 여러 종류의 인스턴스를 혼용할 수 있다.

그러나 이런 작업을 수동으로 하기는 번거롭다. 자연스레 클러스터 오토스케일링이 떠오를 텐데, 여러 가지 고려해야 할 사항들이 많다. 우리가 경험한 바로는 대부분 리소스가 필요할 때 일단 유저가 선제적으로^{proactively}[10] 수동 스케일링하는 편이 더 낫다. 물론, 변동성이 극심한 워크로드는 처음부터 클러스터에 오토스케일링을 도입하는 게 더 나을 것이다.

클러스터 오토스케일링

쿠버네티스는 클러스터에 최소 가용 노드 및 스케일링 가능한 최대 노드 수를 설정하는 클러스터 오토스케일러라는 부가 기능을 제공한다. 클러스터 오토스케일러는 파드가 대기 상태가 된 시점을 기준으로 스케일링 여부를 결정한다. 예를 들어, 쿠버네티스 스케줄러가 메모리를 4,000MiB 요청한 파드를 스케줄링할 때 클러스터에 메모리가 2,000MiB 밖에 없으면 해당 파드는 대기 상태가 되는데 이때 클러스터 오토스케일러가 클러스터에 노드를 추가한다. 새 노드가 클러스터에 추가되면 대기 중인 파드는 즉시 새 노드로 스케줄링된다.

클러스터 오토스케일러의 단점은 파드가 대기 상태일 경우에만 새 노드를 추가한다는 점이다. 워크로드가 온라인 상태가 되려면 새 노드가 스케줄링될 때까지 기다릴 수밖에 없다. 이런 이유로 쿠버네티스 v1.15부터 클러스터 오토스케일러는 더 이상 커스텀 메트릭을 기준으로 오토스케일링하는 기능을 지원하지 않는다.

클러스터 오토스케일러를 이용하면 리소스가 불필요한 경우 클러스터 사이즈를 다시 줄일 수도 있다. 더 이상 리소스가 필요 없으면 노드를 드레인하고 클러스터에 있는 새 노드에 파드를 리스케줄링한다. 클러스터에서 노드를 제거하기 위해 드레인 작업을 하면서 애플리케이션에 안 좋은 영향을 미치지 않으려면 `PodDisruptionBudget`을 사용하는 것이 바람직하다.

---

[10] 옮긴이_ 어떻게 될지 기다렸다가 대응하는 게 아니라, 먼저 적극적으로 상황에 맞게 조치하는 식

8.3.8 애플리케이션 스케일링

쿠버네티스는 클러스터에 있는 애플리케이션을 스케일링하는 다양한 메커니즘을 제공한다. 가장 쉬운 방법은 디플로이먼트 안에 있는 레플리카 수를 수동으로 변경하는 것이다. 레플리카셋이나 레플리케이션 컨트롤러를 통해 변경할 수도 있지만 권장하지 않는다. 수동 스케일링은 워크로드가 스태틱하거나 워크로드 부하가 폭주하는 시기를 알고 있을 때 아주 알맞은 방법이지만, 그렇지 않은 경우에는 최적이라 보기 어렵다. 다행히 쿠버네티스는 워크로드를 오토스케일링할 수 있는 HPA를 제공한다.

먼저, 디플로이먼트를 수동으로 확장하는 YAML을 보자.

```
apiVersion: apps/v1
kind: Deployment
metadata:
  name: frontend
spec:
  replicas: 3
  selector:
    matchlables:
      app: frontend
  template:
    metadata:
      name: frontend
      labels:
        app: frontend
    spec:
      containers:
      - image: nginx:alpine
        name: frontend
        resources:
          requests:
            cpu: 100m
```

프론트엔드 서비스의 레플리카 3개를 배포하는 디플로이먼트다. 다음과 같이 kubectl scale 커맨드로 레플리카를 5개로 확장하자.

```
kubectl scale deployment frontend --replicas 5
```

실행 결과, 프론트엔드 서비스의 레플리카가 5개가 늘어난다. 이렇게 해도 문제없이 잘 확장되지만, 좀 더 지능적으로, 메트릭에 따라 애플리케이션을 오토스케일링할 방법은 없을까?

8.3.9 HPA를 이용한 수평 스케일링

쿠버네티스 HPA를 이용하면 CPU, 메모리, 기타 커스텀 메트릭에 따라 디플로이먼트를 스케일링할 수 있다. HPA는 디플로이먼트를 계속 관찰하면서 쿠버네티스 metrics-server에서 메트릭을 가져온다. 가용한 최소/최대 파드 수도 설정할 수 있다. 이를테면 최소 파드 수는 3개, 최대 파드 수는 10개로 설정한 상태에서 디플로이먼트의 CPU 사용량이 80%가 되면 스케일링이 시작되도록 HPA 정책을 적용한다. HPA가 애플리케이션 버그나 에러 때문에 레플리카를 무한 확장하는 일이 없도록 최소/최대 파드 수는 반드시 지정하자.

다음은 HPA에 설정 가능한 메트릭 동기화, 레플리카 스케일-업/다운에 관한 디폴트 설정 프로퍼티다.

- horizontal-pod-autoscaler-sync-period

메트릭 동기화 주기. 디폴트는 30초다.

- horizontal-pod-autoscaler-upscale-delay

두 스케일-업 작업 간 대기 시간. 디폴트는 3분이다.

- **horizontal-pod-autoscaler-downscale-delay**

두 스케일-다운 작업 간 대기 시간. 디폴트는 5분이다.

상대적인 플래그를 사용해서 디폴트 값을 변경할 때는 신중하게 검토하자. 특히, 워크로드 부하의 변동성이 심한 경우에는 특정 유스케이스에 맞게 몇 차례 연습을 해보고 설정을 최적화하는 것이 바람직하다.

그럼, 좀 전에 배포했던 프론트엔드 애플리케이션에 HPA 정책을 적용하자.

먼저, 디플로이먼트를 80번 포트에 표출한다.

```
kubectl expose deployment frontend --port 80
```

다음은 오토스케일 정책을 설정한다.

```
kubectl autoscale deployment frontend --cpu-percent=50 --min=1 --max=10
```

최소 1개, 최대 10개로 레플리카 수를 늘리고 CPU 부하가 50% 이상이면 스케일링이 일어나도록 설정했다.

디플로이먼트의 오토스케일링이 잘 되는지 부하를 넣어보자.

```
kubectl run -i --tty load-generator --image=busybox /bin/sh

Hit enter for command prompt
while true; do wget -q -O- http://frontend.default.svc.cluster.local; done

kubectl get hpa
```

레플리카가 자동으로 스케일-업된 결과를 보려면 몇 분 정도 걸릴 수도 있다.

8.3.10 커스텀 메트릭을 이용한 HPA

쿠버네티스의 시스템 모니터링에서 메트릭 서버가 어떤 역할을 하는지는 4장에서 소개했다. 메트릭 서버 API를 이용하면 애플리케이션을 커스텀 메트릭 기반으로 스케일링할 수 있다. 커스텀 메트릭Custom Metrics API와 메트릭 애그리게이터Metrics Aggregator로 서드파티 프로바이더가 플러그인 형태로 메트릭을 스케일링하게 하면 HPA는 이 외부 메트릭을 기반으로 스케일링하는 것이다. 예를 들어, CPU나 메모리 같은 기본 메트릭 대신 외부 스토리지 큐에서 가져온 메트릭에 따라 스케일링 여부를 결정할 수 있다. 덕분에 애플리케이션에 특화된 메트릭이나 외부 서비스 메트릭을 응용한 오토스케일링 구성이 가능하다.

8.3.11 수직 파드 오토스케일러

VPA는 레플리카 대신 요청을 스케일링한다는 점에서 HPA와 다르다. 이 장 앞부분에서 파드에 요청을 설정해서 주어진 컨테이너에 리소스를 얼마만큼 보장하는 방법을 설명한 바 있다. VPA가 있으면 여러분 대신 쿠버네티스가 자동으로 파드를 확장/축소하므로 요청값을 일일이 손으로 조정할 필요가 없다. 따라서 아키텍처상 스케일-아웃이 불가능한 워크로드에서 리소스를 오토스케일링하는 데 효과적이다. 예를 들어, MySQL 데이터베이스는 스테이트리스 웹 프론트엔드처럼 스케일링이 되지 않으므로 워크로드에 따라 자동으로 스케일-업되도록 마스터 노드를 설정하는 것이다.

VPA는 아무래도 HPA보다 복잡하다. 다음은 VPA를 구성하는 세 가지 컴포넌트다.

- Recommender

현재/과거 리소스 소비를 계속 모니터링하면서 컨테이너의 CPU, 메모리 요청에 관한 권장

값을 제공한다.

■ **Updater**

파드에 리소스가 올바르게 설정되어 있는지 확인하고, 그렇지 않을 경우 업데이트된 요청으로 컨트롤러가 파드를 재생성하도록 파드를 죽인다.

■ **Admission Plugin**

새 파드에 올바른 리소스 요청을 설정한다.

VPA가 추구하는 목표는 두 가지다.

- 리소스 요건의 구성을 자동화함으로써 유지보수 비용을 절감한다.
- 클러스터 리소스 사용률을 향상시키면서, 동시에 컨테이너의 메모리가 모자라거나 CPU 리소스가 고갈될 리스크를 최소화한다.

8.4 리소스 관리 모범 사례

✓ 파드 안티-어피니티를 설정함으로써 워크로드를 여러 가용 영역에 분산시키고 애플리케이션 고가용성을 보장하자.

✓ GPU가 장착된 노드처럼 특수 하드웨어를 사용하는 경우, GPU가 필요한 워크로드만 파드가 스케줄링되도록 노드에 테인트를 붙이자.

✓ `NodeCondition` 테인트를 사용해서 노드 장애 또는 성능 저하를 예방하자.

✓ 주어진 노드에 파드가 스케줄링되도록 파드 스펙에 노드셀렉터를 적용하자.

✓ 프로덕션으로 넘어가기 전에 다양한 사이즈의 노드로 실험을 해보면서 노드 타입에 맞

는 비용 및 성능의 적절한 조합을 모색하자.

✓ 단일 클러스터에 다양한 성능 특성을 지닌 워크로드가 혼재된 경우, 노드 타입별로 노드 풀을 사용하여 구분하자.

✓ 클러스터에 배포된 모든 파드에 반드시 CPU, 메모리 리밋을 설정하자.

✓ 여러 팀 또는 애플리케이션이 클러스터 리소스를 공평하게 할당받도록 리소스쿼터를 설정하자.

✓ 리밋레인지를 사용하여 요청/리밋을 설정하지 않은 파드 스펙에 디폴트 요청/리밋 값을 설정하자.

✓ 쿠버네티스의 워크로드 프로파일을 온전히 이해하기 전까지는 수동으로 클러스터를 스케일링하자. 오토스케일링을 활용하려면 노드 스핀업 시간$^{\text{spin-up time}}$[11] 및 클러스터 스케일-다운 등 추가적인 고민이 필요하다.

✓ 변동성이 커서 예기치 않게 부하가 폭주할 수 있는 워크로드에는 HPA를 사용하자.

> **정리**
>
> 쿠버네티스와 애플리케이션 리소스 관리를 최적화하는 방안에 대해 이야기했다. 쿠버네티스는 클러스터를 안정적, 효율적으로 유지하기 위해 리소스 관리 기능을 기본 제공한다. 클러스터 및 파드를 사이징하는 작업은 처음에는 어려워 보여도 프로덕션 환경에서 애플리케이션을 모니터링하다 보면 리소스를 어떻게 최적화해야 할지 감이 올 것이다.

---

[11] 옮긴이_ 노드를 가동할 수 있을 때까지 기다려야 하는 시간

CHAPTER 09

네트워킹, 네트워크 보안, 서비스 메시

쿠버네티스는 여러 시스템이 서로 연결된 클러스터에서 분산 시스템의 관리자라 할 수 있다. 이 연결된 시스템이 통신하는 방식, 즉 네트워킹이 핵심이다. 따라서 쿠버네티스가 관리하는 분산 서비스 간에 어떻게 통신이 이루어지는지 이해하는 것이 중요하다.

이 장에서는 쿠버네티스의 네트워킹 원리 및 기본 개념을 다양한 상황에 적용하는 모범 사례를 제시한다. 네트워킹을 얘기할 때 보안은 항상 따라다니는 요소다. 전통적인 네트워크 보안 모델은 쿠버네티스의 새로운 분산 시스템 체계에도 고스란히 담겨 있지만, 구현 방법과 기능은 살짝 다르다. 쿠버네티스는 기존 방화벽 규칙과 아주 유사한 네트워크 보안 정책을 적용할 수 있는 네이티브 API를 제공한다.

마지막 절은 서비스 메시라는 새롭고 무시무시한 세계를 소개하겠다. '무시무시하다scary'는 말이 우스개 소리처럼 들리겠지만, 쿠버네티스에서 서비스 메시 기술은 상당히 거친 황야의 서부 같은 영역이다.

9.1 쿠버네티스 네트워킹 원리

효율적인 애플리케이션 아키텍처를 설계하려면 쿠버네티스 하부 네트워크에서 서비스 간 통신이 이루어지는 원리를 이해할 필요가 있다. 사실 네트워크는 대단히 골치 아픈 주제이고, 이 책은 컨테이너 네트워킹 교과서라기 보다 모범 사례 지침서에 가까우니 최대한 간략하게 이야기하겠다. 다행히도 쿠버네티스를 만든 사람은 네트워킹을 처음 공부하는 사람들에게 유용한 몇 가지 규칙을 준비해두었다. 상이한 컴포넌트 간의 통신은 이러저러하게 이루어져야 한다는 기준을 마련한 셈이다. 하나씩 자세히 살펴보자.

■ 동일한 파드 내부의 컨테이너 간 통신

동일한 파드에 속한 컨테이너는 모두 동일한 네트워크 공간을 공유한다. 즉, 컨테이너끼리는 로컬호스트localhost 통신이 가능하다. 따라서 리스닝하는 포트는 각각 달리 해야 한다. 이는 파드 네트워킹을 호스트하는 것 외에 아무 일도 안 하는 모든 파드에 일시 중지된paused 컨테이너를 사용하여 컨테이너를 모두 동일한 로컬 네트워크에 두는 리눅스 네임스페이스와 도커 네트워킹의 강력한 파워 덕분에 가능한 일이다.

[그림 9.1]에서는 컨테이너 A가 로컬호스트 및 컨테이너가 리스닝하는 포트를 통해 컨테이너 B와 직접 통신하고 있다.

그림 9.1 파드 내부의 컨테이너 간 통신

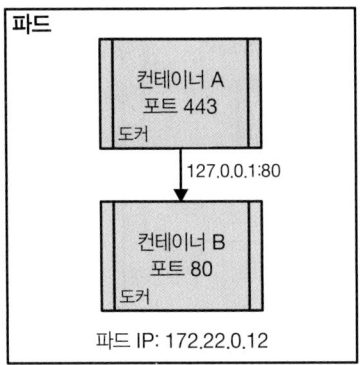

■ 파드 간 통신

모든 파드는 NAT^{Network Address Translation} (네트워크 주소 변환) 없이도 서로 통신이 가능해야 한다. 즉, 수신자 파드가 바라보는 발신자 파드의 IP 주소는 발신자의 실제 IP 주소다. 구체적인 처리 방법은 사용 중인 네트워크 플러그인에 따라 달라지는데, 자세한 내용은 이 장 뒷부분에서 설명하겠다.

이 규칙은 동일한 노드에 있는 파드와 클러스터는 동일하나 다른 노드에 있는 파드 사이에 적용되며, NAT 없이 직접 파드와 통신이 가능한 노드에도 적용된다. 덕분에 호스트 기반의 에이전트나 시스템 데몬은 항상 파드와 통신할 수 있다.

[그림 9.2]는 동일한 노드에 있는 파드와 클러스터는 같지만 다른 노드에 있는 파드 간의 통신 과정이다.

그림 9.2 노드 내부 및 노드 간 파드 통신

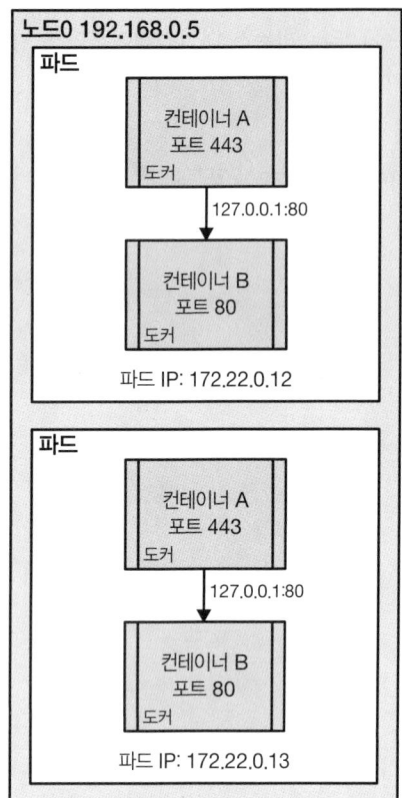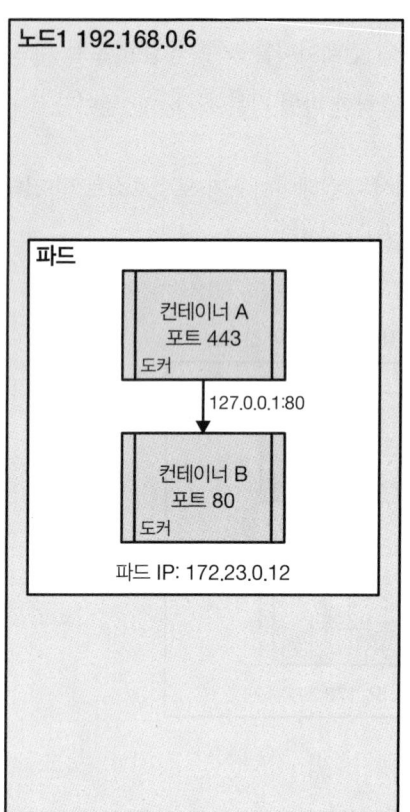

■ 서비스와 파드 간 통신

쿠버네티스의 서비스는 모든 트래픽을 서비스에 매핑된 엔드포인트로 포워딩하는 각 노드마다 할당된 영구durable IP 주소 및 포트를 나타낸다. 이 부분은 쿠버네티스 버전이 업데이트되면서 구현 기술이 조금씩 변경됐지만, iptables와 비교적 최근에 등장한 IPVS[IP Virtual Server](IP 가상 서버)[1]를 사용하는 기술 두 가지는 그대로다.

일부 클라우드 프로바이더는 최신 기술인 eBPF 기반의 데이터플레인dataplane을 사용하는 고급 구현체를 제공한다. 요즘 구현체는 대부분 각 노드에 iptables를 사용하여 일종의 L4 로

---

1 옮긴이_ 리눅스 커널 자체의 L4 로드 밸런싱 기술로, 네트워크 프레임워크인 넷필터(Netfilter)에 포함되어 있습니다.

드 밸런서 역할을 한다.

[그림 9.3]은 레이블 셀렉터를 통해 서비스를 파드에 묶는 과정이다.

그림 9.3 서비스-파드 간 통신

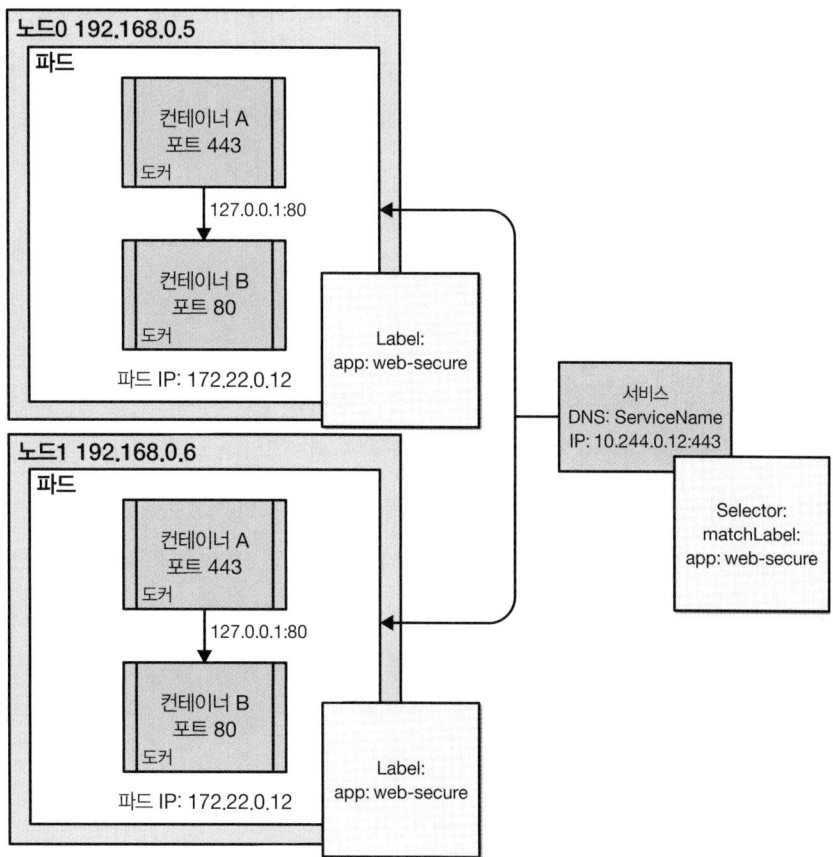

9.2 네트워크 플러그인

초창기 SIG^{Special Interest Group}(특수 이익 집단)[2]는 플러그형 아키텍처를 지향하는 네트워킹 표준을 선도했다. 그 결과 수많은 서드파티 네트워킹 프로젝트가 탄생했는데, 그중 대부분은 쿠버네티스 워크로드에 추가 기능으로 탑재되었다. 네트워크 플러그인은 크게 두 가지로 분류된다. 첫째, 가장 기본적인 Kubenet으로, 큐브넷 쿠버네티스가 원래 제공하는 디폴트 플러그인이다. 둘째, CNI^{Container Network Interface}(컨테이너 네트워크 인터페이스) 스펙을 준수하는 플러그인으로, 컨테이너를 위한 범용적인 플러그인 네트워크 솔루션이다.

9.2.1 Kubenet

Kubenet은 쿠버네티스에서 바로 사용 가능한 가장 기본적이고 단순한 네트워크 플러그인이다. 이 플러그인은 파드를 연결할 가상 이더넷 쌍^{virtual Ethernet pair}[3]인 리눅스 브리지 cbr0를 제공한다. 파드는 클러스터 노드에 분산된 CIDR^{Classless Inter-Domain Routing}[4] 범위에서 IP 주소를 가져온다. 파드 CIDR 외부의 IP로 전달되는 트래픽 위장에 필요한 IP 마스커레이드 플래그^{masquerade flag}도 있다. 파드 CIDR 외부로 향하는 트래픽만 NAT를 거치므로 이 부분은 파드 간 통신 규칙을 그대로 따른다. 패킷이 노드를 떠나 다른 노드로 이동한 후에는 트래픽을 올바른 노드로 전달하기 위해 라우팅이 수행된다.

---

2 옮긴이_ 구성원이 특정 분야에 영향을 미치거나 솔루션을 생성하기 위해 협력하고 의사 소통, 회의 및 회의를 조직할 수 있는 지식, 학습 또는 기술의 특정 영역을 발전시키는 데 공통된 관심을 가진 더 큰 조직 내의 커뮤니티

3 옮긴이_ 리눅스에서 가상 이더넷 veth은 여러 네트워크 네임스페이스를 터널로 연결하거나, 물리 디바이스와 다른 네트워크 네임스페이스의 장비를 연결하는 용도로 쓰입니다. 가상 이더넷은 보통 2개를 한 쌍으로 만듭니다.

4 옮긴이_ 클래스 없는 도메인간 라우팅 기법으로, 보통 '사이더'라고 읽습니다. 192.168.1.0/24처럼 네트워크 대역을 표기할 때 /24 부분이 사이더 표기법입니다.

9.2.2 Kubenet 모범 사례

✓ Kubenet을 이용하면 간단한 네트워크 스택을 구축할 수 있고 가뜩이나 복잡해진 네트워크에서 소중한 IP 주소를 절약할 수 있다. 특히, 온프레미스 데이터 센터로 확장된 클라우드 네트워크 환경에서 그렇다.

✓ 파드의 CIDR가 향후 클러스터 및 각 클러스터의 파드 사이즈를 수용할 만큼의 범위인지 점검하자. kubelet에 설정된 노드당 디폴트 파드는 110개지만, 이 수치는 조정이 가능하다.

✓ 올바른 노드의 파드로 트래픽이 흐르도록 라우팅 규칙을 이해하고 그에 따른 계획을 수립하자. 클라우드 프로바이더의 시스템에는 보통 이런 작업이 자동화되어 있지만, 온프레미스 또는 다소 특이한 환경에서는 직접 견고한 자동화 및 네트워크 관리 체계를 구축해야 할 수도 있다.

9.2.3 CNI 플러그인

CNI 플러그인은 스펙에 기본 요건이 명시되어 있다. 스펙에는 CNI가 제공하는 인터페이스와 최소한의 API 액션, 클러스터에서 사용된 컨테이너 런타임과의 인터페이스 방법이 규정되어 있다. 네트워크 관리 컴포넌트는 CNI로 정의하지만 어떤 유형이든 IP 주소 관리를 포함해야 하며, 네트워크에 컨테이너를 추가/삭제할 정도의 기능만 최소한으로 허용해야 한다. rkt(로켓) 네트워킹 제안서networking proposal에서 시작된 전체 원본 스펙은 깃헙[5]을 확인하자.

코어 CNI 프로젝트는 기본 요건을 충족하는 플러그인을 작성하고 다양한 기능을 수행하는 다른 플러그인을 호출하는 라이브러리를 제공한다. 이와 같은 적용성adaptability 덕분에 애저 네이티브 CNI, AWS VPC CNI 플러그인, 누아지Nuage CNI, 주니퍼 네트웍스 콘트레일/텅스텐 패브릭Juniper Networks Contrail/Tunsten Fabric, VMware NSX 등 클라우드 프로바이더의 컨테이너 네

---

[5] https://oreil.ly/wGvF7

트워킹에서 다양한 CNI 플러그인을 골라 사용할 수 있다.

9.2.4 CNI 모범 사례

네트워킹은 쿠버네티스 환경에서 필수불가결한 컴포넌트다. 빈틈없는 애플리케이션 통신을 보장하려면 쿠버네티스 내부의 가상 컴포넌트 및 물리적 네트워크 환경 간의 인터랙션을 주의 깊게 살펴볼 필요가 있다.

- ✓ 인프라 측면에서 전체 네트워킹 목표 달성에 필요한 기능을 평가하자. 네이티브 고가용성native high availability, 멀티클라우드 연결성multicloud connectivity, 쿠버네티스 네트워크 정책 지원 등 다양한 기능을 제공하는 CNI 플러그인이 있다.

- ✓ 퍼블릭 클라우드에서 클러스터를 실행할 경우, CNI 플러그인이 클라우드 프로바이더의 SDNSoftware-Defined Network(소프트웨어 정의 네트워크)[6]에 네이티브하지는 않은지[7] 확인하자.

- ✓ 선택한 CNI 플러그인이 네트워크 보안 툴, 네트워크 관찰 가능성, 관리 툴과 문제없이 호환되는지 확인하자. 호환이 안 되면, 기존 툴을 대체할 다른 툴을 찾아보자. 쿠버네티스 같은 대규모 분산 시스템으로 전환할 경우, 관찰 가능성, 보안 요건은 더욱 확장될 가능성이 높기 때문에 둘 중 하나라도 충족되지 않는 부분이 있는지 잘 따져봐야 한다.

- ✓ 위브웍스 위브 스코프Weaveworks Weave Scope, 다이나트레이스Dynatrace, 시스딕 등의 툴은 어느 쿠버네티스 환경이든 추가할 수 있는데, 각각 나름대로 고유한 강점을 갖고 있다. 애저 AKS, 구글 GCE, AWS EKS 같은 클라우드 프로바이더의 관리형 서비스를 이용 중이라면, 애저 컨테이너 인사이트, 네트워크 와쳐Network Watcher, Google Cloud's Observability, AWS 클라우드워치CloudWatch 같은 네이티브 툴을 활용하자. 어떤 툴을

---

6 옮긴이_ 소프트웨어 기반의 컨트롤러나 API를 통해 하부 하드웨어 인프라와 통신하고 네트워크 트래픽을 전달하는 네트워킹 접근 방식
7 옮긴이_ 원래 처음부터 기본 지원되는 것은 아닌지

사용하든 적어도 네트워크 스택을 들여다볼 수 있고, 롭 에와셔크[Rob Ewashuk]와 그의 환상적인 구글 SRE 팀이 만들어낸 4대 골든 시그널(레이턴시, 트래픽, 에러, 포화도)을 제공하는 툴이면 좋다.

- ✓ SDN 네트워크 공간과 따로 분리된 오버레이 네트워크[overlay network][8]를 제공하지 않는 CNI를 사용하는 경우, 노드 IP, 파드 IP, 내부 로드 밸런서, 클러스터 업그레이드 및 프로세스 스케일-아웃 과정에서 발생하는 오버헤드를 수용할 만큼 충분한 네트워크 주소 공간을 확보하자.

9.3 쿠버네티스 서비스

파드는 쿠버네티스 클러스터에 배포되면 오직 동일한 클러스터에 속한 다른 파드하고만 직접 통신이 가능하다. 지금까지 살펴본 쿠버네티스 네트워킹의 기본 규칙과 이런 규칙을 간편하게 적용하기 위해 사용되는 네트워크 플러그인 때문에 그렇다. 일부 CNI 플러그인은 노드와 동일한 네트워크 공간의 IP를 파드에 부여하므로, 기술적으로는 이 파드 IP를 알면 클러스터 외부에서도 직접 파드에 액세스할 수 있다. 그러나 쿠버네티스에서 파드는 언제라도 사라질 수 있는 오브젝트이므로 파드가 제공하는 서비스에 바로 액세스하는 것은 효율적이지 못하다.

자, 쿠버네티스의 어떤 파드에서 실행 중인 API에 액세스가 필요한 함수 또는 시스템이 있다고 하자. 처음에는 문제없이 잘 동작할지 몰라도, 언젠가 이 파드는 자발적 또는 비자발적으로 중단될 공산이 크다. 쿠버네티스는 이 파드를 새로운 네임과 IP 주소를 가진 파드로 교체할 텐데, 그래서 파드를 찾는 메커니즘이 필요한 것이다. 이 일을 하는 장치가 바로 서비스 API다.

---

8 옮긴이_ 물리적인 네트워크 장비로 구성된 인프라를 가상화한 논리적인 네트워크. 반대로, 오버레이 네트워크가 추상화한 하부의 물리적 네트워크 장비는 언더레이 네트워크(underlay network)라고 합니다.

서비스 API를 이용하면 쿠버네티스 클러스터 내부에서 쉽게 변하지 않는 IP와 포트를 할당하고, 서비스 엔드포인트에 해당하는 파드에 이 IP/포트를 자동으로 매핑할 수 있다. 할당된 서비스 IP와 포트를 리눅스 노드의 iptables 또는 IPVS를 통해 엔드포인트 또는 파드에 실제로 할당된 IP와 연결시키는 것이다. kube-proxy라는 서비스가 이런 일을 하는데, 클러스터의 노드별로 하나씩 실행되는 이 컨트롤러는 각 노드의 iptables 규칙을 조정하는 역할을 담당한다.

서비스 오브젝트는 정의할 때 그 타입도 함께 지정해야 한다. 타입은 엔드포인트가 클러스터 내부에만 표출되는지, 아니면 클러스터 외부에도 표출되는지에 따라 결정된다. 네 가지 기본 서비스 타입을 하나씩 간략하게 살펴보자.

9.3.1 ClusterIP 서비스 타입

서비스 타입을 스펙에 선언하지 않으면 디폴트 서비스 타입 ClusterIP가 적용된다. ClusterIP는 미리 지정된 서비스 CIDR 범위에 있는 IP를 할당하며, 이 IP는 서비스 오브젝트만큼 지속되므로 셀렉터 필드로 백엔드 파드에 IP, 포트, 프로토콜을 매핑할 수 있다(나중에 다시 보겠지만 셀렉터가 없는 경우도 있다). 서비스를 선언하면 DNS 네임이 서비스에 부여된다. 덕분에 클러스터에서 서비스 디스커버리가 용이하며, 워크로드에서 서비스 네임으로 DNS를 룩업하여 클러스터에 있는 다른 서비스와 쉽게 통신이 가능하다.

예를 들어, 다음과 같은 서비스가 있고 클러스터에 있는 다른 파드에서 이 서비스에 HTTP 호출을 통해 액세스한다고 하자. 클라이언트가 서비스와 동일한 네임스페이스에 있다면 그냥 *http://web1-svc*로 접속하면 된다.

```
apiVersion: v1
kind: Service
metadata:
```

```
  name: web1-svc
spec:
  selector:
    app: web1
  ports:
  - port: 80
    targetPort: 8081
```

다른 네임스페이스에 있는 서비스라면 <service_name>.<namespace_name>.svc.cluster.local 패턴의 DNS를 조회하면 된다.

서비스 스펙에 셀렉터가 없는 경우에는 엔드포인트 API를 사용하여 서비스의 엔드포인트를 명시한다. 셀렉터와 매치되는 범위에 속한 파드의 엔드포인트를 자동 업데이트하는 대신, IP와 포트를 서비스의 특정한 엔드포인트로 추가하는 것이다. 테스팅 시점에는 클러스터에 없는 데이터베이스를 쓰다가 나중에 쿠버네티스에 배포된 데이터베이스를 바라보도록 변경할 경우 아주 유용한 방법이다. 다른 서비스와 달리 kube-proxy가 관리하지 않기 때문에 헤드리스 서비스headless service라고 한다. 그러나 [그림 9.4]처럼 여러분이 직접 엔드포인트를 관리할 수도 있다.

그림 9.4 ClusterIP-파드 및 서비스

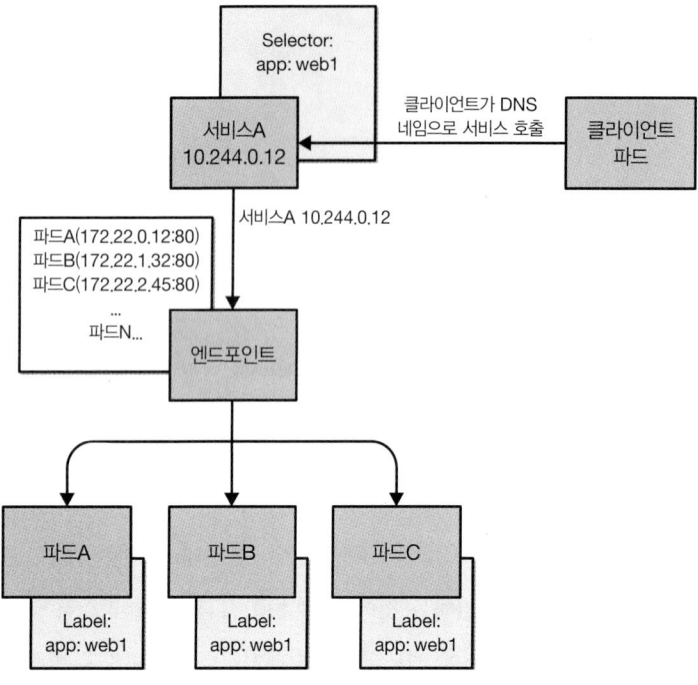

9.3.2 NodePort 서비스 타입

NodePort는 클러스터의 각 노드에 있는 고수준 포트를 노드별 서비스 IP 및 포트에 할당한다. 고수준 포트는 30,000~32,767 범위의 번호를 스태틱하게 할당하거나 서비스 스펙에 명시한다. NodePort는 자동 로드 밸런싱 구성을 제공하지 않는 온프레미스 클러스터나 맞춤형 솔루션에서 주로 활용된다. 클러스터 외부에서 직접 서비스에 액세스하려면 [그림 9.5]처럼 NodeIP:NodePort를 사용한다.

그림 9.5 NodePort-파드, 서비스 및 호스트 네트워크

NodePort

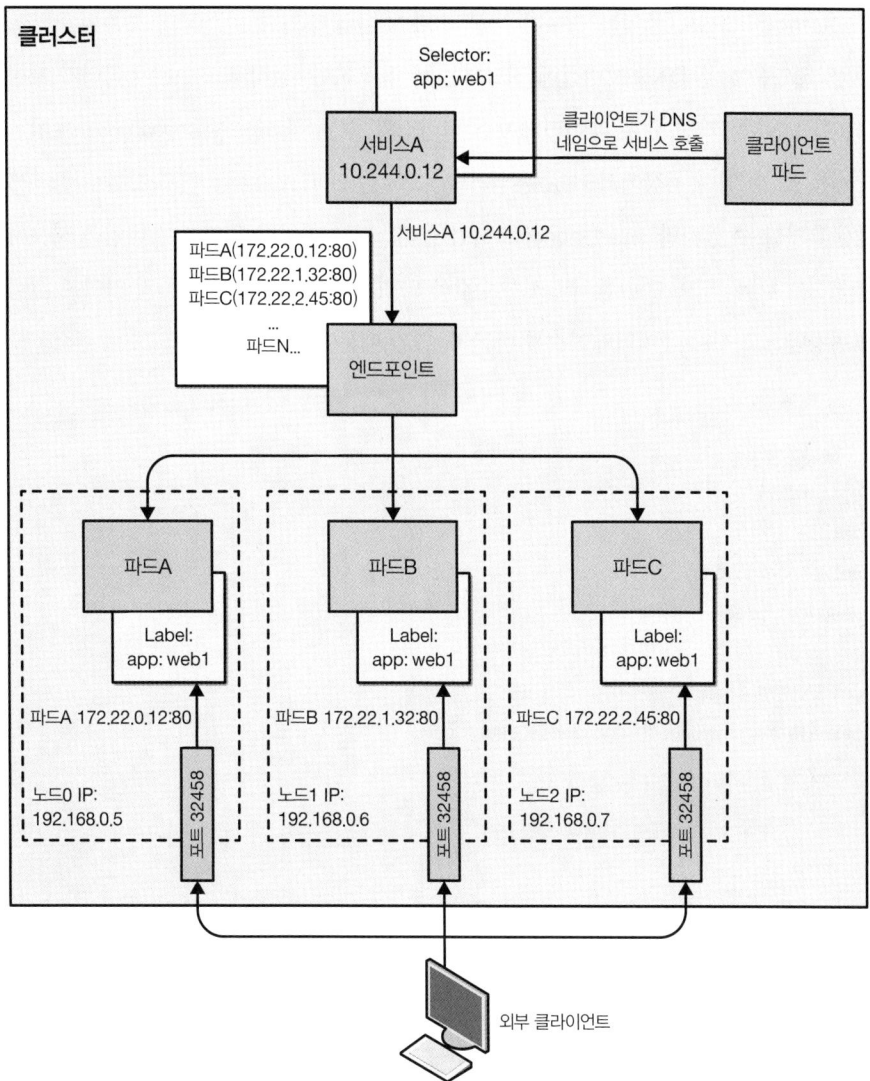

9.3.3 ExternalName 서비스 타입

ExternalName은 실제로 쓰이는 경우가 드문 서비스 타입이다. 클러스터에 보존되는cluster-durable DNS 네임을 외부 DNS 서비스에 전달하는 데 유용하다. 클라우드 프로바이더가 제공하는 고유한 DNS를 가진 외부 데이터베이스 서비스의 좋은 예로는 *mymongodb.documents. azure.com*를 들 수 있다. 6장에서 배웠듯이 기술적으로는 Environment 변수로 파드 스펙에 아주 쉽게 추가할 수 있지만, prod-mongodb처럼 클러스터에서 보다 일반화한 네임을 사용하는 것이 좋다. 그래야 굳이 Environment 변수값을 바꿔가며 파드를 재활용하지 않아도 서비스 스펙 변경만으로 실제 데이터베이스를 바꿀 수 있기 때문이다.

```
kind: Service
apiVersion: v1
metadata:
  name: prod-mongodb
  namespace: prod
spec:
  type: ExternalName
  externalName: mymongodb.documents.azure.com
```

9.3.4 LoadBalancer 서비스 타입

LoadBalancer는 클라우드 프로바이더나 여타 프로그래밍 가능한programmable 클라우드 인프라 서비스를 통해 자동화할 수 있는, 매우 특별한 서비스 타입이다. 쿠버네티스 클러스터를 제공하는 인프라 프로바이더의 자체 로드밸런싱 메커니즘을 배포할 수 있는 유일한 방법이기도 하다. 작동 방식은 AWS, 애저, GCE, 오픈스택OpenStack 등 환경별로 대부분 거의 동일하다. 이 엔트리는 보통 외부에 공개된 로드 밸런싱 서비스를 생성하지만, 각 클라우드 프로바이더마다 내부 전용 로드 밸런서, AWS ELB 구성 파라미터 등 다른 기능을 켤 수 있는 전용 애너테이션을 제공한다. 실제로 사용할 로드 밸런서의 IP와 소스 범위를 직접 서비스 스펙에 정의할 수도 있다(다음 예제 코드와 [그림 9.6] 참고).

```
kind: Service
apiVersion: v1
metadata:
  name: web-svc
spec:
  type: LoadBalancer
  selector:
    app: web
  ports:
  - protocol: TCP
    port: 80
    targetPort: 8081
  loadBalancerIP: 13.12.21.31
  loadBalancerSourceRanges:
  - "142.43.0.0/16"
```

그림 9.6 로드밸런서-파드, 서비스, 노드 및 클라우드 프로바이더 네트워크 구성도
NodePort

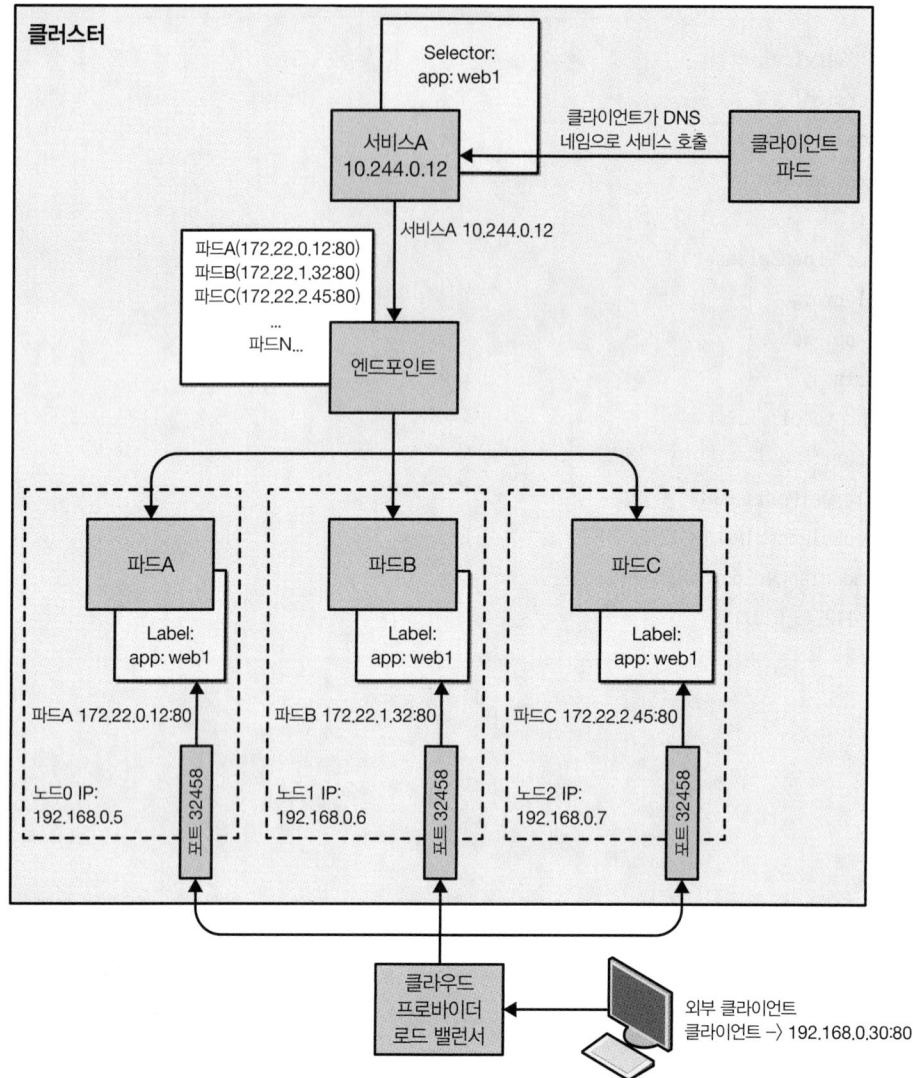

9.3.5 인그레스와 인그레스 컨트롤러

인그레스Ingress는 엄밀히 말해서 서비스 타입은 아니지만, 쿠버네티스 워크로드에서 아주 중요한 개념이다. 서비스 API로 정의한 서비스는 기본적인 L3, L4 수준의 로드 밸런싱을 제공한다. 하지만 실제로 쿠버네티스에 배포된 대다수의 스테이트리스 서비스는 고수준의 트래픽 관리, 즉 HTTP 프로토콜 관리를 필요로 한다.

인그레스 API는 HTTP 수준의 라우터로, 호스트 기반 또는 경로 기반 규칙에 따라 특정 백엔드 서비스로 트래픽을 흘린다. 예를 들어, www.evillgenius.com라는 웹사이트에 /registration과 /labaccess라는 두 경로가 있고, 이를 쿠버네티스에 등록된 reg-svc, labaccess-svc 두 서비스가 각각 서비스한다고 하자. 그럼 www.evillgenius.com/registration으로 인입된 요청은 reg-svc 서비스와 해당 엔드포인트 파드로, www.evillgenius.com/labaccess로 인입된 요청은 labaccess-svc 서비스와 해당 엔드포인트로 전달되도록 인그레스 규칙을 지정한다. 그리고 인그레스 API를 사용하면 호스트 기반의 라우팅이 가능하므로 여러 호스트를 하나의 인그레스에 둘 수 있다. 또 443번 포트로 TLS 터미네이션TLS termination[9]을 수행하기 위해 인증서 정보를 쿠버네티스 시크릿에 담아 선언하는 것도 가능하다. 지정된 경로가 없다면 표준 404 에러 화면 대신 더 나은 UX 환경을 제공하는 디폴트 백엔드로 향하게 설정한다.

이와 같은 TLS 및 디폴트 백엔드의 세부 구성은 실제로 인그레스 컨트롤러Ingress Controller라는 장치가 처리한다. 인그레스 컨트롤러는 인그레스 API와 분리되어 있으므로 관리자가 취향에 맞게 Nginx, Traefik, HAProxy 같은 인그레스 컨트롤러를 배포하면 된다. 명칭에서 알 수 있듯이, 인그레스 컨트롤러는 다른 쿠버네티스 컨트롤러와 별 다를 바 없는, 컨트롤러의 한 종류일 뿐이다. 하지만 시스템의 일부가 아닌, 다이내믹한 구성을 위한 쿠버네티스 인그레스 API 로직이 구현된 서드파티 컨트롤러라는 차이점이 있다. 가장 많이 쓰는 인그레스 컨트롤러 구현체는 쿠버네티스 프로젝트의 일부와 다름없는 Nginx지만, 그 밖에도 다양한 오픈 소

---

[9] 옮긴이_ 클라이언트와 로드 밸런서 간에는 TLS를 사용하고, 로드 밸런서부터는 TLS를 종료시켜(terminate) 실제 서버와의 내부 통신은 평문 통신(즉, HTTP)을 하는 기술

스와 상용 인그레스 컨트롤러 제품이 출시되었다.

```
apiVersion: networking.k8s.io/v1
kind: Ingress
metadata:
  name: labs-ingress
  annotations:
    nginx.ingress.kubernetes.io/rewrite-target: /
spec:
  tls:
  - hosts:
    - www.evillgenius.com
    secretName: secret-tls
  rules:
  - host: www.evillgenius.com
    http:
      paths:
      - path: /registration
        pathType: ImplementationSpecific
        backend:
          service:
            name: reg-svc
            port:
              number: 8088
      - path: /labaccess
        pathType: ImplementationSpecific
        backend:
          service:
            name: labaccess-svc
            port:
              number: 8089
```

9.3.6 게이트웨이 API

인그레스 API는 베타 버전 및 v1로 업데이트된 이후 수년간 많은 문제점을 드러냈다. 그 결과 지금은 네트워크 서비스별로 각자 CRD와 컨트롤러를 사용하여 추상화했고 인그레스의 부족한 부분을 메우기 위해 자체 API를 제공하기에 이르렀다. 인그레스 API의 가장 고질적인 문제점을 몇 가지 꼽아보면 다음과 같다.

- 개별 인그레스 구현체의 기능에 관한 최소한의 공통 분모만을 나타내므로 정의 자체가 표현성expressiveness이 떨어진다.

- 아키텍처 확장성이 거의 없다. 벤더마다 무수히 많은 애너테이션을 사용해 특정한 기능을 내세웠지만, 이런 식으로는 한계가 뚜렷하다.

- 벤더에 종속된 애너테이션을 사용하면서 이식성이라는 인그레스 API 특유의 장점이 사라졌다. 가령, Nginx 기반의 인그레스 컨트롤러에 기능을 표출하는 애너테이션은 콩(Kong) 기반의 컨트롤러에 기능을 표출하는 애너테이션과 다를(또는 다르게 표현될) 수밖에 없는 구조다.
현재 인그레스 API로는 멀티테넌시를 실현할 방법이 마땅치 않다. 동일한 클러스터에 상주한 다른 테넌트에 영향을 미칠지 모를 인그레스 정의 간의 경로 충돌을 막으려면 데브옵스 팀이 아주 타이트하게 통제할 수밖에 없다.

2019년에 선보인 게이트웨이Gateway API는 현재 쿠버네티스 프로젝트 산하 SIG 네트워크 팀에서 관리하고 있다. 게이트웨이 API의 목표는 인그레스 API의 대체가 아닌, 선언형 구문으로 HTTP 애플리케이션을 표출하는 일이다. 이 API는 여러 타입의 프로토콜에 보다 일반화한 프록시를 제공하며, 쿠버네티스 환경의 인프라 컴포넌트에 좀 더 가깝게 모델링되어 있어 역할 기반 관리 프로세스에 적합하다.

역할 기반 패러다임은 [그림 9.7]에서 보다시피 기존 인그레스 API의 단점을 보완하는 중요한 역할을 한다. 별도 컴포넌트를 통해 클라우드 프로바이더 또는 프록시 ISV 같은 인프라 프로바이더가 인프라를 정의하도록 만들고, 어떤 인프라를 사용할 수 있는지는 플랫폼 관리자가 정책을 통해 정의한다. 따라서 개발자는 주어진 제약조건 내에서 자신의 서비스를 어떻게 표출할지만 고민하면 된다.

[그림 9.8]은 실제 게이트웨이 API를 구성한 예다. 인프라 서비스 및 기능을 개발자로부터 추

상화함으로써 개발자가 자신이 맡은 서비스 요건에만 전념하도록 설계했다.

그림 9.7 게이트웨이 API 구조

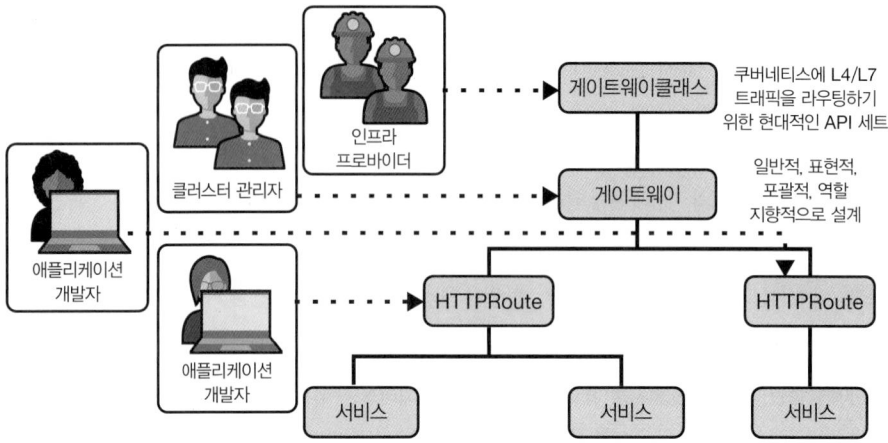

그림 9.8 게이트웨이 API 구조(계속)

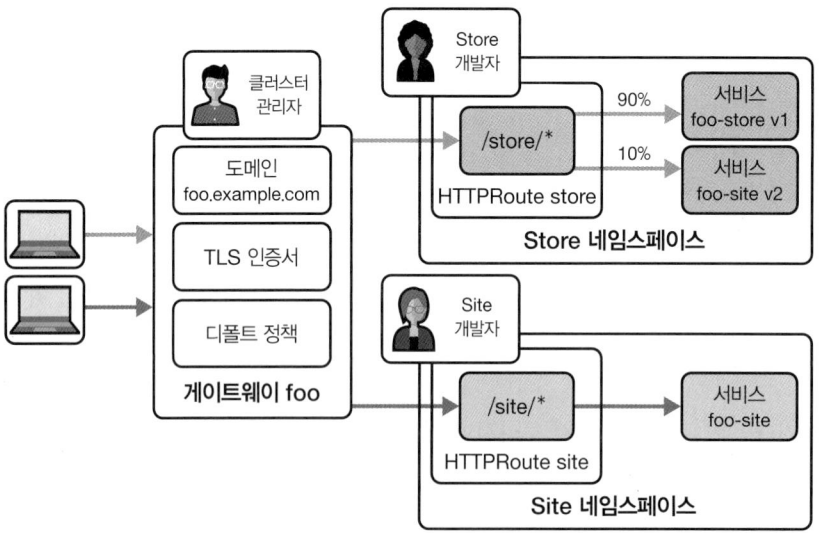

이 스펙의 미래는 아주 밝다. 프록시와 서비스 메시의 선도 클라우드 프로바이더 중 다수가 게이트웨이 API를 제품 라인업에 포함시키고 있다. 이미 구글 GKE, 액노딜^{Acnodeal} EPIC, 컨투어^{Contour}, 아파치 APISIX 등에서 제한된 프리뷰 또는 알파 버전을 지원하기 시작했다. 이 글을 쓰는 현재, GatewayClass, Gateway, HTTPRoute 리소스에서 게이트웨이 API 베타 버전을 사용할 수 있으며, 다른 리소스는 알파 버전을 지원한다. 인그레스 API와 다르게 게이트웨이 API는 모든 클러스터에 추가할 수 있는 커스텀 리소스이므로 쿠버네티스 알파/베타 릴리스 프로세스를 따르지 않는다.

9.3.7 서비스와 인그레스 컨트롤러 모범 사례

애플리케이션이 서로 복잡하게 얽힌 가상 네트워크 환경을 구축하려면 신중하게 계획을 세워야 한다. 여러 애플리케이션 서비스가 상호 간에, 그리고 외부 세계와 통신하는 방식을 효과적으로 관리하려면 애플리케이션이 변경되는 과정에 지속적인 관심과 주의를 기울일 필요가 있다. 이러한 관리에 도움이 될 만한 모범 사례를 몇 가지 제시한다.

- ✓ 클러스터 외부에서 액세스하는 서비스의 개수를 제한하자. 대부분의 서비스는 ClusterIP를 사용하고, 외부와 맞닿은 서비스만 클러스터 외부에 표출하는 구조가 이상적이다.

- ✓ 표출할 서비스가 주로 HTTP/HTTPS 기반이면, 인그레스 API와 인그레스 컨트롤러를 사용해서 TLS 터미네이션 상태로 백업 서비스에 트래픽을 흘리는 것이 최선이다. 사용량 제한rate limit, 헤더 재작성header rewrite, OAuth 인증, 관찰 가능성 등의 기능은 사용하는 인그레스 컨트롤러 타입에 따라 애플리케이션 자체에 구축하지 않아도 사용할 수 있다.

- ✓ 웹 기반 워크로드의 안전한 인입에 필요한 기능이 탑재된 인그레스 컨트롤러를 선택하자. 가능한 한 사내 표준을 제정하자. 컨트롤러 구현체마다 구성 애너테이션이 천차만별이라 배포 코드를 모든 사내 쿠버네티스 구현체에 쉽게 이식할 수 없기 때문이다.

- ✓ 클러스터 외부에서 인프라 관리 및 인그레스 부하를 이전하기 전에 클라우드 서비스 프로바이더의 인그레스 컨트롤러 관련 옵션을 꼼꼼이 살펴보자. 쿠버네티스 API 구성도 당연히 가능해야 한다.

✓ 대부분 API를 외부에 제공하는 경우, API 기반의 워크로드를 좀 더 세밀하게 조정할 수 있는 콩 또는 앰베서더Ambassador 등의 API 전용 인그레스 컨트롤러를 검토하자. Nginx, Traefik 등도 일부 API 튜닝 기능을 제공하지만 API 프록시 전용 시스템만큼 정교하지는 못하다.

✓ 인그레스 컨트롤러를 파드 기반의 워크로드로 배포하는 경우, 고가용성 및 성능(총 스루풋) 요건이 설계에 충분히 반영됐는지 확인하자. 메트릭 관찰 가능성을 통해 인그레스 규모를 적절히 조정하되, 워크로드를 스케일링하는 동안 클라이언트가 중단되는 일이 없도록 버퍼는 충분히 두어야 한다.

9.4 네트워크 보안 정책

쿠버네티스에 내장된 네트워크폴리시NetworkPolicy API를 사용하면 네트워크 수준의 인그레스/이그레스 액세스 제어를 워크로드에 정의할 수 있다. 네트워크 정책으로 파드들이 서로 간에, 또는 다른 엔드포인트와 통신하는 방법을 제어하는 것이다. 네트워크폴리시 스펙을 더 자세히 알고 싶다면 (쿠버네티스 API로 정의되어 있는데 무슨 말인가 싶겠지만) 네트워크폴리시 API를 지원하는 네트워크 플러그인이 필요하다.

네트워크폴리시는 겉은 복잡해 보이지만 실은 평범한 YAML 파일이다. 단순한 동서 트래픽East-West traffic[10] 방화벽이라고 생각하면 이해가 빠르다. 각 폴리시 스펙마다 `podSelector`, `ingress`, `egress`, `policyType` 필드가 있으며, 이 중 `matchLabels`가 달린 쿠버네티스 셀렉터와 동일한 관례를 따르는 `podSelector`가 유일한 필수 필드다. 동일한 파드를 대상으로 다수의 네트워크 정책을 정의할 수 있는데, 그 효과는 누적된다.[11]

---

10 옮긴이_ 데이터 센터 내부에 위치한 장치 간의 네트워크 트래픽
11 옮긴이_ 즉, 각각의 네트워크 정책을 쌓아올린 결과와 동일한 효과라는 뜻입니다.

네트워크폴리시 오브젝트는 네임스페이스 수준의 오브젝트이므로 podSelector에 셀렉터를 지정하지 않으면 네임스페이스에 있는 모든 파드에 정책이 적용된다. 인그레스/아웃그레스 규칙을 정의하면 파드에서(로) 인그레스/이그레스가 가능한 항목의 허용 리스트가 생성된다. 여기서 반드시 한 가지 구분해야 할 것이 있다. 어느 파드가 셀렉터와 매치되어 정책 대상이 되면 인그레스/이그레스 규칙에 따로 명시하지 않는 한 모든 트래픽이 차단된다. 다시 말해, 셀렉터와 매치되지 않은 파드는 어떤 정책의 대상이 아니므로 파드를 넘나드는 인그레스/이그레스 통신이 허용된다. 아무것도 차단하지 않고 새 워크로드를 쿠버네티스에 쉽게 배포할 수 있게 하려고 일부러 이렇게 만든 것이다.

ingress/egress 필드는 출발지/목적지 규칙을 정의한 리스트로, 특정 CIDR 범위, podSelector, namespaceSelector를 지정할 수 있다. ingress 필드를 생략하면 모든 인바운드 통신이 거부된다. 마찬가지로 egress 필드도 비우면 모든 아웃바운드 통신이 거부된다. 포트 및 프로토콜까지 지정하면 좀 더 통신을 엄격하게 제한할 수 있다.

policyTypes 필드에는 해당 정책 오브젝트가 어느 네트워크 정책 규칙 타입과 연결되는지 명시한다. 이 필드가 없으면 ingress/egress 리스트 필드를 찾는다. 여기서도 policyTypes에서 반드시 이그레스를 호출해야 하고, 이 정책을 적용할 이그레스 규칙 리스트가 있어야 하는 차이점이 있다. 인그레스는 디폴트라서 굳이 명시할 필요 없다.

그럼, 3-티어 애플리케이션의 프로토타입 예제를 살펴보자. 이 애플리케이션은 tier 레이블이 tier: "web", tier: "db", tier: "api" 중 하나인 단일 네임스페이스에 배포한다. 트래픽을 각 티어로 정확하게 제한하는 네트워크폴리시 매니페스트를 생성하자.

디폴트 거부 규칙은 다음과 같다.

```
apiVersion: networking.k8s.io/v1
kind: NetworkPolicy
metadata:
  name: default-deny-all
```

```
spec:
  podSelector: {}
  policyTypes:
  - Ingress
```

웹 레이어의 네트워크 정책은 다음과 같다.

```
apiVersion: networking.k8s.io/v1
kind: NetworkPolicy
metadata:
  name: webaccess
spec:
  podSelector:
    matchLabels:
      tier: "web"
  policyTypes:
  - Ingress
  ingress:
  - {}
```

API 레이어의 네트워크 정책은 다음과 같다.

```
apiVersion: networking.k8s.io/v1
kind: NetworkPolicy
metadata:
  name: allow-api-access
spec:
  podSelector:
    matchLabels:
      tier: "api"
  policyTypes:
```

```
    - Ingress
  ingress:
  - from:
    - podSelector:
        matchLabels:
          tier: "web"
```

데이터베이스 레이어의 네트워크 정책은 다음과 같다.

```
apiVersion: networking.k8s.io/v1
kind: NetworkPolicy
metadata:
  name: allow-db-access
spec:
  podSelector:
    matchLabels:
      tier: "db"
  policyTypes:
  - Ingress
  ingress:
  - from:
    - podSelector:
        matchLabels:
          tier: "api"
```

9.5 네트워크 정책 모범 사례

엔터프라이즈 시스템에서 네트워크 트래픽 보안은 한때 복잡한 네트워킹 규칙들이 얽히고 설킨 물리 하드웨어 장치에 관한 영역이었다. 이제는 쿠버네티스 네트워크폴리시 덕분에 좀 더 애플리케이션 중심적으로 접근해서 쿠버네티스에 호스팅된 애플리케이션의 트래픽을 분할하고 통제할 수 있게 되었다. 어떤 정책 플러그인을 적용하든 상관없이 다음 모범 사례는 공통적으로 적용된다.

- ✓ 처음에는 천천히 시작하고 파드로 유입되는 트래픽에 집중하자. 인그레스/이그레스 규칙이 복잡해지면 네트워크 추적은 끔찍한 악몽이 될 수도 있다. 트래픽이 예상대로 흘러갈 경우, 민감한 워크로드로 흘러가는 제어 흐름을 통제할 방법을 찾아보자. 스펙상 인그레스 규칙 리스트에 아무것도 입력 안 해도 수많은 디폴트 옵션이 있으니 언제나 인그레스가 우선이다.

- ✓ 사용 중인 네트워크 플러그인이 네트워크폴리시 API 인터페이스 또는 다른 잘 알려진 플러그인을 지원하는지 확인하자. 다른 플러그인으로는 캘리코Calico, 실리움Cilium, Kube-router, 로마나Romana, 위브넷Weave Net 등이 있다.

- ✓ 네트워크 팀의 디폴트 정책이 '거부'이면default-deny 보호할 워크로드가 위치한 클러스터의 각 네임스페이스에 다음과 같은 네트워크 정책을 설정하자. 이렇게 하면 다른 네트워크 정책이 삭제돼도 실수로 파드가 '표출'되는 일은 없다.

```
apiVersion: networking.k8s.io/v1
kind: NetworkPolicy
metadata:
  name: default-deny-all
spec:
  podSelector: {}
  policyTypes:
  - Ingress
```

- ✓ 파드를 인터넷에서 액세스하는 경우, 레이블을 사용하여 인그레스를 허용하는 네트워크 정책을 명시적으로 적용하자. 패킷이 유입되는 실제 IP가 인터넷이 아니라 로드 밸

런서, 방화벽, 기타 네트워크 장치의 내부 IP이면 전체 흐름을 잘 살펴야 한다. 예를 들어, 다음은 allow-internet=true 레이블을 붙인 파드로 향하는 (외부를 포함한) 모든 트래픽을 허용하는 예다.

```
apiVersion: networking.k8s.io/v1
kind: NetworkPolicy
metadata:
  name: internet-access
spec:
  podSelector:
    matchLabels:
      allow-internet: "true"
  policyTypes:
  - Ingress
  ingress:
  - {}
```

✓ 규칙 자체는 네임스페이스 단위로 구분되므로 가급적 애플리케이션 워크로드를 단일 네임스페이스에 두자. 그래야 규칙 생성이 용이하다. 네임스페이스 간 통신이 필요하면 가능한 한 분명하게 밝히고 레이블을 사용해서 흐름 패턴을 식별하면 된다.

```
apiVersion: networking.k8s.io/v1
kind: NetworkPolicy
metadata:
  name: namespace-foo-2-namespace-bar
  namespace: bar
spec:
  podSelector:
    matchLabels:
      app: bar-app
  policyTypes:
```

```
      - Ingress
        ingress:
        - from:
          - namespaceSelector:
              matchLabels:
                 networking/namespace: foo
            podSelector:
              matchLabels:
                 app: foo-app
```

✓ 제한적인 정책이 별로 없는(아니면 아예 하나도 없는) 테스트 베드 네임스페이스를 두고 활용하면 필요 시 어떤 패턴으로 트래픽을 흘려야 문제가 없을지 충분히 시간을 들여 조사할 수 있다.

9.6 서비스 메시

끊임없이 서로 통신하며 외부 리소스에 액세스하거나 외부 리소스에서 접속하는 수천 개의 엔드포인트를 로드 밸런싱하는 서비스가 수백 개에 이르는 단일 클러스터를 상상해보자. 이렇게 엄청나게 많은 서비스 간의 연결을 모두 일일이 관리, 보호, 관찰, 추적하기란 상당히 어렵다. 특히, 전체 시스템을 수시로 드나드는 엔드포인트의 다이내믹한 특성을 고려하면 더더욱 그렇다.

서비스 메시service mesh는 쿠버네티스의 고유한 개념은 아니지만, 전용 데이터 플레인과 컨트롤 플레인으로 서비스를 서로 연결하고 보호하는 방법을 제어할 수 있게 해준다. 서비스 메시는 종류마다 기능이 제각각이지만, 다음 기능은 모두 똑같이 제공한다.

- 메시 전체에 분산되고 세분화된 트래픽 조절 정책에 따라 트래픽을 로드 밸런싱한다.

- 메시의 일부인 서비스 디스커버리 서비스. 클러스터 내부 또는 다른 클러스터 안에 있는 서비스, 메시에 속한 외부 시스템을 상대로 서비스 디스커버리 기능을 제공한다.
- 트래픽과 서비스의 관찰 가능성. 오픈트레이싱 OpenTracing 표준을 따르는 예거 Jaeger나 집킨 Zipkin 등의 추적 시스템으로 전체 분산 시스템을 추적한다.
- 상호 인증 mutual authentication [12]을 응용한 메시 내 트래픽 보안. 어떤 경우에는 파드 간 또는 동서 트래픽 보안뿐만 아니라 남북 트래픽[13] 보안 North-South security 및 제어까지 가능한 인그레스 컨트롤러도 제공된다.
- 서킷 브레이커 circuit breaker (회로 차단기), 재시도 retry, 데드라인 deadline 등의 패턴을 허용하는 복원력, 상태, 장애 방지 기능

중요한 점은 이 모든 기능이 애플리케이션을 거의 또는 전혀 변경하지 않고도 메시에 속한 애플리케이션에 통합된다는 사실이다. 이렇게 놀라운 기능을 어떻게 힘 하나 들이지 않고 사용할 수 있을까?

그 고마운 존재가 바로 사이드카 프록시 sidecar proxy다. 오늘날 사용 가능한 대부분의 서비스 메시는 데이터 플레인의 일부인 프록시를 메시에 속한 각 파드에 주입하는데, 이 프록시 덕분에 컨트롤 플레인 컴포넌트는 정책 및 보안을 메시 전체에 걸쳐 동기화할 수 있다. 따라서 워크로드를 처리하는 컨테이너 입장에서는 네트워크에 관하여 세세히 알 필요 없이, 분산 네트워크의 복잡성을 프록시가 알아서 처리하도록 위임하면 된다. 애플리케이션의 관점에서는 그저 로컬호스트를 통해 자신의 프록시와 통신할 뿐이다. 대부분 컨트롤 플레인과 데이터 플레인은 서로 다른 기술이지만 상호 보완적인 관계인 경우가 대부분이다.

가장 대표적인 서비스 메시 기술은 이스티오다. 이스티오는 구글, 리프트 Lyft, IBM 3사가 주도한 프로젝트로, 엔보이 Envoy를 데이터 플레인 프록시로 사용하며, 믹서 Mixer, 파일럿 Pilot, 갤리 Galley, 시타델 Citadel 등 자체 개발한 컨트롤 플레인 컴포넌트를 사용한다. 링커드2 Linkerd2처럼 러스트 Rust로 개발된 자체 데이터 플레인 프록시를 통해 다양한 수준의 기능을 제공하는 서비스 메시도 있다. 해시코프는 최근 콘술에 쿠버네티스 중심적인 서비스 메시 기능을 더 많이 추

---

[12] 옮긴이_ 어느 한쪽에서만 상대방을 확인하는 게 아니라, 통신 채널의 양쪽에서 서로의 신원을 확인하는 것으로 '양방향 인증'이라고도 합니다.
[13] 옮긴이_ 데이터센터의 내부 네트워크에 들어왔다가 나가는 트래픽

가해서 유저는 콘술의 자체 프록시와 엔보이 둘 중에서 선택할 수 있게 됐다. 또 상용 서비스 메시도 지원한다.

쿠버네티스에서 서비스 메시는 (무수히 많은 SNS 기술 그룹에서 열광적으로 추종하는 정도는 아니지만) 아직 유동적인 주제라서 각각의 기술을 이 책에서 자세히 소개하는 것은 큰 의미가 없을 듯하다. 어쨌든, 마이크로소프트, 링커드, 해시코드, 솔로닷아이오Solo.io, 킨보크Kinvolk, 위브웍스 등의 기업이 주도하여 SMI Service Mesh Interface (서비스 메시 인터페이스)를 수립하려는 움직임을 보여주고 있는데, 매우 고무적이다.

SMI는 모든 서비스 메시가 마땅히 제공해야 할 기본 기능을 표준 인터페이스로 정의한 스펙이다. 이 글을 쓰는 현재 SMI 스펙은 ID와 전송 수준 암호화, 메시 내 서비스 간의 주요 메트릭을 수집하는 트래픽 텔레메트리telemetry(원격 계측), 서비스 간 트래픽 조절 및 가중치를 변경하는 트래픽 관리 등의 트래픽 정책을 커버한다. 이 프로젝트는 서비스 메시 벤더별로 자사 제품을 타사 제품과 차별화하는 부가 기능을 구축할 수 있도록 가변성을 부여함으로써 서비스 메시의 다양성을 추구한다.

9.7 서비스 메시 모범 사례

서비스 메시 커뮤니티는 매일 매일 계속 성장 중이고, 점점 더 많은 기업들이 자사의 니즈를 정의하고 있다. 언젠가 드라마틱하게 비상할 날이 오리라 기대한다. 이 글을 쓰는 현재 서비스 메시가 해결하려는 일반적인 문제를 바탕으로 몇 가지 모범 사례를 제시한다.

- ✓ 서비스 메시가 제공하는 주요 기능의 중요도를 평가하고, 현재 어떤 제품이 최소한의 오버헤드로 가장 중요한 기능을 제공하는지 파악하자. 여기서 오버헤드란 인적 기술과 인프라 리소스 모두에 관한 부채를 의미한다. 가령, 실제로 필요한 기능이 특정 파드 간의 상호 TLS뿐이라면, 이런 기능이 플러그인에 통합된 CNI를 찾아보는 편이 훨씬 쉬울 것이다.

✓ 멀티클라우드나 하이브리드 클라우드 환경처럼 여러 시스템 간의 메시 기능이 필수 요건인지 검토하자. 모든 서비스 메시가 이런 기능을 제공하는 것은 아니며, 설령 제공한다 해도 환경을 취약하게 만들 수 있는 복잡한 프로세스다.

✓ 아직 많은 서비스 메시 제품이 오픈 소스 커뮤니티 프로젝트의 결과물이므로, 서비스 메시를 제대로 관리할 인력이 부족한 상황이면 기술 지원이 가능한 상용 제품이 더 나은 선택일 수 있다. 그래서 이스티오 기반의 상용 관리형 서비스 메시 제품도 출시된 상태인데, 이스티오는 전반적으로 관리하기 복잡한 시스템이라는 의견이 중론이다.

정리

애플리케이션 관리 외에도 애플리케이션의 서로 다른 부분을 연결시키는 기능이야말로 쿠버네티스가 제공하는 가장 중요한 기능이다. 이 장에서는 CNI 플러그인을 통해 파드가 IP 주소를 획득하는 방법, 이런 IP를 묶어 서비스를 구축하는 방법, 인그레스 리소스를 통해 (결국 서비스를 활용하는) 더 많은 애플리케이션 또는 L7 라우팅을 구현하는 방법 등을 자세히 알아보았다. 또한 네트워킹 정책을 사용해서 트래픽을 제한하고 네트워크 보안을 구현하는 방법과, 서비스 메시 기술을 응용하여 여러 서비스를 서로 연결하고 그 연결 상태를 모니터링하는 새로운 방법을 살펴보았다.

애플리케이션을 안정적으로 배포하고 실행하는 것도 중요하지만, 애플리케이션의 네트워킹을 올바르게 구축하는 일은 성공적인 쿠버네티스 운용에 있어서 중요하며, 궁극적으로는 쿠버네티스에서 네트워킹에 접근하는 방식과 애플리케이션에 가장 부합하는 최적의 접점을 찾는 일이 매우 중요하다.

CHAPTER

10

파드와 컨테이너 보안

쿠버네티스 API를 통해 파드를 안전하게 지키려면 파드 시큐리티 어드미션^{Pod Security Admission}과 런타임클래스^{RuntimeClass}를 잘 활용해야 한다. 이 장에서는 각 API의 용도 및 사용법을 배우고 실무에서 유용한 모범 사례를 제시하겠다.

10.1 파드 시큐리티 어드미션 컨트롤러

클러스터 수준의 리소스는 파드 스펙에 등장하는 보안에 민감한 필드를 정의하고 관리하는 유일한 장소다. 파드 시큐리티 어드미션이 도입되기 전에는 클러스터 관리자나 유저가 파드 시큐리티폴리시^{PodSecurityPolicy}를 직접 구축했는데, 설정이 너무 복잡해서 제대로 작동시키기 쉽지 않았다. 파드시큐리티폴리시 이전에는 유저가 워크로드에 있는 각 파드나 디플로이먼트에 SecurityContext 설정을 따로따로 정의하거나 직접 커스텀 어드미션 컨트롤러를 만들어 파드 보안 장치를 구현했었다.

> **NOTE** 쿠버네티스 1.22 이후부터 파드 시큐리티 어드미션 컨트롤러가 베타 파드시큐리티폴리시 API를 대체하게 되었고, 파드시큐리티폴리시는 쿠버네티스 1.21 버전부터 사용 중단(deprecated)되었으며, v1.25 버전 때 쿠버네티스에서 제거되었다. 파드 시큐리티 어드미션은 파드 보안에 필요한 간소한 API를 제공하지만, 파드시큐리티폴리시의 모든 기능을 다 제공하는 것은 아니다. 그렇게 하려면 게이트키퍼(Gatekeeper)[1] 프로젝트처럼 보다 완벽한 정책 솔루션을 설치해야 한다.

파드 시큐리티 어드미션은 이런 복잡함을 해소하고 클러스터 관리자가 아주 간단하게 파드를 보호할 수 있도록 개발되었다. 다른 솔루션보다 복잡도는 월등히 낮은 편이지만, 네임스페이스 수준에서 퍼미션을 큰 단위로^{coarse-grained} 적용할 수밖에 없는 결정적인 한계가 있다. 특정 유저나 런타임 클래스를 정책 적용에서 배제할 수는 있지만, 네임스페이스 안에 있는 파드나 유저마다 제각기 다른 수준의 보안은 적용할 수 없다.

---

1 *https://oreil.ly/01VJP*

이러한 제약 때문에 멀티테넌트 클러스터를 운영하는 대기업 운영자는 당연히 게이트키퍼 프로젝트 같은 정책 솔루션을 찾게 된다. 하지만 소규모의 단일 테넌트 클러스터가 여럿 구축된 환경에서는 파드 시큐리티 어드미션만 있어도 충분하다.

10.1.1 파드 시큐리티 어드미션 활성화

클러스터의 쿠버네티스 버전이 1.22 이상이면 이미 파드 시큐리티 어드미션이 활성화되었을 것이다. 버전은 kubectl version 커맨드로 확인할 수 있다. 쿠버네티스 커뮤니티는 구 버전을 오래 적극적으로 지원하지 않는 편이라서 보안 취약점에 노출되어 위험해지지 않도록 가급적 버전을 업데이트하는 것이 좋다.

> **CAUTION** 현재 운영 중인 클러스터에서 파드 시큐리티 어드미션 제어를 활성화할 생각이라면 처음부터 철저하게 준비하자. 자칫 잘못하면 워크로드가 아예 차단될지도 모르기 때문이다. 처음에는 보안 정책이 예상 대로 적용되는지 warn 또는 audit 모드로 시작하자.

10.1.2 파드 보안 수준

파드 시큐리티 어드미션 컨트롤러는 보안 구성을 간소화하기 위해 세 가지 보안 수준을 제공하며, 각 수준마다 파드 구성을 제한하는 다양한 규칙들이 정의되어 있다. 보안 수준에 관한 자세한 내용은 쿠버네티스 문서[2]를 참조하자.

- **privileged**

파드 보안 기능이 꺼져 있는 사실상 아무 제한이 없는 상태다. 쿠버네티스 클러스터의 디폴트 보안 수준이다.

---

[2] https://oreil.ly/3bKXr

- **baseline**

권한 상승 공격privilege escalation attack[3] 등 각종 보안 취약점으로부터 보호한다.

- **restricted**

현재 파드 보안에 관한 모범 사례다.

처음 시작할 때부터 모든 네임스페이스에 restricted 수준을 바로 적용하고 싶겠지만, 클러스터의 기존 구성과 충돌이 나서 제대로 작동되지 않거나, 다른 회사에서 납품한 소프트웨어 또는 커뮤니티 솔루션이 문제를 일으킬 수도 있으니 유의해야 한다.

보안 수준과 별도로 파드 시큐리티 어드미션 컨트롤러는 정책을 활성화하는 수준도 세 가지로 제공한다. 첫째, enforce 수준은 보안 수준이 매치되지 않아도 파드 생성을 적극적으로 차단한다. 둘째, warn 수준은 유저에게 파드가 정책을 위반했다는 경고 메시지를 표시하되 파드 생성을 차단하지는 않는다. 셋째, audit 수준은 정책 위반을 기록만 할 뿐 유저에게 피드백도 하지 않는다.

이 세 가지 보안 수준은 각각 쿠버네티스의 특정한 버전(예: v1.25)과 매치되도록 버저닝되어 있다. 단, 버전이 다른 쿠버네티스에서도 사용은 가능한데, 이를테면 쿠버네티스 v1.26 클러스터에서 v1.25 보안 수준을 사용할 수 있다. 최근 3개 버전보다 오래된 버전을 지원 중단하는 정책은 다른 쿠버네티스 컴포넌트와 동일하다. 무조건 최신 정책을 따르는 latest 버전도 있지만 권장하지 않는다. 컨테이너 이미지에 latest 버전을 붙이는 게 좋지 않듯이, 클러스터가 업그레이드되고, 보안 정책이 변경되고, 새 정책이 적용되면서 예기치 않게 클러스터에 장애가 발생할 수 있기 때문이다. 보안 정책은 클러스터를 업그레이드한 이후 단계적으로 조금씩 업그레이드하는 것이 모범 사례다.

---

[3] 옮긴이_ 퍼미션이 제한된 파일 등에 접근하기 위해 관리자 권한을 획득하는 것

> **NOTE** warn 수준은 kubectl처럼 툴 자체가 경고 기능을 제공하는 경우에만 쓸모가 있다. 다른 배포 툴, 가령 CI/CD 자동화를 사용하는 경우에는 경고 메시지가 유저에게 표시되지 않는다. 이런 경우에는 린터 (linter) 같은 장치를 조합하여 구성한 내용을 파드 시큐리티 감사와 함께 체크인하기 전에 체크되도록 하는 것이 좋다.

10.1.3 네임스페이스 레이블을 이용한 파드 시큐리티 활성화

네임스페이스에 레이블을 추가하여 네임스페이스별로 파드 시큐리티를 활성화해보자. 다음 예제 코드처럼 네임스페이스 YAML에 레이블을 추가한다. 사용 패턴을 감사하는 기본적인 보안 수준 구성부터 시작하겠다.

```
...
  metadata:
    labels:
      # 기존 유저에 영향을 주지 않게 일단 audit, warn 수준부터 시작한다.
      pod-security.kubernetes.io/enforce: privileged
      pod-security.kubernetes.io/enforce-version: v1.25
      pod-security.kubernetes.io/warn: privileged
      pod-security.kubernetes.io/warn-version: v1.25

      # 기본 감사 기능을 켠다.
      pod-security.kubernetes.io/audit: baseline
      pod-security.kubernetes.io/audit-version: v1.25
```

이 구성을 모든 네임스페이스에 적용하면 클러스터 감사 로그에 감사 정보가 보이기 시작할 것이다. 이 정도만 해도 운영 중인 클러스터 수준의 컴플라이언스를 대략 파악할 수 있다. 컴플라이언스에 크게 못 미칠 경우에는 각기 다른 워크로드의 소유자를 알아내 컴플라이언스를 준수하도록 협의할 필요가 있다. 적용 단위가 네임스페이스이므로 팀마다 개별 접촉해서 각 팀의 워크로드가 컴플라이언스에 맞도록 시행하는 단계로 넘어간다.

결국, 최종적인 보안 태세security posture[4]는 여러 팀의 기능과 워크로드에 따라 결정되므로, 파드 보안 구성에 관한 문제는 한 가지 절대적인 모범 사례를 도출하기가 어렵다. 하지만 대부분 취약한 구성을 겉으로 잘 드러나게 하고 심각한 보안 사고를 미연에 방지하기 위해 일단 `audit`과 `warn`를 디폴트 값으로 적용한 다음, 진행 상태를 지켜보면서 향후 `enforce`로 진행하는 것이 좋다.

10.2 워크로드 격리와 런타임클래스

아직도 컨테이너 런타임은 안전하지 못한 워크로드 격리의 경계라고 바라보는 시각이 지배적이다. 현재 가장 널리 쓰이는 런타임이 안전하다고 공식적으로 입증할 방법도 사실 마땅치 않다. IT 업계에서 쿠버네티스에 대한 관심과 모멘텀이 점점 높아지면서 다양한 격리 수준을 제공하는 컨테이너 런타임 제품이 속속 개발되고 있다.

그중에는 익숙하고 신뢰할 만한 기술 스택 기반의 런타임도 있지만, 전혀 새로운 방식으로 문제를 해결하려고 시도하는 런타임도 있다. 카타Kata 컨테이너, gVisor, 파이어크래커Firecracker 등의 오픈 소스 프로젝트는 강력한 워크로드 격리를 장점으로 내세운다. 이들 프로젝트의 기반 기술은 중첩 가상화nested virtualization (가상 머신 안에서 경량급 가상 머신을 실행) 또는 시스템 호출 필터링 및 서비스다. 또한 웹어셈블리WASM, WebAssembly, 가상 머신이 제공하는 샌드박스에 대한 관심도 최근 높아지는 추세다. 원래 처음에는 브라우저에서 실행할 목적으로 구축됐지만 서버 사이드에서도 점점 많이 쓰이고 있는 기술이다.

가장 인기 있는 컨테이너 런타임 중 하나인 containerd 프로젝트도 이제 웹어셈블리 기반의 컨테이너를 지원한다. AI 및 머신러닝 워크로드를 처리하기 위해 GPU가 장착된 하드웨어가

---

4 옮긴이_ 기업이나 조직의 사이버보안에 관한 총체적인 대응 역량 및 프로세스, 준비 상태 등을 통칭하는 말

필요한 것처럼 특정 하드웨어의 기능에 따라 컨테이너 런타임을 골라 쓰려면 런타임클래스가 추가적으로 필요할 것이다.

이처럼 특성이 다른 워크로드를 격리할 수 있는 컨테이너 런타임 덕분에 유저는 같은 클러스터에서 다양한 런타임을 확실히 격리된 환경에서 골라 사용할 수 있다. 예를 들면, 이제 한 클러스터에서 신뢰할 수 있는 워크로드와 신뢰할 수 없는 워크로드를 각각 상이한 컨테이너 런타임으로 실행하는 일도 가능하다.

런타임클래스가 쿠버네티스에 API로 도입되면서 컨테이너 런타임을 선택할 수 있게 되었다. 클러스터 관리자가 클러스터를 구성하는 경우에는 클러스터에서 지원되는 컨테이너 런타임 중 하나를 나타내는 용도로 쓰인다. 쿠버네티스 유저가 직접 파드 스펙에 런타임클래스네임 RuntimeClassName으로 특정 워크로드에 런타임클래스를 지정할 수도 있다. 내부적으로는 런타임클래스가 CRI^{Container Runtime Interface}(컨테이너 런타임 인터페이스)에 전달되는 `RuntimeHandler`를 지정하는 식으로 구현되어 있다. 노드 레이블과 노드셀렉터 또는 노드 테인트와 톨러레이션을 사용하여 주어진 워크로드가 원하는 런타임클래스를 지원 가능한 노드에 안착시킨다.

[그림 10.1]은 파드를 시작할 때 kubelet이 런타임클래스를 사용하는 과정을 나타낸 것이다.

그림 10.1 런타임클래스 흐름도

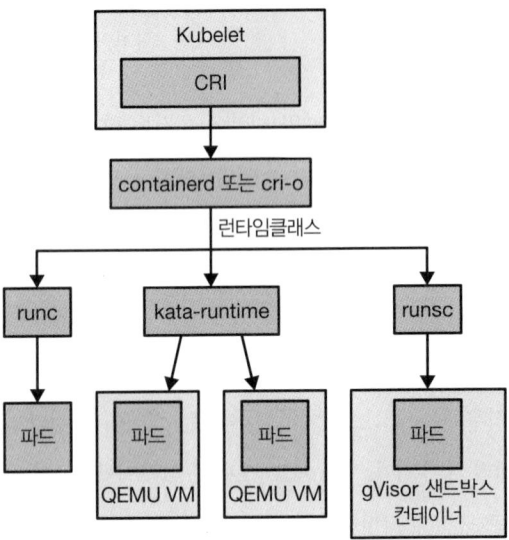

10.2.1 런타임클래스 사용하기

클러스터 관리자가 상이한 런타임클래스를 설정했다면, 다음과 같이 파드 스펙의 runtime ClassName에 해당 런타임클래스를 지정해서 바로 사용하면 된다.

```
apiVersion: v1
kind: Pod
metadata:
  name: nginx
spec:
  runtimeClassName: firecracker
```

10.2.2 런타임 구현체

다양한 보안 및 격리 수준을 제공하는 오픈 소스 컨테이너 런타임 구현체를 몇 가지 소개한다. 전체 목록은 아니므로 어디까지나 가이드라인으로 참고하자.

■ **CRI containerd**[5]

단순성, 견고성, 이식성에 중점을 둔 컨테이너 런타임용 API 퍼사드facade

■ **cri-o**[6]

특정한 목적으로 개발된 경량 OCI Open Container Initiative[7] 기반의 쿠버네티스용 컨테이너 런타임 구현체

■ **파이어크래커**[8]

KVM Kernel-based Virtual Machine[9] 기반의 가상화 기술. 기존 비가상화nonvirtualized 환경에서도 가상 머신의 보안 및 격리 기능을 이용하여 마이크로VM microVM을 아주 빠르게 구축할 수 있다.

■ **gVisor**[10]

새로운 유저 공간 커널로 컨테이너를 실행하는 OCI 호환 샌드박스 런타임. 오버헤드가 적고 안전한, 격리된 컨테이너 런타임을 제공한다.

---

5 *https://oreil.ly/1wxU1*
6 *https://oreil.ly/0iXpP*
7 옮긴이_ 운영 체제 수준 가상화를 위한 개방형 표준을 설계하기 위해 Docker, CoreOS 및 appc의 유지 관리 담당자가 2015년 6월에 시작한 Linux Foundation 프로젝트
8 *https://oreil.ly/on3Ge*
9 옮긴이_ 리눅스 커널을 하이퍼바이저로 변환하기 위한 가상화 인프라스트럭처
10 *https://oreil.ly/ZZt3n*

- **카타 컨테이너**[11]

컨테이너처럼 작동되는 경량급 가상 머신을 실행함으로써 VM과 유사한 보안 및 격리 기능을 제공하는 보안 컨테이너 런타임

10.2.3 워크로드 격리와 런타임클래스 모범 사례

워크로드 격리 및 런타임클래스를 오해하여 잘못 사용하는 일이 없도록 몇 가지 모범 사례를 제시한다.

- ✓ 여러 워크로드를 런타임클래스를 통해 따로따로 분리하면 운영 환경이 복잡해진다. 컨테이너 런타임이 제공하는 격리 특성상 서로 다른 컨테이너 런타임 간에는 워크로드를 이식할 수 없다. 일단 여러 종류의 런타임에서 두루 지원되는 기능 매트릭스를 파악하기가 쉽지 않고 유저 경험에 악영향을 미칠 공산이 크다. 따라서 가급적 단일 런타임으로 구성된 클러스터를 각각 따로 두는 식으로 혼동을 피하는 것이 상책이다.

- ✓ 워크로드를 격리한다고 자동으로 멀티테넌시 보안이 되는 것은 아니다. 안전한 컨테이너 런타임을 구현해도 쿠버네티스 클러스터와 API가 같은 방법으로 보안이 이루어지는 것도 아니다. 쿠버네티스를 전체적으로 처음부터 끝까지 잘 생각해봐야 한다. 격리된 워크로드를 구축한다고 해서 악의적인 공격자가 쿠버네티스 API를 통해 워크로드를 건드리지 못하게 완전히 차단되는 것은 아니다.

- ✓ 다양한 런타임마다 사용하는 툴에 일관성이 없다. 어떤 유저는 코드를 디버깅하고 집중 분석하고자 컨테이너 런타임 툴에 의존할 것이다. 런타임이 상이하다는 것은 이를테면 더 이상 docker ps 커맨드로 실행 중인 컨테이너 리스트를 볼 수 없다는 뜻이다. 이로 인해 결국 트러블슈팅 과정에서 혼란과 복잡성을 초래한다.

---

11 https://oreil.ly/gi0xk

10.3 파드와 컨테이너 보안 관련 고려 사항

파드 시큐리티 어드미션 제어 및 워크로드 격리 외에도, 파드 및 컨테이너 보안을 어떻게 처리할지 고민할 때 검토해 볼 법한 다른 툴도 있다.

10.3.1 어드미션 컨트롤러

파드 시큐리티 어드미션 컨트롤러에 의해 작동되는 파드 보안은 앞에서 설명했는데, 클라우드 네이티브 영역에도 다양한 어드미션 컨트롤러를 선택하여 사용할 수 있다. 기능상 파드 시큐리티 어드미션 컨트롤러가 너무 제약이 많다고 여겨지면 더 정교하게 보안 정책을 적용할 수 있는 대체 솔루션이 많으니 참고하자(어드미션 컨트롤에 대한 자세한 내용은 17장 참고).

10.3.2 침입 및 이상 징후 탐지 툴

지금까지 보안 정책과 컨테이너 런타임을 살펴보았는데, 컨테이너 런타임 내부에서는 어떻게 정책을 집행하고 관리할 수 있을까? 이런 일, 또 그 이상의 기능을 제공하는 오픈 소스 툴이 있다. 대부분 리눅스 시스템 콜을 리스닝/필터링하거나 BPF$^{Berkeley\ Packet\ Filter}$(버클리 패킷 필터)[12]를 활용하는 방식이다. 일례로, 데몬셋으로 설치해서 실행 중에도 정책을 구성하고 반영할 수 있는 팔코^{Falco}[13]라는 CNCF 프로젝트가 있다. 팔코 역시 많은 툴 중 하나에 불과하니, 다른 툴도 꼼꼼이 살펴보면서 자신에게 맞는 툴을 찾아보자.

---

12 옮긴이_ 컴퓨터 네트워크 패킷이 운영 체제 수준에서 캡처되고 필터링되도록 허용하는 네트워크 탭 및 패킷 필터
13 https://oreil.ly/9K0eg

> **정리**
>
> 워크로드에 보안 수준을 세세하게 적용할 수 있는 파드 시큐리티 어드미션 컨트롤과 런타임 클래스 API에 대해 자세히 알아보았다. 컨테이너 런타임 내에서 정책을 모니터링하고 집행하는 용도로 쓸 수 있는 오픈소스 툴을 소개하고, 여러분이 워크로드 요건에 가장 적합한 보안 수준을 결정할 수 있도록 안내하였다.

CHAPTER 11

클러스터 정책과 거버넌스

클러스터에서 실행되는 모든 컨테이너가 어떤 승인된 컨테이너 레지스트리에서만 배포되도록 만들 수는 없을까? 서비스가 인터넷에 표출되지 않게 해달라고 보안팀이 요청하면 어떻게 대응해야 할까? 이런 난제는 클러스터에 관한 정책과 거버넌스로 해결해야 한다. 쿠버네티스가 계속 진화하면서 점점 더 많은 기업에서 채택될수록 쿠버네티스 리소스에 관한 정책과 거버넌스를 어떻게 적용해야 좋을지 궁금해하는 사람들이 늘어나는 추세다. 클러스터가 정의된 정책의 컴플라이언스에 부합하는지 확인하는 방법과 그와 관련된 유용한 툴을 알아보자.

11.1 정책과 거버넌스의 중요성

의료나 금융 분야처럼 규제가 엄격한 환경에서 공식적인 서비스를 운영하든지, 아니면 단순히 클러스터에서 실행 중인 서비스를 어느 정도 잘 관리하는 수준을 원하든지, 회사에 특정한 정책을 만들어 시행할 방법이 필요하다. 또 그렇게 정책을 마련한 이후에는 클러스터가 이 정책의 컴플라이언스를 벗어나지 않도록 잘 관리해야 한다. 외부 규제 요건을 충족하거나 단순히 모범 사례를 실천하거나, 이유야 어떻든 정책을 구현함에 있어 개발자의 애질리티와 셀프 서비스self-service가 사라지지 않도록 주의해야 한다.

11.2 정책의 변별성

쿠버네티스에서 정책은 곳곳에 다 있다. 리소스 스펙에 선언된 내용은 하나의 정책을 정의한 단위로서, 그 정책이 무엇이고 언제 그것을 사용해야 하는지 적혀 있다. 네트워크 정책과 파드 보안 정책은 모두 런타임에 구현된다. 그런데 쿠버네티스 리소스 스펙의 필드값은 어떤 정책으로 제한하는 걸까? 그것이 바로 정책과 거버넌스가 하는 일이다. 거버넌스 맥락에서 정책을 논할 때, 우리가 의도하는 바는 (적어도 달성하고자 애쓰는 목표는) 쿠버네티스 리소스에 필드가 구성되는 방법을 제한하는 능력이다. 정책을 준수한 쿠버네티스 리소스 스펙만

이 클러스터에 허용되며 클러스터 상태에 반영되길 원하는 것이다.

11.3 클라우드 네이티브 정책 엔진

리소스의 컴플라이언스 여부를 판단하려면 다양한 요건을 충족시킬 정도로 유연한 정책 엔진이 필요하다. OPA^{Open Policy Agent}(개방형 정책 에이전트)[1]는 클라우드 네이티브 세상에서 점차 주목받고 있는 오픈 소스 정책 엔진이다. OPA는 유연하면서도 가벼워 다양한 클라우드 기반 시스템에서 효과적으로 활용된다. OPA가 도입되면서 쿠버네티스 거버넌스 툴의 다양한 구현체가 등장하기 시작했는데, 그중 게이트키퍼[2]는 커뮤니티에서 좋은 평가를 받은 쿠버네티스 정책 및 거버넌스 프로젝트다.

이 장에서는 게이트키퍼를 표준 예제로 사용하여 클러스터에 관한 정책 및 거버넌스를 구현하는 방법을 설명하겠다. 게이트키퍼 말고 다른 구현체도 많지만, 컴플라이언스를 충족한 쿠버네티스 리소스 스펙만 클러스터에 커밋되도록 허용함으로써 동일한 유저 경험(UX)을 추구하는 목표는 모두 동일하다.

11.4 게이트키퍼 개요

게이트키퍼는 클러스터 정책 및 거버넌스에 관한 커스터마이징 가능한 오픈 소스 쿠버네티스 어드미션 웹훅^{admission webhook}이다. 게이트키퍼는 OPA 제약조건 프레임워크^{constraint framework}를 사용해서 CRD 기반의 정책을 적용한다. 이로써 정책을 작성하는 일과 정책을 구현하는 일이 분리된 통합 쿠버네티스 경험을 제공한다. 정책 템플릿은 제약조건 템플릿^{constraint template}

---

1 *https://oreil.ly/xzN2p*
2 https://oreil.ly/RvKUw

이라고도 하는데, 클러스터 전체에서 공유 및 재사용이 가능하다. 게이트키퍼는 리소스를 검사하고 감사하는 기능도 지원하며, 이식성이 좋아 어떤 쿠버네티스 클러스터에도 구현이 가능하다. 이미 OPA를 사용 중인 경우에는 OPA 정책을 그대로 게이트키퍼로 가져올 수도 있다.

> **NOTE** 게이트키퍼는 프로덕션에서 바로 사용 가능한(production-ready) 오픈 소스 프로젝트다. 최신 안정 버전은 공식 깃헙 리포지터리[3]에서 내려받자.

11.4.1 정책 예제

게이트키퍼의 구성 방법을 자세히 살펴보기 전에, 여러분이 해결하고자 하는 문제에만 집중해야 한다는 사실을 강조하고 싶다. 어떤 조직이나 팀이든 각자 자신의 니즈에 맞게 정책을 최적화할 필요가 있지만, 가장 일반적인 컴플라이언스 문제를 해소할 수 있는 보편적인 정책을 몇 가지 나열해보자.

- 서비스가 인터넷에 노출되면 안 된다.
- 신뢰할 수 있는 컨테이너 레지스트리에서 생성된 컨테이너만 허용한다.
- 모든 컨테이너에 반드시 리소스 리밋을 설정한다.
- 인그레스 호스트네임이 중복돼선 안 된다.
- 인그레스는 HTTPS만 사용한다.

11.4.2 게이트키퍼 용어

게이트키퍼는 OPA와 동일한 용어를 다수 채택했다. 작동 원리를 이해하려면 먼저 용어를 알아야 한다. 다음은 게이트키퍼가 사용하는 OPA 프레임워크에 반드시 등장하는 용어다.

---

[3] https://oreil.ly/Rk8dc

- 제약조건
- Rego
- 제약조건 템플릿

제약조건

제약조건^{constraint}은 쿠버네티스 리소스 스펙의 특정 필드 및 값에 적용하는 제약이다. 사실상 정책^{policy}이라는 단어를 조금 길게 쓴 것에 불과하다. 제약조건을 정의한다는 것은 결국 뭔가를 허용하지 않겠다는 의지의 표현인데, 이 말은 뭔가를 거부한다는 제약조건이 없을 경우 암묵적으로 리소스를 허용한다는 의미이기도 하다. 쿠버네티스는 리소스 스펙에 허용할 필드 및 값을 적는 것이 아니라, 반대로 불허할 필드/값만 명시하는 개념이므로 이 부분의 뉘앙스를 정확히 이해하자. 쿠버네티스의 리소스 스펙은 속성상 계속 바뀌므로 합리적인 아키텍처 결정이다.

Rego

Rego는 OPA 네이티브 쿼리 언어다. Rego 쿼리는 OPA에 저장된 데이터에 대한 어설션^{assertion}(단언)이다. 게이트키퍼는 제약조건 템플릿에 Rego를 저장한다.

제약조건 템플릿

제약조건 템플릿은 이식 및 재사용이 가능한 정책 템플릿이다. 재사용을 위해 파라미터화된 타깃 Rego와 타입이 지정된 파라미터로 구성된다.

11.4.3 제약조건 템플릿 정의

제약조건 템플릿은 정책을 공유하거나 재사용할 목적으로, 정책의 템플릿화 수단을 제공하는

CRD[4]다. 정책 파라미터의 유효성도 검사할 수 있다. 앞서 예시한 업스트림 게이트키퍼 정책 라이브러리[5]의 제약조건 템플릿을 살펴보자. 다음은 '신뢰할 수 있는 컨테이너 레지스트리에서 배포된 컨테이너만 허용한다'는 정책이 명시된 제약조건 템플릿이다.

```
apiVersion: templates.gatekeeper.sh/v1
kind: ConstraintTemplate
metadata:
  name: k8sallowedrepos
  annotations:
    metadata.gatekeeper.sh/title: "Allowed Repositories"
    metadata.gatekeeper.sh/version: 1.0.0
    description: >-
      Requires container images to begin with a string from the specified list.
spec:
  crd:
    spec:
      names:
        kind: K8sAllowedRepos
      validation:
        # `parameters` 필드의 스키마
        openAPIV3Schema:
          type: object
          properties:
            repos:
              description: The list of prefixes a container image is allowed to
                have.
              type: array
              items:
                type: string
  targets:
    - target: admission.k8s.gatekeeper.sh
```

---

4 *https://oreil.ly/LQSAH*
5 *https://oreil.ly/HksnE*

```
rego: |
  package k8sallowedrepos

  violation[{"msg": msg}] {
    container := input.review.object.spec.containers[_]
    satisfied := [good | repo = input.parameters.repos[_] ;
      good = startswith(container.image, repo)]
    not any(satisfied)
    msg := sprintf("container <%v> has an invalid image repo <%v>,
      allowed repos are %v",
        [container.name, container.image, input.parameters.repos])
  }

  violation[{"msg": msg}] {
    container := input.review.object.spec.initContainers[_]
    satisfied := [good | repo = input.parameters.repos[_] ;
      good = startswith(container.image, repo)]
    not any(satisfied)
    msg := sprintf("initContainer <%v> has an invalid image repo <%v>,
      allowed repos are %v",
        [container.name, container.image, input.parameters.repos])
  }

  violation[{"msg": msg}] {
    container := input.review.object.spec.ephemeralContainers[_]
    satisfied := [good | repo = input.parameters.repos[_] ;
      good = startswith(container.image, repo)]
    not any(satisfied)
    msg := sprintf("ephemeralContainer <%v> has an invalid image repo <%v>,
      allowed repos are %v",
        [container.name, container.image, input.parameters.repos])
  }
```

제약조건 템플릿은 다음 세 가지 주요 컴포넌트로 구성된다.

- **쿠버네티스에서 꼭 필요한 CRD 메타데이터**

가장 중요한 부분은 네임이다. 정책 의도를 쉽게 이해할 수 있게 네이밍하는 게 좋다. 이 문제는 나중에 다시 이야기하겠다.

- **입력 파라미터 스키마**

입력 파라미터와 관련 타입은 validation 필드에 정의한다. 예제에서는 repos라는 문자열 배열 하나만 파라미터로 지정했다.

- **정책 정의**

target 필드에 Rego(OPA에서 정책을 정의하는 언어)를 기재한다. 제약조건 템플릿을 사용하면 Rego를 템플릿으로 만들어 재사용할 수 있어서 제네릭한generic[6] 정책을 공유할 수 있다. 규칙이 매치되면 제약조건을 위반한 것이다.

11.4.4 제약조건 정의

앞서 설명한 제약조건 템플릿을 사용하려면 이 템플릿에 매개변수를 제공하는 제약조건 리소스를 생성해야 한다. 다음 예제를 보면 리소스의 카인드kind는 K8sAllowedRepos로, 앞 절에서 정의한 제약조건 템플릿에 매핑된다.

```
apiVersion: constraints.gatekeeper.sh/v1beta1
kind: K8sAllowedRepos
metadata:
  name: prod-repo-is-openpolicyagent
spec:
  enforcementAction: deny
  match:
```

---

[6] 옮긴이_ 다양한 상황 및 케이스를 포괄할 수 있을 정도로 일반적인

```
    kinds:
      - apiGroups: [""]
        kinds: ["Pod"]
    namespaces:
      - "production"
  parameters:
    repos:
      - "openpolicyagent/"
```

제약조건은 다음 두 섹션으로 구성된다.

■ 쿠버네티스 메타데이터

이 제약조건의 카인드는 제약조건 템플릿 네임과 동일한 K8sAllowedRepos다.

■ 스펙

match 필드는 정책을 적용할 범위다. 이 예제는 프로덕션 네임스페이스에 있는 파드로 한정했다.

정책의 내용은 parameters에 정의한다. 앞 절에서 보았던 제약조건 템플릿 스키마와 동일한 타입이다. 이 예제는 openpolicyagent/로 시작하는 컨테이너 이미지만 허용한다.

제약조건의 작동 로직은 다음과 같다.

- 논리 AND
  — 여러 정책이 동일한 필드를 검사할 경우, 어느 한 정책이라도 위배되면 전체 요청이 거부된다.
- 조기 에러 감지를 허용하는 스키마 유효성 검사
- 선택 기준
  — 레이블 셀렉터를 사용할 수 있다.
  — 특정 카인드로 제약한다.
  — 특정 네임스페이스로 제약한다.

11.4.5 데이터 복제

"인그레스 호스트네임이 중복되면 안 된다"처럼 현재 리소스를 클러스터에 있는 다른 리소스와 비교하고 싶을 때도 있을 것이다. OPA에서 규칙을 평가하려면 다른 모든 인그레스 리소스를 캐시에 갖고 있어야 한다. 게이트키퍼는 방금 전 나열한 각종 평가를 수행하기 위해 config 리소스를 사용해서 OPA에 어떤 데이터를 캐시할지 관리한다. config 리소스는 감사 기능도 제공하는데, 이 부분은 나중에 다시 설명하겠다.

다음은 v1 버전의 서비스, 파드, 네임스페이스들을 캐시하는 config 리소스 구성 YAML이다.

```
apiVersion: config.gatekeeper.sh/v1alpha1
kind: Config
metadata:
name: config
  namespace: gatekeeper-system
spec:
  sync:
    syncOnly:
    - kind: Service
      version: v1
    - kind: Pod
      version: v1
    - kind: Namespace
      version: v1
```

11.4.6 UX

게이트키퍼는 어떤 리소스가 지정된 정책을 위반하면 즉시 클러스터 유저에게 피드백한다. 앞의 예제는 openpolicyagent/로 시작되는 리포지터리에서 배포된 컨테이너만 허용한다.

만약 이 정책에 맞지 않는 리소스를 만들면 어떻게 될까?

```
apiVersion: v1
kind: Pod
metadata:
  name: opa
  namespace: production
spec:
  containers:
    - name: opa
      image: quay.io/opa:0.9.2
```

그럼, 다음과 같이 제약조건 템플릿에 정의된 위반 메시지가 화면에 표시될 것이다.

```
$ kubectl create -f bad_resources/opa_wrong_repo.yaml
Error from server (Forbidden): error when creating "STDIN": admission webhook
  "validation.gatekeeper.sh" denied the request: [repo-is-openpolicyagent]
    container <opa> has an invalid image repo <quay.io/opa:0.9.2>, allowed
      repos are ["openpolicyagent/"]
```

11.5 집행 액션과 감사 적용

지금까지 정책을 어떻게 정의하는지, 요청 허용 과정에서 정책을 어떻게 집행하는지 알아보았다. 제약조건은 enforcementAction을 구성할 수 있는데, 디폴트 값은 deny이고 warn, dryrun으로 바꿀 수 있다. 첫째, deny로 설정하면 정책에 위배된 리소스는 생성되지 않고, 에러 메시지는 감사 로그에 남기고 유저에게 보낸다. 둘째, warn으로 설정하면 리소스 자체는 생성되지만 경고 메시지가 감사 로그에 남고 유저에게도 전송된다. 셋째, dryrun으로 설정하면 리소스가 생성되고 정책에 위배된 리소스는 감사 로그에서 확인할 수 있다.

정책을 처음 롤아웃할 때 무조건 리소스가 한 번도 배포되지 않은 클러스터 또는 네임스페이스만 대상으로 하는 것은 아니다. 이미 리소스가 배포된 클러스터는 정책을 어떻게 적용할지, 또 기존에 배포된 워크로드에 영향을 미치지 않고 정책 위반을 발견 후 조치하려면 어떻게 해야 할지 자신감을 갖고 실천하는 것이 중요하다.

이 셋 중 어느 것으로 enforcementAction을 설정하든, 게이트키퍼는 구성된 정책과 리소스를 주기적으로 비교하며 감사 로그를 제공한다. 덕분에 정책에 맞지 않는, 잘못 구성된 리소스를 쉽게 골라내 조치할 수 있다. 감사 결과는 제약조건의 status 필드에 보관되므로 kubectl 커맨드로 금방 확인할 수 있다. 감사를 하려면 감사할 리소스를 복제해야 한다. (자세한 내용은 '11.4.5 데이터 복제' 참고)

예를 들어, 앞 절에서 정의한 prod-repo-is-openpolicyagent 제약조건을 보자. production 네임스페이스에서 nginx라는 파드가 실행 중인데, 감사를 통해 이 파드의 정책 컴플라이언스 여부를 체크한다고 하자.

```
$ kubectl get k8sallowedrepos
NAME                           ENFORCEMENT-ACTION   TOTAL-VIOLATIONS
prod-repo-is-openpolicyagent   deny                 1

$ kubectl get k8sallowedrepos prod-repo-is-openpolicyagent -o yaml
apiVersion: constraints.gatekeeper.sh/v1beta1
kind: K8sAllowedRepos
metadata:
  annotations:
    kubectl.kubernetes.io/last-applied-configuration: ...
  creationTimestamp: "..."
  generation: 1
  name: prod-repo-is-openpolicyagent
  resourceVersion: "..."
```

```
      uid: ...
  spec:
    match:
      kinds:
      - apiGroups:
        - ""
        kinds:
        - Pod
      namespaces:
      - production
    parameters:
      repos:
      - openpolicyagent/
  status:
    auditTimestamp: "2022-11-27T23:37:42Z"
    totalViolations: 1
    violations:
    - enforcementAction: deny
      group: ""
      kind: Pod
      message: container <nginx> has an invalid image repo <nginx>, allowed repos
        are ["openpolicyagent/"]
      name: nginx
      namespace: production
      version: v1
```

auditTimestamp 필드에서 감사가 마지막으로 실행된 시간을 알 수 있다. 제약조건을 위반한 모든 리소스(여기서는 nginx 파드만 해당)는 violations 필드에서 확인하면 된다.

11.5.1 변형

리소스 검사 외에도 게이트키퍼를 이용하면 변형 정책mutation policy을 지정할 수 있다. 변형 정책은 어드미션 시점에 쿠버네티스 리소스를 변경하는 것이다. 일반적으로 어드미션 시점에 리소스를 바꾸는 행위는 모범 사례라고 볼 수 없다. 게이트키퍼가 마법을 부리듯 리소스를 바꿔치기 하는 것은 일종의 클라우드 네이티브 안티패턴antipattern이며, 쿠버네티스의 선언형 특성과도 맞지 않는다. 본인의 유스케이스에 반드시 필요하거나 이미 더 이상 다른 대안이 없는 상황이면 몰라도, 그렇지 않다면 변형 정책은 가급적 삼가하는 것이 좋다는 정도만 언급하겠다(쿠버네티스 리소스를 선언으로 구현하는 모범 사례는 18장 참고).

11.5.2 정책 테스팅

깃옵스 철학이 널리 확산되면서 이제 로컬 테스팅 또는 CI/CD 파이프라인의 일부로 정책을 테스트하고 평가하는 작업은 필수다. 게이트키퍼는 기본적으로 제약조건 템플릿 및 제약조건을 가져와 로컬 평가를 할 수 있는 gator라는 CLI 툴을 제공한다. gator는 새로운 정책을 수립해서 프로덕션 클러스터에 배포하기 전에 리소스를 상대로 한번 테스트해면서 발견되는 문제를 조치할 수 있는 툴이다. gator CLI로 정책을 테스트하는 방법은 게이트키퍼 문서[7]에 친절하게 안내되어 있으니 참고하자.

11.5.3 게이트키퍼 연습하기

게이트키퍼를 더 자세히 알고 싶다면 은행 컴플라이언스를 충족하도록 정책을 구축하는 상세한 예제[8]가 기본 리포지터리에 있으니 참고하자. 직접 예제를 따라해보며 게이트키퍼의 작동 방식을 손수 체험해 볼 것을 강력히 권장한다. 게이트키퍼는 아티팩트허브ArtifactHub[9]를 통

---

[7] https://oreil.ly/Qj4p8
[8] https://oreil.ly/GcR3i
[9] https://oreil.ly/uEcfn

해 여러분의 클러스터에 쉽게 설치하고 적용해 볼 수 있는 퍼블릭 정책 라이브러리[10]를 제공한다.

11.6 정책과 거버넌스 모범 사례

클러스터에 정책과 거버넌스 방안을 강구할 때 참고할 모범 사례를 제시한다.

- ✓ 파드의 특정 필드에 정책을 적용하려면 먼저 어느 쿠버네티스 리소스 스펙을 검사하고 정책을 적용할지 결정하자. 디플로이먼트를 예로 들면, 디플로이먼트는 레플리카셋을 관리하고 레플리카셋은 파드를 관리한다. 이 세 단계 모두에 정책 적용이 가능하지만, 런타임과 가장 근접한 곳에 있는 파드가 가장 좋은 선택이다. 하지만 정말 이렇게 결정했다면, 정책에 위배된 파드를 배포할 경우 유저 친화적인 에러 메시지가 표시되지 않는다는 사실은 감수해야 한다. 유저가 컴플라이언스에 위배된 리소스를 만들어서가 아니라, 레플리카셋이 그런 리소스를 만든 장본인이기 때문이다. 즉, 유저는 디플로이먼트와 해당 레플리카셋에서 `kubectl describe`를 실행하여 리소스가 정책에 위배되지 않는지 직접 확인할 수밖에 없다. 언뜻 보기에 상당히 번거롭게 느껴지지만, 이는 파드 보안 등의 다른 쿠버네티스 기능과 일관된 동작이다.

- ✓ 카인드, 네임스페이스, 레이블 셀렉터 등을 기준으로 쿠버네티스 리소스에 제약조건을 걸 수 있다. 제약조건은 가급적 엄격하게 적용하려는 리소스로 그 범위를 한정하자. 그래야 클러스터의 리소스가 늘어나도 정책 일관성이 유지되며, 굳이 평가할 필요 없는 리소스는 OPA로 전달되지 않으므로 보다 효율적이다.

- ✓ 이미 클러스터에 배포된 리소스가 있는 경우에는 처음부터 `enforcementAction`을 `deny`로 설정하지 말고 `warn`과 `dryrun` 등으로 정책에 위배된 리소스를 바로잡자.

---

[10] https://oreil.ly/e8ESD

✓ 변형 정책은 사용하지 말고, 깃옵스 등 다른 선언형 접근 방식을 검토하자.

✓ 쿠버네티스 시크릿처럼 민감한 데이터에 정책을 동기화하거나 적용하는 것은 좋지 않다. 이런 데이터를 OPA가 (그런 데이터를 복제하도록 구성된 경우) 캐시에 보관한 상태에서 리소스가 게이트키퍼에 전달되면 잠재적으로 공격 벡터(attack vector)[11]에 노출될 가능성이 있다.

✓ 제약조건을 너무 많이 걸면 어느 한 제약조건만 거부돼도 모든 요청이 거부된다. 이 기능을 논리 OR로 만드는 것은 불가능하다.

> **정리**
>
> 정책과 거버넌스가 왜 중요한지, 그리고 클라우드 네이티브 세상의 정책 엔진인 OPA를 기반으로 구축된 프로젝트를 살펴보면서 정책과 거버넌스를 쿠버네티스 네이티브하게 접근하는 과정을 설명했다. 이제 여러분은 사내 보안팀에서 "우리 클러스터의 컴플라이언스 관리는 잘 되고 있나요?"하는 질문을 받았을 때 자신 있게 대답할 수 있도록 준비해야 한다.

---

11 옮긴이_ 외부 공격자(해커)가 네트워크나 시스템에 침입하는 경로 또는 방법

CHAPTER

12

멀티클러스터 관리

이 장에서는 여러 클러스터로 구성된 멀티클러스터 쿠버네티스 관리에 관한 모범 사례를 다룬다. 멀티클러스터 관리 및 페더레이션federation의 차이점, 그리고 멀티클러스터 관리 툴과 운영 패턴을 자세히 설명한다.

쿠버네티스 클러스터가 왜 여러 개 필요한지 궁금할 수도 있다. 분명 쿠버네티스는 많은 워크로드를 하나의 클러스터로 통합하기 위해 구축하는 것이라고 말했다. 하지만 여러 리전에 분산된 워크로드, 폭발 반경 문제, 컴플라이언스, 특수 워크로드specialized workload 등 멀티클러스터가 필요한 시나리오가 있다.

12.1 멀티클러스터의 필요성

사실, 여러분은 쿠버네티스 도입을 고려할 때부터 이미 개발, 스테이징staging, UAT User Acceptance Testing(유저 인수 테스팅), 프로덕션 환경이 각각 분리된 멀티클러스터를 떠올렸을 것이다. 쿠버네티스는 네임스페이스 형태로 멀티테넌시 기능을 일부 제공하는데, 덕분에 하나의 클러스터를 더 작은 논리적인 단위로 나눌 수 있다. RBAC, 쿼터, 파드 보안 정책, 네트워크 정책을 네임스페이스별로 정의하여 워크로드를 구분하는 것이다. 네임스페이스는 다수의 팀이 여러 프로젝트를 나누어 수행할 수 있게 해주는 훌륭한 수단이지만, 멀티클러스터 아키텍처를 구축할 때는 몇 가지 다른 문제들을 고민해야 한다. 다음은 멀티클러스터와 단일 클러스터 중 택일할 때 고려해야 할 사항이다.

- 폭발 반경
- 컴플라이언스
- 보안
- 하드 멀티테넌시
- 리전 기반 워크로드
- 특수 워크로드

아키텍처를 검토할 때 폭발 반경은 제일 먼저 생각해야 할 문제다. 폭발 반경은 멀티클러스터 아키텍처를 설계하는 아키텍트의 주요 관심사 중 하나다. 마이크로서비스 아키텍처는 보통 시스템의 손상 범위를 최소화하기 위해 서킷 브레이커, 재시도, 벌크헤드bulkhead[1], 사용량 제한rate limit 등을 적용하는데, 인프라 레이어에서도 이와 동일한 설계가 필요하다.

멀티클러스터는 소프트웨어 문제에 기인한 연쇄 실패cascading failure 상황을 예방하는 데 유용하다. 예를 들어, 500개의 애플리케이션을 서비스하는 단일 클러스터에서 플랫폼 레이어에 문제가 생기면 500개 애플리케이션이 100% 중단되지만, 이 500개 애플리케이션을 서비스하는 5개 클러스터 중 어느 한 클러스터에서만 문제가 발생하면 전체 애플리케이션의 20%만 영향을 받을 것이다.

이 방법의 단점은 5개 클러스터를 관리하는 부담이 수반되며 단일 클러스터에 비해 통합률consolidation rate이 낮다는 점이다. 댄 우즈는 프로덕션 쿠버네티스 환경에서의 연쇄 실패에 관한 글을 썼는데[2], 대규모 환경에서 멀티클러스터 아키텍처를 검토해야 하는 이유가 정확히 잘 표현되어 있다.

PCIPayment Card Industry(카드 결제 업계), HIPAAHealth Insurance Portability and Accountability(미국 건강 보험 이동성 및 책임법) 등 특수한 워크로드를 운영하는 환경에서는 컴플라이언스 역시 멀티클러스터 설계를 고민하게 만드는 요소다. 쿠버네티스가 멀티테넌트 기능을 제공은 하지만, 이런 특수한 워크로드는 일반 워크로드와 분리하는 것이 관리하기 편하다. 이런 종류의 워크로드는 보안 강화, 비공유 컴포넌트, 전용 워크로드 등 요건이 특별한 편이라서 여타 범용 워크로드와는 구분하여 따로 처리하는 것이 좋다.

대규모 쿠버네티스 클러스터에서 보안을 제대로 관리하기란 만만치 않다. 점점 더 많은 팀이 클러스터에 온보딩하기 시작하고 팀별로 적용해야 할 보안 요건은 제각각이다. 대규모 단일 멀티테넌트 클러스터에서 이 모든 요구 사항을 충족하기는 매우 어려울 공산이 크다. 단일

---

1 옮긴이_ 원래 선체의 '격벽'을 가리키는 단어로, MSA에서 한 마이크로서비스가 사용할 리소스를 격리하여 문제가 생겨도 다른 마이크로서비스에 영향을 미치지 않게 만드는 패턴
2 https://oreil.ly/YnGUD

클러스터에서는 RBAC, 네트워크 정책, 파드 보안 정책조차 규모에 맞게 관리하기가 힘들 수 있고, 네트워크 정책을 조금만 변경해도 예기치 않게 클러스터의 다른 유저에게 보안 취약점을 일으킬 수 있다.

멀티클러스터 시스템을 구축하면 잘못된 구성으로 인한 보안 영향도를 제한할 수 있다. 규모가 더 큰 쿠버네티스 클러스터가 요건에 더 적합하다고 판단되면 보안 변경에 필요한 운영 프로세스가 잘 갖추어져 있는지, 또 RBAC, 네트워크 정책, 파드 보안의 정책 변경 시 폭발 반경이 어느 정도인지 꼼꼼하게 확인할 필요가 있다.

쿠버네티스는 클러스터 안에서 실행 중인 모든 워크로드와 동일한 API 경계를 공유하므로 하드 멀티테넌시 hard multitenancy 는 제공하지 않는다. 네임스페이스로 나누면 소프트 멀티테넌시 soft multitenancy 는 어느 정도 구현할 수 있으나, 클러스터 내부에서 해로운 워크로드로부터 보호하기엔 역부족이다.

그러나 유저가 많다고 하여 하드 멀티테넌시가 꼭 필요한 것은 아니다. 그들은 클러스터에서 실행되는 워크로드를 신뢰할 것이다. 하드 멀티테넌시는 일반적으로 클라우드 프로바이더로서 SaaS Software as a Service (서비스형 소프트웨어) 기반의 소프트웨어 또는 신뢰할 수 없는 유저가 제어하는 신뢰할 수 없는 워크로드를 호스팅하는 경우에 필요한 요건이다.

> **NOTE** 쿠버네티스 프로젝트는 가상 클러스터(Virtual Cluster)에 관한 멀티테넌시 문제를 다룬다. 자세한 내용은 이 책의 범위를 벗어나므로 해당 프로젝트 깃헙[3]을 참고하자.

리전 내부의 엔드포인트에서 트래픽을 처리하는 워크로드를 실행하는 경우, 리전별로 여러 클러스터가 설계에 포함될 것이다. 전 세계에 배포되는 애플리케이션이라면 이 즈음에서 멀티클러스터 운영이 필수 요건이 된다. 워크로드를 리전별로 분산시켜야 할 경우 클러스터 페더레이션 cluster federation 을 멀티클러스터에 적용하기 딱 좋은 케이스다. 자세한 내용은 이 장 후

---

3 https://oreil.ly/KlFlK

반부에서 다시 살펴보겠다.

고성능 컴퓨팅HPC, High-Performance Computing, 머신러닝Machine Learning, 그리드 컴퓨팅grid computing 같은 특수 워크로드 역시 멀티클러스터 아키텍처로 처리하는 것이 좋다. 이런 종류의 워크로드는 특정한 하드웨어를 필요로 하고, 성능 프로파일이 독특하며 보통 소수의 전문가 유저들이 사용한다. 그러나 우리는 지금까지 여러 쿠버네티스 노드 풀을 사용하면 전문적인 하드웨어와 성능 프로파일을 처리할 때도 유용한 사례를 많이 봐왔다. HPC 또는 머신러닝 워크로드를 처리하기 위해 매우 큰 클러스터가 필요한 경우, 이와 같은 워크로드 전용 클러스터를 고려하는 것이 좋다.

멀티클러스터를 사용하면 격리는 '공짜로' 할 수 있지만, 처음부터 해결해야 할 몇 가지 설계 관심사가 있다.

12.2 멀티클러스터 설계 문제

멀티클러스터를 선택했다면 부딪힐 수밖에 없는 난제들이 있다. 그중에는 아키텍처를 너무 복잡하게 만들어 아예 멀티클러스터 설계를 시도조차 망설이게 하는 문제도 있다.

- 데이터 복제
- 서비스 디스커버리
- 네트워크 라우팅
- 운영 관리
- 지속적 배포

데이터 복제 및 일관성은 여러 지역과 멀티클러스터에 워크로드를 배포 시 반드시 고려해야 할 핵심 문제다. 어느 서비스를 어디에서 실행할지, 복제는 어떻게 할지 전략이 필요하다. 대부분의 DBMS는 데이터 복제 툴을 기본 제공하지만, 복제 전략을 올바르게 구사하려면 애플리케이션도 그러한 방향으로 설계해야 한다. NoSQL DB는 여러 인스턴스를 상대로 스케일링하는 작업이 그리 어렵지 않지만, 여러 지역에 걸쳐 애플리케이션이 최종 일관성eventual consistency[4]을 달성할 수 있을지, 적어도 리전 간 레이턴시는 조절 가능한지 등을 확인해야 한다. 구글 클라우드 스패너Google Cloud Spanner와 마이크로소프트 애저 코스모스DBCosmosDB 같은 클라우드 서비스는 자체 DB 서비스를 제공함으로써 여러 지역에서 데이터 처리 시 수반되는 복잡한 문제를 해결한다.

각 쿠버네티스 클러스터는 자신만의 서비스 디스커버리 레지스트리를 배포하지만, 레지스트리는 다른 클러스터 간에 동기화되지 않기 때문에 여러 애플리케이션이 서로를 식별하기가 어렵다. 해시코프 콘술 같은 툴을 이용하면 멀티클러스터 서비스와 쿠버네티스 외부 서비스까지 투명하게 동기화할 수 있다. 이스티오, 링커드, 실리움 같은 툴도 멀티클러스터 아키텍처의 클러스터 간 서비스 디스커버리에 활용할 수 있다.

쿠버네티스는 플랫 네트워크flat network[5]에 NAT를 사용하지 않기 때문에 클러스터 내부 네트워킹은 어렵지 않지만, 클러스터를 오가는 트래픽을 라우팅하는 일은 약간 복잡하다. 인그레스 리소스는 멀티클러스터 토폴로지를 지원하지 않으므로 클러스터와 인그레스는 1:1로 매핑되며, 클러스터 간 이그레스 트래픽과 트래픽을 라우팅하는 방법도 고민이 필요하다.

한 클러스터에서 서비스할 때는 전혀 문젯거리가 아니었지만, 멀티클러스터를 도입할 생각이라면 다른 클러스터에 속한 애플리케이션에 디펜던시를 가진 서비스 때문에 홉이 추가되면서 발생하는 레이턴시도 고려해야 한다. 디펜던시가 아주 끈끈한 애플리케이션은 가급적 동일한 클러스터에서 실행함으로써 레이턴시와 복잡도를 줄이는 것이 바람직하다.

운영 관리operational management는 멀티클러스터 관리에서 가장 큰 오버헤드다. 일관성 있게 관리할 클러스터가 한두 개 이상으로 늘어나기 때문이다. 멀티클러스터를 관리할 때 중요한 포인트는, 올바른 자동화 프랙티스를 정착시켜 운영 부담을 최대한 줄이는 것이다. 클러스터를

---

4 옮긴이_ 당장 실시간으로 동기화는 안 되지만 결국 언젠가 동기화가 완료되어 일관성을 맞추는 것
5 옮긴이_ 비용, 유지 관리 및 관리를 줄이는 것을 목표로 하는 컴퓨터 네트워크 설계 접근 방식. 장치를 별도의 스위치 대신 단일 스위치에 연결하여 컴퓨터 네트워크의 라우터 및 스위치 수를 줄이도록 설계합니다.

자동화할 때 인프라 배포와 클러스터 애드온 관리까지 함께 고려해야 한다. 인프라 관리는 해시코프 테라폼Terraform 같은 툴을 사용하면 여러 클러스터의 상태를 일관되게 관리하고 배포하는 데 유용하다.

테라폼 같은 IaC Infrastructure as Code (코드로서의 인프라스트럭처)[6] 툴을 사용하면 재현 가능한reproducible[7] 방법으로 클러스터를 배포 가능한 장점이 있는 반면, 모니터링, 로깅, 인그레스, 보안 등 클러스터 애드온을 잘 관리할 수 있는 역량을 갖추어야 한다. 보안은 운영 관리상 중요한 요소이므로 보안 정책, RBAC, 네트워크 정책을 클러스터 전체적으로 유지보수해야 한다. 자동화로 일관된 클러스터를 유지하는 방법은 이 장 후반부에서 자세히 살펴보겠다.

멀티클러스터에서 지속적 배포(CD)를 수행하려면 하나의 API 엔드포인트가 아닌, 다수의 쿠버네티스 API 엔드포인트를 처리해야 한다. 그래서 애플리케이션을 배포하는 과정에서도 어려움을 겪게 될 것이다. 몇개 안 되는 파이프라인이야 쉽게 관리할 수 있지만, 수백 단위로 수량이 늘어나면 애플리케이션 배포가 상당히 힘들어질 수 있다. 이런 점을 염두에 두고 갖가지 상황을 커버할 수 있는 다양한 접근 방식을 검토해야 한다. 그중 도움이 될 만한 몇 가지 관리 솔루션은 이 장 후반부에서 소개하겠다.

12.3 멀티클러스터 배포 관리

멀티클러스터 배포 관리의 첫 단추는 테라폼 같은 IaC 툴로 배포 파이프라인을 구축하는 일이다. 툴은 kubespray, kops 또는 클라우드 프로바이더가 제공하는 배포 툴 어느 것이라도 좋지만, 반복적으로 클러스터 배포를 할 수 있도록 소스 제어가 가능한 툴을 사용하는 것이 포인트다.

---

6 옮긴이_ 물리적 하드웨어 구성이나 인터페이스 구성 툴이 아닌 기계가 읽을 수 있는 정의 파일들을 통한 컴퓨터 데이터 센터의 관리 및 프로비저닝 과정

7 옮긴이_ 테라폼 코드는 HCL이라는 언어로 작성하므로 코드만 갖고 있으면 인프라를 그대로 다시 구축할 수 있습니다.

자동화는 멀티클러스터를 성공적으로 관리하는 핵심 요소다. 만사를 처음부터 자동화하는 것은 불가능하지만, 클러스터 배포/운영의 모든 측면을 자동화하는 것을 최우선해야 한다.

쿠버네티스 클러스터 API[8]는 쿠버네티스 특유의 선언형 API로 클러스터의 생성, 구성, 관리를 지향하며, 코어 쿠버네티스에 부가적인 옵션 기능을 제공하는 흥미로운 프로젝트다. 클러스터 API를 이용하면 공통 API로 클러스터 수준에서 구성을 선언함으로써 클러스터 자동화 및 이와 연관된 툴을 쉽게 자동화하고 구축할 수 있다. 이 프로젝트는 아직 초기 단계지만 앞으로의 성장이 기대된다.

12.4 배포와 관리 패턴

쿠버네티스 오퍼레이터는 IaS$^{Infrastructure\ as\ Software}$ (소프트웨어로서의 인프라) 구현체로 도입되었다. 오퍼레이터를 사용하면 애플리케이션과 서비스의 배포를 클러스터 수준에서 추상화할 수 있다. 예를 들어, 프로메테우스를 쿠버네티스 클러스터의 모니터링 도구로 표준화할 경우, 각 클러스터와 팀별로 다양한 오브젝트(배포, 서비스, 인그레스 등)를 생성/관리해야 한다. 또 버전, 퍼시스턴스, 유지 정책, 레플리카 등 프로메테우스의 기본 구성도 유지보수가 필요할 것이다. 짐작하다시피 수많은 클러스터와 팀마다 이러한 솔루션을 관리하는 부담은 결코 무시하기 어렵다.

수많은 오브젝트, 구성과 씨름하는 대신, 프로메테우스 오퍼레이터$^{prometheus-operator}$를 설치하면 쿠버네티스 API를 확장할 수 있다. `Prometheus`, `ServiceMonitor`, `PrometheusRule`, `AlertManager` 등의 새로운 카인드의 오브젝트가 API에 추가될 것이다. 이들 소수의 오브젝트만 있어도 프로메테우스 배포의 모든 세부분을 지정할 수 있으며, 여타 쿠버네티스 API 오브젝트처럼 `kubectl`로 오브젝트를 관리할 수 있다.

---

[8] https://oreil.ly/edzIa

[그림 12.1]은 프로메테우스 오퍼레이터의 아키텍처다.

그림 12.1 프로메테우스 오퍼레이터 아키텍처

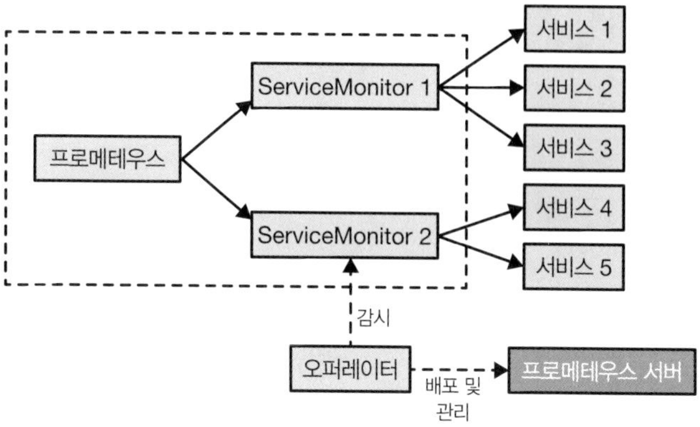

핵심 운영 태스크를 오퍼레이터Operator 패턴으로 자동화하면 클러스터 관리 역량을 전반적으로 끌어올릴 수 있다. 이 패턴은 이미 2016년 코어OS CoreOS 팀이 etcd 오퍼레이터, 프로메테우스 오퍼레이터에 처음 도입한 바 있다. 다음은 오퍼레이터 패턴의 두 가지 근본 개념이다.

- CRD(CustomResourceDefinitions)
- 커스텀 컨트롤러

CRD(커스텀 리소스 정의)는 유저가 스스로 정의한 API를 기반으로 쿠버네티스 API를 확장할 수 있게 해주는 오브젝트다.

커스텀 컨트롤러custom controller는 리소스와 컨트롤러라는 쿠버네티스의 핵심 개념을 바탕으로 구축된 오브젝트다. 네임스페이스, 디플로이먼트, 파드, CRD 등의 쿠버네티스 API 오브젝트에서 이벤트를 관찰하는 로직을 직접 구축할 수 있다. 또 커스텀 컨트롤러를 이용하면 CRD를 선언형 방식으로 빌드할 수 있다. 쿠버네티스 디플로이먼트 컨트롤러가 조정 루프 reconciliation loop[9]에서 디플로이먼트 오브젝트의 상태를 선언된 상태로 유지시키는 방식을 떠올리면, 유저가 만든 CRD도 컨트롤러와 동일한 혜택을 누리는 셈이다.

---

[9] 옮긴이_ 쿠버네티스 오브젝트의 현재 상태가 YAML에 선언된 상태인지 계속 체크하면서 그에 맞게 조정하는 과정

오퍼레이터 패턴을 활용하면 멀티클러스터에서 자동화한 운영 태스크 체계를 구축할 수 있다. 예를 들어, 일래스틱서치 오퍼레이터[10]는 다음과 같은 작업을 수행한다.

- 마스터, 클라이언트, 데이터 노드의 레플리카
- 고가용성 배포 존
- 마스터, 데이터 노드의 볼륨 사이즈
- 클러스터 리사이징
- 일래스틱서치 클러스터의 백업 스냅샷

보다시피 관리자는 오퍼레이터를 이용해 백업 스냅샷을 자동화하고 클러스터를 리사이징하는 등 일래스틱서치 관리에 필요한 여러 태스크를 자동화할 수 있다. 무엇보다 이미 익숙한 쿠버네티스 오브젝트를 통해 모든 것을 관장하는 장점이 크다.

여러분의 환경에 프로메테우스 오퍼레이터 같은 다양한 오퍼레이터를 적용하면 어떤 점이 좋을지 생각해보고, 자신만의 커스텀 오퍼레이터를 만들어 일상적인 운영 태스크를 줄일 방안을 모색하자.

12.5 깃옵스로 클러스터를 관리하는 방식

깃옵스는 위브웍스에서 처음 사용한 용어로, 프로덕션에서 쿠버네티스를 실행한 그들의 경험이 바탕이 된 아이디어다. 소프트웨어 개발 라이프 사이클의 개념을 운영에 적용한 것으로, 깃 리포지터리를 진실 공급원으로 삼고 클러스터는 깃 리포지터리와 동기화되도록 설정한다. 예를 들어, 쿠버네티스 디플로이먼트 매니페스트를 업데이트하면 그 변경 사항이 클러스터에 자동으로 반영된다.

덕분에 멀티클러스터의 일관성을 한결 수월하게 유지할 수 있고, 상이한 클러스터 간의 구성

---

10 https://oreil.ly/9WvJQ

드리프트를 방지할 수 있다. 또 환경마다 다른 클러스터 구성을 선언하고 그 상태로 유지되도록 만들 수 있다. 깃옵스 프랙티스는 애플리케이션 배포와 운영 모두 적용할 수 있지만, 이 장에서는 주로 클러스터와 운영 툴 관리 방법 위주로 설명하겠다.

위브웍스 플럭스Weaveworks Flux는 깃옵스 접근 방식을 적용한 최초의 툴로, 이 장의 나머지 부분에서도 이 툴을 사용한다. 이밖에도 클라우드 네이티브 분야에 새로이 모습을 드러낸 툴들이 많은데, 인투잇Intuit 사의 아르고CDArgoCD가 대표적인 툴로 깃옵스에서 많이 쓰인다.

깃옵스 모델을 활용하는 문제는 18장에서 좀 더 자세히 살펴보기로 하고, 여기서는 클러스터 관리에 깃옵스를 활용하면 어떤 점이 좋은지 빠르게 살펴보겠다.

[그림 12.2]는 깃옵스의 워크플로를 나타낸 것이다.

그림 12.2 깃옵스 워크플로

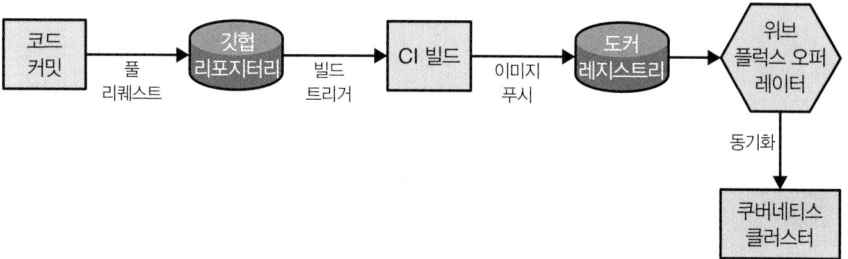

먼저, 클러스터에 플럭스를 설치하고 리포지터리를 클러스터에 동기화하자.

```
git clone https://github.com/weaveworks/flux
cd flux
```

디플로이먼트 매니페스트를 5장에서 포크한 깃허브 리포지터리를 바라보도록 수정한다.

```
vim deploy/flux-deployment.yaml
```

다음 라인을 여러분의 깃 리포지터리 주소로 수정하자.

```
--git-url=git@github.com:weaveworks/flux-get-started
  (ex. --git-url=git@github.com:your_repo/kbp )
```

이제 플럭스를 클러스터에 배포한다.

```
kubectl apply -f deploy
```

플럭스 설치가 끝나면 깃 리포지터리 인증에 필요한 SSH 키를 생성한다. 포크한 리포지터리에 액세스하려면 SSH 키를 가져오는 플럭스 커맨드라인 툴인 `fluxctl`이 필요하다.[11]

macOS에서는 brew로 설치한다.

```
brew install fluxctl
```

리눅스는 snap으로 패키지를 설치한다.

```
snap install fluxctl
```

다른 패키지는 여기서[12] 최신 바이너리를 내려받자.

```
fluxctl identity
```

---

[11] 옮긴이_ 2023년 10월 23일부로 flux v1은 지원 중단된 상태이므로 brew install fluxcd/tap/flux 커맨드로 flux v2를 설치하여 사용해야 합니다. 자세한 내용은 https://fluxcd.io/flux/migration/flux-v1-migration/를 참고하시기 바랍니다.

[12] https://oreil.ly/4TAx5

깃헙을 열고 포크한 리포지터리에서 Setting 〉 Deploy Keys 메뉴로 이동한 뒤 Add deploy key를 클릭하고 Title을 입력한다. 그런 다음, Allow write access 체크박스를 선택하고 플럭스 공개 키를 붙여넣는다. 그리고 [Add key] 버튼을 클릭한다. 배포 키를 관리하는 자세한 방법은 깃헙 문서[13]를 참조하자.

플럭스 로그를 보면 깃헙 리포지터리와 동기화됐는지 알 수 있다.

```
kubectl -n default logs deployment/flux -f
```

다음 커맨드로 파드 리스트를 보니 일래스틱서치, 프로메테우스, 레디스, 프론트엔드 파드가 생성됐다.

```
kubectl get pods -w
```

보다시피 깃헙 리포지터리와 쿠버네티스 클러스터 상태를 동기화하는 작업이 정말 간단하다. 이처럼 여러 클러스터가 중구난방이 되지 않도록 하나의 리포지터리에 동기화할 수 있어서 다양한 클러스터의 운영 툴을 아주 간편하게 관리할 수 있다.

12.6 멀티클러스터 관리 툴

여러 클러스터를 작업할 때 kubectl을 사용하면 클러스터마다 컨텍스트를 따로따로 관리해야 하므로 헷갈리기 쉽다. 그래서 멀티클러스터 환경에서 여러 컨텍스트와 네임스페이스를 쉽게 넘나들려면 kubectx와 kubens가 꼭 필요하다.

---

[13] https://oreil.ly/0et57

완전한 기능을 갖춘 멀티클러스터 관리 툴을 원하는 독자를 위해 가장 많이 쓰이는 툴을 간략히 소개한다.

■ **랜처**[14]

랜처Rancher는 여러 쿠버네티스 클러스터를 중앙에서 관리할 수 있는 UI를 제공한다. 온프레미스, 클라우드, 호스티드 쿠버네티스 등의 형태로 구축된 쿠버네티스 클러스터를 모니터링, 관리, 백업, 복원할 수 있으며, 멀티클러스터에 배포된 애플리케이션을 제어하는 각종 운영 툴을 지원한다.

■ **OCM**[15]

OCM^{Open Cluster Management}은 쿠버네티스 애플리케이션을 멀티클러스터 및 멀티클라우드 환경에서 운영하는 시나리오에 초점을 둔 프로젝트다. 클러스터 등록, 워크로드 배포, 정책 및 워크로드의 다이내믹 배치 등의 기능을 제공한다.

■ **가드너**[16]

SAP 사가 개발한 가드너Gardener는 쿠버네티스 프리미티브primitive[17]를 응용하여 엔드 유저에게 쿠버네티스를 서비스 형태로 제공한다. 즉, 멀티클러스터 관리를 다른 방식으로 접근하는 툴이다. 주요 클라우드 벤더는 모두 가드너를 지원하며, 실제로 서비스형 쿠버네티스를 구축하려는 유저에게 적합한 솔루션이다.

---

14 https://oreil.ly/8qGNh
15 https://oreil.ly/HUv5k
16 https://oreil.ly/fElD5
17 옮긴이_ 애플리케이션 배포, 관리, 확장 등의 쿠버네티스 기본 메커니즘을 제공하는 구성 요소를 통칭하는 용어

12.7 쿠버네티스 페더레이션

페더레이션 v1은 멀티클러스터에서 애플리케이션을 배포하기 위해 쿠버네티스 1.3에서 처음 선보인 기능으로, 페더레이션 v2이 릴리스된 이후로는 사용 중단된 상태다. 페더레이션 v1은 쿠버네티스 API를 사용하여 구축됐지만 쿠버네티스 애너테이션에 너무 의존한 결과 심각한 설계 문제에 봉착했다. 원래 설계 자체가 코어 쿠버네티스 API에 단단히 결합된 구조인 페더레이션 v1은 사실 태생부터가 모놀리식이었다. 당시는 쿠버네티스 프리미티브를 기반으로 구축할 수밖에 없었으므로 어쩔 수 없는 선택이었겠지만, 어쨌든 이제 쿠버네티스 CRD가 등장하면서 페더레이션을 다른 관점에서 설계할 수 있게 되었다.

12.8 멀티클러스터 관리 모범 사례

쿠버네티스 멀티클러스터를 관리할 때 참고할 모범 사례를 제시한다.

- ✓ 연쇄 실패가 애플리케이션에 심각한 영향을 미치지 않도록 클러스터의 폭발 반경을 제한하자.

- ✓ PCI, HIPPA, HiTrust 등의 규정을 준수해야 하는 특수 워크로드와 일반 워크로드가 한데 뒤섞이지 않도록 멀티클러스터를 활용하여 복잡도를 낮추는 방안을 강구하자.

- ✓ 하드 멀티테넌시가 비즈니스 요건인 경우, 워크로드는 전용 클러스터에 배포해야 한다.

- ✓ 애플리케이션에 여러 리전이 필요한 경우, GSLB Global Server Load Balancer (글로벌 서버 로드 밸런서)[18]를 활용하여 클러스터 간 트래픽을 관리한다.

- ✓ HPC 같은 특수 워크로드는 요건 또한 일반적이지 않으므로 개별 클러스터로 분산시키

---

[18] 옮긴이_ 인터넷 서버 트래픽을 전 세계에 분산된 수많은 서버에 배포하기 위해 사용하는 로드 밸런서. IP와 포트 기반으로 작동되는 L4 레이어의 로드 밸런서를 업그레이드한 형태라고 보면 이해하기 쉽습니다.

는 게 좋다.

- ✓ 여러 지역 데이터센터에 워크로드를 분산 배포할 경우, 먼저 워크로드의 데이터 복제 전략이 수립되어 있는지 확인하자. 여러 지역에 여러 클러스터를 구축하는 일은 간단할지 몰라도, 여러 지역에 걸쳐 데이터를 복제하는 작업은 상당히 복잡해질 수 있다. 따라서 동기/비동기 워크로드를 처리하는 올바른 전략을 수립해야 한다.

- ✓ 프로메테우스 오퍼레이터, 일래스틱서치 오퍼레이터 같은 쿠버네티스 오퍼레이터를 활용하여 운영 태스크를 자동화하자.

- ✓ 멀티클러스터 전략 수립 시 클러스터 간 서비스 디스커버리와 네트워킹을 어떻게 구축할지 고민하자. 해시코프 콘술, 이스티오 같은 서비스 메시 툴을 이용하면 클러스터 간 네트워킹에 유용하다.

- ✓ 여러분의 CD 전략으로 여러 지역 또는 클러스터에서 다수의 롤아웃을 처리할 수 있는지 확인하자.

- ✓ 깃옵스 접근 방식을 활용하여 멀티클러스터의 운영 컴포넌트를 일관되게 관리할 방법은 없을지 궁리하자. 모든 환경에 깃옵스가 적합한 것은 아니지만, 적어도 멀티클러스터 환경의 운영 부담을 줄이는 차원에서 미리 검토할 만한 가치는 있다.

정리

이 장에서는 다수의 쿠버네티스 클러스터를 관리하는 다양한 전략을 살펴보았다. 처음에는 여러분의 요건과 그러한 요건이 멀티클러스터 토폴로지와 부합하는지 잘 생각해보는 것이 중요하다. 우선, 무엇보다 하드 멀티테넌시가 정말로 필요한지 따져보자. 정말 필요하다면 멀티클러스터 전략은 당연히 필요하다. 그렇지 않다면 컴플라이언스 요건이 무엇인지 생각해보고, 현재 멀티클러스터 아키텍처의 오버헤드를 감당할 만한 운영 능력이 있는지 확인하자. 마지막으로, 소규모 클러스터를 점점 더 많이 사용하게 될 경우에는 배포 및 관리를 자동화하여 운영 부담을 줄이도록 노력해야 한다.

CHAPTER

13

외부 서비스와 쿠버네티스 통합

지금까지 여러 장에 걸쳐 쿠버네티스에서 서비스를 빌드, 배포, 관리하는 방법을 알아보았다. 하지만 무릇 시스템이란 홀로 진공 상태로 존재하는 것이 아니다. 우리가 구축하는 서비스는 대부분 쿠버네티스 클러스터 외부의 시스템 및 서비스와 연동된다. VM이나 물리 머신에서 실행 중인 레거시 인프라에서 쿠버네티스 클러스터에 있는 서비스에 액세스해야 할 수도 있고, 반대로 구축 중인 서비스에서 온프레미스 데이터센터의 물리 인프라에 있는 기존 데이터베이스나 서비스에 액세스하는 경우도 있다. 또 멀티클러스터에 구축한 갖가지 서비스도 서로 연결이 필요할 수 있을 것이다. 따라서 쿠버네티스 클러스터의 경계 너머로 서비스를 표출, 공유, 빌드하는 작업은 실제 애플리케이션을 구축하는 과정에서 중요한 비중을 차지한다.

13.1 쿠버네티스로 서비스 임포트

쿠버네티스와 외부 서비스를 연결하는 가장 일반적인 패턴은 쿠버네티스 클러스터 외부에 존재하는 서비스를 쿠버네티스 서비스가 소비하는consume 것이다. 쿠버네티스는 보통 애플리케이션 신규 개발용 인프라 또는 온프레미스 데이터베이스 같은 레거시 리소스의 인터페이스로 사용된다.

기존에 구축된 애플리케이션에서 애플리케이션의 일부를 옮기는 일은 비교적 쉽다. 예를 들어, 미션 크리티컬한 데이터가 포함된 데이터베이스는 데이터 거버넌스, 컴플라이언스, 비즈니스 연속성 등의 이유로 온프레미스에 그대로 두어야 하겠지만, 이러한 레거시 데이터베이스와 통합 가능한 새로운 인터페이스를 쿠버네티스에 구축할 경우 상당한 이점이 있다. 만약 쿠버네티스로 마이그레이션할 때마다 전체 애플리케이션을 리프트 앤 시프트lift and shift[1]해야 한다면, 아마 대부분의 애플리케이션은 영원히 레거시에서 벗어나기 어려울 것이다.

---

1 옮긴이_ 리호스팅(rehosting)이라고도 하며, 어떤 IT 환경에 있는 애플리케이션 또는 워크로드의 정확한 복사본(데이터 저장소 및 운영체제(OS)까지 포함)을 다른 IT 환경으로 마이그레이션하는 프로세스. 대개 온프레미스에서 퍼블릭 클라우드나 프라이빗 클라우드로 마이그레이션합니다.

이 장에서는 신규 애플리케이션의 클라우드 네이티브 개발을 전통적인 VM, 베어메탈 서버, 메인프레임에서 실행 중인 데이터베이스 등 기존 서비스와 어떻게 통합할 것인지 설명하겠다.

쿠버네티스에서 외부 서비스에 액세스하려면 먼저 네트워킹이 제대로 작동돼야 한다. 네트워크를 작동시키는 자세한 내용은 데이터베이스 위치와 쿠버네티스 클러스터의 위치에 따라 달라지므로 이 책의 범위 밖이다. 하지만, 클라우드 기반의 쿠버네티스 프로바이더는 보통 유저가 제공한 가상 네트워크VNET에도 클러스터를 배포할 수 있도록 지원하며, 이 가상 네트워크를 온프레미스 네트워크로 피어링peering[2]할 수 있다.

쿠버네티스 클러스터에 있는 파드와 온프레미스 리소스의 네트워크가 서로 연결되면, 이제 다음에 할 일은 외부 서비스가 처음부터 쿠버네티스 서비스였던 것처럼 보이게 만드는 것이다. 쿠버네티스에서 서비스 디스커버리는 DNS 룩업을 통해 이루어지므로, 즉 예를 들어 외부 데이터베이스가 원래 쿠버네티스의 일부였던 것처럼 보이게 하려면 동일한 DNS에서 데이터베이스가 검색되도록 설정해야 한다. 이렇게 설정하는 방법을 다음 절에서 알아보자.

13.1.1 셀렉터리스 서비스로 안정적인 IP 주소 사용

첫 번째 방법은 셀렉터리스selector-less 쿠버네티스 서비스다. 셀렉터가 없는 쿠버네티스 서비스를 만들면 애당초 있지도 않았던 서비스 셀렉터와 레이블이 매치되는 파드가 있을 리가 없으므로 어떠한 로드 밸런싱도 일어나지 않는다. 대신, 이 셀렉터리스 서비스가 쿠버네티스 클러스터에 추가하려는 외부 리소스의 특정 IP 주소와 엔드포인트가 일치하도록 프로그래밍한다. 그러면 쿠버네티스 파드가 데이터베이스를 룩업할 때 기본 내장된 쿠버네티스 DNS 서버가 외부 서비스의 IP 주소로 변환될 것이다.

다음은 외부 데이터베이스에 대한 셀렉터리스 서비스의 구성 YAML다.

---

2 옮긴이_ 마치 처음부터 하나의 네트워크였던 것처럼 연결하는 것

```
apiVersion: v1
kind: Service
metadata:
  name: my-external-database
spec:
  ports:
  - protocol: TCP
    port: 3306
    targetPort: 3306
```

서비스가 존재하면 외부 데이터베이스 IP 주소 24.1.2.3을 포함하도록 해당 엔드포인트를 업데이트해야 한다.

```
apiVersion: v1
kind: Endpoints
metadata:
  # 주의! 서비스와 네임이 일치해야 한다.
  name: my-external-database
subsets:
  - addresses:
      - ip: 24.1.2.3
    ports:
      - port: 3306
```

[그림 13.1]은 쿠버네티스의 내부 서비스와 외부 데이터베이스를 통합하는 프로세스다. 보다시피 파드는 다른 쿠버네티스 서비스와 마찬가지로 클러스터 DNS 서버에서 서비스를 룩업하지만, 쿠버네티스 클러스터에 있는 다른 파드의 IP 주소가 아닌, 쿠버네티스 클러스터 외부의 리소스를 가리키는 IP 주소를 반환받는다. 따라서 개발자는 자신이 클러스터 외부에 구현된 서비스를 호출하고 있다는 사실조차 모를 것이다.

그림 13.1 서비스 통합

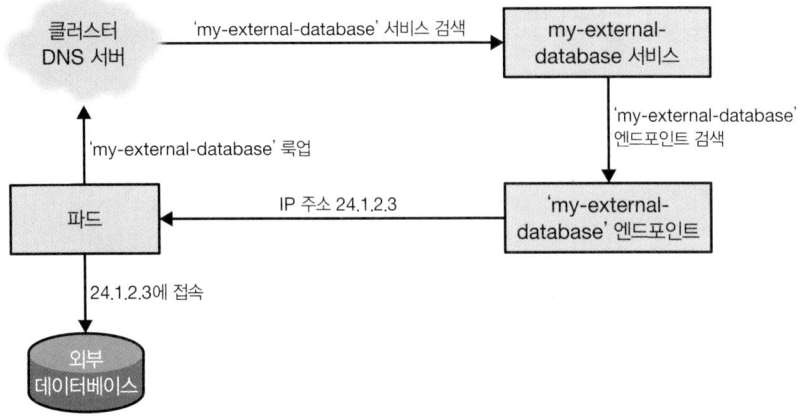

13.1.2 CNAME 기반 서비스로 안정적인 DNS 네임 사용

앞 절의 예제는 쿠버네티스 클러스터와 통합하려는 외부 리소스가 안정적인 IP 주소를 갖고 있다고 가정했다. 이러한 가정은 물리적인 온프레미스 환경에서는 거의 맞겠지만, 네트워크 토폴로지에 따라서 그렇지 않은 경우도 있다. 특히, VM의 IP 주소가 다이내믹한 클라우드 환경이거나, 단일 DNS 기반의 로드 밸런서 뒷단에 여러 레플리카가 구성된 서비스의 경우에 더 더욱 그럴 것이다. 이런 상황에서 클러스터로 연결하려는 외부 서비스는 안정적인 IP 주소는 갖고 있지 않지만, 안정적인 DNS 네임은 갖고 있다.

CNAME 기반의 쿠버네티스 서비스는 바로 이런 경우에 정의하는 것이다. DNS 용어에 익숙하지 않은 독자를 위해 잠시 용어 정의부터 해보자.

CNAME^{Canonical Name} (캐노니컬(정식) 네임) 레코드는 특정 DNS 주소가 변환되는 다른 캐노니컬 DNS 네임을 나타내는 별칭이다. 예를 들어, *foo.com*의 CNAME 레코드 값이 *bar.com*일 경우, *foo.com*을 룩업하는 사람이 *bar.com*의 정확한 IP 주소를 얻으려면 재귀 룩업^{recursive lookup}을 해야 한다. 다음과 같이 쿠버네티스 서비스 YAML에서 쿠버네티스 DNS 서버에 CNAME 레코드를 지정하면 된다. 예를 들어, DNS 네임이 *database.myco.com*인 외부 데이터베이스라면 네임이 myco-database인 CNAME 서비스를 생성한다.

```
kind: Service
apiVersion: v1
metadata:
  name: myco-database
spec:
  type: ExternalName
  externalName: database.myco.com
```

이렇게 서비스를 정의하면 앞으로 myco-database를 룩업하는 파드는 모두 *database.myco. com*으로 재귀적으로 리졸빙된다. 물론, 이렇게 작동되려면 외부 리소스의 DNS 네임 역시 쿠버네티스 DNS 서버에서 리졸빙이 가능해야 한다. DNS 네임을 글로벌하게(이를테면, 널리 알려진 DNS 서비스 프로바이더를 통해) 액세스한다면 알아서 잘 작동될 것이다. 하지만 외부 서비스의 DNS가 사내 로컬 DNS 서버(예: 내부 트래픽만 서비스하는 DNS 서버)에 있다면, 쿠버네티스 클러스터는 기본적으로 이 사내 DNS 서버에 쿼리를 어떻게 리졸빙할지 모를 것이다.

따라서 클러스터의 DNS 서버를 대체 DNS 리졸버와 통신하도록 구축하려면 그에 맞게 구성을 바꿔주어야 한다. DNS 서버의 구성 파일로 쿠버네티스 컨피그맵을 업데이트하는 것이다.

CNAME 레코드는 안정적인 DNS 네임을 가진 외부 서비스를 클러스터에서 디스커버리 가능한 네임으로 매핑하는 데 제격이다. 언뜻 보면 잘 알려진 DNS 주소를 클러스터의 로컬 DNS 주소로 다시 매핑한다는 말이 잘 와닿지 않을 수도 있지만, 모든 서비스의 룩앤필^{look and feel}을 동일하게 가져가기 위해 이 정도 복잡도가 증가하는 희생쯤은 감수해야 하지 않을까? 그리고 모든 쿠버네티스 서비스가 다 마찬가지겠지만 CNAME 서비스 역시 네임스페이스 단위로 정의되므로, 쿠버네티스 네임스페이스별로 동일한 서비스 네임(예: database)을 다른 외부 서비스(예: canary 또는 production)에 매핑할 수 있다.

13.1.3 액티브 컨트롤러 방식

제약이 많은 환경에서는 앞서 설명한 두 가지 방식 모두 소용이 없다. 쿠버네티스 클러스터 내부에서 표출하려는 서비스의 안정적인 DNS 주소 또는 IP 주소가 존재하지 않기 때문이다. 이런 상황에서 외부 서비스를 표출하는 일은 훨씬 더 복잡하지만, 아예 방법이 없는 것은 아니다.

먼저, 이해를 돕기 위해 쿠버네티스 서비스의 내부 작동 원리를 알아보자. 쿠버네티스 서비스는 여러분도 이미 잘 알고 있는 서비스와 이 서비스를 구성하는 IP 주소를 나타낸 엔드포인트로 구성된다. 일반적인 경우라면 쿠버네티스 컨트롤러 매니저가 서비스 셀렉터를 기반으로 엔드포인트 정보를 채워넣겠지만, 첫 번째로 설명한 안정적인 IP 액세스 방식처럼 셀렉터리스 서비스를 생성하는 경우 선택된 파드가 없기 때문에 서비스의 엔드포인트 리소스는 생성되지 않는다.

따라서 엔드포인트 리소스를 올바르게 생성하고 정보를 채워 넣으려면 제어 루프(control loop)가 필요하다. 통합하려는 쿠버네티스 외부 서비스를 가리키는 IP 주소를 얻기 위해 인프라를 다이내믹하게 쿼리한 다음 이 IP 주소로 서비스의 엔드포인트를 채우는 것이다. 그런 다음 쿠버네티스에서 DNS 서버와 kube-proxy를 프로그래밍하여 외부 서비스로 트래픽을 올바르게 로드 밸런싱하면 된다.

[그림 13.2]은 지금까지 설명한 프로세스를 전체적으로 도식화한 것이다.

그림 13.2 외부 서비스

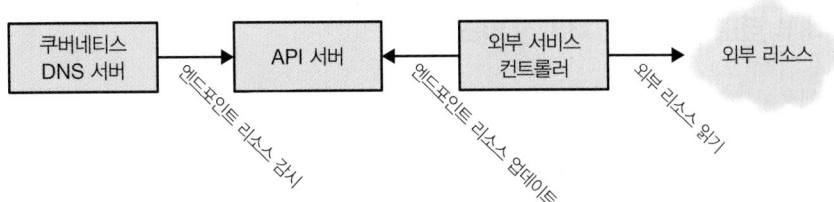

13.2 쿠버네티스에서 서비스 익스포트

앞 절에서 기존 서비스를 쿠버네티스로 임포트하는 방법을 설명했는데, 이와는 반대로 쿠버네티스에 있는 서비스를 기존 환경으로 익스포트해야 할 때도 있다. 가령, 고객 관리 기능을 지닌 내부 레거시 애플리케이션이 클라우드 네이티브 인프라에서 개발 중인 신규 API에 액세스해야 하거나, 마이크로서비스 기반으로 새로운 API를 구축하고 있는데 내부 정책이나 규제 요건 때문에 기존 WAF^{Web Application Firewall}(웹 방화벽)[3]와 연동해야 하는 경우가 있다. 많은 애플리케이션에서 쿠버네티스 클러스터의 서비스를 다른 내부 애플리케이션과 연동하는 문제는 중요한 설계 요건이다.

그러나 쿠버네티스 환경에서 파드 IP 주소는 클러스터 외부에서 라우팅할 수 있는 주소가 아니므로 쉬운 일이 아니다. 플란넬^{flannel} 같은 네트워킹 프로바이더 툴을 써서 쿠버네티스 클러스터 내부 파드 간 또는 노드와 파드 간에 통신이 가능하도록 설정할 수는 있지만, 이와 동일한 라우팅이 동일한 네트워크에 있는 임의의 머신까지 확장 적용되는 것은 아니다.

일반적으로 파드에 할당된 IP 범위는 사내 네트워크의 IP 공간과 명확히 구분되어 있으므로 라우팅이 불가능하다. 게다가 클라우드와 온프레미스 간 연결의 경우, 파드 IP 주소가 항상 VPN이나 네트워크 피어링을 통해 온프레미스 네트워크로 애드버타이징되는 것도 아니다. 그러므로 쿠버네티스 기반의 서비스를 익스포트하는 문제에서 기존 애플리케이션과 쿠버네티스 파드 사이의 라우팅을 설정하는 부분이 핵심이다.

13.2.1 내부 로드 밸런서로 서비스 익스포트

쿠버네티스에서 서비스를 익스포트하는 가장 쉬운 방법은 기본 제공된 서비스^{Service} 오브젝트를 활용하는 것이다. 쿠버네티스 사용 경험이 있다면 이미 클라우드 환경의 로드 밸런서를

---

3 옮긴이_ 웹 애플리케이션으로 이동하는 악의적인 HTTP/S 트래픽을 필터링, 모니터링 및 차단하여 웹 앱을 보호하고 승인되지 않은 데이터가 외부로 나가는 것을 방지하는 소프트웨어 또는 어플라이언스

연결시켜 외부 트래픽을 클러스터에 있는 파드로 가져오는 방법을 알고 있을 것이다. 하지만 많은 사람들이 대부분의 클라우드가 내부 로드 밸런서internal load balancer도 함께 제공한다는 사실은 잘 모른다.

내부 로드 밸런서도 가상 IP 주소를 파드에 매핑하는 기능은 동일하나, 이 가상 IP 주소는 내부 IP 주소 공간(예: 10.0.0.0/24)에서 가져오므로 해당 가상 네트워크 내부에서만 라우팅할 수 있다. 다음 코드처럼 클라우드 프로바이더가 제공한 애너테이션(예: 애저는 service.beta.kubernetes.io/azure-load-balancer-internal: "true", AWS는 service.beta.kubernetes.io/aws-load-balancer-internal: 0.0.0.0/0)을 서비스 리소스의 metadata 필드에 지정하면 된다.

```
apiVersion: v1
kind: Service
metadata:
  name: my-service
  annotations:
    # 필요 시 이 부분을 환경에 맞게 변경한다.
    service.beta.kubernetes.io/azure-load-balancer-internal: "true"
...
```

이렇게 내부 로드 밸런서를 거쳐 서비스를 익스포트하면 클러스터 외부의 가상 네트워크에서 라우팅 가능한 안정적인 IP 주소를 확보할 수 있다. 이제 이 IP 주소를 직접 사용하거나, 표출된 서비스의 디스커버리가 가능하도록 내부 DNS 서버를 설정하면 된다.

13.2.2 NodePort로 서비스 익스포트

그러나 불행히도 온프레미스 환경에서는 내부 로드 밸런서를 사용할 수 없다. 이럴 때는

NodePort 서비스가 좋은 대안이다. [그림 13.3]에서 보다시피, 타입이 NodePort인 서비스는 클러스터의 모든 노드에 리스너를 익스포트하여 노드 IP 주소 및 주어진 포트에서 유저가 정의한 서비스로 트래픽을 포워딩한다.

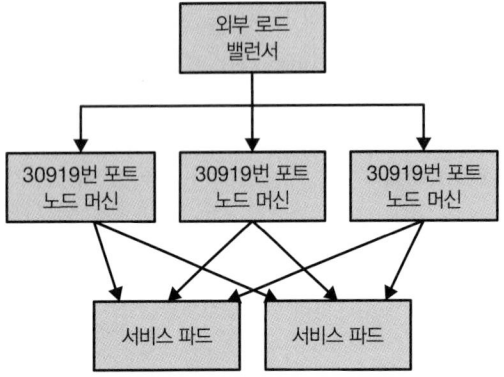

그림 13.3 NodePort 서비스

다음은 NodePort 서비스를 구성한 YAML 파일이다.

```
apiVersion: v1
kind: Service
metadata:
  name: my-node-port-service
spec:
  type: NodePort
  ...
```

NodePort 타입의 서비스를 생성하면 쿠버네티스는 해당 서비스의 포트를 자동 선택한다. spec.ports[*].nodePort 필드를 보고 서비스에서 해당 포트를 가져오는 것이다. 필요 시 서비스를 생성할 때 포트를 직접 지정할 수도 있지만, NodePort는 반드시 클러스터에 설정된 범위(디폴트 값은 30000~30999) 안에 있어야 한다.

서비스가 이 포트로 표출되면 쿠버네티스가 할 일은 딱히 없다. 유저(또는 네트워크 관리자)

는 클러스터 외부의 기존 애플리케이션으로 서비스를 익스포트하기 위해 서비스 디스커버리 설정을 해야 한다. 애플리케이션 구성 방법에 따라 차이는 있겠지만 ${node}:${port} 리스트를 애플리케이션에 제공해도 되고, 애플리케이션으로 하여금 클라이언트 사이드 로드 밸런싱을 수행하게 할 수도 있다. 아니면 네트워크 내부에 물리 또는 가상의 로드 밸런서를 구성해 가상 IP 주소의 트래픽을 이 ${node}:${port} 백엔드 리스트로 흘리는 방법도 가능하다. 세부 구성은 환경마다 조금씩 달라질 수 있다.

13.2.3 외부 서버와 쿠버네티스 통합

다이내믹 서비스 디스커버리를 구성하려면 더 긴밀하고 빈틈없게 통합해야 한다. 지금까지 소개한 방법으로도 해결되지 않는다면, 외부 애플리케이션에 쿠버네티스 서비스를 표출하는 최후의 방법을 써야 한다. 애플리케이션을 실행하는 머신을 쿠버네티스 클러스터의 서비스 디스커버리와 네트워킹 메커니즘에 직접 통합하는 것이다. 앞서 설명한 방식보다 훨씬 더 침습적이고 invasive[4] 복잡도가 높기 때문에 애플리케이션에 꼭 필요한 경우에 한하여 (가급적 드물게) 사용하는 것이 좋다. 물론, 관리형 쿠버네티스 환경에서는 아예 불가능할 수도 있다.

외부 머신과의 네트워킹을 위해 클러스터에 통합할 경우, 파드 네트워크 라우팅과 DNS 기반의 서비스 디스커버리가 모두 올바르게 작동되는지 확인해야 한다. 가장 쉬운 방법은 클러스터에 소속될 머신에서 kubelet을 실행하되, 스케줄링 기능은 비활성화하는 것이다. kubelet 노드를 클러스터에 조인시키는 방법은 이 책의 범위를 벗어나지만, 자세한 설명이 수록된 도서와 온라인 자료가 많으니 참고하자.

노드가 조인된 이후에는 즉시 kubectl cordon ... 커맨드로 노드에 다른 부가 작업이 스케줄링되지 않도록 스케줄링 불가 unschedulable로 표시한다. 이렇게 커드닝 cordoning해도[5] 데몬셋이 파드를 노드에 랜딩시키는 것까지 막을 수는 없다. 따라서 kube-proxy와 네트워크 라우팅용

---

4 옮긴이_ 관련된 여러 내부 요소를 함께 건드려야 할 가능성이 높다는 뜻
5 옮긴이_ cordon은 경찰이나 군인들이 설치한 출입 통제선인데, 여기서는 마치 그런 식으로 통제하는 행위를 떠올리면 이해가 쉽습니다.

파드는 머신에 랜딩되며, 해당 머신에서 실행 중인 모든 애플리케이션에서 쿠버네티스 기반의 서비스 디스커버리는 가능하다.

이는 도커 같은 컨테이너 런타임을 설치해야 하므로 노드에 꽤 침습적인 방법이다. 그래서 이 방법 자체가 애당초 기술적으로 불가능한 환경도 많을 것이다. 더 가볍지만 좀 더 복잡한 다른 방법이 있다. 머신에서 kube-proxy를 하나의 프로세스로 실행하고 머신의 DNS 서버를 조정하는 것이다.

여러분이 파드 라우팅을 정확하게 설정할 수 있다는 전제하에 말하자면, kube-proxy를 실행함으로써 쿠버네티스 서비스의 가상 IP 주소가 해당 서비스를 구성한 파드에 다시 매핑되도록 머신 수준의 네트워킹을 구성하면 된다. 이때 머신의 DNS가 쿠버네티스 클러스터의 DNS 서버를 가리키도록 변경하면, 쿠버네티스 클러스터의 일부가 아닌 머신에서도 쿠버네티스를 바라볼 수 있다.

이 두 방법 모두 복잡한 고급 기능이므로 가벼이 볼 만한 주제는 아니다. 이 정도 서비스 디스커버리 통합까지 고민할 상황이라면, 차라리 클러스터에 연결하려는 서비스를 클러스터 자체로 가져오는 게 더 쉽지 않을지 자문해보자. 자세한 내용은 16장에서 설명한다.

13.3 쿠버네티스 간 서비스 공유

지금까지 쿠버네티스 애플리케이션과 외부 서비스를 양방향으로 연결하는 방법을 살펴보았다. 그럼, 상이한 쿠버네티스 클러스터 간에 서비스는 어떻게 연결할 수 있을까? 다른 리전의 쿠버네티스 클러스터 간에 페일오버를 하거나, 각기 다른 팀에서 운영하는 서비스를 서로 연결시킬 때 필요한 인터랙션이다. 앞 절에서 이미 설명한 여러 설계를 조합하면 가능할 것 같다.

먼저, 네트워크 트래픽을 흘릴 첫 번째 쿠버네티스 클러스터의 서비스를 표출한다. 클라우드가 내부 로드 밸런서를 지원하는 환경이고 이 내부 로드 밸런서를 가리키는 가상 IP 주소 10.1.10.1를 수신한다고 치자. 이 가상 IP 주소를 두 번째 쿠버네티스 클러스터에 연동시켜야 서비스 디스커버리가 가능할 것이다. 사실, 방법은 외부 애플리케이션을 쿠버네티스로 임포트하는(13.1 '쿠버네티스로 서비스 임포트' 절에서 설명한) 것과 동일하다. 셀렉터리스 서비스를 생성하고 그 IP 주소를 10.1.10.1로 세팅한다. 이 두 단계 작업으로 서비스 디스커버리 및 두 쿠버네티스 클러스터의 서비스 간에 통신이 가능해진다.

그러나 이는 수작업이 꽤 필요한 작업이라서 소규모 스태틱 서비스에는 적합할지 몰라도, 클러스터 간의 보다 긴밀하고 자동화한 서비스 통합이 필요한 경우에는 클러스터 데몬을 만들어 양 클러스터에서 각각 실행하는 것이 좋다. 이 데몬은 첫 번째 클러스터에 특정 애너테이션(예: myco.com/exported-service)이 붙은 서비스가 있는지 감시하다가, 실제로 발견되면 모두 셀렉터리스 서비스를 거쳐 두 번째 클러스터로 임포트한다. 두 번째 클러스터로 익스포트되어 더 이상 첫 번째 클러스터에 존재하지 않는 서비스는 가비지로 수집해서 삭제하는 일도 이 데몬의 몫이다. 이런 데몬을 각 리전 클러스터에 구축하면 모든 클러스터를 서로 다이내믹하게 연결할 수 있다.

최근 쿠버네티스 프로젝트에서 멀티클러스터 서비스Multi-Cluster Service API를 정의하는 작업이 한창 진행 중이다. 아직 실험 단계지만 관심 있는 독자는 깃헙[6]을 참고하자. 이 책을 쓰는 현재, 아직 실험적인 상태라 프로덕션 용도로는 적합하지 않지만, 앞으로 쿠버네티스 세상에서 멀티클러스터 서비스 관리가 어떤 식으로 진화할지 가늠해 볼 수 있다. 이 서비스 공유 구현체가 알파에서 베타로, 그리고 정식 버전으로 릴리스되어 널리 보급되면 클러스터 간cross-cluster 마이크로서비스 애플리케이션을 훨씬 더 쉽게 구축할 수 있을 것 같다. 이미 애저는 이런 유저의 니즈에 화답이라도 하듯, 플릿 클러스터 관리자 같은 툴을 만들어 멀티클러스터 서비스 API를 구현하기 시작했다.

---

6 https://oreil.ly/ZXZi4

13.4 서드파티 툴

여러분이 서비스 메시 경험자라면 쿠버네티스 클러스터 및 외부 리소스에 위치한 서비스를 임포트/익스포트하고 연결하는 개념이 아주 익숙할 것이다. 쿠버네티스 커뮤니티에 가 보면 서비스와 임의의 애플리케이션, 그리고 머신을 서로 연결하는 서드파티 툴과 프로젝트가 다양하다. 일반적으로 이런 툴이 제공하는 기능의 가짓수는 많지만, 운영 측면에는 이 장에서 설명한 것보다 훨씬 복잡한 편이다.

만약 여러분이 네트워크를 서로 연결시키는 작업에 점점 더 많은 시간을 바치고 있다면, 요즘 빠르게 발전하고 있는 서비스 메시 기술을 신중하게 검토해보기 바란다. 이런 서드파티 툴은 대부분 오픈 소스 컴포넌트는 물론, 부가적인 인프라 운영에 따른 오버헤드를 줄일 수 있는 상용 기술 지원 서비스도 함께 제공한다.

13.5 클러스터와 외부 서비스 연결 모범 사례

- ✓ 클러스터와 온프레미스 간의 네트워크 연결을 설정하자. 사이트, 클라우드, 클러스터 구성마다 네트워킹은 제각각이겠지만, 우선 파드가 온프레미스 머신과 통신할 수 있는지, 그 반대 방향으로도 통신이 가능한지 확인하자.

- ✓ 클러스터 외부 서비스에 액세스하기 위해 셀렉터리스 서비스를 사용하여 통신하려는 머신(예: 데이터베이스)의 IP 주소를 직접 프로그래밍할 수 있다. 고정 IP 주소가 없으면 CNAME 서비스를 사용하여 DNS 네임으로 리다이렉션이 가능하니 참고하자. DNS 네임, 고정 서비스 둘 다 없는 환경에서는 외부 서비스 IP 주소를 쿠버네티스 서비스 엔드포인트와 일정 주기로 동기화하는 다이내믹 오퍼레이터를 작성하면 된다.

- ✓ 쿠버네티스에서 서비스를 익스포트하려면 내부 로드 밸런서 또는 NodePort 서비스를 사용하자. 내부 로드 밸런서는 대개 쿠버네티스 서비스 자체에 바인딩할 수 있는 퍼블

릭 클라우드 환경이 사용하기 더 쉽다. 내부 로드 밸런서 사용이 어렵다면 NodePort 서비스로 클러스터의 모든 머신에 서비스를 표출하면 된다.

✓ 앞의 두 방식을 조합해서 서비스를 외부 표출하고 이 서비스를 다른 쿠버네티스 클러스터에서 셀렉터리스 서비스로 소비하는 식으로 서로 다른 두 쿠버네티스 클러스터를 연결할 수 있다.

> **정리**
>
> 우리가 살고 있는 세상에서 모든 애플리케이션이 클라우드 네이티브한 것은 아니다. 프로덕션에서 바로 사용 가능한 애플리케이션을 제작하려면 기존 시스템과의 연결이 불가피한 경우가 많다. 이 장에서는 쿠버네티스와 레거시 애플리케이션을 통합하는 방법과 다수의 상이한 쿠버네티스 클러스터에서 실행되는 갖가지 서비스를 통합하는 방법을 설명했다. 무에서 유를 창조하는 사치를 부릴 형편이 못 된다면 클라우드 네이티브 개발에는 반드시 레거시 통합이 수반되기 마련이다. 이 장에서 배운 기술을 잘 활용하면 큰 도움이 될 것이다.

CHAPTER 14

쿠버네티스에서 머신러닝 실행하기

마이크로서비스, 분산 시스템, 클라우드 시대가 펼쳐지면서 머신러닝 모델과 툴이 널리 보급될 완벽한 조건이 갖춰졌다. 대규모 인프라는 이제 제품화되었고 머신러닝 분야의 툴도 많이 발전했다. 쿠버네티스는 머신러닝 워크플로와 라이프 사이클을 지원하는 완벽한 환경으로서, 개발자, 데이터 과학자, 그밖의 수많은 오픈 소스 커뮤니티에서 점점 더 인기를 얻고 있는 플랫폼이다. GPT-4[1]와 DALL-E[2] 같은 대규모 머신러닝 모델 덕분에 머신러닝이 주목받게 되었고, 오픈AI^{OpenAI}[3] 같은 회사는 처음부터 머신러닝 모델을 지원하기 위해 쿠버네티스를 사용한다는 사실을 공개했다.

이 장에서는 쿠버네티스가 머신러닝 플랫폼으로도 안성맞춤인 이유를 살펴본다. 또 쿠버네티스에서 머신러닝 워크로드를 실행할 때 클러스터 관리자, 데이터 과학자가 쿠버네티스의 장점을 극대화할 수 있는 모범 사례를 제시한다. 단, 기존 머신러닝보다는 쿠버네티스 같은 플랫폼에서 빠르게 혁신의 아이콘으로 자리잡은 딥러닝$^{deep\ learning}$ 위주로 이야기하겠다.

14.1 머신러닝에 쿠버네티스를 사용하면 좋은 점

쿠버네티스는 딥러닝이 급속히 혁신을 거듭하는 본거지로 빠르게 자리매김했다. 이제 텐서플로^{TensorFlow}[4] 같은 라이브러리와 툴이 융합되면서 많은 데이터 과학자들이 더 쉽게 쿠버네티스를 이용할 수 있게 되었다. 쿠버네티스가 딥러닝 워크로드를 실행하기에 제격인 까닭은 무엇일까?

먼저 쿠버네티스가 제공하는 핵심 가치를 살펴보자.

---

[1] https://oreil.ly/sGzRc
[2] https://oreil.ly/zTWNx
[3] https://oreil.ly/bCXwF
[4] https://oreil.ly/nzHaG

- **보편성**

쿠버네티스는 어디에나 있다. 주요 퍼블릭 클라우드 모두 쿠버네티스를 지원한다. 프라이빗 클라우드와 인프라 환경에 제격인 배포판도 있다. 딥러닝 유저는 플랫폼에 기본 내장된 툴만 있어도 어디서건 워크로드를 실행할 수 있다.

- **스케일링**

머신러닝 모델을 효율적으로 학습시키려면 딥러닝 워크플로 실행 시 대량의 컴퓨팅 파워 소비가 불가피하다. 쿠버네티스는 데이터 과학자가 모델 학습에 알맞게 컴퓨팅 규모를 쉽게 변경하고 세부 조정까지 할 수 있도록 오토스케일링을 기본 제공한다.

- **확장성**

머신러닝 모델을 효율적으로 학습시키려면 대부분 특수한 하드웨어가 필요하다. 쿠버네티스는 클러스터 관리자가 소스 코드 변경 없이도 스케줄러에 새로운 타입의 하드웨어를 쉽고 빠르게 표출할 수 있게 해준다. 또 커스텀 리소스와 컨트롤러를 쿠버네티스 API에 완벽하게 통합함으로써 하이퍼파라미터 튜닝^{hyperparameter tuning}[5] 같은 특수한 워크플로도 지원된다.

- **셀프 서비스**

쿠버네티스에 관한 전문 지식 없이도 데이터 과학자가 요건에 맞게 쿠버네티스를 활용하여 셀프 서비스 머신러닝 워크플로를 수행할 수 있다.

- **이식성**

쿠버네티스 API 기반의 환경이면 어디서건 머신러닝 모델을 실행시킬 수 있으므로, 상이한 쿠버네티스 프로바이더 간에도 워크로드를 이식할 수 있다.

---

[5] 옮긴이_ https://aws.amazon.com/ko/what-is/hyperparameter-tuning

14.2 머신러닝 워크플로

딥러닝의 니즈를 파악하려면 먼저 전체 머신러닝 워크플로를 알아야 한다. [그림 14.1]은 크게 네 단계로 구성된 머신러닝의 개발 워크플로를 간략하게 나타낸 것이다.

그림 14.1 머신러닝 개발 워크플로

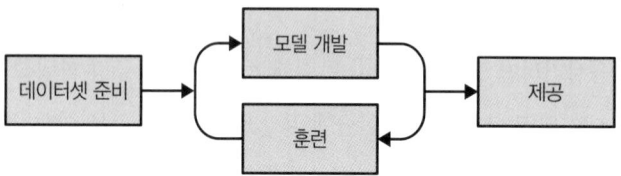

- **데이터셋 준비**dataset preparation

모델 훈련용 데이터셋을 준비하려면 스토리지, 인덱싱, 카탈로그화, 메타데이터 추출 등의 작업이 필요하다. 이 책은 집필 목적에 맞게 스토리지만 다루겠다. 모델을 훈련시키려고 전달하는 데이터셋은 수백 MB~수백 TB, 심지어 PB 단위에 이르기까지 사이즈가 천차만별이라서 사이즈에 맞는 적절한 스토리지 장비를 구축해야 한다. 보통 대규모 블록과 오브젝트 저장소가 필요하고, 쿠버네티스 네이티브 스토리지 추상화 또는 API를 통해 액세스가 가능해야 한다.

- **모델 개발**model development

데이터 과학자가 서로 머리를 맞대고 머신러닝 알고리즘을 고안하고 공유하는 단계다. 주피터허브JupyterHub 같은 오픈 소스 툴은 다른 워크로드와 작동 방식이 비슷해서 쿠버네티스에 쉽게 설치할 수 있다.

- **훈련**training

데이터셋을 사용해서 어떤 모델로 주어진 태스크를 수행하는 방법을 배우게 하려면 반드시 훈련이 필요하다. 훈련의 결과물은 대부분 훈련된 모델 상태의 체크포인트checkpoint다. 훈련 프로세스는 그야말로 쿠버네티스의 모든 기능을 동시에 활용하는 과정으로, 이를 완수하려면 스케줄링, 특수 하드웨어 액세스, 데이터셋 볼륨 관리, 스케일링, 네트워킹 등의 태스크가 원활하게 이루어져야 한다. 훈련 단계는 다음 절에서 더 자세히 이야기하겠다.

- **제공**serving

훈련을 마친 모델이 클라이언트가 전달한 데이터를 기반으로 추론하기 위해 클라이언트로부터 수신된 서비스 요청에 액세스하는 과정이다. 예를 들어, 개와 고양이를 감지하도록 훈련된 이미지 인식 모델은 클라이언트가 개 사진을 제출하는 즉시 어느 정도 수준의 정확도로 그것이 개인지 여부를 판단할 것이다.

14.3 쿠버네티스 클러스터 관리자가 고려해야 할 사항

쿠버네티스 클러스터에서 머신러닝 워크로드를 실행하려면 클러스터 관리자가 고민해야 할 문제들이 있다. 데이터 과학자 팀을 맡은 클러스터 관리자가 맞닥뜨릴 가장 큰 어려움은 일단 낯선 용어부터 이해하는 것이겠지만, 이는 시간이 지나면서 점점 익숙해지므로 처음부터 너무 걱정할 필요는 없다.

14.3.1 모델 훈련

쿠버네티스에서 머신러닝 모델을 훈련시키려면 CPU와 GPU가 필요하다. 리소스를 더 많이 투입할수록 당연히 훈련도 더 빨리 끝난다. 모델 훈련은 필요한 리소스가 준비된 단일 머신에서 수행된다. 대부분의 클라우드 프로바이더는 멀티 GPU VM을 제공하므로, 분산 훈련을 검토하기 전에 일단 4~8개의 GPU가 탑재된 VM으로 스케일-업하는 것이 좋다.

데이터 과학자는 모델 훈련 시 하이퍼파라미터 튜닝이라는 기술을 사용한다. 하이퍼파라미터는 훈련 프로세스를 시작하기 전에 값을 세팅한 파라미터인데, 모델 훈련에 필요한 최적의 하이퍼파라미터를 찾는 프로세스가 바로 하이퍼파라미터 튜닝이다. 대개 동일한 훈련을 서로 다른 하이퍼파라미터셋으로 여러 번 반복 실행한다.

쿠버네티스에서 모델 훈련 시작하기

MNIST 데이터셋을 사용해서 이미지 분류 모델을 훈련하는 예를 들어보자. MNIST는 이미지 분류에 자주 쓰이는 데이터셋으로, 무료로 사용할 수 있다.

모델을 훈련시키려면 GPU가 필요하므로, 먼저 쿠버네티스 클러스터에 GPU가 있는지 확인하자. 쿠버네티스 클러스터에서 사용 가능한 GPU 개수를 출력하는 커맨드를 실행한 결과, 다음과 같이 클러스터에 4개의 GPU가 장착되어 있다.

```
$ kubectl get nodes -o yaml | grep -i nvidia.com/gpu
        nvidia.com/gpu: "1"
        nvidia.com/gpu: "1"
        nvidia.com/gpu: "1"
        nvidia.com/gpu: "1"
```

모델 훈련은 배치성 워크로드이므로 쿠버네티스 잡(Job) 카인드를 사용하겠다. 단일 GPU를 사용해서 500 단계 훈련을 시킨다. mnist-demo.yaml 파일을 다음과 같이 작성하자.

```
apiVersion: batch/v1
kind: Job
metadata:
  labels:
    app: mnist-demo
  name: mnist-demo
spec:
  template:
```

```yaml
    metadata:
      labels:
        app: mnist-demo
    spec:
      containers:
      - name: mnist-demo
        image: lachlanevenson/tf-mnist:gpu
        args: ["--max_steps", "500"]
        imagePullPolicy: IfNotPresent
        resources:
          limits:
            nvidia.com/gpu: 1
      restartPolicy: OnFailure
```

잡 리소스를 쿠버네티스 클러스터에 생성한다.

```
$ kubectl create -f mnist-demo.yaml
job.batch/mnist-demo created
```

생성된 잡 상태를 확인한다.

```
$ kubectl get jobs
NAME         COMPLETIONS   DURATION   AGE
mnist-demo   1/1           31s        49s
```

파드를 보니 훈련 잡이 한창 실행 중이다.

```
$ kubectl get pods
NAME                READY   STATUS    RESTARTS   AGE
mnist-demo-8lqrn    1/1     Running   0          63s
```

훈련 진행 경과는 파드 로그를 보면 자세히 알 수 있다.

```
$ kubectl logs mnist-demo-8lqrn
2023-02-10 23:14:42.007518: I
  tensorflow/core/platform/cpu_feature_guard.cc:137] Your CPU supports
    instructions that this TensorFlow binary was not compiled to
      use: SSE4.1 SSE4.2 AVX AVX2 FMA
2023-02-10 23:14:42.205555: I
  tensorflow/core/common_runtime/gpu/gpu_device.cc:1030] Found device 0 with
        properties:
name: Tesla K80 major: 3 minor: 7 memoryClockRate(GHz): 0.8235
pciBusID: 0001:00:00.0
totalMemory: 11.17GiB freeMemory: 11.12GiB
2023-02-10 23:14:42.205596: I
  tensorflow/core/common_runtime/gpu/gpu_device.cc:1120] Creating TensorFlow
        device (/device:GPU:0) -> (device: 0, name: Tesla K80, pci bus
          id: 0001:00:00.0, compute capability: 3.7)
2023-02-10 23:14:46.848342: I
  tensorflow/stream_executor/dso_loader.cc:139] successfully opened CUDA library
        libcupti.so.8.0 locally
Successfully downloaded train-images-idx3-ubyte.gz 9912422 bytes.
Extracting /tmp/tensorflow/input_data/train-images-idx3-ubyte.gz
Successfully downloaded train-labels-idx1-ubyte.gz 28881 bytes.
Extracting /tmp/tensorflow/input_data/train-labels-idx1-ubyte.gz
Successfully downloaded t10k-images-idx3-ubyte.gz 1648877 bytes.
Extracting /tmp/tensorflow/input_data/t10k-images-idx3-ubyte.gz
Successfully downloaded t10k-labels-idx1-ubyte.gz 4542 bytes.
Extracting /tmp/tensorflow/input_data/t10k-labels-idx1-ubyte.gz
Accuracy at step 0: 0.0886
Accuracy at step 10: 0.7094
Accuracy at step 20: 0.8354
Accuracy at step 30: 0.8667
Accuracy at step 40: 0.8833
Accuracy at step 50: 0.8902
```

```
Accuracy at step 60: 0.897
Accuracy at step 70: 0.9062
Accuracy at step 80: 0.9057
Accuracy at step 90: 0.906
Adding run metadata for 99
Accuracy at step 100: 0.9163
Accuracy at step 110: 0.9203
Accuracy at step 120: 0.9168
Accuracy at step 130: 0.9215
Accuracy at step 140: 0.9241
Accuracy at step 150: 0.9251
Accuracy at step 160: 0.9286
Accuracy at step 170: 0.9288
Accuracy at step 180: 0.9274
Accuracy at step 190: 0.9337
Adding run metadata for 199
Accuracy at step 200: 0.9361
Accuracy at step 210: 0.9369
Accuracy at step 220: 0.9365
Accuracy at step 230: 0.9328
Accuracy at step 240: 0.9409
Accuracy at step 250: 0.9428
Accuracy at step 260: 0.9408
Accuracy at step 270: 0.9432
Accuracy at step 280: 0.9438
Accuracy at step 290: 0.9433
Adding run metadata for 299
Accuracy at step 300: 0.9446
Accuracy at step 310: 0.9466
Accuracy at step 320: 0.9468
Accuracy at step 330: 0.9463
Accuracy at step 340: 0.9464
Accuracy at step 350: 0.9489
Accuracy at step 360: 0.9506
```

```
Accuracy at step 370: 0.9489
Accuracy at step 380: 0.9484
Accuracy at step 390: 0.9494
Adding run metadata for 399
Accuracy at step 400: 0.9513
Accuracy at step 410: 0.9474
Accuracy at step 420: 0.9499
Accuracy at step 430: 0.9462
Accuracy at step 440: 0.952
Accuracy at step 450: 0.952
Accuracy at step 460: 0.9487
Accuracy at step 470: 0.9569
Accuracy at step 480: 0.9547
Accuracy at step 490: 0.9516
Adding run metadata for 499
```

마지막으로 잡 상태를 보니 훈련이 끝났다.

```
$ kubectl get jobs
NAME         COMPLETIONS   DURATION   AGE
mnist-demo   1/1           31s        2m19s
```

다음은 훈련 잡을 정리하는 커맨드다.

```
$ kubectl delete -f mnist-demo.yaml
job.batch "mnist-demo" deleted
```

축하한다! 쿠버네티스에서 첫 번째 모델 훈련 잡을 무사히 마쳤다.

14.3.2 분산 훈련

분산 훈련은 아직 걸음마 단계라 최적화하기는 어렵다. GPU가 8개 필요한 훈련 잡을 실행할 경우, GPU가 4개 장착된 서버 2대보다 GPU가 8개 달린 서버 1대에서 훈련하는 편이 거의 항상 더 빠르다. 분산 훈련이 불가피한 유일한 경우는 모델이 가장 큰 머신에 맞지 않을 때다. 그럼에도 분산 훈련이 반드시 필요하다는 확신이 생기면 아키텍처를 이해하는 것이 중요하다.

[그림 14.2]는 분산형 텐서플로 아키텍처다. 이 그림을 보면 모델과 파라미터가 어떻게 분산되는지 알 수 있다.

그림 14.2 분산 텐서플로 아키텍처

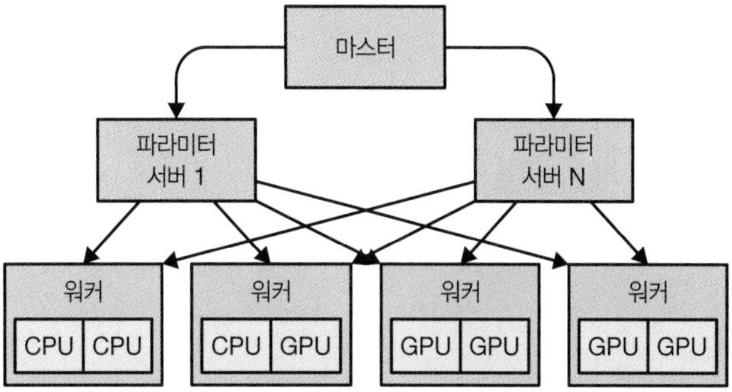

14.3.3 리소스 제약조건

머신러닝 워크로드는 클러스터의 모든 부분에 매우 특정한 구성을 필요로 한다. 리소스는 보통 훈련 단계에서 집중적으로 소모되는데, 조금 전 언급했듯이 머신러닝 알고리즘 훈련은 대부분 배치성 워크로드임을 상기하자. 따라서 시작 시간과 완료 시간이 있다. 훈련을 마치는 시간은 모델 훈련에 필요한 리소스를 얼마나 신속하게 제공하느냐에 따라 달라진다. 아무래도 리소스를 늘리면 훈련 잡이 더 빨리 끝나겠지만, 스케일링 자체는 늘 병목을 수반한다.

14.3.4 특수 하드웨어

모델 훈련은 특수 하드웨어에서 수행하는 것이 거의 항상 더 효율적이다. 상용 GPU가 대표적인 예다. 쿠버네티스는 디바이스 플러그인을 통해 GPU에 액세스할 수 있으므로 GPU 리소스도 스케줄링할 수 있다. 덕분에 벤더가 자사에서 개발한 특정 디바이스를 구현하기 위해 코어 쿠버네티스 코드를 수정할 필요가 없다.

디바이스 플러그인은 보통 각 노드에서 데몬셋으로 실행되는데, 데몬셋은 특정 리소스를 쿠버네티스 API에 애드버타이징하는 프로세스다. 가령, NVIDIA GPU는 NVIDIA 디바이스 플러그인[6]으로 액세스한다. 이 플러그인을 실행하면 다음과 같은 파드가 생성되고, 쿠버네티스는 이 리소스를 사용 가능한 노드에 파드를 스케줄링한다.

```
apiVersion: v1
kind: Pod
metadata:
  name: gpu-pod
spec:
  containers:
    - name: digits-container
      image: nvidia/digits:6.0
      resources:
        limits:
          nvidia.com/gpu: 2 # GPU 2개 요청
```

디바이스 플러그인은 GPU에만 국한되지 않는다. 가령, FPGA[Field Programmable Gate Arrays][7]나 인피니밴드[InfiniBand] 같은 특수한 하드웨어가 필요한 곳이면 어디든 사용할 수 있다.

---

[6] https://oreil.ly/RgKuz
[7] 옮긴이_ 설계 가능 논리 소자와 프로그래밍이 가능한 내부 회로가 포함된 반도체 소자. 설계 가능 논리 소자는 AND, OR, XOR, NOT, 더 복잡한 디코더나 계산기능의 조합 기능같은 기본적인 논리 게이트의 기능을 복제하여 프로그래밍할 수 있습니다.

특이성 스케줄링

쿠버네티스는 자신이 모르는 리소스에 대해서는 어떤 결정도 내리지 않는다. 실제로 모델 훈련을 수행하면 GPU를 100% 사용하지 않는다. 즉, 여러분이 기대한 만큼 리소스를 사용하지 않는다. 앞서 예제를 살펴보면 GPU 코어 수만 있을 뿐, 코어당 실행 가능한 스레드 수는 빠져있다. 또 GPU 코어가 어느 버스에 있는지도 지정하지 않았으므로 서로 액세스해야 하는 잡들, 동일한 메모리에 액세스해야 하는 잡들이 동일한 쿠버네티스 노드에 배치될 가능성이 있다.

앞으로 디바이스 플러그인이 개발되면 이런 문제는 모두 해소되겠지만, 당장은 이제 막 구매한 강력한 성능의 GPU를 100% 활용하지 못하는 현실이 답답할 것이다. 사실, GPU는 원래 하드웨어 자체가 일부(예: 0.1)만 나누어 사용할 수 없게 설계되었으므로 멀티스레드를 지원하는 GPU에서도 정해진 용량만큼 사용하도록 지시하는 것은 불가능하다.

14.3.5 라이브러리, 드라이버, 커널 모듈

특수 하드웨어에 액세스하려면 전용 라이브러리와 드라이버, 커널 모듈이 필수다. 또 컨테이너에서 실행 중인 툴이 이들을 사용하려면 컨테이너 런타임에 마운트되어 있어야 한다. "그냥 컨테이너 이미지에 넣으면 안 되나?" 싶겠지만, 대답은 간단하다. 툴은 하부 호스트의 버전과 일치해야 하며 해당 시스템에 적합하게 구성해야 한다. NVIDIA 도커[8] 같은 컨테이너 런타임을 이용하면 호스트 볼륨을 각 컨테이너에 매핑하는 수고를 덜 수 있다.

전용 컨테이너 런타임 대신 기능이 동일한 어드미션 웹훅을 구축하는 방법도 있다. 클러스터의 보안 프로필에 영향을 미치는 특수 하드웨어에 액세스하려면 특권privileged 컨테이너가 필요할 수 있다. 관련 라이브러리 및 드라이버, 커널 모듈 등은 쿠버네티스 디바이스 플러그인을 통해 쉽게 설치가 가능하다. 디바이스 플러그인은 대개 스케줄링 가능한 GPU 리소스를 쿠

---

[8] https://oreil.ly/Re0Ef

쿠버네티스 스케줄러에게 애드버타이징하기 전에 각 머신에 설치가 완료됐는지 체크한다.

14.3.6 스토리지

스토리지는 머신러닝 워크플로에서 가장 중요한 부분이다. 다음에 나열한 머신러닝 워크플로 요소와 직접적인 연관이 있으므로 잘 살펴야 한다.

- 훈련 중 데이터셋 스토리지와 워커 노드 간 배포
- 체크포인트 및 모델 저장

훈련 중 데이터셋 스토리지와 워커 노드 간 분산

모델 훈련 중에는 모든 노드에서 데이터셋을 가져올 수 있어야 한다. 읽기 전용에 빠른 디스크가 장착된 스토리지가 좋다. 스토리지를 구성하는 디스크 타입은 거의 전적으로 데이터셋 사이즈에 좌우된다. 수백 MB~수백 GB 정도면 블록 스토리지가 적합하지만, 수십, 수백 TB 규모라면 오브젝트 스토리지가 더 알맞을 것이다. 단, 데이터셋을 보관한 디스크의 사이즈와 위치에 따라 네트워킹 성능 저하가 일어날 수 있다.

체크포인트 및 저장 모델

모델 훈련이 진행되면 체크포인트가 생성되고, 저장 모델saving model은 체크포인트를 제공하는 용도로 사용할 수 있다. 어쨌든 데이터를 저장하려면 스토리지를 각 노드에 붙여야 하는데, 일반적으로 데이터는 단일 디렉터리에 저장되며 각 노드는 특정 체크포인트 또는 저장 파일에 기록된다. 대부분의 툴은 체크포인트와 저장 데이터가 어느 한 군데에 있으리라 기대하며, ReadWriteMany(여러 노드에서 읽기-쓰기로 마운트 가능)를 요구한다. 퍼시스턴트볼륨을 사용할 때는 요건에 가장 부합하는 스토리지 플랫폼을 결정하면 된다. ReadWriteMany가 지원되는 볼륨 플러그인 리스트는 쿠버네티스 문서[9]를 참고하자.

14.3.7 네트워킹

머신러닝 워크플로의 훈련 단계는 (특히 분산 훈련 실행 시) 네트워크에 아주 큰 영향을 미친다. 텐서플로의 분산 아키텍처를 보면 각 파라미터 서버에서 각 노드로 가변 분산variable distribution하는 단계와 각 노드에서 파라미터 서버로 다시 되돌아가는 도중에 네트워크 트래픽이 몰린다(그림 14.2 참고). 이 교환에 걸리는 시간이 모델 훈련의 소요 시간을 결정하므로 (물론, 어느 정도 적절하게) 빠르면 빠를수록 유리한 단순한 게임이다. 최근 퍼블릭 클라우드와 서버는 대부분 1Gbps, 10Gbps, 40Gbps급 네트워크 인터페이스 카드를 지원하므로 네트워크 대역폭이 너무 낮은 경우만 문제가 된다. 높은 네트워크 대역폭이 필요하면 인피니밴드를 검토하자.

근원raw 네트워크 대역폭이 제약 요소인 경우가 대부분이지만, 애당초 커널에서 유선 네트워크를 통해 데이터를 전송하는 부분이 문제인 경우도 있다. 그래서 일부 오픈 소스 프로젝트는 노드나 애플리케이션 코드를 일체 수정하지 않고도 네트워크 트래픽을 더욱 가속화하기 위해 RDMA Remote Direct Memory Access (원격 직접 메모리 액세스)를 사용한다. RDMA이 있으면 네트워크에 있는 컴퓨터가 또 다른 컴퓨터의 프로세서, 캐시, 운영 체제를 사용하지 않고 메인 메모리의 데이터를 전달할 수 있다.

14.3.8 전용 프로토콜

쿠버네티스에서 머신러닝에 사용하는 전용 프로토콜은 벤더마다 다르지만, 병목 현상이 발생하는 아키텍처 영역을 신속하게 제거해 분산 훈련 스케일링 문제를 해결하려는 목표는 동일하다. 파라미터 서버parameter server가 좋은 예다. 이런 프로토콜을 사용하면 노드 CPU와 OS

---

[9] https://oreil.ly/aMjGd

의 개입 없이 여러 노드에 있는 GPU가 서로 직접 정보를 주고받을 수 있다.

다음은 분산 훈련을 보다 효율적으로 스케일링할 수 있는 프로토콜이다.

- **MPI**^{Message Passing Interface}**(메시지 전달 인터페이스)**

분산 프로세스 간 데이터 전송을 위한 표준 API

- **NCCL**^{NVIDIA Collective Communications Library}**(엔비디아 컬렉티브 커뮤니케이션 라이브러리)**

토폴로지 인식^{topology-aware} 멀티 GPU 통신 프리미티브 라이브러리

14.4 데이터 과학자의 관심사

지금까지 쿠버네티스 클러스터에서 머신러닝 워크로드를 실행하기 위해 고려해야 할 사항을 살펴보았다. 이 절에서는 쿠버네티스 비전문가인 데이터 과학자도 쿠버네티스를 머신러닝에 쉽게 활용할 수 있게 해주는 몇 가지 인기 있는 툴을 소개하겠다.

- **Kubeflow**[10]

쿠버네티스에 기본 내장된 머신러닝 툴킷으로, 머신러닝 워크플로에 필요한 일부 툴이 포함되어 있다. 주피터 노트북^{Jupyter Notebook}, 파이프라인, 쿠버네티스 네이티브 컨트롤러 등의 툴을 사용하면 데이터 과학자가 머신러닝 플랫폼으로 쿠버네티스를 쉽고 간편하게, 최대한 활용할 수 있다.

---

[10] https://oreil.ly/UVxjM

- **Polyaxon[11]**

머신러닝 워크플로 관리 툴이다. 많이 쓰는 다수의 라이브러리를 지원하며 모든 쿠버네티스 클러스터에서 실행된다. 상용, 오픈 소스 두 가지 버전이 있다.

- **Pachyderm[12]**

엔터프라이즈급 데이터 과학 플랫폼으로, 데이터셋 준비, 라이프 사이클, 버저닝에 사용 가능한 여러 툴과 머신러닝 파이프라인을 구축하는 기능을 제공한다. 모든 쿠버네티스 클러스터에 배포 가능한 상용 제품을 제공한다.

14.5 쿠버네티스 머신러닝 모범 사례

머신러닝 워크로드의 성능을 최적화하기 위해 필요한 모범 사례를 제시한다.

- **스마트 스케줄링과 오토스케일링**

머신러닝 워크플로는 특성상 대부분의 단계가 배치 처리이므로 우리는 클러스터 오토스케일러 사용을 적극 권장한다. GPU가 장착된 하드웨어는 일단 비싸기도 하고 사용하지 않을 때도 비용을 지불해야 한다. 테인트나 톨러레이션, 클러스터 오토스케일러를 설정해서 특정 시간에 배치 잡을 처리하는 것이 바람직하다. 그래야 클러스터가 필요한 시점에 머신러닝 워크로드의 요건에 맞게 스케일링이 가능하다.

테인트 및 톨러레이션을 사용할 경우, 확장된 리소스를 키로 노드를 테인트하는 관례를 준수하자. 가령, NVIDIA GPU가 탑재된 노드는 `key: nvidia.com/gpu, Effect: NoSchedule`로 테인트한다. 이렇게 하면 `ExtendedResourceToleration` 어드미션 컨트롤러를 사용할 수

---

11 https://oreil.ly/NZ7Nj
12 https://oreil.ly/CivM_

있는데, 이 컨트롤러는 유저가 수동으로 추가하지 않아도 확장된 리소스를 요청하는 파드와 테인트에 적절한 톨러레이션을 자동으로 추가한다.

■ 모델 훈련은 섬세하게 균형을 맞추어야 한다.

한 영역에서 뭔가 빠르게 움직이면 다른 영역에서 병목이 발생할 가능성이 높다. 그래서 지속적인 관찰과 튜닝이 필요하다. 일반적으로 GPU는 가장 비싼 리소스라서 여기에 병목이 생기지 않도록 노력을 기울이자. GPU는 풀 가동 상태를 유지한다. 모니터링 체계를 구성하여 항상 GPU, CPU, 네트워크, 스토리지 사용률을 추적하자.

■ 혼합 워크로드 클러스터

일상 비즈니스 서비스에 사용 중인 클러스터도 머신러닝에 사용할 수 있다. 머신러닝 워크로드의 고성능 요건을 감안하여 머신러닝 워크로드만 받도록 테인트한 별도의 노드 풀을 사용하자. 그러면 머신러닝 노드 풀에서 실행 중인 머신러닝 워크로드에 문제가 생겨도 다른 클러스터 영역을 보호할 수 있다.

또 워크로드 타입별로 제각기 성능 특성이 다른 여러 GPU 가용 노드 풀을 준비하자. 머신러닝 노드 풀에서는 노드 오토스케일링을 활성화하자. 혼합 모드 클러스터는 머신러닝 워크로드가 클러스터에 미치는 성능 영향을 확실히 파악한 후에 사용하는 것이 좋다.

■ 분산 훈련을 통한 선형 스케일링 달성

그야말로 분산 모델 훈련의 성배holy grail라 할 수 있다. 하지만 아쉽게도 대부분의 라이브러리는 배포 시 선형 스케일링이 안 된다. 스케일링을 개선하려는 연구가 많이 진행 중이지만, 그냥 하드웨어를 추가로 꽂는 것처럼 단순한 문제가 아니므로 비용을 정확히 이해하는 것이 중요하다.

경험상으로는 병목을 일으키는 주범은 거의 대부분 모델을 지원하는 인프라가 아닌 모델 자체인 것 같다. 물론, 모델의 문제점을 지적하기 전에 먼저 GPU, CPU, 네트워크, 스토리지의 사용률을 확인하는 일은 중요하다. 분산 훈련 프레임워크를 개선하여 더 나은 모델 확장성의 제공을 지향하는 호로보드Horovod[13] 같은 오픈 소스 툴도 있으니 참고하자.

> **정리**
>
> 이번 장에서 많은 내용을 다루었다. 여러분이 이 장을 읽고나서 왜 쿠버네티스가 머신러닝, 특히 딥러닝에 최적인지 이해하고, 머신러닝 워크로드를 처음 배포하기 전에 어떤 부분을 충분히 검토해야 할지 소중한 인사이트를 얻었길 바란다. 이 장에서 언급한 모범 사례를 잘 실천하면, 머신러닝 워크로드에 특화한 쿠버네티스 클러스터를 구축 및 유지하는 데 큰 도움이 될 것이다.

---

[13] https://oreil.ly/3NMtg

CHAPTER

15

고수준 애플리케이션 패턴 구축

쿠버네티스가 복잡한 시스템이라는 사실을 모르는 사람은 없다. 분산 애플리케이션을 배포/운영하는 과정은 간단해지지만, 그런 시스템을 쉽게 개발하는 것은 전혀 다른 문제다. 개발자가 배워야 할 새로운 개념과 아티팩트가 늘어나면서 단순하던 서비스도 복잡해지기 쉽다. 따라서 개발자에게 친숙한 프리미티브를 쿠버네티스에서 고수준으로 추상화하는 개발이 필요하다. 또 대기업이라면 보통 애플리케이션을 구성/배포하는 방식을 표준화함으로써 모든 직원들이 동일한 운영 모범 사례를 따르도록 유도하는 것이 합리적이다.

고수준 추상화는 개발자가 이와 같은 원칙을 자동으로 지키도록 이끌지만, 반면 중요한 세부분을 개발자에게 숨기는 월드 가든walled garden[1]이 될 우려도 있다. 특정 애플리케이션을 개발하거나 기존 솔루션과 통합하는 데 제약이 따르면서 복잡도가 가중될 가능성도 있다. 지금껏 클라우드가 발전하는 과정에서 인프라의 유연성과 플랫폼의 강력함 사이의 텐션tension은 늘 존재해왔다. 적절한 수준으로 추상화하여 설계하면 두 마리 토끼를 다 잡을 수 있을지도 모른다.

15.1 고수준 추상화 개발 방식

쿠버네티스에서 고수준의 프리미티브를 개발하는 방법은 두 가지가 있다. 첫째, 쿠버네티스를 일종의 구현 상세implementation detail로 래핑wrapping하는 것이다. 플랫폼을 이용하는 개발자는 자신이 쿠버네티스 기반으로 실행하고 있다는 사실조차 모른 채 자신이 플랫폼 소비자라고 생각할 테니 쿠버네티스는 구현 상세에 해당한다.

둘째, 쿠버네티스 자체에 확장 기능을 내장시켜 사용하는 것이다. 쿠버네티스 서버 API는 꽤 유연한 편이어서 새로운 리소스를 다이내믹하게 추가할 수 있다. 덕분에 기본 내장된 쿠버네티스 오브젝트와 새로운 고수준 리소스가 공존할 수 있고, 유저는 내장 툴과 익스텐션만으로

---

1 옮긴이_ 1999년 AOL의 어린이 전용 채널에서 어린이들이 부적절한 웹 사이트에 액세스하는 것을 막기 위해 만들어진 개념. 정원의 소유자로 하여금 정원에서 제공되는 시설, 서비스 등을 제공하는 자와 그러한 시설이나 서비스를 사용하는 자를 동시에 통제할 수 있다는 장점이 있기 때문에, 다양한 분야에서 적용되고 있습니다.

도 이 둘을 포함한 모든 쿠버네티스 리소스를 마음대로 조작할 수 있다. 결국, 개발자는 전과 다름없는 쿠버네티스 환경에서 새로운 기능을 더 쉽게, 덜 복잡하게 사용할 수 있다.

둘 중 어떤 방식으로 접근하는 게 좋을까? 여러분이 구축하려는 추상화 레이어$^{abstration\ layer}$의 목표를 보고 판단하면 된다. 유저가 굳이 '유리를 깨고' 탈출하게 만들 필요는 없다는 확신이 들고 사용 편의성이 더 중요한 경우라면 완전 격리된 통합 환경을 구축하는 첫 번째 방법이 더 낫다.

머신러닝 파이프라인 구축이 좋은 예다. 머신러닝 같은 분야는 비교적 잘 알려져 있고, 유저인 데이터 과학자는 대부분 쿠버네티스에 익숙하지 않다. 그들이 분산 시스템이 아닌, 자신의 전문 분야에 전념하여 작업을 신속하게 끝내는 것이 주된 목표이므로, 쿠버네티스에서 완전한 추상화를 구축하는 것이 이롭다.

이보다 더 고수준의 개발자 추상화(예: 자바 애플리케이션을 쉽게 배포하는 수단)를 구축한다면 쿠버네티스를 래핑하는 대신 확장하는 방법이 더 낫다. 여기엔 두 가지 이유가 있다. 첫째, 애플리케이션 개발은 범위가 매우 넓은 분야다. 특히, 애플리케이션과 비즈니스는 시시각각 변하는데, 그 모든 개발자의 요건과 유스 케이스를 충족시키기란 매우 어려운 일이다.

둘째, 아무래도 쿠버네티스의 기존 툴 체계를 활용하는 것이 효과적이다. 모니터링, 지속적 배포 등 다방면에 걸쳐 무수히 많은 쿠버네티스 네이티브 툴이 존재한다. 쿠버네티스 API를 바꾸지 않고 확장만 하면 이 풍성한 툴을 (나중에 새로운 툴이 개발되더라도) 그대로 다시 사용할 수 있다. 쿠버네티스 경험자를 구인하기도 쉽다. 어떤 환경에 맞게 제작된 특수한 플랫폼에서 애플리케이션을 구축한 경험자는 당연히 찾기가 힘들다.

15.2 쿠버네티스 확장

쿠버네티스를 확장하기 위해 구축하는 추상화 레이어는 저마다 고유하므로 모든 레이어에 관한 내용을 이 책에 다 넣을 수는 없다. 이 절에서는 쿠버네티스 확장에 필요한 일반적인 툴과 기술 정도만 언급하겠다.

15.2.1 쿠버네티스 클러스터 확장

쿠버네티스 클러스터를 확장하는 완벽한 가이드는 이 책의 범위를 벗어나는 커다란 주제다. 궁금하다면 『쿠버네티스 시작하기 3판』(에이콘출판사, 2023) 같은 책을 참고하기 바란다. 우리는 같은 내용을 또 설명하기보다 쿠버네티스의 확장성을 어떻게 활용할 것인지를 고민하겠다.

쿠버네티스 클러스터의 확장을 검토하고 있다면 먼저 쿠버네티스 리소스가 맞물리는 접점 touch point을 이해할 필요가 있다. 이와 관련된 기술은 대략 세 가지다. 첫째, 사이드카sidecar다. 서비스 메시가 정착되며 널리 알려진 사이드카 컨테이너(그림 15.1)는 (보통 별도의 전담 팀에서 관리하는) 메인 애플리케이션에서 분리된 부가 기능을 제공할 목적으로 메인 애플리케이션 컨테이너와 함께 실행시킨다. 예를 들어, 서비스 메시에서 사이드카를 붙여 컨테이너화한 애플리케이션에 mTLS 인증 등의 기능을 추가 제공하는 식이다.

그림 15.1 사이드카 설계

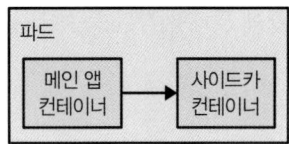

IT 업계에서 사이드카 접근 방식은 점점 더 인기를 얻고 있고, 실제로 많은 프로젝트에서 개발자가 배포한 컨테이너에 사이드카로 부가 서비스를 제공하는 추세다. Dapr^{Distributed Application}

Runtime(분산 애플리케이션 런타임)[2]가 좋은 예다. Dapr은 매우 단순하고 일관된 API를 통해 암호화, 키/값 저장소, 펍/섭 큐pub/sub queue 등 다재다능한 애플리케이션용 사이드카를 제작하는 CNCF 오픈 소스 프로젝트다. 이렇게 만든 사이드카는 쿠버네티스 기반으로 개발 중인 플랫폼에서 마치 빌딩 블록처럼 사용된다.

물론, 이 모든 노력의 취지는 개발자의 삶을 윤택하게 하려는 것이었지만, 사이드카 사용법을 따로 배우고 익혀야 하므로 실은 형편이 더 안 좋아진 셈이다. 다행히 어드미션 컨트롤러 같은 툴을 이용하면 쿠버네티스를 간편하게 확장할 수 있다.

어드미션 컨트롤러는 클러스터 기반 저장소에 저장(즉, 어드밋admit(승인))되기 전에 쿠버네티스 API 요청을 읽어들이는 인터셉터다. 그래서 API 오브젝트의 유효성을 검사하거나 조작할 수 있고, 이로써 클러스터에서 생성된 모든 파드에 사이드카를 자동으로 추가할 수 있다. 개발자는 사이드카가 뭔지 전혀 몰라도 그 이점을 톡톡히 누릴 수 있다.

[그림 15.2]는 어드미션 컨트롤러가 쿠버네티스 API와 인터랙션하는 방식이다.

그림 15.2 어드미션 컨트롤러

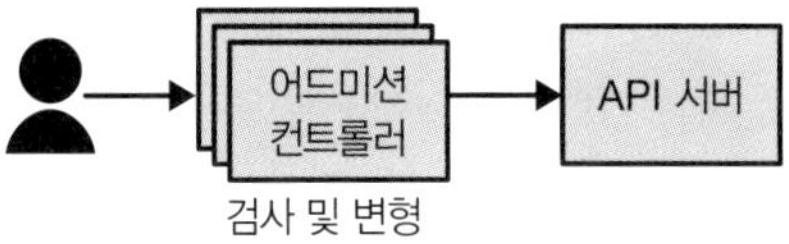

어드미션 컨트롤러는 사이드카 추가는 물론, 개발자가 쿠버네티스에 제출한 오브젝트 유효성을 검사하는 용도로도 쓰인다. 예를 들어, 쿠버네티스 모범 사례를 준수한 리소스(예: 파드)만 개발자가 제출하도록 쿠버네티스 린터linter(코드 분석 툴)를 구현할 수 있다. 실제로 개발자가 애플리케이션의 리소스를 예약하지 않는 실수를 저지르는 경우가 많은데, 어드미션 컨트롤러 기반의 린터가 개발자의 요청을 가로채 거부하면 간단히 해결된다. 물론 고급 유저가 린트 규칙을 적절히 켜고 끄면서 사용할 수 있도록 백도어(예: 전용 애너테이션)는 열어두어야 한다. 이 부분은 이 장 후반부에서 다시 이야기하자.

---

2 https://dapr.io

지금까지 기존 애플리케이션을 확장하고 개발자가 모범 사례를 준수하도록 유도하는 방법을 설명했지만, 아직 더 고수준의 추상화를 덧붙이는 방법은 언급하지 않았다. 이것이 바로 CRD가 하는 일이다. CRD는 기존 쿠버네티스 클러스터에 새로운 리소스를 다이나믹하게 추가하는 수단이다.

예를 들어, ReplicatedService라는 새로운 리소스를 쿠버네티스 클러스터에 추가한다고 하자. 개발자가 ReplicatedService 인스턴스를 생성하면 쿠버네티스는 해당 디플로이먼트와 서비스 리소스를 생성할 것이다. 즉, ReplicatedService는 어떤 공통 패턴에 맞게 개발자가 간편하게 쓸 수 있도록 추상화한 결과물이다. 이와 같은 새로운 리소스 타입을 관리하기 위해 일반적으로 CRD는 클러스터 자체에 배포된 제어 루프를 사용해서 구현한다.

15.2.2 쿠버네티스 UX 확장

클러스터에 신기능을 제공하기 위해 신규 리소스를 추가하는 것도 좋은 방법이지만, 쿠버네티스의 UX도 함께 확장하면 좀 더 효과적이다. 쿠버네티스 툴은 기본적으로 커스텀 리소스와 여타 익스텐션을 인식하지 못하며, 그런 것들을 아주 제네릭하게 취급하고 그리 유저 친화적이지 않은 방식으로 처리한다. 따라서 쿠버네티스 커맨드라인command line을 확장하면 UX를 개선할 수 있다.

보통 쿠버네티스에 액세스하는 커맨드-라인 툴은 kubectl인데, 다행히 이 툴은 확장성을 고려하여 개발되었다. kubectl 플러그인은 kubectl-foo 식으로 네이밍된 바이너리다. (foo가 플러그인의 네임이다) 커맨드라인에서 kubectl foo ...하면 결국 플러그인 바이너리가 호출되는 구조다. kubectl 플러그인을 사용하면 클러스터에 추가한 새로운 리소스를 깊이 이해할 수 있는 UX를 정의할 수 있다. 어떤 종류의 UX라도 자유롭게 구현 가능하며, 동시에 kubectl 툴을 써왔던 익숙함을 십분 활용할 수 있다. 사실 개발자에게 새로운 툴셋 사용법을 가르칠 필요가 없는 것만으로도 가치가 크다. 개발자 입장에서도 쿠버네티스 고급 지식이 쌓이면서 쿠버네티스에 네이티브한 개념을 깨우칠 수 있다.

쿠버네티스 기반 플랫폼의 그래픽 인터페이스를 구축할 때 유용한 툴로, 오픈 소스 프로젝트인 헤드램프Headlamp[3]가 있다. 웹 기반, 모바일 데스크톱 애플리케이션을 쉽게 구축할 수 있는 라이브러리로 쿠버네티스 인프라와 인터랙션이 가능하며, 플랫폼과 그 요건에 부합한 커스텀 개발 환경을 빠르게 구축할 수 있다.

15.2.3 컨테이너화 개발 간소화

쿠버네티스에 애플리케이션을 배포하려면 먼저 애플리케이션을 컨테이너화해야 한다. 클라우드 네이티브 개발에 익숙한 개발자에겐 애플리케이션을 컨테이너로 만드는 일이 당연하게 느껴지겠지만, 아직도 애플리케이션 컨테이너화는 많은 이들에게 현대적인 애플리케이션 개발을 착수조차 못하게 만드는 걸림돌이다.

다행히 바로 개발에 착수할 수 있도록 도와주는 다양한 오픈 소스 툴이 나와 있다. 드래프트Draft[4], 스캐폴드Skaffold[5] 같은 툴은 특정 언어나 개발 환경에 맞는 Dockerfile을 자동 생성한다.

클라우드 파운드리 같은 플랫폼에 내장된 빌드팩buildpack에 익숙한 개발자라면 파케토Paketo[6] 같은 툴을 고려해 볼 만하다. 정말 쉽게 시작할 수 있는 커맨드라인 툴이면서 사용하기도 쉬워서 범용 언어로 작성된 애플리케이션을 간편하게 빌드할 수 있으며 검증된 컨테이너 이미지를 제공한다.

15.2.4 '푸시-투-디플로이' 환경 구축

요즘 많은 PaaS 제품에서 가장 핫한 기능 중 하나가 바로 '푸시 투 디플로이push to deploy'다. 깃

---

[3] https://oreil.ly/2-4fB
[4] https://draft.sh
[5] https://oreil.ly/H4DzY
[6] https://paketo.io

리포지터리에 한 번만 코드를 푸시하면 알아서 애플리케이션을 클라우드 환경에 척척 배포하는 기능이다. 과거에는 대규모 관리형 PaaS 솔루션에서만 제공되는 기능이었지만, 이제는 깃헙 액션, 애저 데브옵스, 그밖의 각종 CI/CD 솔루션으로도 아주 쉽게 구축할 수 있다.

적절히 잘 설계된 파이프라인을 통해 개발자가 깃 리포지터리에 코드를 푸시하면 테스트, 빌드, 컨테이너 이미지 패키징이 자동으로 수행되면서 컨테이너 레지스트리에 푸시된다.

컨테이너 레지스트리에 새 버전의 컨테이너 이미지를 잘 넣기만 하면, 깃옵스와 결합된 다른 깃 커밋을 사용하여 실행 중인 애플리케이션에 이미지를 푸시하는 나머지 작업이 아주 간단하게 처리된다.

이처럼 깃헙 액션과 깃옵스를 결합하면 개발자가 클라우드 네이티브 체계와 IaC 같은 아이디어를 충실히 따르면서도 신속하게 배포할 수 있는 이점이 있다.

15.3 플랫폼 구축 시 설계 고려 사항

지금껏 개발자 생산성을 제고하기 위해 수많은 플랫폼이 구축되었는데, 이들의 성공/실패 사례를 참고하면 어떤 공통된 패턴이 보이면서 인사이트를 얻을 수 있다. 이 절에서는 언젠가 사라질 레거시legacy가 아닌 성공적인 플랫폼을 구축하기 위해 꼭 참고해야 할 몇 가지 설계 가이드라인을 제시한다.

15.3.1 컨테이너 이미지로 익스포트하는 기능 지원

플랫폼 구축 시 유저가 완전한 컨테이너 이미지 대신 단순 코드(예: FaaS 함수)나 네이티브 패키지(예: 자바 JAR 파일)를 전달하는 형태로 설계를 단순화한 경우가 많다. 이러한 접근 방식은 유저가 이미 잘 알고 있는 툴을 그대로 사용하고 자신의 개발 경험을 계속 살릴 수 있다는 점에서 매력적이다. 애플리케이션 컨테이너화를 플랫폼이 대신 처리해주기 때문이다.

그러나 개발자가 여러분이 제공한 프로그래밍 환경의 한계에 봉착할 가능성이 있다는 점이 문제다. 예를 들어, 어떤 버그를 해결하고자 차선책으로 특정 버전의 언어 런타임이 필요할 수도 있고, 애플리케이션 자동 컨테이너화 구성의 일부가 아닌, 리소스나 실행 파일을 따로 패키징해야 하는 경우도 있을 것이다.

어쨌든 개발자 입장에서는 버그를 살짝 고치거나 새로운 기능을 제공하고 싶었을 뿐인데, 갑자기 애플리케이션을 패키징하는 방법까지 배워야 한다면 머릿속이 아득해질 것이다.

플랫폼의 프로그래밍 환경을 제네릭한 컨테이너로 내보낼 수 있게만 지원하면, 플랫폼 유저인 개발자가 컨테이너의 A부터 Z까지 처음부터 모든 걸 배울 필요는 없을 것이다. 현재 애플리케이션을 나타낸 완전한 컨테이너 이미지(즉, 함수와 노드 런타임이 포함된 컨테이너 이미지)만 있으면 되고, 개발자는 자신의 요건에 따라 컨테이너 이미지를 조금씩 조정해서 사용하면 된다. 이렇게 개발자가 점진적으로 학습을 계속 하면 고수준 플랫폼에서 저수준^{low-level}의 인프라로 매끄럽게 나아갈 수 있고, 가파른 학습 절벽을 느끼지 않기 때문에 플랫폼의 전체적인 효용도 증가한다.

15.3.2 기존 서비스와 서비스 디스커버리 메커니즘 지원

플랫폼은 계속 진화하면서 다른 시스템과 연결되기 마련이다. 많은 개발자가 여러분이 제공한 플랫폼에서 아주 만족하고 생산적으로 일할 수도 있겠지만, 실제 애플리케이션은 그것을 빌드한 플랫폼과 저수준의 쿠버네티스 애플리케이션은 물론, 다른 플랫폼에 이르기까지 폭넓게 엮여 있다. 대규모 애플리케이션은 그 특성상 레거시 데이터베이스나 쿠버네티스 기반의 오픈 소스 애플리케이션과 연결될 수밖에 없다.

이러한 상호 연결성에 관한 니즈 때문에 여러분이 구축하는 플랫폼에서 서비스 및 서비스 디스커버리에 관한 코어 쿠버네티스 프리미티브를 적극 활용하는 것이 중요하다. 유저의 플랫폼 경험을 개선하겠다고 바퀴를 다시 발명하는 어리석은 짓은 하지 말자. 세상과 단절된 또 다른 월드 가든이 생길 뿐이다.

플랫폼에 정의된 애플리케이션을 쿠버네티스 서비스로 표출하면, 클러스터에 있는 모든 애플리케이션은 고수준의 플랫폼에서 실행 중인지 여부와 상관없이 애플리케이션을 사용할 수 있다. 마찬가지로 쿠버네티스 DNS 서버로 서비스 디스커버리 기능이 제공된다면, 고수준 플랫폼에 정의되지 않아도 더 고수준의 애플리케이션 플랫폼에서 실행 중인 다른 애플리케이션에 연결할 수 있다. 더 간편하고 나은 뭔가를 창조하고픈 욕심이 생기겠지만, 상이한 플랫폼 간의 상호 연결은 사람들이 적잖은 세월 동안 다양한 복잡성을 지닌 애플리케이션을 구축하면서 정리한 설계 패턴이다. 나만의 월드 가든을 지으려다 후회하지 말자.

15.4 애플리케이션 플랫폼 구축 모범 사례

쿠버네티스는 소프트웨어 운영에 필요한 강력한 툴을 제공하지만, 개발자가 애플리케이션을 빌드하는 툴로는 상당히 부족한 편이다. 개발자의 생산성을 높이고 그들이 쿠버네티스를 더 쉽게 사용할 수 있게 하려면 쿠버네티스를 토대로 플랫폼을 구축해야 할 필요가 있다. 이런 플랫폼을 구축할 때 참고할 만한 몇 가지 모범 사례를 제시한다.

- ✓ 어드미션 컨트롤러를 사용하여 클러스터에 대한 API 호출을 제한하고 수정하자. 어드미션 컨트롤러는 쿠버네티스 리소스가 올바른지 검사해서 잘못된 리소스는 거부한다. 변형 어드미션 컨트롤러를 사용하면 API 리소스를 자동으로 수정함으로써 유저가 굳이 알 필요 없는 새로운 사이드카 또는 다른 변경 사항을 추가할 수 있다.

- ✓ 기존 커맨드라인 툴에 새로운 툴을 추가해서 쿠버네티스 UX를 확장하려면 kubectl 플러그인을 사용하자. 드물지만 별도의 전용 툴이 더 적합한 경우도 있다.

- ✓ 쿠버네티스에서 플랫폼을 구축할 때는 플랫폼의 유저와 그들의 니즈가 어떻게 발전할

지 잘 생각해보자. 쉽고 간편한 사용은 분명 좋은 목표지만, 유저가 플랫폼에 갇혀 플랫폼이 아닌 모든 것들을 다시 작성할 수밖에 없도록 만들면 결국 실패하고 말 것이다.

> **정리**
>
> 쿠버네티스는 소프트웨어의 배포 및 운영을 간소화하는 놀라운 툴이지만, 아쉽게도 개발자 입장에서 그리 친근하게 다가오거나 생산성을 높여주는 환경이라고 보긴 어렵다. 따라서 일반적으로 개발자가 간편하게 액세스해서 사용할 수 있도록 쿠버네티스 위에 더 고수준 플랫폼으로 추상화하는 경우가 많다.
>
> 이 장에서는 이러한 고수준 시스템을 설계하는 몇 가지 접근 방식을 설명하고, 쿠버네티스에서 적용 가능한 핵심적인 확장 인프라에 대해 간략히 소개하였다. 끝으로, 쿠버네티스에 기반한 다른 플랫폼을 관찰하며 얻은 교훈과 설계 원칙을 열거했는데, 여러분이 스스로 플랫폼을 설계할 때 이런 내용들이 충실한 가이드 역할을 수행하길 바란다.

CHAPTER

16

상태와 스테이트풀 애플리케이션 관리

컨테이너 오케스트레이션 초창기에는 필요 시 외부 시스템을 이용하여 상태를 저장하는 스테이트리스 애플리케이션이 주된 타깃 워크로드였다. 컨테이너는 수명이 짧기 때문에 상태를 저장하는 백업 스토리지를 일관되게 유지하기는 어렵다고 본 것이다. 이후 시간이 지나면서 상태를 유지하는 컨테이너 기반 워크로드의 필요성이 대두되었고, 성능 측면에서도 그렇게 하는 편이 더 효율적인 경우가 많았다.

이후 점점 더 많은 조직이 컴퓨팅 파워를 찾아 클라우드 도입을 검토하고, 쿠버네티스가 사실상 표준 애플리케이션 컨테이너 런타임으로 굳어지면서, 이른바 '데이터 중력$^{data\ gravity}$'이라는 데이터의 양과 액세스 성능의 걸림돌이 되었다. 쿠버네티스는 무수한 이터레이션을 거치면서 이에 적응해왔으며, 그 결과 이제는 파드에 스토리지 볼륨을 마운트하고 이 볼륨을 쿠버네티스에서 직접 관리할 수 있는 정도까지 발전했다. 이는 스토리지를 필요로 하는 워크로드와 스토리지의 오케스트레이션 문제에서 중요한 요소다.

컨테이너에 외부 볼륨을 마운트하는 기능이 충분했다면, 쿠버네티스에서 대규모로 실행되는 스테이트풀 애플리케이션의 사례 또한 많이 존재했을 것이다. 사실, 볼륨 마운트는 스테이트풀 애플리케이션이라는 큰 틀에서는 아주 쉬운 컴포넌트다. 노드 장애가 발생한 이후에도 상태를 유지해야 하는 애플리케이션은 대부분 관계형 데이터베이스 시스템, 분산 키/값 저장소, 복합 문서 관리 시스템만큼이나 복잡한 데이터 상태 엔진이다. 이런 부류의 애플리케이션은 클러스터링된 애플리케이션 멤버끼리 서로 통신하는 방식, 다른 멤버를 식별하는 방법, 멤버가 시스템을 출입하는 순서 등 조율이 필요한 부분이 있다.

이 장에서는 네트워크 공유 폴더에 파일을 저장하는 간단한 패턴부터 몽고DB, MySQL, 카프카^{Kafka} 등의 복잡한 데이터 관리 시스템에 이르기까지 상태를 관리하는 모범 사례를 이야기할 것이다. 복잡한 시스템을 다루는 오퍼레이터 패턴에 대해서도 짧게 언급하겠다. 오퍼레이터 패턴을 이용하면 쿠버네티스 프리미티브는 물론, 비즈니스나 애플리케이션 로직을 커스텀 컨트롤러로 추가할 수 있으므로 복잡한 데이터 관리 시스템을 보다 쉽게 운영할 수 있다.

16.1 볼륨과 볼륨 마운트

상태 유지는 복잡한 데이터베이스나 스루풋이 높은 데이터 큐 서비스 등의 워크로드에서만 필요한 것이 아니다. 컨테이너로 만든 워크로드에 탑재된 애플리케이션도 특정 디렉터리에서 필요한 정보를 읽고 쓸 일이 많다. 파드의 컨테이너가 읽기 가능한 볼륨에 데이터를 주입하는 방법은 4장에서 설명했다. 그런데 컨피그맵이나 시크릿에서 마운트한 데이터는 보통 읽기 전용이다.

이 절에서는 컨테이너에 쓰기도 가능하고 컨테이너 장애 또는 더 나아가 파드 장애까지 극복 가능한 볼륨을 제공하는 방법을 알아보겠다.

도커, rkt, CRI-O, 싱귤래리티Singularity 같은 주요 컨테이너 런타임은 모두 외부 스토리지 시스템에 매핑된 컨테이너에 볼륨을 마운트할 수 있도록 지원한다. 외부 스토리지는 가장 간단하게는 메모리나 컨테이너 호스트의 경로부터 NFS, Glusterfs, CIFS, Ceph 등의 외부 파일 시스템까지 범위가 넓다.

그런데 왜 이런 장치들이 필요할까? 애플리케이션에 특정 정보를 로컬 파일 시스템에 기록하도록 개발된 레거시 애플리케이션이 좋은 예다. 구현 방법은 여러 가지다. 사이드카 컨테이너의 `stdout`이나 `stderr`에 로그를 기록하도록 애플리케이션 코드를 수정할 수도 있고, 공유 파드 볼륨을 통해 로그 데이터를 외부 소스로 스트리밍할 수도 있다. 아니면, 호스트 기반 로깅 툴을 이용해 호스트 로그와 애플리케이션 로그를 볼륨에서 읽는 방법도 있다. 다음 코드처럼 쿠버네티스 hostPath로 컨테이너에 볼륨을 마운트하면 된다.

```
apiVersion: apps/v1
kind: Deployment
metadata:
  name: nginx-webserver
spec:
  replicas: 3
```

```
selector:
  matchLabels:
    app: nginx-webserver
template:
  metadata:
    labels:
      app: nginx-webserver
  spec:
    containers:
    - name: nginx-webserver
      image: nginx:alpine
      ports:
      - containerPort: 80
      volumeMounts:
        - name: hostvol
          mountPath: /usr/share/nginx/html
    volumes:
      - name: hostvol
        hostPath:
          path: /home/webcontent
```

16.2 볼륨 모범 사례

✓ 어댑터 패턴, 앰베서더 타입 패턴처럼 데이터 공유를 위해 여러 컨테이너를 필요로 하는 파드만 볼륨을 사용하도록 제한하자. 이런 종류의 공유 패턴에는 emptyDir를 사용하자.

✓ 노드 기반의 에이전트 또는 서비스에서 데이터를 액세스할 경우에는 hostDir을 사용하자.

✓ 아주 중요한 애플리케이션 로그 및 이벤트를 로컬 디스크에 기록하는 서비스가 있는지 파악하자. 그리고 가능하면 stdout이나 stderr로 변경해서 볼륨 맵을 사용하지 말고, 쿠버네티스를 인식하는 Kubernetes-aware 로그 집계 시스템을 통해 로그를 스트리밍하도록 구현하자.

16.3 쿠버네티스 스토리지

지금까지 파드에 있는 컨테이너에 볼륨을 매핑하는 컨테이너 엔진의 기본 기능을 살펴보았다. 여기서 핵심은 볼륨 마운트 이면의 스토리지를 쿠버네티스가 관리할 수 있게 만드는 것이다. 따라서 필요에 따라 언제라도 파드를 살리고 죽일 수 있는 다이내믹한 시나리오가 가능하며, 파드가 어디에 살아 있든 그에 따라 파드가 바라보는 스토리지를 전환할 수 있다. 쿠버네티스는 퍼시스턴트볼륨과 퍼시스턴트볼륨클레임, 두 가지 API로 파드 스토리지를 관리한다.

16.3.1 퍼시스턴트볼륨

퍼시스턴트볼륨은 파드에 마운트된 모든 볼륨을 떠받치는 하부 디스크다. 퍼시스턴트볼륨에는 볼륨을 사용하는 파드의 라이프 사이클과 독립적으로 볼륨의 라이프 사이클을 정의한 클레임 정책claim policy이 있다. 쿠버네티스는 스태틱 또는 다이내믹하게 볼륨을 만들어 쓸 수 있는데, 다이내믹하게 볼륨을 생성하려면 쿠버네티스에 스토리지클래스StorageClass를 정의해야 한다. 여러 타입과 클래스의 퍼시스턴트볼륨을 클러스터에 만들 수 있고, 퍼시스턴트볼륨클레임이 퍼시스턴트볼륨과 일치하는 경우에만 실제로 파드에 볼륨이 할당된다. 볼륨 자체는 볼륨 플러그인이 지원한다. 쿠버네티스는 다양한 플러그인을 직접 지원하며, 플러그인마다 조정하는 구성 파라미터는 각기 다르다.

```
apiVersion: v1
kind: PersistentVolume
metadata:
name: pv001
labels:
  tier: "silver"
spec:
capacity:
  storage: 5Gi
accessModes:
- ReadWriteMany
persistentVolumeReclaimPolicy: Recycle
storageClassName: nfs
mountOptions:
  - hard
  - nfsvers=4.1
nfs:
  path: /tmp
  server: 172.17.0.2
```

16.3.2 퍼시스턴트볼륨클레임

퍼시스턴트볼륨클레임은 파드가 사용할 스토리지의 리소스 요건을 쿠버네티스에 알리는 통신 수단이다. 파드는 클레임을 참조하여 만약 클레임 요청과 일치하는 퍼시스턴트볼륨이 있으면 해당 파드에 볼륨을 할당한다. 스토리지 요청 사이즈와 액세스 모드는 반드시 정의해야 하며, 특정 스토리지클래스를 지정할 수도 있다. 셀렉터로 어떤 기준을 만족하는 퍼시스턴트볼륨을 매치시키는 것도 가능하다. 예를 들어, 다음 예제는 tier 키의 값이 "silver"인 레이블과 매치된다.

```yaml
apiVersion: v1
kind: PersistentVolumeClaim
metadata:
  name: my-pvc
spec:
  storageClass: nfs
    accessModes:
    - ReadWriteMany
  resources:
    requests:
      storage: 5Gi
  selector:
    matchLabels:
      tier: "silver"
```

이 클레임은 앞서 작성한 퍼시스턴트볼륨과 매치된다. 스토리지클래스 네임이 같고, 셀렉터가 매치되며, 사이즈와 액세스 모드 모두 동일하기 때문이다.

쿠버네티스는 매치된 퍼시스턴트볼륨과 퍼시스턴트볼륨클레임을 바인딩한다. 이후로 볼륨을 사용하려면 다음과 같이 pod.spec에서 클레임 네임을 참조하면 된다.

```yaml
apiVersion: apps/v1
kind: Deployment
metadata:
  name: nginx-webserver
spec:
  replicas: 3
  selector:
    matchLabels:
      app: nginx-webserver
  template:
    metadata:
```

```
      labels:
        app: nginx-webserver
    spec:
      containers:
      - name: nginx-webserver
        image: nginx:alpine
        ports:
        - containerPort: 80
        volumeMounts:
          - name: hostvol
            mountPath: /usr/share/nginx/html
      volumes:
        - name: hostvol
          persistentVolumeClaim:
            claimName: my-pvc
```

16.3.3 스토리지클래스

퍼시스턴트볼륨을 일일이 손으로 정의하는 대신 사용할 볼륨 플러그인이 지정된 스토리지클래스 오브젝트를 만드는 게 더 편하다. 또한 이 스토리지클래스의 모든 퍼시스턴트볼륨이 사용하는 특정 마운트 옵션과 파라미터도 생성할 수 있다. 이렇게 클레임이 특정 스토리지클래스를 사용하도록 지정하면, 쿠버네티스는 스토리지클래스 파라미터와 옵션에 따라 퍼시스턴트볼륨을 다이내믹하게 생성한다.

```
kind: StorageClass
apiVersion: storage.k8s.io/v1
metadata:
name: nfs
provisioner: cluster.local/nfs-client-provisioner
parameters:
```

```
archiveOnDelete: True
```

또 디폴트스토리지클래스^{DefaultStorageClass} 어드미션 플러그인을 사용하면 디폴트 스토리지 클래스를 만들 수 있다. 이 기능이 API 서버에 활성화되어 있으면 디폴트 스토리지 클래스를 정의할 수 있고, 스토리지클래스를 지정하지 않은 퍼시스턴트볼륨클레임은 모두 이 디폴트 스토리지 클래스에 할당된다. 어떤 클라우드 프로바이더는 가장 저렴한 스토리지에 디폴트 스토리지 클래스를 매핑하기도 한다.

CSI와 플렉스볼륨

최신 볼륨 플러그인은 대부분 쿠버네티스 코드베이스에 해당 코드가 추가될 때까지 기다려야 한다. 그러나 '아웃-오브-트리^{Out-of-Tree}' 볼륨 플러그인이라고 부르는 CSI^{Container Storage Interface}(컨테이너 스토리지 인터페이스)와 플렉스볼륨^{FlexVolume} 덕분에 스토리지 벤더가 코드 추가를 기다릴 필요 없이 직접 커스텀 스토리지 플러그인을 만들 수 있다.

CSI와 플렉스볼륨 플러그인은 관리자가 쿠버네티스 클러스터에 익스텐션으로 배포하는 기능이다. 이로써 스토리지 벤더가 새로운 기능을 선보이기 위해 필요할 때마다 계속 업데이트할 수 있다.

CSI 깃허브[1]에는 다음과 같이 목표가 명시되어 있다.

> *스토리지 벤더^{SP}가 한번 플러그인을 개발하면 여러 컨테이너 오케스트레이션^{CO} 시스템에서 함께 사용할 수 있도록 업계 표준 CSI를 정의한다.*

플렉스볼륨은 스토리지 프로바이더에게 추가 기능을 제공하기 위해 사용해온 전통적인 인터페이스지만, 이 인터페이스를 사용하는 클러스터의 모든 노드에 특정 드라이버(기본적으로 클러스터의 호스트에 설치되는 실행 파일)를 설치해야 하는 번거로움이 있다. 이 드라이버는

---

[1] https://oreil.ly/AuMgE

특히 관리형 서비스 프로바이더 입장에서 노드에 액세스하기 까다롭고 컨트롤 플레인은 사실상 액세스가 불가능하므로 플렉스볼륨 사용에 큰 걸림돌이었다. 따라서 기능은 이와 동일하면서 클러스터에 파드를 배포하는 것만큼 사용하기 쉬운 CSI 플러그인이 해결사로 떠오르게 되었다.

16.3.4 쿠버네티스 스토리지 모범 사례

클라우드 네이티브 애플리케이션의 기본 설계 원칙은 가능한 한 스테이트리스 애플리케이션으로 설계하는 것이다. 그러나 컨테이너 기반 서비스가 차지하는 비중이 점점 늘어나면서 데이터 스토리지 퍼시스턴스의 필요성이 대두되었다. 애플리케이션에 필요한 스토리지를 효과적으로 설계하는 데 도움이 될 만한 쿠버네티스의 스토리지에 관한 모범 사례를 제시한다.

- ✓ 가급적 디폴트스토리지클래스 어드미션 플러그인을 활성화하고 디폴트 스토리지 클래스를 정의하자. 퍼시스턴트볼륨을 필요로 하는 애플리케이션의 헬름 차트는 기본적으로 차트의 디폴트 스토리지 클래스를 사용하므로 별다른 수정 없이 애플리케이션을 설치할 수 있다.

- ✓ 온프레미스나 상용 클라우드에서 클러스터 아키텍처를 설계할 때 컴퓨트 레이어와 데이터 레이어 간의 영역과 연결 문제를 신중하게 검토하자. 데이터와 워크로드는 노드와 퍼시스턴트볼륨 모두 적절한 레이블을 붙이고 어피니티를 사용하는 방식으로 최대한 가까이 두는 게 좋다. 즉, 영역 A의 노드에 있는 파드가 영역 B의 노드에 부착된 볼륨을 마운트하는 등의 일은 없어야 한다.

- ✓ 어느 워크로드가 디스크에 자신의 상태를 유지해야 하는지 꼼꼼하게 파악하자. 데이터베이스 같은 외부 서비스에도 상태를 보관할 수 있는가? 아니면 현재 사용 중인 API와 호환되는 호스티드 서비스(예: 서비스형 몽고DB 또는 MySQL)를 이용하여 클라우드 프로바이더가 제공한 인스턴스를 실행시킬 수 있나?

- ✓ 애플리케이션 코드를 스테이트리스하게 수정하는 데 얼마나 많은 노력이 드는지 파악하자.

- ✓ 쿠버네티스는 워크로드를 스케줄링하면서 볼륨을 추적하고 마운트하지만, 볼륨에 저장된 데이터의 리던던시나 백업 처리 기능은 따로 제공하지 않는다. 그래서 벤더가 네이티브 스냅샷 기술을 (스토리지 백엔드가 이를 지원하는 경우에 한함) 플러그인할 수 있는 API가 CSI 스펙에 추가되었다.

- ✓ 볼륨에 저장되는 데이터의 라이프 사이클이 적절한지 확인한다. 회수 정책^{reclaim policy}은 기본적으로 다이내믹하게 프로비저닝된 퍼시스턴트볼륨에 설정된다. 즉, 파드가 삭제될 때 하부 스토리지에서 해당 볼륨도 함께 삭제되는 구조다. 법의학 분석에 쓰일 법한 민감한 데이터는 반드시 회수하도록 설정해야 한다.

16.4 스테이트풀 애플리케이션

많은 사람들이 생각하는 것과는 반대로 쿠버네티스는 초창기부터 MySQL, 카프카, 카산드라^{Cassandra} 등의 기술로 개발한 스테이트풀 애플리케이션을 지원해왔다. 하지만 당시는 복잡도가 너무 높아서 주로 확장성이나 내구성 같은 기능을 작동시키는 데 많은 작업량이 필요한 소규모의 워크로드에만 사용됐다.

레플리카셋이 파드를 어떻게 스케줄링하고 관리하는지, 그리고 이 방법이 기존 스테이트풀 애플리케이션에 어떤 악영향을 끼칠 수 있는지 이해하는 것이 중요하다.

- 레플리카셋의 파드는 스케줄링 시점에 스케일-아웃되고 랜덤하게 네이밍된다.
- 레플리카셋의 파드는 수시로 스케일-다운된다.
- 레플리카셋의 파드는 서비스와 연동되어 호출되는 것이지, 절대로 직접 네임이나 IP 주소로 호출되는 일은 없다.

- 레플리카셋의 파드는 언제든지 재시작되어 다른 노드로 옮겨질 수 있다.

- 퍼시스턴트볼륨이 매핑된 레플리카셋의 파드는 오직 클레임을 통해서만 연결되지만, 새 네임을 가진 신규 파드는 필요에 따라 리스케줄링 시 해당 클레임을 넘겨받을 수 있다.

클러스터 데이터 관리 시스템을 대충 알고 있는 사람도 위와 같은 레플리카셋 기반 파드의 특성 때문에 어떤 이슈가 생길지 금세 짐작될 것이다. 현재 쓰기 가능한 데이터베이스 사본이 있는 파드가 갑자기 지워진다고 상상해보라. 진정한 판도라의 상자가 열리리라!

쿠버네티스를 처음 배우는 사람들은 스테이트풀셋 애플리케이션과 데이터베이스 애플리케이션을 동일시하는 경향이 있는데, 이는 사실과 거리가 멀다. 쿠버네티스는 자신이 어떤 타입의 애플리케이션을 배포하는지 전혀 모른다. 데이터베이스 시스템에 리더 선출 leader election 프로세스가 필요한지, 멤버 간 데이터셋 복제가 가능한지, 어떤 데이터베이스 시스템인지 쿠버네티스는 알지 못한다. 그래서 스테이트풀셋이 필요한 것이다.

16.4.1 스테이트풀셋

스테이트풀셋을 사용하면 노드/파드가 안정적으로 동작해야 하는 애플리케이션을 쉽게 실행할 수 있다. 스테이트풀셋은 레플리카셋에 배포한 파드의 전형적인 특성과 거의 정반대다. 펫셋PetSets은 복잡한 데이터 관리 시스템처럼 스테이트풀 타입 애플리케이션의 중요한 스케줄링 및 관리 요건을 충족시키기 위해 쿠버네티스 1.3 버전부터 도입된 스펙이다.

- 스테이트풀셋의 파드는 스케일-아웃되며 순차적으로 네이밍된다. 셋이 스케일-업되면서 파드는 서수 네임 ordinal name이 부여되며, 기본적으로 새 파드는 다음 파드가 추가되기 이전에 완전한 온라인 상태(라이브니스 프로프 + 레디니스 프로브 통과)가 되어야 한다.

- 스테이트풀셋의 파드는 역순으로 스케일-다운된다.

- 스테이트풀셋의 파드는 헤드리스 서비스 이면에 있는 네임으로 개별적인 주소 지정이 가능하다.

- 볼륨 마운트가 필요한 스테이트풀셋의 파드는 미리 정의된 퍼시스턴트볼륨 템플릿을 사용해야 한다. 스테이트풀셋의 파드에서 클레임된 볼륨은 스테이트풀셋이 삭제되어도 함께 삭제되지 않는다.

스테이트풀셋 스펙은 서비스 선언 및 퍼시스턴트볼륨 템플릿을 제외하면 디플로이먼트와 상당히 닮았다. 파드에 개별적으로 주소를 부여하는 헤드리스 서비스가 먼저 생성돼야 한다. 헤드리스 서비스는 일반 서비스와 동일하지만 로드 밸런싱은 하지 않는다.

```
apiVersion: v1
kind: Service
metadata:
  name: mongo
  labels:
    name: mongo
spec:
  ports:
  - port: 27017
    targetPort: 27017
  clusterIP: None # 헤드리스 서비스를 생성한다.
  selector:
    role: mongo
```

스테이트풀셋을 정의하는 부분은 몇 가지만 제외하고 디플로이먼트와 똑같다.

```
apiVersion: apps/v1beta1
kind: StatefulSet
metadata:
  name: mongo
spec:
  serviceName: "mongo"
  replicas: 3
  template:
    metadata:
      labels:
        role: mongo
        environment: test
```

```yaml
  spec:
    terminationGracePeriodSeconds: 10
    containers:
      - name: mongo
        image: mongo:3.4
        command:
          - mongod
          - "--replSet"
          - rs0
          - "--bind_ip"
          - 0.0.0.0
          - "--smallfiles"
          - "--noprealloc"
        ports:
          - containerPort: 27017
        volumeMounts:
          - name: mongo-persistent-storage
            mountPath: /data/db
      - name: mongo-sidecar
        image: cvallance/mongo-k8s-sidecar
        env:
          - name: MONGO_SIDECAR_POD_LABELS
            value: "role=mongo,environment=test"
volumeClaimTemplates:
- metadata:
    name: mongo-persistent-storage
    annotations:
      volume.beta.kubernetes.io/storage-class: "fast"
  spec:
    accessModes: [ "ReadWriteOnce" ]
    resources:
      requests:
        storage: 2Gi
```

16.4.2 오퍼레이터

스테이트풀셋은 복잡한 스테이트풀 데이터 시스템을 쿠버네티스에서 실행 가능한 워크로드로 가져오는 결정적인 요소였다. 앞서 언급했듯이, 쿠버네티스는 워크로드가 스테이트풀셋에서 실행 중인지 여부는 전혀 관심이 없다. 백업, 페일오버, 리더 등록, 새 레플리카 등록과 업그레이드 등 주기적으로 발생하는 복잡한 작업을 스테이트풀셋으로 실행하려면 여러모로 신중하게 검토해야 한다.

쿠버네티스 성장 초기에 코어OS^{CoreOS}의 SRE$^{Site\ Reliability\ Engineer}$(사이트 신뢰성 엔지니어)는 오퍼레이터라는 새로운 종류의 클라우드 네이티브 쿠버네티스 소프트웨어를 만들었다. 오퍼레이터의 원래 의도는 특정 애플리케이션 실행에 필요한 도메인 지식을 쿠버네티스를 확장하는 특정 컨트롤러에 담아 캡슐화하자는 것이었다.

카산드라 또는 카프카에서 배포, 확장, 업그레이드, 백업, 기타 일반 유지보수 작업이 가능한 스테이트풀셋 컨트롤러를 구축한다고 하자. 최초로 만들어진 etcd와 프로메테우스 오퍼레이터는 시간 경과에 따른 메트릭을 보관하기 위해 시계열 데이터베이스를 사용했다. 프로메테우스나 etcd 인스턴스를 적절히 생성, 백업, 복원하는 설정은 오퍼레이터가 처리할 수 있다. 오퍼레이터는 사실 파드, 디플로이먼트처럼 쿠버네티스로 관리하는 오브젝트 중 하나일 뿐이다.

최근까지 오퍼레이터는 SRE나 소프트웨어 벤더가 특정 애플리케이션에 사용하려고 생성한 일회성 툴이었다. 2018년 중반, 레드햇은 오퍼레이터 프레임워크를 개발했는데 이 프레임워크는 SDK 라이프 사이클 관리자와 앞으로 개발될 미터링^{metering}, 마켓플레이스, 레지스트리 타입 함수 같은 기능이 포함된 툴셋이다. 오퍼레이터는 커스텀 컨트롤러 로직 덕분에 스테이트풀 애플리케이션뿐만 아니라 복잡한 데이터 서비스와 스테이트풀 시스템과도 잘 맞는다.

오퍼레이터는 쿠버네티스 API 확장은 물론, 복잡한 쿠버네티스 시스템 프로세스를 감독하는 표준으로 발전했다. 오퍼레이터허브OperatorHub[2]는 이미 만들어진 쿠버네티스용 오퍼레이터를 서비스하는데, 여기에 선별된curated 최신 오퍼레이터 리스트가 있다.

오퍼레이터의 작동 원리를 배우고 싶다면 이번에 새로 추가된 21장의 기본적인 오퍼레이터 개발 및 사용 방법을 참고하자. 오퍼레이터 구축에 관한 자세한 내용은 제이슨 도비스Jason Dobies와 조수아 우드Joshua Wood가 함께 쓴 『쿠버네티스 오퍼레이터』(에이콘출판사, 2020)를 읽어보기 바란다.

16.4.3 스테이트풀셋과 오퍼레이터 모범 사례

상태를 유지하면서 복잡한 관리와 구성 작업이 필요한 대규모 분산 애플리케이션에서 쿠버네티스 스테이트풀셋과 오퍼레이터를 활용하면 여러모로 장점이 많다. 오퍼레이터는 커뮤니티의 전폭적인 지원하에 계속 발전 중인 툴이다. 이 책을 쓰는 현재 기준으로 몇 가지 모범 사례를 제시한다.

- ✓ 스테이트풀셋 사용 여부는 신중하게 결정하자. 스테이트풀 애플리케이션은 아직 오케스트레이터로 관리할 수 없는 깊숙한 곳까지 관리를 요하기 때문이다.

- ✓ 스테이트풀셋용 헤드리스 서비스는 자동 생성되지 않는다. 파드를 개별 노드처럼 취급하려면 배포 시점에 반드시 이 서비스가 만들어져야 한다.

- ✓ 애플리케이션에 서수 네임을 부여하거나 안정적으로 스케일링을 한다고 해서 반드시 퍼시스턴트볼륨을 할당해야 한다는 뜻은 아니다.

- ✓ 클러스터의 노드가 응답하지 않는 경우, 스테이트풀셋의 일부인 파드는 자동 삭제되지 않는다. 대신 정해진 유예 기간grace period 경과 후 Terminating 또는 Unknown 상태가 된다. 파드를 삭제하려면 클러스터에서 노드 오브젝트를 지우거나, kubelet을 다시 작동

---

[2] http://operatorhub.io

시켜 파드를 직접 없애거나, 오퍼레이터로 파드를 강제로 삭제하면 된다. 강제 삭제는 최후의 수단으로 아껴두자. 클러스터에 네임이 동일한 파드가 2개 있을 가능성도 있으므로 삭제된 파드가 위치한 노드가 다시 온라인 상태가 되지 않도록 주의하자. 파드를 강제로 삭제하려면 kubectl delete pod nginx-0 --grace-period=0 --force 커맨드를 사용한다.

✓ 파드를 강제 삭제해도 계속 Unknown 상태인 경우가 있는데, 이럴 때는 kubectl patch pod nginx-0 -p '{"metadata":{"finalizers":null}}' 커맨드로 API 서버를 패치하자. 해당 엔트리가 삭제되면서 스테이트풀셋 컨트롤러가 삭제된 파드의 새 인스턴스가 만들어질 것이다.

✓ 리더 선출 또는 데이터 복제 확인 프로세스가 구현된 복잡한 데이터 시스템을 운용 중인 환경에서는 preStop hook을 사용하자. 이 커맨드는 모든 연결을 올바르게 닫고, 강제로 리더를 선출하고, 데이터가 동기화됐는지 확인 후, 그레이스풀 셧다운[3] 프로세스로 파드를 삭제한다.

✓ 스테이트풀 데이터를 요하는 애플리케이션이 복잡한 데이터 관리 시스템일 경우, 복잡한 애플리케이션의 라이프 사이클 컴포넌트를 관리하는 데 유용한 오퍼레이터가 있는지 찾아보자. 자체 구축한 애플리케이션이라면 관리 편의성 측면에서 애플리케이션을 오퍼레이터로 패키징하는 게 얼마나 도움이 될지 조사해보는 것도 좋다. 코어OS 오퍼레이터 SDK[4]의 사례를 참고하자.

정리

대부분의 회사에서 스테이트리스 애플리케이션은 컨테이너화하고, 스테이트풀 애플리케이션은 그대로 두려고 한다. 점점 더 많은 클라우드 네이티브 애플리케이션이 클라우드 프로

---

[3] 옮긴이_ 서비스를 종료할 때 요청이 누락되지 않도록 하기 위해, 현재 수행 중인 작업을 모두 완료한 후에 종료하는 것을 말합니다.
[4] https://oreil.ly/gRIej

바이더가 제공한 쿠버네티스 제품에서 실행되면서 데이터 중력$^{\text{data gravity}}$이 이슈로 부상하고 있다. 스테이트풀 애플리케이션은 훨씬 더 많은 조사$^{\text{due diligence}}$(DD)를 요하는데, 스테이트풀셋과 오퍼레이터를 도입하면서 그런 애플리케이션을 클러스터에서 실행하는 경우도 급속히 늘어났다.

어떤 애플리케이션을 개발하더라도 볼륨을 컨테이너에 매핑하면 하부의 복잡한 스토리지 영역을 오퍼레이터로 추상화할 수 있다. 쿠버네티스에서 데이터베이스 같은 스테이트풀 애플리케이션은 여전히 관리하기 부담스러운 부분으로, 파드, 레플리카셋, 디플로이먼트, 스테이트풀셋의 기본적인 쿠버네티스 프리미티브를 이용하여 신중하게 오케스트레이션할 필요가 있다. 특정 애플리케이션을 잘 알고 있는 오퍼레이터를 쿠버네티스 네이티브 API로 내장하면 이런 종류의 시스템을 프로덕션 기반의 클러스터로 격상시키는 데 유용하다.

CHAPTER

17

어드미션 컨트롤과 인가

쿠버네티스 API 액세스 제어는 클러스터 보안의 핵심이자 쿠버네티스 클러스터의 전체 유저, 워크로드, 컴포넌트에 정책과 거버넌스를 부여하는 수단이다. 이 장에서는 어드미션 컨트롤러와 인가 모듈을 사용하여 원하는 기능을 활성화하는 방법과 필요한 요건에 맞게 커스터마이징하는 방법을 설명한다.

본격적인 이야기로 넘어가기 전에 API 서버를 통해 요청이 흘러가는 과정을 알아보자.

[그림 17.1]은 쿠버네티스 API 서버를 통해 오브젝트가 스토리지에 저장되기까지 정상적인 엔드-투-엔드 흐름을 나타낸 것이다. 그림을 잘 보면 어드미션 컨트롤과 인가가 어디에서, 어떻게 일어나는지 알 수 있다. API 서버 전후로 API 요청이 어떻게 흘러가는지, 어드미션 컨트롤과 인가가 어떤 순서로 처리되지 눈여겨보자. 관련 모범 사례는 이 장 후반부에서 제시하겠다.

그림 17.1 쿠버네티스 API 요청 흐름

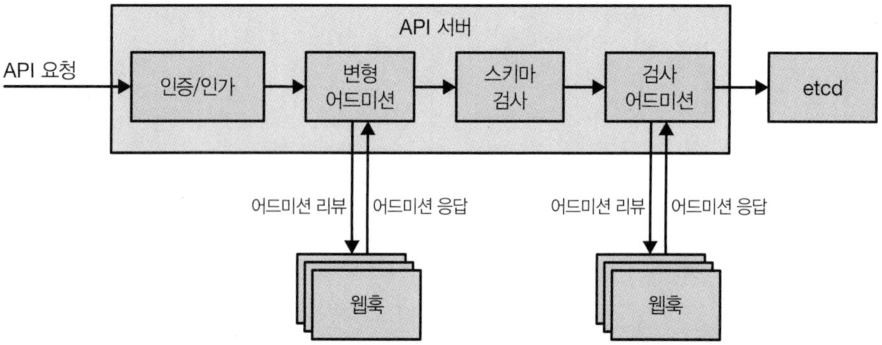

17.1 어드미션 컨트롤

있지도 않은 네임스페이스에 리소스를 정의했는데 어떻게 네임스페이스가 알아서 생기는지 신기하지 않은가? 디폴트 스토리지 클래스가 어떻게 선택되는지 궁금하지 않은가? 모두 어드미션 컨트롤러가 있기 때문에 가능한 일이다.

이 절에서는 어드미션 컨트롤러를 사용하여 유저 대신 서버 사이드에서 쿠버네티스 모범 사례를 실천하는 방법과 쿠버네티스 클러스터가 사용되는 방식을 제어하는 방법을 차례로 설명한다.

17.1.1 어드미션 컨트롤러란?

어드미션 컨트롤러는 쿠버네티스 API 서버 요청을 처리하는 단계 중 하나로, 인증 및 인가 이후에 요청을 받아 요청 오브젝트를 스토리지에 저장하기 전에 유효성을 검사하거나 변형(또는 둘 다)하는 일을 한다. 유효성을 검사하는 어드미션 컨트롤러와 요청을 변경하는 어드미션 컨트롤러의 차이점은 인입된 요청 오브젝트를 변경할 수 있는지 여부다.

17.1.2 어드미션 컨트롤의 중요성

모든 API 서버 요청을 처리하는 길목에 위치한 어드미션 컨트롤러의 용도는 다양하다. 그중 가장 일반적인 용도는 다음 세 가지다.

■ 정책 및 거버넌스

예를 들어, 다음과 같은 비즈니스 요건을 충족하는 정책을 어드미션 컨트롤러로 집행할 수 있다.

- dev 네임스페이스에서는 내부 클라우드 로드 밸런서만 사용할 수 있다.
- 파드에 있는 모든 컨테이너는 리소스 리밋을 걸어야 한다.
- 기존 툴에서 디스커버리가 가능하도록 모든 리소스에 사전 정의된 표준 레이블이나 애너테이션을 추가한다.
- 모든 인그레스 리소스는 HTTPS만 사용한다. 어드미션 웹훅의 자세한 사용법은 11장을 참조하자.

■ 보안

어드미션 컨트롤러를 사용하면 클러스터 전체에 일관된 보안 태세를 적용할 수 있다. 파드 시큐리티 어드미션 컨트롤러가 대표적인 예다. 이 컨트롤러는 파드 스펙에 지정된 보안에 민감한 필드 구성에 따라 파드 허용 여부를 결정한다. 가령, 특권 컨테이너 또는 호스트 파일시스템의 특정 경로를 사용하지 못하게 거부할 수 있다. 어드미션 웹훅을 사용하면 보안 규칙을 더 세분화하거나 커스터마이징할 수 있다.

■ 리소스 관리

어드미션 컨트롤러를 이용하면 쿠버네티스 클러스터가 모범 사례에 부합하는지 검사할 수 있다.

- 모든 인그레스의 FQDN^{Fully Qualified Domain Name}(전체 주소 도메인 네임)이 특정 접미어^{suffix}를 갖고 있는지 확인한다.
- 인그레스 FQDN이 중복되지 않게 한다.
- 파드에 있는 모든 컨테이너에 리소스 리밋을 설정하도록 한다.

17.1.3 어드미션 컨트롤러 타입

어드미션 컨트롤러는 스탠다드^{standard}와 다이내믹^{dynamic}의 두 가지 클래스가 있다. 스탠다드 어드미션 컨트롤러는 API 서버에 컴파일된 이후 각 쿠버네티스 릴리스에 플러그인으로 탑재되므로 API 서버가 시작될 때 구성을 해야 한다. 이와 달리, 다이내믹 컨트롤러는 런타임에 구성할 수 있고 개발 자체도 코어 쿠버네티스 코드베이스에서 하지 않는다. 다이내믹 어드미션 컨트롤러 타입으로는 HTTP 콜백을 통해 어드미션 요청을 수신하는 어드미션 웹훅이 유일하다.

쿠버네티스에서 권장되는 어드미션 컨트롤러는 기본적으로 활성화되어 있다. 쿠버네티스 API 서버 기동 시 다음 플래그를 붙이면 추가적인 어드미션 컨트롤러를 활성화할 수 있다.

```
--enable-admission-plugins
```

쿠버네티스 현재 버전에 기본 활성화된 어드미션 컨트롤러는 다음과 같다.

```
CertificateApproval, CertificateSigning, CertificateSubjectRestriction,
DefaultIngressClass, DefaultStorageClass, DefaultTolerationSeconds,
LimitRanger, MutatingAdmissionWebhook, NamespaceLifecycle,
PersistentVolumeClaimResize, PodSecurity, Priority, ResourceQuota,
RuntimeClass, ServiceAccount, StorageObjectInUseProtection,
TaintNodesByCondition,
ValidatingAdmissionWebhook
```

쿠버네티스 어드미션 컨트롤러 목록 및 자세한 기능은 쿠버네티스 설명서[1]를 참고하자.

권장 어드미션 컨트롤러 목록에는 `MutatingAdmissionWebhook`, `ValidatingAdmissionWebhook`라는 스탠다드 어드미션 컨트롤러가 있다. 이 두 컨트롤러는 어드미션 로직이 전혀 구현되어 있지 않고, 클러스터 내부에 웹훅 엔드포인트를 구성하여 어드미션 요청 오브젝트를 전달하는 용도로 쓰인다.

17.1.4 어드미션 웹훅 구성

앞서 말했듯이 어드미션 웹훅은 다이내믹한 구성이 가능하다는 장점이 있다. 단, 일관성과 실패 모드에 있어서 미묘한 부분과 트레이드오프가 있으므로 어드미션 웹훅을 효과적으로 구성하는 방법을 이해할 필요가 있다.

다음 스니펫은 `ValidatingWebhookConfiguration` 리소스를 구성한 것으로, 검사 어드미션

---

[1] https://oreil.ly/APrUE

웹훅validating admission webhook을 정의한 YAML이다. 필드별 상세 기능은 주석을 참고하자.

```yaml
apiVersion: admissionregistration.k8s.io/v1
  kind: ValidatingWebhookConfiguration
  metadata:
    name: ## 리소스 네임
  webhooks:
  - name: ## 어드미션 웹훅 네임, 어드미션 리뷰 결과 거부되면 유저에게 표시된다.
    clientConfig:
      service:
        namespace: ## 어드미션 웹훅 파드가 위치할 네임스페이스
        name: ## 어드미션 웹훅 연결 시 사용할 서비스 네임
        path: ## 웹훅 URL
      caBundle: ## 웹훅 서버 인증서를 검사하기 위해 사용할 PEM 인코딩된 CA 번들
    rules: ## API 서버가 웹훅에 어떤 리소스/서브리소스를 전달해야 하는지 기술한다.
    - operations:
      - ## API 서버가 이 웹훅에 전달하게 만드는 작업
        ## (예: create, update, delete, connect)
      apiGroups:
      - ""
      apiVersions:
      - "*"
      resources:
      - ## 리소스 네임(예: 디플로이먼트, 서비스, 인그레스)을 지정
    failurePolicy: ## 액세스 이슈 또는 기타 알 수 없는 에러를 어떻게 처리할지 정의한다.
                   ## Ignore와 Fail 중 하나다.
    admissionReviewVersions: ["v1"] ## 어떤 버전의 어드미션리뷰 오브젝트를 수락할지 지정한다.
    sideEffects: ## 웹훅이 처리해야 하는 대역 외 변경(out-of-band changes)인지 여부를 나타낸다.
    timeoutSeconds: 5 ## API 서버가 요청을 실패로 처리하기 전까지 응답을 대기하는 시간
```

내친 김에 MutatingWebhookConfiguration 리소스를 정의한 변형 어드미션 웹훅mutating admission webhook의 YAML도 함께 살펴보자. 역시 자세한 설명은 주석을 참고하자.

```yaml
apiVersion: admissionregistration.k8s.io/v1
kind: MutatingWebhookConfiguration
metadata:
  name: ## 리소스 네임
webhooks:
- name: ## 어드미션 웹훅 네임, 어드미션 리뷰 결과 거부되면 유저에게 표시된다.
  clientConfig:
    service:
      namespace: ## 어드미션 웹훅 파드가 위치할 네임스페이스
      name: ## 어드미션 웹훅 연결 시 사용할 서비스 네임
      path: ## 웹훅 URL
    caBundle: ## 웹훅 서버 인증서를 검사하기 위해 사용할 PEM 인코딩된 CA 번들
  rules: ## API 서버가 웹훅에 어떤 리소스/서브리소스를 전달해야 하는지 기술한다.
  - operations:
      - ## API 서버가 이 웹훅에 전달하게 만드는 작업
        ## (예: create, update, delete, connect)
    apiGroups:
    - ""
    apiVersions:
    - "*"
    resources:
    - ## 리소스 네임(예: 디플로이먼트, 서비스, 인그레스)을 지정
  failurePolicy: ## 액세스 이슈 또는 기타 알 수 없는 에러를 어떻게 처리할지 정의한다.
                 ## Ignore와 Fail 중 하나다.
  admissionReviewVersions: ["v1"] ## 어떤 버전의 어드미션리뷰 오브젝트를 수락할지 지정한다.
  sideEffects: ## 웹훅이 처리해야 하는 대역 외 변경(out-of-band changes)인지 여부를 나타낸다.
  reinvocationPolicy: ## 오브젝트에 다른 변경이 발생할 경우 변경 웹훅을 다시 호출할지 여부
  timeoutSeconds: 5 ## API 서버가 요청을 실패로 처리하기 전까지 응답을 대기하는 시간
```

두 매니페스트를 보니 카인드와 reinvocationPolicyfields 필드를 제외하고 나머지는 동일하지만 백엔드에 한 가지 차이점이 있다. MutatingWebhookConfiguration을 사용하면 어드미션 웹훅이 수정된 요청 오브젝트를 반환할 수 있지만, ValidatingWebhookConfiguration은 그렇지 않다. 물론, MutatingWebhookConfiguration을 정의하여 간단한 유효성 검사 정도는 할 수 있다. 보안을 고려하지 않을 수 없으므로 최소 권한 규칙least-privilege rule[2]을 따르는 것이 좋다.

> **NOTE** ValidatingWebhookConfiguration 또는 MutatingWebhookConfiguration를 정의할 때 rule 오브젝트 이하의 resource 필드에 ValidatingWebhookConfiguration이나 MutatingWebhookConfiguration로 정의하면 안 될까?' 하는 의문이 들 것이다. 다행히 ValidatingWebhookConfiguration과 MutatingWebhookConfiguration 오브젝트의 어드미션 요청에서는 ValidatingAdmissionWebhooks나 MutatingAdmissionWebhooks가 호출되지 않는다. 실수로 클러스터를 복구 불가능한 상태로 만들 이유는 없기 때문이다.

17.1.5 어드미션 컨트롤 모범 사례

어드미션 컨트롤러의 강력한 기능을 십분 활용하는 데 유용한 모범 사례를 제시한다.

어드미션 플러그인 순서는 중요하지 않다

쿠버네티스 초기 버전에서는 처리 순서를 결정짓는 어드미션 플러그인의 순서가 중요했지만, 현재 버전에서는 더 이상 API 서버 플래그인 --enable-admission-plugins로 지정한 어드미션 플러그인의 순서는 중요하지 않다. 단, 어드미션 웹훅의 순서는 약간 영향을 미치기 때문에 요청 흐름을 정확히 파악하는 일이 중요하다. 요청 허용/거부는 논리 AND 같아서 어드미션 웹훅 중 하나라도 요청을 거부하면 전체 요청이 거부되며 유저에게는 에러가 표시

---

2 옮긴이_ 유저가 자신의 책임을 다하기 위해 꼭 필요한 항목에만 액세스 가능해야 한다는 원칙

된다. 그리고 변형 어드미션 컨트롤러는 항상 유효성 검사 어드미션 컨트롤러보다 먼저 실행된다는 사실을 기억하자. 생각해보면 당연히 그래야 한다. 어차피 나중에 수정될 오브젝트의 유효성을 먼저 검사해봐야 무슨 의미가 있겠는가?

[그림 17.2]는 어드미션 웹훅을 경유한 요청 흐름을 도식화한 것이다. 그림을 보면 변형 어드미션 컨트롤러가 검사 어드미션 컨트롤러보다 먼저 실행됨을 알 수 있다.

그림 17.2 어드미션 웹훅을 통한 API 요청 흐름

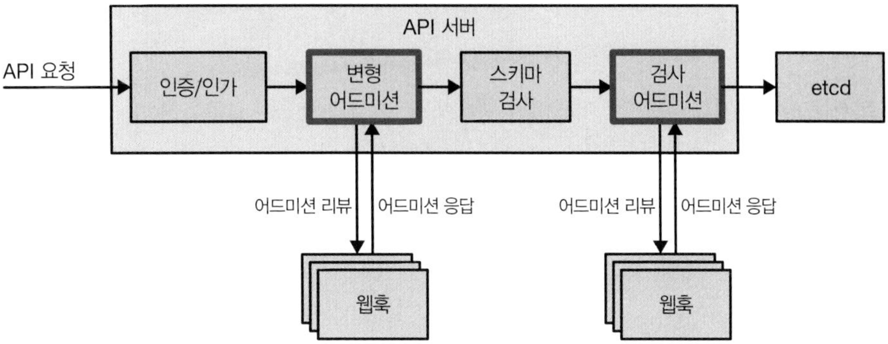

```
                        ┌─────────────────── API 서버 ───────────────────┐
                        │                                                │
API 요청  ──────────────▶│  인증/인가  ──▶  변형      ──▶  스키마  ──▶  검사      │──▶  etcd
                        │              어드미션          검사      어드미션    │
                        │                 ▲▼                        ▲▼      │
                        └─────────────────┼──────────────────────────┼──────┘
                                    어드미션 리뷰 어드미션 응답    어드미션 리뷰 어드미션 응답
                                          │                          │
                                         웹훅                        웹훅
```

동일한 필드를 변형해선 안 된다

다수의 변형 어드미션 웹훅을 구성하는 것은 문제가 될 소지가 있다. 여러 변형 어드미션 웹훅을 통해 들어오는 요청의 순서를 정할 방법이 마땅찮기 때문에 일관성을 지키려면 변형 어드미션 웹훅이 동일한 필드를 변형하지 않도록 만들어야 한다. 이처럼 변형 어드미션 웹훅을 여럿 둘 경우에는 검사 어드미션 웹훅을 구성하여 변형 이후 최종 리소스 매니페스트가 의도한 모습인지 확인하는 것이 좋다.

변형 어드미션 웹훅은 멱등해야 idempotent 한다

다시 말해, 이미 처리가 끝나 수정됐을지 모를 오브젝트를 다시 처리해도 문제가 없어야 한다.

열기/닫기 실패

웹훅 구성 리소스를 변형/검사하는 부분에 failurePolicy라는 필드는 Ignore 아니면 Fail 로 세팅한다. 이 필드는 어드미션 웹훅에 액세스 이슈나 기타 알 수 없는 에러 발생 시 API 서버가 후속 처리를 어떻게 해야 하는지 정의한 것이다. Ignore는 기본적으로 페일 오픈 (fail-open), 즉 문제가 생겨도 요청을 계속 처리한다. 반대로 Fail은 모든 요청을 거부한다. 언뜻 보면 두 값의 의미는 명백한 것 같지만, 그 의미를 잘 생각해 볼 필요가 있다. 중요한 어드미션 웹훅을 무시하면 유저도 모르는 사이에 비즈니스 관련 정책이 리소스에 적용되지 않을 가능성이 있다.

이런 문제를 방지하려면, 주어진 어드미션 웹훅에 도달 불가하다는 로그를 API 서버가 기록하는 시점에 경고 알림을 보내는 방법을 생각해 볼 수 있다. Fail은 어드미션 웹훅에 문제가 있을 때 모든 요청을 거부하므로 결과는 훨씬 더 치명적일 수 있다. 따라서 특정 리소스 요청에만 어드미션 웹훅이 세팅되도록 규칙을 적용할 범위를 지정한다. 어떤 규칙도 클러스터에 있는 모든 리소스에 적용되는 일이 없도록 철저하게 지켜야 한다.

어드미션 웹훅은 신속하게 응답해야 한다

어드미션 웹훅이 결정을 내리고 응답하는 시간이 유저/시스템 요청에 직접적인 영향을 미칠 수도 있음을 유의하자. 모든 어드미션 웹훅 호출은 30초 타임아웃이 설정되어 있고, 이 시간이 경과하면 failurePolicy가 적용된다. 어드미션 웹훅이 허용/거부를 결정하는 데 수 초만 걸려도 클러스터를 사용하는 유저 경험에 안 좋은 영향을 미칠 것이다. 허용/거부를 결정하는 로직을 복잡하게 구현하거나 데이터베이스 같은 외부 시스템에 의존하는 것은 금물이다.

어드미션 웹훅 범위를 정한다

어드미션 웹훅이 동작하는 네임스페이스의 범위는 NamespaceSelector 필드를 통해 옵션으로 지정할 수 있다. 이 필드는 디폴트가 빈 값이므로 모든 것이 다 매치되며, matchLabels 필드로 네임스페이스 레이블과 매치할 수 있다. 명시적으로 네임스페이스별 옵트인^{opt-in}이 가능하므로 이 필드는 언제나 애용하는 것을 추천한다.

항상 NamespaceSelector로 별도의 네임스페이스에 배포한다

웹훅 어드미션 컨트롤러를 셀프 호스팅할 경우, 웹훅 어드미션 컨트롤러를 별도의 네임스페이스에 배포하고 해당 네임스페이스에 배포된 리소스가 처리되지 않도록 NamespaceSelector 필드를 사용하여 배제하자.

kube-system 네임스페이스는 건드리지 말자

kube-system은 모든 쿠버네티스 클러스터가 사용하게끔 예약된 네임스페이스다. 시스템 수준의 서비스는 모두 여기서 작동되므로, 절대로 이 곳에서는 어드미션 웹훅을 실행하지 말자. kube-system 네임스페이스와 매치되지 않도록 NamespaceSelector 필드를 설정하면 간단히 해결된다. 그밖에 클러스터 운영에 필요한 모든 시스템 수준의 네임스페이스도 마찬가지다.

RBAC로 어드미션 웹훅 구성을 잠근다

여러분은 이제 어드미션 웹훅을 구성하는 모든 필드를 배웠으니, 클러스터 액세스를 차단하는 진짜 간단한 방법을 떠올렸지도 모르겠다. MutatingWebhookConfiguration과 ValidatingWebhookConfiguration은 클러스터에서 루트 권한이 있어야 실행 가능한 작업이므로 RBAC으로 적절히 문단속을 해야 한다. 이 부분을 소홀히 했다간 자칫 클러스터가 손상되거나 애플리케이션 워크로드에 인젝션 공격을 받을 수도 있다.

민감한 데이터는 보내지 말라

어드미션 웹훅은 AdmissionRequests를 받아 AdmissionResponses을 출력하는 블랙박스

같은 장치다. 요청을 어떻게 저장하고 조작하는지 유저는 내부를 들여다볼 수 없다. 어드미션 웹훅에 어떤 요청 페이로드를 실어 보낼지 신중하게 생각하자. 쿠버네티스 시크릿이나 컨피그맵에는 민감한 정보가 담겨 있을 가능성이 높기 때문에 정보를 저장, 공유할 때 확실한 안전 장치가 필요하다. 이런 리소스를 어드미션 웹훅과 공유하면 그 과정에서 민감 정보가 유출될 수 있으므로, 리소스 규칙의 범위를 유효성 검사/변형에 필요한 최소한의 리소스로 제한하는 것이 좋다.

17.2 인가

인가란 "이 유저가 어느 리소스에 무슨 일을 할 수 있는가?"하는 질문에 대한 답변이다. 쿠버네티스에서 각 요청에 대한 인가는 인증 이후, 그리고 어드미션 이전에 처리된다. 이 절에서는 다양한 인가 모듈을 구성하는 방법과 클러스터 요건에 가장 잘 맞는 정책을 생성하는 방법을 설명한다.

[그림 17.3]은 전체 요청 흐름에서 인가가 위치한 지점을 나타낸 것이다.

그림 17.3 인가 모듈을 통한 API 요청 흐름

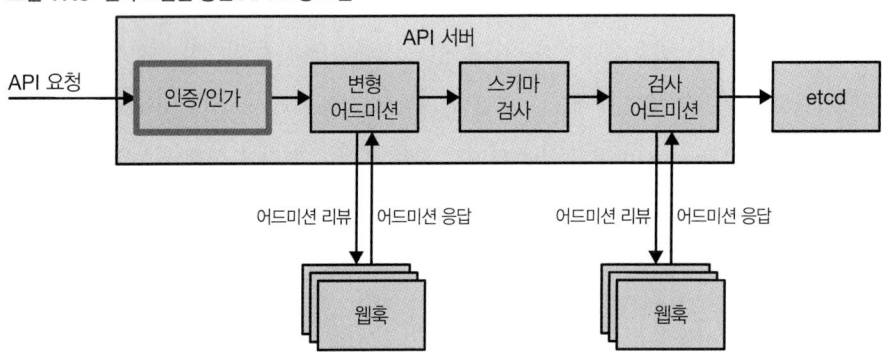

17.2.1 인가 모듈

인가 모듈은 액세스 권한을 부여 또는 거부하는 일을 담당한다. 액세스 권한은 명시적으로^{explicitly} 정의된 정책에 따라 부여되며, 그 외에 모든 요청은 암묵적으로^{implicitly} 거부된다.

다음은 쿠버네티스에서 기본 제공되는 인가 모듈이다.

- **ABAC**

로컬 파일에 인가 정책을 설정한다.

- **RBAC**

쿠버네티스 API를 통해 인가 정책을 설정한다(자세한 내용은 4장 참고).

- **웹훅**

원격 REST 엔드포인트를 통해 요청을 인가한다.

- **노드**

kubelet의 요청을 인가하는 전용 인가 모듈

인가 모듈은 API 서버에 --authorization-mode 플래그로 지정한다. 여러 모듈을 구성할 수 있으며 모두 순서대로 처리된다. 어드미션 컨트롤러와 달리, 하나의 인가 모듈만 수락해도 요청 처리가 진행되며, 모든 모듈이 거부하는 경우에만 에러가 발생한다.

ABAC

ABAC 인가 모듈을 사용하는 맥락에서 정책을 정의하는 방법을 알아보자. 다음은 메리^{Mary}라는 유저에게 kube-system 네임스페이스에 있는 파드의 읽기 전용 액세스 권한을 부여하는 정책이다.

```
apiVersion: abac.authorization.kubernetes.io/v1beta1
kind: Policy
spec:
  user: mary
  resource: pods
  readonly: true
  namespace: kube-system
```

만약 메리가 다음과 같이 요청하면 demo-app 네임스페이스에 있는 파드에 액세스할 권한이 없으므로 요청은 거부된다.

```
apiVersion: authorization.k8s.io/v1
kind: SubjectAccessReview
spec:
  resourceAttributes:
    verb: get
    resource: pods
    namespace: demo-app
```

authorization.k8s.io라는 새로운 API 그룹이 보이는데, API 서버 인가를 외부 서비스에 표출하며 디버깅할 때 아주 유용한 API 세트다.

■ SelfSubjectAccessReview

현재 유저의 액세스 검토

■ SubjectAccessReview

SelfSubjectAccessReview와 유사하나 모든 유저를 대상으로 한다.

- **LocalSubjectAccessReview**

SubjectAccessReview와 유사하나 주어진 네임스페이스를 대상으로 한다.

- **SelfSubjectRulesReview**

유저가 주어진 네임스페이스에서 할 수 있는 액션 리스트를 반환한다.

이런 API를 늘 하던 대로 리소스를 만들어 쿼리해 볼 수 있다는 점이 참 멋지다. SelfSubjectAccessReview를 조금 전 예제에 적용해보자. 출력의 status 필드를 보니 요청이 수락됐음을 알 수 있다.

```
$ cat << EOF | kubectl create -f - -o yaml
apiVersion: authorization.k8s.io/v1
kind: SelfSubjectAccessReview
spec:
  resourceAttributes:
    verb: get
    resource: pods
    namespace: demo-app
EOF
apiVersion: authorization.k8s.io/v1
kind: SelfSubjectAccessReview
metadata:
  creationTimestamp: null
spec:
  resourceAttributes:
    namespace: kube-system
    resource: pods
    verb: get
status:
  allowed: true
```

kubectl에 내장된 툴을 이용하면 더 간편하다. kubectl auth can-i는 이전 예제와 동일한 API를 쿼리하는 커맨드다.

```
$ kubectl auth can-i get pods --namespace demo-app
yes
```

관리자 크리덴셜이 있으면 다른 유저와 동일한 커맨드로 액션을 체크할 수 있다.

```
$ kubectl auth can-i get pods --namespace demo-app --as mary
yes
```

RBAC

쿠버네티스의 역할 기반 액세스 제어는 4장에서 자세히 다루었다.

웹훅

웹훅 인가 모듈을 사용하면 클러스터 관리자가 인증 프로세스를 위임할 외부 REST 엔드포인트를 구성할 수 있다. 이 엔드포인트는 클러스터 외부에서 URL로 액세스가 가능하다. REST 엔드포인트는 컨트롤 플레인 호스트의 파일 시스템에 위치한 파일에 구성하며, API 서버에서 '--authorization-webhook-config-file=SOME_FILENAME' 인수로 설정한다. 그러면 API 서버는 SubjectAccessReview 오브젝트를 요청 바디의 일부로 인가 웹훅 애플리케이션에 전송하고, 이 애플리케이션은 오브젝트 처리 후 status 필드를 complete로 바꾸어 반환할 것이다.

17.2.2 인가 모범 사례

클러스터에 구성한 인가 모듈을 변경할 때 참고할 만한 모범 사례를 제시한다.

여러 컨트롤 플레인 클러스터에는 ABAC를 삼가자

ABAC 정책은 각 컨트롤 플레인의 호스트 파일 시스템에 두고 계속 동기화해야 하므로 컨트롤 플레인 클러스터가 여럿인 환경이라면 ABAC를 삼가는 것이 좋다. 파일과 특정 플래그의 존재를 바탕으로 구성되는 웹훅 모듈도 사정은 마찬가지다. 파일에 있는 정책을 변경하면 API 서버를 재시작해야 하므로, 컨트롤 플레인이 하나밖에 없는 클러스터에서는 컨트롤 플레인 중단이 불가피하고, 컨트롤 플레인이 다수인 클러스터에서는 구성이 서로 틀어질 공산이 크다. 그러므로 유저를 인가하는 용도로는 쿠버네티스 자체에 규칙을 설정하고 보관할 수 있는 RBAC 모듈을 사용하자.

웹훅 모듈은 사용하지 말자

웹훅 모듈은 강력하지만 아주 위험할 수 있다. 모든 요청이 인가 프로세스를 거쳐야 하는데 웹훅 서비스에 문제라도 생기면 클러스터 전체 장애로 이어질 수 있기 때문이다. 따라서 웹훅 서비스에 연결할 수 없거나 불용 상태가 되어 클러스터에 장애가 발생해도 여러분이 능숙하게 조치할 수 있는 능력의 소유자가 아닌 한 외부 인가 모듈은 가급적 사용하지 않는 편이 좋다.

> **정리**
>
> 어드미션과 인가에 관한 기본적인 내용과 모범 사례를 다루었다. 다양한 스킬을 활용하여 클러스터의 생명 유지에 필요한 액세스 제어 정책을 커스터마이징할 수 있는 최선의 구성을 결정하자.

… CHAPTER

18

깃옵스와 배포

이 장의 주제는 깃옵스다. 쿠버네티스에서 깃옵스로 애플리케이션을 배포하고 관리하는 방법을 설명한다. 깃옵스 워크플로를 구축하는 모범 사례와 다양한 툴의 사용법도 자세히 살펴보겠다.

깃옵스는 쿠버네티스 애플리케이션을 배포하는 수단이다. 깃은 쿠버네티스 리소스의 단일 진실 공급원이자 배포 파이프라인의 중심이다. 덕분에 풀 리퀘스트[PR, pull request][1]를 통해 쿠버네티스 애플리케이션의 배포 및 운영 작업을 신속하고 간편하게 수행할 수 있다. 또 개발자와 관리자 모두 애플리케이션 코드를 관리하는 것와 동일한 방식으로 쿠버네티스 리소스를 관리할 수 있다. 개발자는 애플리케이션 코드를 만지작거릴 때 사용하는 도구를 그대로 사용하면서 금세 워크플로에 적응하게 된다.

이 장에서는 다룰 토픽은 다음과 같다.

- 깃옵스란 무엇인가?
- 깃옵스를 왜 사용하는가?
- 깃옵스와 다른 배포 방법은 어떤 차이점이 있나?
- 패턴과 모범 사례
- 깃옵스 툴

그리고 다음 태스크로 구성된 예제 깃옵스 워크플로를 직접 실습해보겠다.

- 플럭스와 깃옵스 에이전트 설치
- 플럭스 에이전트를 깃 리포지터리에 연결
- 리소스를 쿠버네티스 클러스터와 동기화
- 애플리케이션을 클러스터에 배포

---

1 옮긴이_ 한 사용자가 원격 리포지터리에 푸시하여 다른 사용자에게 변경 사항이 적용됐음을 알리는 것

18.1 깃옵스란?

깃옵스는 위브웍스Weaveworks 사에 의해 널리 알려지게 된 툴로서, 쿠버네티스를 프로덕션에서 운영해본 그들의 경험을 바탕으로 아이디어와 개념을 정립한 것이다. 소프트웨어 개발 라이프 사이클의 개념을 절묘하게 운영에 접목시켰고, 깃 리포지터리를 진실 공급원으로 하여 모든 클러스터 리소스가 깃으로 동기화된다. 예를 들어, 쿠버네티스 디플로이먼트 매니페스트 파일을 업데이트하면 해당 변경 사항이 실제로 클러스터에 자동 반영된다.

이런 식으로 멀티클러스터를 일관성 있게 관리하고 클러스터 전체적으로 구성 드리프트를 방지할 수 있다. 또 여러 환경별 클러스터를 선언형으로 기술하고, 이렇게 기술된 상태로 실제 클러스터의 상태를 유지할 수 있다. 깃옵스는 애플리케이션의 배포와 운영 모두 적용 가능하며, 개발자에게 공통적인 툴셋을 제공한다.

위브웍스 플럭스는 깃옵스 접근 방식을 응용한 최초의 툴이다(이 장에서도 플럭스를 계속 사용할 것이다). 이밖에도 클라우드 네이티브 분야에서 유명한 아르고CD 등 새로 나온 툴도 많다. 깃옵스 툴에 관해서는 이 장 후반부에서 자세히 살펴보겠다.

[그림 18.1]은 깃옵스 워크플로를 간단히 나타낸 그림이다. 애플리케이션 코드와 쿠버네티스 환경의 매니페스트가 포함된 깃 리포지터리가 있다. 플럭스 에이전트는 리포지터리의 변경 사항을 감시하는 일을 한다. 개발자가 변경된 코드를 커밋하면 플럭스 에이전트는 이 변경 사항을 쿠버네티스 클러스터에 반영하여 동기화한다.

그림 18.1 깃옵스 워크플로

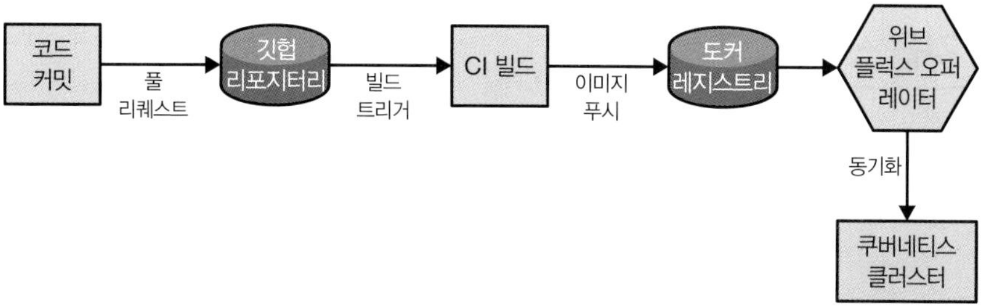

깃옵스 워크플로를 구축할 때는 오픈깃옵스^{OpenGitOps} 프로젝트[2]에 정의된 4대 깃옵스 핵심 원칙을 준수해야 한다.

- **선언형 구성**

모든 구성은 선언형 YAML 파일로 작성하여 깃으로 관리한다. 이것이 클러스터 구성에 관한 단일 진실 공급원이다.

- **구성 버저닝**

모든 구성이 깃에 보관되고, 모든 변경 사항은 버저닝된다. 따라서 변경과 롤백의 감사가 용이하다.

- **불변 구성**

모든 구성은 불변이다. 즉, 한번 변경하면 다시는 수정할 수 없다. 덕분에 클러스터를 일관된 상태로 유지할 수 있다.

- **지속적인 상태 조정**

클러스터의 상태는 깃에 정의된 상태와 지속적으로 동기화된다. 이 역시 클러스터를 일관된 상태로 유지하는 데 핵심적인 역할을 한다.

18.2 깃옵스가 필요한 이유

깃옵스는 쿠버네티스 클러스터를 관리하는 뛰어난 수단이다. 클러스터에 애플리케이션을 배포하고 클러스터 및 애플리케이션의 구성을 관리하는 데 아주 유용하다. 깃옵스의 이점을 나

---

[2] https://oreil.ly/3Rz55

열하기 전에, 먼저 기존에는 쿠버네티스에서 어떻게 애플리케이션을 배포하고 구성했는지 알아보자.

[그림 18.2]는 전형적인 기존의 배포 워크플로다. 애플리케이션의 신규 기능을 개발 중인 개발자가 있다고 하자. 이 개발자는 애플리케이션 코드를 고친 후, 새 컨테이너 이미지를 빌드한다. 그리고 나서 새 컨테이너 이미지를 컨테이너 레지스트리에 푸시하고, 이렇게 푸시한 새 컨테이너 이미지를 사용하도록 쿠버네티스 매니페스트를 수정한다. 마지막으로 클러스터에 변경 사항을 적용한다. 보다시피 손이 많이 가는 작업이고 시간도 많이 걸린다. 일부 단계는 툴로 자동화할 수 있겠지만, 애플리케이션과 클러스터가 늘어날수록 상당히 복잡해질 가능성이 크다.

그림 18.2 전통적인 배포 워크플로

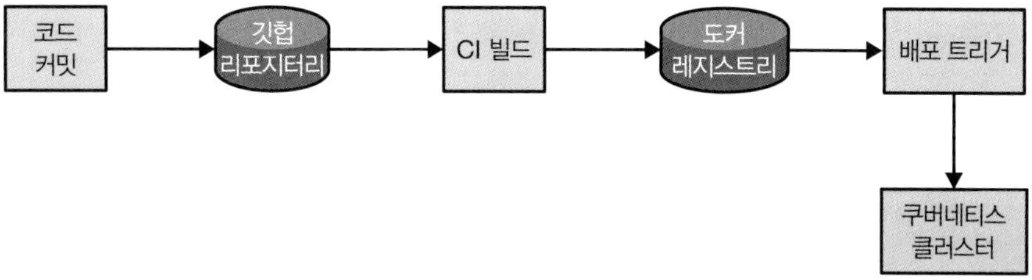

코드 커밋 → 깃헙 리포지터리 → CI 빌드 → 도커 레지스트리 → 배포 트리거 → 쿠버네티스 클러스터

또 사람이 하는 작업인 만큼 에러가 나기 쉽고 문제가 생겨도 원인을 찾기가 어렵다. 변경 사항을 롤백하려면 역시 사람이 직접 쿠버네티스 매니페스트 변경사항을 되돌려야 하는데 이 작업이 쉽지 않을 때가 많다. 게다가 이렇게 직접 손으로 쿠버네티스 리소스를 변경하다 보면 구성 드리프트가 일어날 수 있는데, 대개 여러 유저가 여러 파이프라인을 거쳐 액세스하므로 클러스터 환경의 보안 액세스 제어가 복잡해지는 경향이 있다. 파이프라인이 많아지면 변경부터 배포까지 모든 인터랙션을 일일이 감사하기도 곤란하다.

깃옵스는 다음과 같은 방법으로 이런 문제들을 해결한다.

- **선언형 구성**

모든 구성은 선언형 YAML 파일로 작성해 깃으로 관리한다. 이것이 클러스터 구성에 관한 단일 진실 공급원이다. 깃 히스토리를 사용하면 변경 사항을 쉽게 감사할 수 있다. 개발자는 대부분 깃에 익숙하므로 워크플로에 쉽게 적응할 수 있다.

- **버전 관리**

깃 리포지터리는 기본적으로 불변이며, 버전 히스토리를 보관한다. 즉, 깃으로 클러스터 구성을 관리하면 애플리케이션의 모든 요소가 구동되는 단일 소스가 구축되어 언제든지 쉽게 변경 사항을 추적할 수 있다. 또한 깃 히스토리에서 검색한 변경 사항을 살펴보며 상이한 시점의 변경 사항을 서로 비교할 수도 있다.

- **지속적인 조정**

클러스터 상태는 깃에 정의된 상태와 지속적으로 동기화된다. 깃에서 변경 사항은 쉽게 되돌릴 수 있으므로 롤백도 간편하다. 덕분에 클러스터가 깃과 동일한 상태로 자동 동기화되며, 결과적으로 일관된 클러스터 상태를 유지할 수 있다.

- **보안**

쿠버네티스에 배포된 애플리케이션을 깃으로 관리하면 클러스터의 모든 변경 사항에 대한 완전한 감사 로그가 기록된다. 모든 변경은 깃 리포지터리에 이루어지고, 깃옵스 에이전트는 모든 변경 사항을 쿠버네티스 리소스에 자동 반영한다. 따라서 누가 무슨 변경을 했는지 완벽하게 추적할 수 있고, 일관된 운영 및 안전한 환경을 유지할 수 있다.

물론, 아무리 자동화한 CI/CD 파이프라인이라 해도 워크플로에 수작업이 불가피한 부분도 있을 것이다. 깃옵스의 목표는 워크플로를 자동화하고 개발자 중심의 워크플로를 제공함으로써 이러한 문제를 해결하는 것이다.

18.3 깃옵스 리포지터리 구조

그럼, 실제로 깃 리포지터리를 구성해보자. 여러 가지 구성 방법이 있는데 각각 장단점이 있다.

다음은 깃 리포지터리를 구성하는 가장 일반적인 4대 전략이다.

■ **단일 리포지터리**

모든 쿠버네티스 매니페스트와 애플리케이션 코드를 단일 리포지터리에 저장한다. 아주 단순한 방법이라서 좋지만 회사 규모가 커지면 점점 어려움에 빠지게 된다. 또 모든 팀의 소스 코드와 쿠버네티스 매니페스트가 리포지터리 한곳에 저장되므로 관심사가 제대로 분리되지 않는다. 작은 회사에서는 문제가 되지 않겠지만, 사세가 확장되면 금세 한계가 드러난다.

이 타입의 리포지터리는 다음과 같은 형태다.

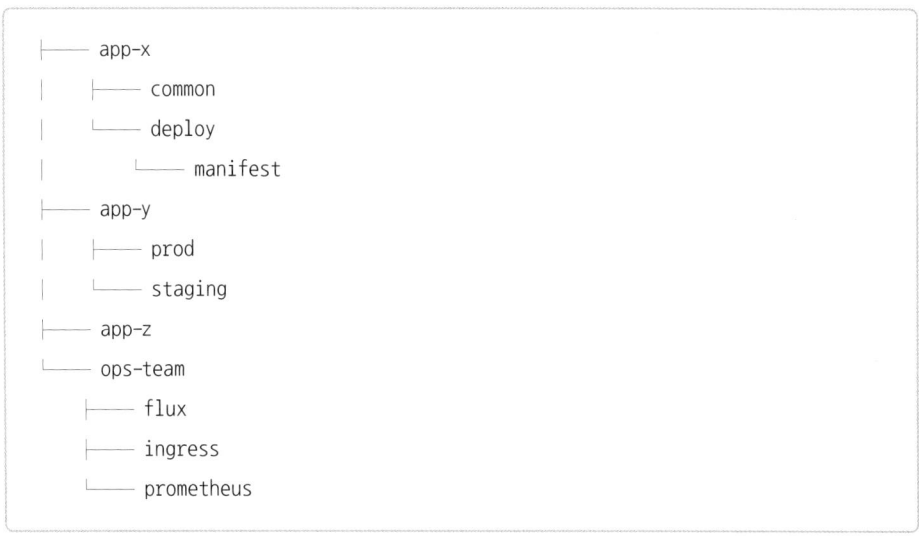

- **팀별 리포지터리**

팀별 리포지터리를 따로 두고 쿠버네티스 매니페스트는 동일한 리포지터리에 저장한다. 깔끔하게 정리하고 관심사를 분리할 수 있지만, 시간이 흐르고 애플리케이션의 포트폴리오가 커질수록 관리하기가 점점 어려워진다. 이 타입의 리포지터리는 다음과 같은 형태다.

```
├── ops-team
│   ├── elk
│   ├── flux
│   └── prometheus
├── team-x
│   └── app-x
│       └── deploy
│           └── manifest
└── team-y
    ├── prod
    └── staging
```

- **애플리케이션별 리포지터리**

애플리케이션마다 리포지터리를 따로 두고 쿠버네티스 매니페스트는 동일한 리포지터리에 저장한다. 깔끔하게 정리하고 관심사를 분리할 수 있으며, 팀 단위로 읽기만 가능하게 설정할 수 있다. 단점은 한 곳에서 전체를 바라볼 수 없다는 점이다. 이 타입의 리포지터리는 다음과 같은 형태다.

```
── ops-team-repo
│   ├── elk
│   ├── flux
│   └── prometheus
── team-x-repo
    └── app-x
```

```
        └── deploy
                └── manifest
```

■ 환경별 브랜치

동일한 리포지터리에 환경별로 브랜치를 둔다. 이렇게 하면 그냥 깃 머지만 해도 환경을 업데이트할 수 있다. 물론, 상이한 환경 간에 예기치 않은 변경으로 인해 충돌이 일어날 가능성도 있다. 또 브랜치가 너무 늘어나면 관리 부담이 가중되는 단점이 있다. 쿠스토마이즈Kustomize나 헬름처럼 템플릿을 활용하는 툴과도 잘 맞지 않는다. 이 타입의 리포지터리는 다음과 같은 형태다.

```
─ main
─ staging
─ QA
─ dev
```

네 가지 전략 중 어느 것이 가장 적합한지는 여러분이 속한 조직과 팀원 구성에 따라 달라질 것이다. 잘 모르겠으면 관심사 분리, 리포지터리 관리 용이성 측면에서 대략 중간 정도에 있는 팀별 리포지터리부터 시작하자.

18.4 시크릿 관리

깃옵스 워크플로를 구축할 때 시크릿을 관리하는 문제는 까다롭다. 관리하는 방법도 다양한데, 그중 어느 것이 가장 적합한지는 여러분의 조직에 따라 달라진다. 깃옵스 방식으로 시크릿을 관리하는 가장 일반적인 다섯 가지 방법을 소개한다.

- **깃에 직접 시크릿을 저장**

리포지터리에 평문 시크릿을 저장하면 외부에 유출될 위험이 있기 때문에 가장 간단하지만 권하고 싶지 않은 방법이다. 내부망에 위치한 프라이빗 리포지터리라도 시크릿을 평문으로 저장하는 행위는 위험하다. 여러 유저가 리포지터리에 액세스하면 당연히 시크릿도 건드리게 될 것이다.

- **컨테이너 이미지에 시크릿 집어넣기**

첫 번째 방법보다는 약간 더 낫지만, 이미지에 시크릿을 집어넣으면 시크릿이 로테이션될 때마다 이미지를 재빌드해야 하고, 여러 유저가 이미지를 가져와 실행하면 보안 취약점이 생기기 마련이다. 역시 보안상 권하고 싶지 않은 방법이다.

- **쿠버네티스 시크릿 사용**

쿠버네티스에서 바로 사용 가능하며, 가장 쉽게 시작할 수 있는 방법이다. 하지만 쿠버네티스 시크릿은 실제로 시크릿이 아니라는 점이 문제다. 언뜻 암호화된 것처럼 보이지만 사실 BASE64 인코딩된 문자열에 불과하다. 이것도 보안에 취약해서 권장할 만한 방법은 아니다.

- **실드 시크릿 사용**

클러스터 컨트롤러와 kubeseal이라는 클라이언트 사이드 툴로 구성된 실드 시크릿$^{Sealed\ Secret}$은 비트나미^{Bitnami} 프로젝트 중 하나다. kubeseal은 비대칭 키로 컨트롤러만 해독 가능한 방법으로 시크릿을 암호화한다. 이렇게 암호화한 시크릿을 깃에 저장하면 클러스터의 컨트롤러만 해독할 수 있다. 깃옵스답게 시크릿을 관리하는 방법으로 적극 추천한다.

- **시크릿 관리 툴에 시크릿을 저장**

안전한 위치에 저장된 시크릿을 클러스터에서 액세스한다. 이 시크릿은 해시코프 볼트, 애저 키볼트, GCP KMS 등의 외부 시크릿 관리 솔루션에 보관할 수 있는데, 이렇게 하면 이미 사용 중인 기존 솔루션을 그대로 활용하면서 동일한 워크플로를 계속 가져갈 수 있다. 이 방법도 깃옵스로 시크릿을 관리하는 방법으로 권장한다.

시크릿을 관리하는 방법은 다양하니 각자의 환경에 따라 최적의 방법을 결정하자. 일반적으로는 실드 시크릿, 외부 시크릿 중 한 가지 방법으로 관리하면 별 문제가 없을 것이다.

18.5 플럭스 설치

플럭스는 깃 리포지터리에서 변경 사항이 감지되면 이를 자동으로 클러스터에 반영하는 쿠버네티스 오퍼레이터다. 클러스터에서 깃옵스를 구현한 성숙한 툴이다.

먼저, 플럭스를 배포할 미니큐브Minikube부터 설치한다. 자세한 설치 방법은 공식 웹사이트[3]를 참조하자. 우리는 macOS에 있는 brew로 미니큐브를 설치하겠다.

```
brew install minikube
```

플럭스를 설치하고 깃 리포지터리에 동기화할 클러스터를 준비하자.

플럭스 CLI[4]를 설치한다.

```
brew install fluxcd/tap/flux
```

깃헙 토큰을 익스포트한다.

```
export GITHUB_TOKEN=<your-token>
```

---

[3] https://oreil.ly/GMPMl
[4] https://oreil.ly/h2_hQ

```
export GITHUB_USER=<your-username>
```

플럭스를 설치할 수 있는 클러스터인지 체크한다.

```
flux check --pre
```

플럭스를 부트스트랩bootstrap(초기 구성)한다.

```
flux bootstrap github \
  --owner=$GITHUB_USER \
  --repository=kbp-flux \
  --branch=main \
  --path=./clusters/prod \
  --personal
```

bootstrap은 깃헙 계정에 kbp-flux라는 깃 리포지터리와 브랜치, cluster/prod 디렉터리를 생성하는 커맨드다. 클러스터에 배포할 플럭스 컴포넌트는 cluster/prod 디렉터리에 있고, 여기에 플럭스 컴포넌트를 클러스터에 배포하는 gotk-components.yaml 파일이 있다. 이 파일은 플럭스 컴포넌트를 flux-system 네임스페이스에 설치하는 일도 한다.

플럭스 컴포넌트가 잘 배포됐는지 flux-system 네임스페이스를 확인하자.

```
kubectl get pods -n flux-system
```

다음과 같이 출력될 것이다.

```
NAME                                          READY   STATUS    RESTARTS   AGE
helm-controller-8664d9dcfc-4gd2h              1/1     Running   0          6m30s
kustomize-controller-9888f965-ld5g6           1/1     Running   0          6m30s
notification-controller-b6d8458c7-vjb86       1/1     Running   0          6m30s
source-controller-5b68b64c65-pj2tn            1/1     Running   0          6m30s
```

생성된 리포지터리를 로컬 머신에 복제하자.

```
git clone https://github.com/$GITHUB_USER/kbp-flux
```

다음은 리포지터리에 플럭스 구성을 추가하고 깃헙의 공개 리포지터리를 사용할 차례다. 우리는 위브웍스에서 일하는 스테판 프로단^{Stefan Prodan}이 개발한 샘플 애플리케이션을 사용하겠다.

앱 리포지터리의 main 브랜치를 가리키는 깃 리포지터리 매니페스트를 생성한다.

```
flux create source git podinfo \
  --url=https://github.com/stefanprodan/podinfo \
  --branch=master \
  --interval=30s \
  --export > ./clusters/prod/podinfo-source.yaml
```

다음으로, 애플리케이션을 배포하고 여기에 Kustomize 구성을 적용하도록 구성한다.

```
flux create kustomization podinfo \
  --target-namespace=default \
  --source=podinfo \
  --path="./kustomize" \
  --prune=true \
```

```
--interval=5m \
--export > ./clusters/prod/podinfo-kustomization.yaml
```

리포지터리에 변경 사항을 푸시한다.

```
git add -A && git commit -m "Add podinfo Kustomization"

git push
```

플럭스 CLI로 적용되는 과정을 지켜볼 수 있다.

```
flux get kustomizations
```

다음과 같이 출력될 것이다.

```
flux get kustomizations --watch
NAME          REVISION                  SUSPENDED   READY   MESSAGE
flux-system   main@sha1:9c3fb6f1        False       True    Applied revision: main@
sh...
podinfo       master@sha1:1abc44f0      False       True    Applied revision: master@
...
```

리소스가 클러스터에 무사히 잘 배포되었다.

```
kubectl get pods -n default
```

앞으로 main 브랜치의 podinfo 쿠버네티스 매니페스트에 조금이라도 변경 사항이 발생하면 클러스터에 자동 반영될 것이다.

지금까지 클러스터에 플럭스를 설치하여 깃 리포지터리에 부트스트랩하고 애플리케이션을 배포하는 아주 기본적인 방법을 소개했다. 클러스터 관리는 이제 플럭스가 알아서 처리할 것이다. 더 자세한 내용은 플럭스 문서[5]를 참조하자.

18.6 깃옵스 툴

쿠버네티스 클러스터에서 깃옵스를 구현하는 툴은 다양하다. 툴 선정 시 사용 편의성, 엔터프라이즈 기능, 확장성 등을 검토하자. 다음은 일반적으로 가장 많이 쓰는 오픈 소스 및 상용 툴이다.

■ 플럭스

플럭스Flux는 깃 리포지터리의 변경 사항을 감지해 자동으로 클러스터에 반영하는 쿠버네티스 오퍼레이터다. 지금은 CNCF에서 졸업한graduated 프로젝트로[6], 깃옵스를 클러스터에 구축하는 성숙한 툴이다. 위브웍스는 플럭스 호스티드 서비스도 제공한다.

■ 아르고CD

아르고CD ArgoCD는 오픈 소스 깃옵스 CD 툴로, 역시 현재 CNCF에서 졸업한 프로젝트다. 깃 리포지터리에 보관된, 선언형으로 정의된 인프라를 계속 모니터링하면서 실제 클러스터와의 차이점을 리졸빙한다. 애플리케이션 배포를 효과적으로 자동화할 수 있는 툴이다.

---

[5] https://oreil.ly/F5D2p
[6] 옮긴이_ CNCF에 처음 입주한 프로젝트는 sandbox 단계부터 시작되며, 프로덕션 사용이 가능할 정도로 안정화되면 incubating, 독립적인 프로젝트로 성숙한 단계에 이르면 graduated 단계로 진화합니다.

■ 코드프레시

코드프레시Codefresh는 클러스터에서 깃옵스를 구축하는 CI/CD 플랫폼이다. 아르고CD를 서비스로 제공하는 호스티드 플랫폼도 함께 제공한다.

■ 하네스

하네스Harness 역시 클러스터에서 깃옵스를 구현할 수 있는 CI/CD 플랫폼이다. 주로 엔터프라이즈 고객을 대상으로 한 성숙한 툴로, 호스티드 버전도 제공된다. CD 기능을 갖춘 완전한 툴셋을 제공한다.

18.7 깃옵스 모범 사례

쿠버네티스에서 깃옵스를 구축할 때 참고할 만한 모범 사례를 제시한다.

- ✓ 우선 작은 애플리케이션부터 시작해 점차 깃옵스 모델로 모든 것을 관리하는 방향으로 범위를 넓혀가자. 시간이 흐를수록 깃옵스에 확신이 생길 것이다.

- ✓ 요건에 맞는 툴인지 평가하자. 자신이 없으면 일단 플럭스나 아르고CD처럼 검증된 OSS 툴로 시작하자.

- ✓ 리포지터리 레이아웃에 브랜치는 사용하지 말자. 브랜치는 아주 복잡하고 에러 나기 쉬운 리포지터리 레이아웃이다.

- ✓ 환경별로 폴더를 만들면 구성이 유연해지고 쿠스토마이즈나 헬름 같은 템플릿 툴을 사용할 수 있다.

- ✓ 시크릿은 실드 시크릿 또는 외부 시크릿 프로바이더를 사용하여 관리하자.

✓ 깃옵스는 툴이 아니라 프로세스라는 사실을 잊지 말자. 기존 툴셋이 여러분의 요건에 외려 더 적합할 수도 있다.

정리

깃옵스가 무엇인지, 그리고 깃옵스로 쿠버네티스 클러스터를 관리하는 방법을 알아보았다. 클러스터에 깃옵스를 구현할 때 쓸 만한 툴도 몇 가지 소개했다. 깃옵스가 여러분에게 적합한 툴인지 잘 모르겠다면, 여러분이 해결하려는 문제가 무엇인지, 어떤 요건을 충족하려는 것인지 먼저 스스로 질문해보자. 문제 해결에 깃옵스가 도움이 된다고 판단되면 우선 플럭스나 아르고CD 같은 툴을 검토하는 것이 좋다.

CHAPTER

19

보안

쿠버네티스는 클라우드 네이티브 애플리케이션을 오케스트레이션 할 수 있는 강력한 플랫폼이다. 그러나 우리가 잘 알고 즐겨 쓰는 API와 툴의 이면에는 보안 지식이 필요한 크고 복잡한 분산 시스템이 있다. 쿠버네티스 보안은 그 자체만으로도 책 한 권은 쓸 정도로 복잡한 주제지만, 이 책에서도 짧게나마 한 장을 할애하여 다루고자 한다. 보안에 관한 모범 사례를 이해하고 구현하는 데 충분한 시간을 들이지 않고 쿠버네티스에서 클러스터와 워크로드를 제대로 보안 조치하지 않을 경우, 소중한 데이터와 리소스가 해커, 멀웨어 등 인증되지 않은 액세스에 노출되어 위험에 빠질 수 있기 때문이다.

쿠버네티스의 복잡성을 고려하여 보안 문제도 가급적 논리적인 레이어로 문제를 세분화하여 각 레이어마다 알맞은 툴을 사용하는 것이 좋다. 보안에 접근하는 가장 좋은 방법은 레이어별로 여러 겹의 보안 장치를 강구하여 쿠버네티스와 워크로드를 보호하는 '심층 방어^{defense in depth}' 전략이다. 이 전략에서 유저와 워크로드가 원래 임무 수행에 꼭 필요한 부분만 액세스하는 최소 권한 원칙^{PoLP, principle of least privilege}은 기본이다.

이론적으로는 모든 게 그럴싸해 보이지만 실제로는 어떤 모습일지 궁금하지 않은가? 이 장에서는 클러스터 보안, 컨테이너 보안, 코드 보안은 물론, 보안 문제를 레이어별로 분리하여 가용한 솔루션과 툴에 집중하는 요령을 설명한다.

사실 이미 많은 보안 관련 모범 사례가 4장부터 11장까지 곳곳에 포함되어 있지만, 이 장에서는 앞서 다룬 세부적인 주제는 넘어가고 한번도 다룬 적이 없는 영역에 집중할 생각이다. 특히, 레이어에 초점을 두고 보안 영역을 커버하는 방법을 자세히 살펴보면서 모범 사례를 제시하겠다.

19.1 클러스터 보안

쿠버네티스의 컨트롤 플레인은 API를 통해 외부에 노출되므로, 클러스터 보안의 첫 단계는 클러스터에 액세스 가능한 유저와 그들이 수행 가능한 액션을 정하고 제한하는 일이다. 쿠버네티스 컨트롤 플레인의 다양한 요소와 그들을 안전하게 보호하는 방법을 알아보자.

19.1.1 etcd 액세스

etcd는 쿠버네티스의 디폴트 스토리지 시스템이다. 반드시 공유되지 않은 강력한 크리덴셜을 사용하여 쿠버네티스 API 서버만 etcd에 액세스하도록 설정해야 한다. 또 API 서버만 etcd와 네트워크 통신을 할 수 있게 방화벽을 설정해야 한다. 악의적인 유저가 etcd를 확보하면 이후 모든 보안 조치는 가볍게 통과할 수 있으니 etcd는 그 무엇보다도 보안이 중요한 레이어다.

19.1.2 인증

쿠버네티스는 베어러 토큰과 인증서, OIDC^{OpenID Connect} 및 LDAP^{Lightweight Directory Access Protocol}(경량 디렉터리 액세스 프로토콜) 통합까지 다양한 인증 수단을 제공한다. 이 중 여러분의 비즈니스 요건에 알맞은 인증 모델을 선택하자. 보안 문제는 유저가 kubectl 같은 툴로 쿠버네티스 인증에 필요한 kubeconfig 파일을 생성, 배포, 저장할 때 불거지는 경우가 많다. 인증 프로바이더를 사용하면 나쁜 의도를 가닌 공격자가 쉽게 탈취할 수 있는 스태틱 토큰이나 인증서가 아닌 임시 다이내믹 토큰^{temporary dynamic token}을 가져올 수 있다. kubeconfig 파일에 저장된 악성 코드의 인스턴스를 주제로 발표된 논문도 있는 만큼, 이 파일은 생성과 배포를 엄격하게 통제하자.

19.1.3 인가

인가는 이미 17장에서 다루었다. 보안 관점에서 인가는 누가 어떤 리소스에서 무슨 작업을 할 수 있는지 제한하는 강력한 툴이다. RBAC은 쿠버네티스에서 바로 사용 가능한 기본 툴이다. 쿠버네티스는 어느 정도 합리적인 디폴트 값이 설정된 RBAC을 제공하지만, 점점 증가하는 워크로드와 유저를 수용하려면 필요에 따라 RBAC 리소스를 스케일링하는 수단으로 네임스페이스와 팀 멤버십 등의 애트리뷰트를 통합하는 방안을 검토해야 한다. RBAC으로 서비스 계정을 잠금 처리하는 것, 쿠버네티스 API에 액세스해야 하는 워크로드가 임무 수행에 필요한 최소한의 작업만 액세스하는지 확인하는 것도 잊지 말자.

19.1.4 TLS

쿠버네티스는 TLS 보안이 적용된 API 엔드포인트를 기본 제공한다. 하지만 다른 툴과 플랫폼에서는 HTTP 평문 통신을 설정할 수 있는데, 이렇게 안전하지 않은 트래픽은 해커에게 절호의 공격 기회다. 쿠버네티스에서 사용하는 모든 인증서와 키는 안전하게 보관하고 액세스를 통제해야 하며, 혹시라도 분실 또는 손상된 경우 이를 교체하는 계획도 미리 세워두어야 한다. 인증서의 수명은 짧게 설정하는 것이 보안 리스크를 줄이는 데 유리하다.

19.1.5 kubelet과 클라우드 메타데이터 액세스

kubelet은 노드와 노드에서 실행 중인 파드를 관리하는 컴포넌트로, 노드당 하나씩 있다. 아쉽게도 kubelet은 기본적으로 미인증 API가 활성화되어 있다. 이 API는 아주 강력하기 때문에 당연히 인증/인가를 활성화해야 한다. 쿠버네티스 클러스터를 직접 구축할 경우, 이 부분을 확인 또 확인하자.

클라우드에서 쿠버네티스를 실행하는 경우에는 Kubelet API 외에도 쿠버네티스 프로비저닝 크리덴셜을 표출하는 데 사용되는 클라우드 메타데이터 API에 노드가 액세스할 권한이 부여되어 있을 것이다. 네트워크 정책을 통해 메타데이터 엔드포인트는 액세스하지 못하도록 차단하자.

19.1.6 시크릿

쿠버네티스 시크릿은 기본적으로 암호화되어 있지 않기 때문에 악의적인 공격자가 다른 경로를 통해 시크릿을 읽을 가능성이 있다. 다행히 이 문제는 다양한 방법으로 해결할 수 있다. 쿠버네티스 API 서버는 쿠버네티스 리소스를 etcd에 저장하기 전에 관련 구성 파일에서 암호화 프로바이더encryption provider를 설정하는 기능을 제공한다. 암호화 프로바이더는 대개 클라우드의 시크릿 스토리지 서비스다. 현재 암호화 프로바이더 구현체의 유일한 문제점은 모든 것을 다 암호화할 방법은 없고 구성이 번거로운 편이라서 에러가 나기 쉽다는 것이다.

쿠버네티스 커뮤니티가 마련한 또 다른 해결 방안은 임시 램디스크RAMDISK 파일시스템을 통해 시크릿을 파드에 직접 마운트하는 `csi-secret-store`[1]다. 이 방법을 이용하면 쿠버네티스 시크릿 없이도 신뢰할 수 있는 다른 시크릿 스토어에서 직접 액세스할 수 있다.

19.1.7 로깅과 감사

쿠버네티스에는 바로 사용 가능한 풍성한 로깅 기능이 탑재되어 있다. 보안 관련 이벤트를 모두 시간순으로 기록하고 감사 정책을 통해 구성할 수 있도록 API 서버에 감사 로깅 기능을 활성화하자. 감사 기능만 켠다고 끝이 아니다. 감사 로그를 집계 지점으로 보내 의심스러운 이벤트가 발견되면 보안팀에 경고를 보내는 트리거도 구성해야 한다.

19.1.8 클러스터 보안 태세 툴

쿠버네티스에 보안을 구현하는 작업은 의외로 까다로울 수 있다. 다행히 쿠버네티스 클러스터를 스캔하여 보안 위해 요소를 감지하고, 흔히 저지르는 구성 실수를 대신 발견해주는 유용한 오픈 소스 툴이 있다. 이런 툴을 잘 활용하면 전체 클러스터 리소스를 스캔하고 모범 사

---

1 https://oreil.ly/cbiYT

례를 제공할 수 있다. Kubescape[2] 같은 툴은 실행 속도가 빠르고 심각도별 결과를 표시한다. 전체 클러스터에서 이런 툴을 주기적으로 실행하여 클러스터와 클러스터에 배포된 리소스의 보안 태세를 항시 파악하는 것이 좋다.

19.2 클러스터 보안 모범 사례

실무에서 편리하게 활용할 수 있는 몇 가지 보안 모범 사례를 제시한다.

- ✓ etcd 액세스를 잠그고 액세스 크리덴셜과 인증서를 안전한 위치에 저장하자.

- ✓ 안전하지 않은 미인증 API 엔드포인트를 비활성화하자.

- ✓ kubeconfig 파일에서 스태틱한 토큰을 구성하지 말고, 임시 다이내믹 토큰을 제공하는 인증 프로바이더를 사용하자.

- ✓ 유저와 서비스가 최소 권한 원칙을 준수하도록 하자.

- ✓ 인프라 크리덴셜은 정기적으로 교체하자.

- ✓ 키와 인증서를 사용하여 저장된 데이터, 전송 중인 중요 데이터는 반드시 암호화하자.

- ✓ 컨테이너 이미지를 클러스터에 배포하기 전에 보안 취약점과 멀웨어 감염 여부를 스캔하자.

- ✓ 감사 로깅 및 모니터링을 통해 의심스러운 활동을 감지하여 조치하자.

- ✓ Kubescape 같은 보안 스캐닝 툴을 사용하여 쿠버네티스 클러스터 및 워크로드의 보안 태세에 관한 베이스라인을 설정하자.

---

2 https://oreil.ly/qPoHQ

19.3 워크로드 컨테이너 보안

클러스터 보안의 핵심 컴포넌트를 배웠으니 이제 워크로드 수준의 보안 메커니즘에 대해 알아보자. 쿠버네티스는 워크로드 배포 시 사용하는 것과 동일한 툴로 구성을 간소화하는 다양한 보안 관련 API를 제공한다.

19.3.1 파드 시큐리티 어드미션

파드 시큐리티 어드미션은 워크로드 보안에서 매우 중요한 요소다. 파드 시큐리티 어드미션을 이용하면 파드를 구성할 때 보안에 민감한 모든 컴포넌트를 구성/관리하고 네임스페이스나 클러스터 수준에서 즉시 활용 가능한 모범 사례를 적용할 수 있다(컨테이너와 파드 보안에 관한 자세한 내용은 10장 참고).

19.3.2 Seccomp, AppArmor, SELinux

리눅스 자체도 쿠버네티스에서 실행되는 워크로드의 보안 태세를 강화할 수 있는 다양한 보안 메커니즘을 제공한다. Seccomp은 컨테이너에서 유입된 시스템 호출^{syscall}을 제한하는 시스템 호출 필터링 프로파일을 생성한다. 하지만 아쉽게도 Seccomp 프로파일은 아직 쿠버네티스 커뮤니티에서 충분히 논의가 진행되지 않아 컨테이너가 시스템 호출에 액세스함으로써 악의적인 목적에 사용될 여지를 남겨 놓았다.

이런 이유로 쿠버네티스 커뮤니티에서 Seccomp 오퍼레이터[3]라는 멋진 툴을 만들었는데, 이 툴을 사용하면 Seccomp 프로파일 구성을 관리하는 오버헤드를 대폭 줄일 수 있다. 보안 측면에서 Seccomp은 결코 구성하기 쉬운 툴이 아니므로, 적어도 Seccomp 디폴트 프로파일은 활성화할 것을 적극 권장한다.

---

[3] https://oreil.ly/g0tNJ

AppArmor와 SELinux는 컨테이너별로 꼭 필요한 액세스 제어를 세밀하게 구성할 수 있는 리눅스 커널의 보안 모듈이다. 컨테이너가 무슨 일을 할 수 있는지 클러스터 관리자가 정교하게 제어할 수 있게 해준다. 이러한 리눅스의 자체 보안 메커니즘과 파드 시큐리티 어드미션을 결합하면 컨테이너가 운영 체제에 액세스하는 수준을 정밀하게 조종할 수 있다.

19.3.3 어드미션 컨트롤러

어드미션 컨트롤러는 워크로드 보안의 핵심 요소다. 쿠버네티스는 통합 어드미션 컨트롤러를 여럿 제공하는데, 보안 관련 어드미션 컨트롤러는 모두 기본적으로 활성화된다. 예를 들어, NodeRestriction은 특정 노드에 할당된 파드만 수정할 수 있도록 kubelet 퍼미션을 제한하는 어드미션 컨트롤러다. 어드미션 컨트롤러은 방대한 주제이니, 자세한 내용은 17장을 참조하자.

19.3.4 오퍼레이터

오퍼레이터는 쿠버네티스 API를 통해 애플리케이션 단위로 조정이 필요한 워크로드에 커스텀 리소스를 제공하는 컨트롤러다(오퍼레이터 패턴에 관한 자세한 내용은 21장 참고). 보안 관점에서 많은 오퍼레이터의 RBAC이 사용 편의상 기본적으로 매우 관대한permissive 구성을 제공하는 것은 다소 아쉬운 부분이다. 보통 cluster-admin나 이와 동등한 권한을 부여하는데, 이로 인해 해커들의 공격 타깃이 되기 쉽다. 또 드물긴 하나 이런 오퍼레이터가 다른 API를 직접 표출할 수 있으므로 권한 상승privilege escalation으로 이어지는 통로가 될 때도 있다.

19.3.5 네트워크 정책

쿠버네티스는 네트워크 정책 리소스를 기본 제공하지만, 네트워크 프로바이더가 이 리소스를 런타임에 구현하는지 더블 체크를 해야 한다(네트워크 보안에 관한 자세한 내용은 9장 참고). 쿠버네티스 네트워크 정책은 클러스터 내외부 리소스에 대한 서비스 또는 네임스페이스에 출입이 허용된 네트워크 트래픽을 세밀하게 제어한다.

클러스터 관리자는 네트워크 정책을 통해 클러스터 전체나 네임스페이스 단위로 정책을 수립하고, 애플리케이션별 네트워크 정책을 애플리케이션 개발자에게 위임할 수 있다. 네트워크 정책은 특정 HTTP 트래픽이나 엔드포인트 라우팅 액세스 제어가 아닌 IP 주소 및 TCP/UDP 포트에만 적용된다. 애플리케이션별로 액세스 정책이 필요한 경우, 서비스 메시를 이용하면 쿠버네티스 통합 API에 포함되지 않은 더 높은 수준의 액세스 정책을 구사할 수 있다.

19.3.6 런타임 보안

대부분의 쿠버네티스 클러스터는 경량급 컨테이너 런타임 샌드박스를 제공하기 위해 하부에서 리눅스 cgroup을 활용하는 containerd[4] 또는 CRI-O를 기본 제공한다. 하지만 보안에 민감한 워크로드에서 이 정도 수준의 보안은 역부족이다. 워크로드 요건에 맞게 다양한 보안 프로파일을 제공하려면 카타^{Kata} 컨테이너[5], gvisor[6] 등 다른 컨테이너 런타임을 고민하자.

동일한 쿠버네티스 클러스터라도 파드 스펙의 `RuntimeClass` 필드를 이용하면 여러 컨테이너 런타임을 사용할 수 있다(`RuntimeClass`에 관한 자세한 내용은 10장 참고). 그래도 더 높은 수준의 보안이 필요하다면 컨피덴셜 컨테이너$^{Confidential\ Container}$[7]가 있다. 컨피덴셜 컨테이너는 CPU의 보안 영역에 해당하는 신뢰 실행 환경$^{TEE,\ trusted\ execution\ environment}$[8]에서 워크로드를 실행한다.

---

[4] https://oreil.ly/Vyq_N
[5] https://oreil.ly/ANDje
[6] https://oreil.ly/fuNPn
[7] https://oreil.ly/v66K0
[8] https://oreil.ly/eSJfX

쿠버네티스 컨트롤 플레인의 감사 로그와 마찬가지로, 컨테이너 런타임 내부의 감사 로그 역시 신경 써야 한다. 팔코Falco[9] 같은 툴을 이용하면 컨테이너 런타임 안에서 애플리케이션이 할 수 있는 작업에 대해 감사 로깅 및 정책을 활성화할 수 있다. 컨테이너 런타임을 들여다봄으로써 악의적인 동작을 최대한 원천에 가깝게 모니터링하고 탐지할 수 있다.

19.3.7 워크로드 컨테이너 보안 모범 사례

쿠버네티스의 보안 툴셋은 너무나 종류가 다양해서 한번에 전부 이해하는 것은 도저히 무리다. 클러스터에서 실행 중인 워크로드의 보안 태세를 개선하기 위해 초점을 두어야 할 필수 모범 사례를 제시한다.

- ✓ 노드 및 RBAC 인가를 NodeRestriction 어드미션 플러그인과 함께 사용하자.

- ✓ 클러스터의 컨트롤 플레인을 강력한 인증/인가 메커니즘으로 보호하자.

- ✓ 오퍼레이터 API 퍼미션이 최소 권한 원칙을 준수하는지 리뷰하자.

- ✓ 최소 권한 원칙에 따라 유저, 파드, 서비스 계정의 액세스 권한을 제한하자.

- ✓ 네트워크 정책을 적용하여 파드와 네임스페이스 간 트래픽을 제한하자.

- ✓ 많은 사람들이 권장하는 보안 기반 어드미션 컨트롤러를 활성화하자.

- ✓ Seccomp, AppArmor, SELinux를 사용하여 컨테이너 런타임을 통해 액세스 가능한 리눅스 커널 공격 가능 지점을 최소화하자.

- ✓ 다이내믹 웹훅 어드미션 컨트롤러가 안전하게 구성됐는지 확인하자. 유효성 검사/변형에 꼭 필요한 리소스로 범위를 한정하고 최소 권한 RBAC만 따르도록 조치하자.

---

[9] https://oreil.ly/9KOeg

✓ 다양한 컨테이너 런타임 샌드박스를 클러스터에 제공하자. 또 애플리케이션 개발자가 보안 요건에 맞는 런타임을 선택하도록 RuntimeClass를 적절히 활용하자.

✓ 애플리케이션 워크로드에서 보안 모범 사례를 준수했는지 어드미션 컨트롤러로 검사하자.

19.4 코드 보안

보안은 코드가 쿠버네티스에 도달하기도 전부터 시작된다. 보안 태세를 강화하기 위해 검토할 만한 다양한 툴과 기법을 소개한다.

19.4.1 넌루트와 무배포 컨테이너

확실한 보안 태세를 갖춘 컨테이너를 빠르게 빌드하는 방법은 두 가지다. 첫째, 컨테이너 빌드 파일의 일부로 넌루트non-root 유저를 지정하여 애플리케이션 프로세스가 루트 유저로 실행되지 않도록 구성한다. 쿠버네티스에서는 runAsUser를 통해 파드 스펙의 securityContext 절의 일부로 설정하면 된다. 이렇게 해도 안전하지만 설정은 가급적 컨테이너 빌드 파일에 하는 것이 좋다.

둘째, 무배포 컨테이너와 스크래치 컨테이너scratch container 같은 툴을 사용하면 베이스 컨테이너 이미지가 아주 작기 때문에 공격 표면이 줄어든다.[10] 베이스 컨테이너는 대부분 컨테이너에 미리 설치된 상용 패키지를 제공하므로, 실제로 사용되지는 않으면서 보안 취약점에 노출될 가능성이 있다.

---

[10] https://oreil.ly/tpSEA

19.4.2 컨테이너 취약점 탐색

많은 오픈 소스 툴이 컨테이너 이미지의 취약점을 스캔하는 기능을 제공한다. 트리비^{Trivy}[11] 같은 툴은 컨테이너 이미지의 취약성에 관한 베이스라인을 제공하며 사용하기 간편하다. 유저는 이 결과를 바탕으로 컨테이너를 배포할지 여부를 결정한다. 하지만 이런 툴은 노이즈가 아주 심해서 가끔 일관성 없는 결과를 내놓기도 한다. 컨테이너 리포지터리 프로바이더는 대부분 통합 취약성 스캐닝 기능을 제공하는데, 일부 어드미션 컨트롤러는 이미지에 존재하는 취약성에 따라 배포할 워크로드를 허용/거부한다.

19.4.3 코드 리포지터리 보안

소스 코드 리포지터리는 보안을 개선하기 딱 좋은 장소다. 코드 보안 태세를 개선하는 데 유용한 툴과 지침을 소개한다.

SLSA$^{Supply-Chain\ Levels\ for\ Software\ Artifacts}$[12]은 소프트웨어 보안과 무결성을 개선하는 데 도움이 되는 점진적인 수준 기반의 제어 체크리스트를 제공하는 프레임워크다. 실제로 많은 오픈 소스 프로젝트가 SLSA를 채택하여 소프트웨어 보안을 개선하고 있다. 레벨이 잘 정의되어 있고, 그대로 구현하면 소스 코드의 보안 태세를 강화할 수 있다.

OpenSSF 스코어카드^{Scorecard}[13]는 디펜던시로 이미 사용 중이거나 사용을 검토 중인 오픈 소스 리포지터리의 보안 태세를 0부터 10점까지 점수를 매기는 자동화 툴 셋을 제공한다. 종합 점수는 오픈 소스 프로젝트의 신뢰도를 평가하는 근거로 활용된다. 많은 유명한 오픈 소스 프로젝트가 이러한 스코어카드를 채택하고 있다.

---

11 https://oreil.ly/pFbNN
12 https://oreil.ly/CWXWD
13 https://oreil.ly/q-NI3

19.5 코드 보안 모범 사례

코드 리포지터리는 심층적인 보안 전략 구축에 필요한 조치를 강구하기 좋은 지점이다. 코드 보안을 성공적으로 구현하는 데 도움이 될 만한 모범 사례를 제시한다.

- ✓ 관리자의 API 퍼미션이 최소 권한 원칙을 준수하는지 확인하자.

- ✓ 넌루트 유저로 애플리케이션 프로세스를 실행하도록 컨테이너 빌드 파일을 구성하자.

- ✓ 스크래치 및 무배포 등의 베이스 컨테이너 이미지를 사용하자.

- ✓ 컨테이너에서 취약성을 스캔하고 그 결과를 바탕으로 컨테이너 배포 허용에 관한 정책을 수립하자.

- ✓ 사용 중인 오픈 소스 프로젝트의 OpenSSF 스코어카드를 검토하자.

- ✓ SLSA 수준 1을 구현하여 베이스라인 수준의 소프트웨어 투명성 및 무결성을 제공하자.

> **정리**
>
> 쿠버네티스 보안에 필요한 것들이 무엇인지 폭넓게 이해하려면 먼저 여러분이 구현할 수 있는 작은 조각들로 보안 문제를 잘게 나누는 작업부터 시작하는 것이 좋다. 보안은 목적지가 아닌 긴 여정이며, 목표가 항상 유동적이다. 이 장에서 제시한 모범 사례를 준수한다면 쿠버네티스 클러스터의 보안 태세를 강화하고 데이터 유출이나 침해 리스크를 대폭 줄일 수 있을 것이다.

CHAPTER

20

카오스 테스팅, 로드 테스팅, 실험

이 장에서는 쿠버네티스 클러스터에서 애플리케이션을 테스트하는 세 가지 방법, 카오스 테스팅, 로드 테스팅, 실험에 대하여 알아본다. 모두 아주 유용하고 회복 탄력성이 뛰어나면서도 성능이 우수한 애플리케이션을 구축하는 데 유용한 도구들이다. 애플리케이션과 유저를 더 잘 파악할 수 있는 인사이트를 얻고, 변경 사항을 널리 배포하기 전에 영향도를 가늠하는 용도로도 요긴하다. 이렇게 얻은 인사이트는 더 나은 의사 결정을 내리고 향후 개선이 필요한 영역을 식별하는 데 중요한 역할을 할 것이다.

20.1 카오스 테스팅

카오스 테스팅은 명칭 그대로, 여러분의 애플리케이션이 이 세상의 카오스chaos(혼돈)에 얼마나 잘 대처하는지 시험하는 것이다. 좀 더 뭉뚱그려 말하면, 전혀 예상치 못한 비정상적인 특이 조건edge condition을 애플리케이션에 대입하여 어떻게 반응하는지 확인하는 것이다. 이로써 애플리케이션 개발 단계 중에는 한 번도 발생한 적 없지만 운영 이후에는 언제라도 발생할 수 있는 특이 조건 상황에서 애플리케이션이 얼마나 회복 탄력인지 알 수 있다.

사실, 애플리케이션 개발은 대부분 인위적으로 이상화한 조건에서 진행되는 경우가 많다. 그러나 실제 운영 환경에 노출되면 개발 단계에선 발견하지 못했던 갖가지 에러와 장애 때문에 난관에 빠지는 일이 잦다. 통신 에러, 네트워크 끊김, 스토리지 문제, 애플리케이션 충돌 및 실패 등 원인은 다양하다. 카오스 테스팅은 이러한 에러를 테스트 환경에 일부러 끌어들여 애플리케이션이 얼마나 잘 대처하는지 관찰하는 기법이다.

20.1.1 카오스 테스팅의 목표

카오스 테스팅의 목표는 애플리케이션을 극악의 환경에 빠뜨려 이런 악조건에서도 애플리케이션이 어떻게 동작하는지, 특히 어떻게 실패하는지 관찰하는 것이다. 실패를 기대하며, 외려 실패하기를 바라면서 테스트를 한다는 게 다소 엉뚱해 보일지 모르겠다. 보통은 애플리케이션의 실패는 피하는 게 상책이지만, 테스트 환경은 고객이나 유저에게 영향을 미치기 전에 문제를 바로잡을 마지막 기회이므로 실패하는 모습을 보는 편이 훨씬 유익하다.

주의할 점은 최대한 실제와 가까운 realistic 에러 상황을 애플리케이션에 끌어들여야 한다는 사실이다. 별로 일어날 가능성이 없는 에러를 끌어들이는 것은 시간과 리소스 낭비일 뿐이다. 극단적인 에러는 오만가지 상황 속에서도 애플리케이션이 잘 대처하리라는 믿음을 주는 목적으로는 쓸모가 있지만, 그런 극단적인 상황이 절대로 발생할 일이 없으면 헛수고에 지나지 않는다. 물론, 필요한 가변성 variability과 회복 탄력성 resilience의 수준은 애플리케이션마다 다르다. 가령, 모바일 게임과 항공기/자동차 소프트웨어에 요구되는 회복 탄력성이 같을 리 없다. 회복 탄력성 요건과 그에 따른 환경을 모두 알고 있어야 고품질의 카오스 테스팅이 가능하다.

20.1.2 카오스 테스팅의 전제 조건

목적에 맞게 카오스 테스팅을 잘 활용하려면, 먼저 애플리케이션에서 발생 가능한 환경 조건 environmental condition을 이해하는 것이 중요하다. 가령, 어떤 타입의 에러가 예상되는지, 그 빈도는 어느 정도인지? 스토리지는 이미 회복 탄력적인지? SaaS 형태의 클라우드 스토리지를 사용하는 스테이트리스 애플리케이션을 구축할 경우, 디스크 장애 상황까지 대비하여 테스트할 필요는 없지만 클라우드 스토리지 서비스와의 통신이 끊어지는 상황은 연출해 볼만한 가치가 있다.

카오스 테스팅을 시작하기 전, 애플리케이션에 어떤 리스크가 있을지 충분히 검토하고 에러를 어느 곳에서 얼마나 자주 일으킬지 결정하자. 빈도는 평균적인 경우를 테스트하려는 게 아니다. 평균적인 경우는 기존 통합 테스트 결과서를 참고해도 그만이다. 말하자면 카오스 테스팅은 1년, 10년에 한번 일어날까 말까한 환경을 시뮬레이션하는 것이다. 그러한 상황을 정확히 기술하려면 애플리케이션에 관한 충분한 지식이 필요하다.

애플리케이션이 얼마나 정확히 동작하는지 관찰하는 고품질의 모니터링은 애플리케이션을 이해하는 측면에서 카오스 테스팅의 중요한 전제 조건이다. 테스트 환경에 카오스를 일으키는 것도 중요하지만, 그 카오스의 영향도를 파악하는 동시에 극단적인 상황에 올바르게 대처하려면 애플리케이션의 동작을 상세히 들여다볼 수 있어야 한다. 대개 이러한 모니터링은 프로덕션 애플리케이션의 필수 요건이다. 카오스 테스팅은 회복 탄력성을 시험하는 핵심 기능과는 별도로, 실제 시스템 장애 대응에 모니터링 및 로깅이 부족한 부분이 없는지 확인할 수 있는 좋은 기회다.

20.1.3 애플리케이션 통신에 관한 카오스 테스팅

애플리케이션의 통신에 카오스를 주입하는 가장 쉬운 방법은 각 클라이언트와 서비스 사이에 프록시를 두는 것이다. 이 프록시는 클라이언트, 서버 간의 모든 네트워크 트래픽을 관장하며, 추가 레이턴시, 연결 끊김 등의 랜덤한 장애를 일으키는 역할을 한다.

다양한 오픈 소스 프록시 구현체가 있는데, 그중 쇼피파이Shopify에서 개발된 톡시프록시ToxiProxy[1]가 가장 유명하다. 쿠버네티스 클러스터에 배포한 각 서비스 앞단에 톡시프록시 레이어를 실행하면 간단히 프록시가 추가된다.

그러려면 먼저 카오스를 추가할 각 서비스의 네임을 변경해야 한다. 가령, 8080 포트를 리스닝하는 backend라는 서비스가 있다고 하자. 쿠버네티스 서비스 네임을 backend에서 backend-real로 업데이트한 다음, 다음과 같이 톡시프록시 CLI 툴에서 톡시프록시 파드의 새 디플로이먼트를 생성하면 된다.

```
toxiproxy-cli create -l 0.0.0.0:8080 -u backend-real:8080 backend
```

---

[1] https://oreil.ly/N8QNF

이 톡시프록시 디플로이먼트의 파드 정의를 빌드할 때, PostStart 라이프 사이클 훅으로 커맨드를 실행하면 된다. 이 커맨드는 파드 내부에서 8080 포트를 리스닝하며 DNS 네임이 backend-real인, 실제 백엔드 서비스로 트래픽을 포워딩하는 톡시프록시를 구성한다.

다음으로, 네임을 변경한 서비스를 대체하기 위해 backend라는 새로운 서비스를 만들고 방금 전 생성한 톡시프록시 파드의 디플로이먼트를 바라보게 한다. 이러면 앞으로 백엔드와 통신하는 애플리케이션의 모든 클라이언트는 카오스 프록시와 통신하게 될 것이다.

끝으로, 톡시프록시 CLI에서 다음 커맨드를 실행하면 애플리케이션에 카오스가 추가된다.

```
kubectl exec $SomeToxiProxyPod — toxiproxy-cli toxic add -t latency
  -a latency=2000 backend
```

이제 카오스 프록시를 통과하는 모든 트래픽에 예외없이 2,000밀리 초의 레이턴시가 발생할 것이다. 프록시 디플로이먼트에서 파드를 여럿 생성한 경우, 파드마다 이 커맨드를 실행하거나 별도 스크립트나 코드를 짜서 자동화하는 것이 좋다.

20.1.4 애플리케이션 작동에 관한 카오스 테스팅

통신이 불안정한 상황에서 애플리케이션이 어떻게 동작할지도 궁금하지만, 애플리케이션이 실행되는 하부 인프라가 불안하거나 과부하가 걸린 상황에서 애플리케이션이 어떻게 동작하는지도 테스트하고 싶다.

인프라 장애를 일으키는 가장 쉬운 방법은 파드를 그냥 날려버리는 것이다. 다음과 같이 간단한 배시 스크립트를 작성해두면 레이블 셀렉터 기반으로 디플로이먼트 내부에 위치한 임의의 파드를 삭제할 수 있다.

```
NAMESPACE="some-namespace"
LABEL=k8s-app=my-app
PODS=$(kubectl get pods --selector=${LABEL} -n ${NAMESPACE} --no-headers | awk
    '{print $1}')
for x in $PODS; do
    if [ $[ $RANDOM % 10 ] == 0 ]; then
        kubectl delete pods -n $NAMESPACE $x;
    fi;
done
```

좀 더 완벽한 도구를 추구한다면 시중에 출시된 다양한 쿠버네티스 클라이언트[2]나 카오스 메시Chaos Mesh[3] 같은 기존 오픈 소스 툴을 사용해 코드를 작성해도 된다.

다른 서비스에 있는 파드도 모두 한 방에 날릴 수 있다. 좀 더 넓은 범위의 장애를 시뮬레이션하는 것이다. 다음은 방금 전 예시한 스크립트를 특정 네임스페이스에 있는 파드를 랜덤하게 삭제하도록 확장한 스크립트다.

```
NAMESPACE="some-namespace"
PODS=$(kubectl get pods -n ${NAMESPACE} --no-headers | awk '{print $1}')
for x in $PODS; do
    if [ $[ $RANDOM % 10 ] == 0 ]; then
        kubectl delete pods -n $NAMESPACE $x;
    fi;
done
```

마지막으로, 클러스터의 전체 노드에 장애를 일으켜 인프라 전체 장애를 시뮬레이션할 차례다. 방법은 여러 가지다. 클라우드 기반의 쿠버네티스 환경은 클라우드 VM API를 통해 클러스터에 있는 머신을 셧다운shutdown 또는 리부팅rebooting할 수 있다. 물리적 인프라 환경에서

---

2 https://oreil.ly/Ib1kp
3 https://chaos-mesh.org

는 말 그대로 머신의 전원 플러그를 뽑거나 리부팅하는 커맨드를 실행하면 된다. 물리/가상 하드웨어 모두 `sudo sh -c 'echo c > /proc/sysrq-trigger'` 커맨드를 실행하면 커널이 패닉panic 상태가 된다.

다음은 쿠버네티스 클러스터에 있는 머신의 약 10%를 랜덤하게 패닉 상태로 전환하는 간단한 스크립트다.

```
NODES=$(kubectl get nodes -o jsonpath='{.items[*].status.addresses[0].address}')
for x in $NODES; do
  if [ $[ $RANDOM % 10 ] == 0 ]; then
    ssh $x sudo sh -c 'echo c > /proc/sysrq-trigger'
  fi
done
```

20.1.5 애플리케이션의 보안 및 복원성에 관한 퍼즈 테스팅

퍼즈 테스팅fuzz testing 역시 애플리케이션에 무작위성과 카오스를 일으킨다는 점에서는 카오스 테스팅과 유사하나, 퍼즈 테스팅은 장애를 일으키는 게 아니라 (엄밀히 말해 불법은 아니지만) 매우 극단적인 입력을 일으키는 데 초점을 둔다. 예를 들어, 규정에 맞는 JSON 요청을 엔드포인트에 보내면서 일부러 필드가 중복되거나 유난히 사이즈가 큰 랜덤한 값들을 집어넣는 것이다.

퍼즈 테스팅의 목표는 임의의 극악한 입력을 받아도 애플리케이션이 얼마나 잘 대처하는지 테스트하는 것이다. 랜덤한 입력을 받아 예기치 않은 경로로 코드가 실행되면 보안 취약점이나 크래시가 일어날 수 있기 때문에 보통 보안 테스팅의 한 과정으로 많이 쓰인다. 또 환경의 에러뿐만 아니라 악의적이거나 잘못된 입력에 의한 카오스에 맞닥뜨려도 애플리케이션이 회복 탄력성을 잃지 않도록 도와주는 역할도 한다. 퍼즈 테스팅은 클러스터 서비스 수준, 단위 테스트 수준 모두 추가할 수 있다.

> **정리 | 카오스 테스팅 요약**
>
> 카오스 테스팅은 애플리케이션 런타임에 전혀 예기치 않은 조건을 대입해 어떤 일이 발생하는지 관찰하는 기술이다. 유저가 애플리케이션을 실제로 사용하면서 좋지 않은 영향을 받아 문제가 커지기 전에 에러나 장애를 일으킬 만한 잠재적인 요소가 있는지 확인하는 데 도움이 된다.

20.2 로드 테스팅

로드 테스팅은 애플리케이션에 부하를 주면 어떻게 동작하는지 확인하는 과정이다. 로드 테스팅 툴은 애플리케이션의 실제 프로덕션 사용량 수준의 트래픽을 만들어 내며, 이 트래픽은 인위적으로 생성하거나 실제 기록된 프로덕션 트래픽을 재생한다. 로드 테스팅을 수행하면 향후 문제가 될 만한 부분을 찾거나, 새로운 코드 또는 신기능이 회귀 버그regression bug[4]를 일으키지 않는지 확인할 수 있다.

20.2.1 로드 테스팅의 목표

로드 테스팅의 가장 중요한 목표는 애플리케이션이 부하를 받을 때 어떻게 동작하는지 이해하는 것이다. 애플리케이션을 빌드할 때는 보통 소수의 유저가 간간이 일으키는 트래픽이 발생하는데, 이 정도 트래픽만으로는 애플리케이션의 정상 작동 여부를 파악하는 용도로는 충분할지 몰라도 실제 부하 상황에서 무슨 일이 일어날지 예측하기 어렵다. 애플리케이션이 프로덕션 환경에 배포된 이후 어떻게 작동될지는 로드 테스팅을 해봐야 알 수 있다.

로드 테스팅의 두 가지 기본적인 쓰임새는 현재 능력치의 추정과 회귀 방지다. 회귀 방지

---

4 옮긴이_ 이전에 제대로 작동하던 소프트웨어 기능에 문제가 생기는 것

regression prevention란, 로드 테스팅을 수행함으로써 새 버전의 소프트웨어가 이전 버전처럼 동일한 부하를 견딜 수 있는지 알아보는 것이다. 새 버전을 릴리스할 때마다 새로운 코드와 구성이 포함될 텐데(만약 그렇지 않다면, 릴리스하는 의미가 있을까?) 이상하게도 코드가 바뀌니 성능이 떨어져 이전 버전과 동일한 수준으로 부하를 처리할 수 없게 되는 경우가 있다. 물론, 새로운 기능 때문에 계산이 복잡해져 성능 저하가 불가피할 수도 있겠지만, 이런 경우에도 프로덕션 트래픽을 유지하기 위해 인프라(예: 파드 수, 필요한 리소스)를 어떻게 스케일링할지 미리 파악해둘 필요가 있다.

전에 없던 새로운 애플리케이션 이슈를 포착하는 회귀 방지와 달리, 예측 로드 테스팅predictive load testing는 그런 이슈가 생기기 전에 예측하는 것이 목적이다. 일반적으로 서비스는 사용량이 꾸준히 증가한다. 매달 유저가 점점 늘어나고 서비스 요청 횟수도 많아진다. 이는 대개 바람직한 일이지만, 유저를 행복하게 하려면 늘어난 부하를 감당할 만큼 지속적으로 인프라 환경을 개선해야 한다.

예측 로드 테스팅은 애플리케이션의 과거 성장 추이를 바탕으로 향후 애플리케이션이 어떻게 작동될지 테스트한다. 가령, 트래픽이 매월 10%씩 증가하는 애플리케이션이라면, 현재 최대 트래픽의 110%에서 예측 로드 테스팅을 실행함으로써 다음 달 애플리케이션의 상황을 시뮬레이션할 수 있다. 애플리케이션 스케일-업은 레플리카와 리소스를 추가하면 간단히 해결되지만, 애플리케이션의 근본적인 병목 현상이 발견되어 아키텍처를 재설계하는 경우도 흔히 발생한다. 예측 로드 테스팅은 미리 앞일을 내다보며 부하가 증가하여 유저 서비스가 중단되는 긴급 상황을 예방하는 효과가 있다.

예측 로드 테스팅은 애플리케이션을 런칭하기 전에 어떻게 동작할지 예측하기 위해 사용된다. 과거 정보 대신 런칭 시점의 사용량 예측 결과를 바탕으로 장애 없는 성공적인 런칭을 가늠하는 것이다.

20.2.2 로드 테스팅의 전제 조건

로드 테스팅을 이용하면 애플리케이션이 상당한 부하를 받을 때에도 제 성능을 내는지 알 수 있다. 그러나 카오스 테스팅처럼 로드 테스팅 역시 이 부하로 인해 갖가지 애플리케이션 장애가 발생할 수 있으므로 애플리케이션 관찰 가능성에 관한 한 카오스 테스팅과 동일한 전제가 필요하다. 로드 테스팅이 성공하려면 애플리케이션이 올바르게 작동 중인지 확인할 수 있어야 하며, 장애 발생 시 그 위치와 원인에 관한 인사이트를 얻으려면 충분한 정보를 수집해야 한다.

관찰 가능성 외에 실제와 가까운 부하를 생성하는 능력도 중요한 전제 조건이다. 로드 테스팅은 실제 유저의 행동을 반영하지 못하면 별로 쓸모가 없다. 구체적인 예를 들면, 단일 유저의 반복적인 요청을 계속 일으키는 로드 테스팅이 그렇다. 이런 트래픽은 많은 애플리케이션에서 비현실적인 캐시 히트율로 나타나며, 마치 현실적으로 처리 불가한 대량의 부하도 거뜬히 처리할 수 있는 것처럼 잘못된 결과를 낼 것이다.

20.2.3 실제와 가까운 트래픽 생성

그럼 실제와 가까운 패턴의 트래픽은 어떻게 만들어 낼까? 방법은 애플리케이션마다 다르다. 특정 타입의 읽기 전용 사이트(예: 뉴스 사이트)라면, 수학의 확률 분포 probability distribution[5] 개념을 응용해서 각기 다른 페이지에 반복 액세스하는 것만으로 충분할 것이다. 하지만 그밖의 많은 애플리케이션, 특히 읽기/쓰기를 모두 수행하는 애플리케이션에서 실제 부하를 생성하는 유일한 방법은 진짜 트래픽을 기록했다가 다시 재생하는 것이다. 가장 쉬운 방법은 모든 HTTP 요청의 세부 정보를 어떤 파일에 전부 다 기록한 후, 나중에 해당 요청을 다시 서버로 보내는 것이다.

그러나 의외로 골치 아픈 문제가 하나 있다. 애플리케이션의 모든 요청을 기록할 때 가장 먼

---

[5] 옮긴이_ 확률 변수(random variable)가 특정 값을 가질 확률을 나타내는 함수

저 신경 쓰이는 부분은 개인 정보와 보안이다. 대부분의 애플리케이션 요청에는 개인 정보와 보안 토큰이 담겨 있다. 나중에 재생하려고 파일에 보관할 경우, 개인 정보 보호 및 보안 규정상 문제가 없도록 매우 신중하게 처리해야 한다.

요청 자체의 적시성^{timelineness}도 문제가 된다. 예를 들어, 최신 뉴스 이벤트를 검색하는 쿼리처럼 요청 자체에 시간적인 요소가 개입되는 경우, 해당 이벤트가 발생한 지 몇 주(또는 몇 달) 뒤에는 전혀 다르게 동작할 가능성이 높다. 당연히 오래된 뉴스와 연관된 메시지가 훨씬 적게 나타날 것이다.

적시성은 애플리케이션의 올바른 동작에도 영향을 미친다. 요청에는 대개 보안 토큰이 포함되는데, 제대로 보안을 구현했다면 토큰의 수명은 아주 짧을 것이다. 기록된 토큰이 검사 과정에서 제대로 작동되지 않을 가능성이 높다.

끝으로, 백엔드 스토리지 시스템에 어떤 데이터를 기록하는 요청은 프로덕션 스토리지 인프라의 사본 또는 스냅샷에서 수행해야 한다. 이 사실을 간과하고 실수하면 자칫 고객 데이터에 심각한 문제를 일으킬 수 있다.

지금까지 얘기한 것들을 종합해보면, 단순히 요청을 기록/재생하는 것은 간편해서 좋지만 모범 사례라고 보기는 어렵다. 서비스가 사용되는 방식을 모델링하는 것이 요청을 더 잘 활용하는 방법이다. 읽기 요청은 얼마나 많은가? 어떤 리소스를 읽는가? 쓰기는 얼마나 되나? 이런 식으로 모델링하면 좀 더 현실에 가까운 가상 부하를 만들어낼 수 있을 것이다.

20.2.4 애플리케이션 로드 테스팅

로드 테스팅에 투입할 요청이 준비되면 서비스에 부하를 걸어주기만 하면 될 것 같지만, 만사가 다 그렇듯 일이 그리 간단치 않다. 실제 애플리케이션은 대부분 데이터베이스와 각종 기타 스토리지 시스템이 연결돼 있다. 부하가 걸린 애플리케이션을 제대로 시뮬레이션하려면 스토리지 시스템에 데이터를 써야 하지만, 인위적으로 가한 부하로 발생한 데이터를 프로덕션 데이터 저장소에 쓰면 안 된다. 따라서 로드 테스팅을 정확하게 하려면 전체 디펜던시가 빠짐없이 포함된 진짜 애플리케이션 사본을 가져와서 돌려봐야 한다.

애플리케이션 사본이 가동되면 준비된 요청을 모두 전송한다. 분산 시스템에서 대규모 로드 테스팅을 할 때 애플리케이션에 부하를 가하려면 상당히 많은 수의 파드를 사용해야 한다. 로드 밸런서를 거쳐 요청을 고루 분산시키고 파드 하나의 네트워크에서 가능한 수준 이상의 부하를 주기 위함이다.

이때 로드 테스팅을 하려고 만든 파드를 애플리케이션과 동일한 클러스터 내에서 실행할지, 아니면 따로 분리된 클러스터에서 실행할지 결정해야 한다. 동일한 클러스터에서 파드를 실행하면 애플리케이션에 전달할 부하를 최대화할 수 있지만, 인터넷에서 애플리케이션으로 트래픽을 가져오는 에지 로드 밸런서edge load balancer를 실행해야 한다. 애플리케이션의 어느 파트를 테스트할지에 따라 클러스터 내부, 클러스터 외부, 아니면 둘 다 부하를 걸어주면 된다.

쿠버네티스에서 분산 로드 테스팅을 실행하는 툴로는 JMeter[6]와 Locust[7]를 많이 쓴다. 둘 다 서비스에 전달할 부하를 구체적으로 기술할 수 있고 쿠버네티스에 분산 로드 테스트 봇을 배포하는 기능을 제공한다.

20.2.5 로드 테스팅을 이용한 애플리케이션 튜닝

성능 저하를 미연에 방지하고 향후 성능 문제를 예측하는 것 외에도 로드 테스팅을 하면 애플리케이션의 리소스 사용률을 최적화할 수 있다. 특정 서비스에 관련된 여러 변수를 튜닝하면서 시스템 성능을 개선할 수 있는 것이다. 여기서는 파드 수, 코어 수, 메모리의 세 가지 팩터만 고려하겠다.

언뜻 보면 레플리카 수와 코어 수가 동일하면 애플리케이션의 성능도 동일할 것처럼 보인다.

---

6 https://oreil.ly/MXBgj
7 https://locust.io

가령, 코어가 3개, 파드가 5개인 애플리케이션은 코어가 5개, 파드가 3개인 애플리케이션과 똑같은 성능을 낼 것 같지만, 경우에 따라 그럴 수 있고 안 그럴 수도 있다.

서비스의 구체적인 내용과 병목 위치에 따라 예상하기 어려운 작동상의 차이가 발생하는 일도 흔하다. 예를 들어, 가비지 컬렉션^{garbage collection} 언어인 자바, 닷넷(.NET), Go 같은 언어로 빌드한 애플리케이션의 가비지 컬렉터 튜닝 방식은 코어가 한두 개인 경우와 코어가 다수인 경우가 많이 다르다.

메모리도 마찬가지다. 메모리가 풍부하다는 것은 캐시에 더 많은 정보를 보관할 수 있음을 의미한다. 그래서 성능 향상의 효과로 이어지긴 하나, 이러한 이점은 점근적 한계^{asymptotic limit}가 뚜렷하다. 즉, 마냥 서비스에 메모리를 더 투입한다고 성능이 계속 향상되리라 기대할 수가 없다.

구성을 바꾸었을 때 애플리케이션이 어떻게 동작할지 파악하려면 실제로 실험을 해보는 수밖에 없다. 파드, 코어, 메모리를 제각기 다른 값으로 구성한 실험 세트를 준비하고 로드 테스팅을 해보면서 어떻게 동작하는지 관찰한다. 그렇게 수집한 데이터를 토대로 시스템의 동작 패턴을 식별하고 시스템 성능의 특정 부분에 관한 인사이트를 얻을 수 있다. 이 결과를 분석하여 서비스에 가장 효율적인 구성을 선택한다.

> **정리 | 로드 테스팅 요약**
>
> 성능은 유저가 만족할 애플리케이션을 구축하기 위해 아주 중요한 부분이다. 로드 테스팅을 수행하면 성능에 악영향을 미치고 유저 경험을 떨어뜨리는 회귀를 방지할 수 있다. 또 로드 테스팅은 그 자체로 미래의 애플리케이션이 어떻게 동작할지 그려보며 발전 과정을 추가 지원하기 위해 아키텍처를 변경할 수 있게 해주는 타임머신 역할도 한다. 리소스 사용량을 파악하고 최적화함으로써 비용을 절감하고 효율을 높이는 데에도 큰 도움이 된다.

20.3 실험

실험experiment의 목적은 카오스 테스팅, 로드 테스팅과 달리, 서비스 아키텍처나 운영상의 문제를 찾아내는 것이 아니라, 유저의 서비스 사용 방식을 개선할 방안을 찾는 것이다. 실험은 유저 경험의 관점에서 서비스를 장기적으로 변경하는 것으로, 보통 소수의 유저(예: 전체 트래픽의 1%)에게 살짝 다른 경험을 제공한다. 그리고 대조군(변경이 없는 그룹)과 실험군(다른 경험을 한 그룹)의 차이를 조사한 결과를 바탕으로 변경 영향도를 파악한 다음, 실험을 계속할지, 아니면 변경 사항을 더 넓은 범위로 적용할지 결정한다.

20.3.1 실험의 목표

어떤 서비스를 구축할 때에는 분명한 목표가 있다. 많은 경우 고객과 유저가 편하게 사용할 수 있고 그들을 행복하게 만드는 서비스를 제공하는 것이 목표다. 하지만 이 목표를 달성했는지는 어떻게 알 수 있을까? 카오스 상황에서 웹사이트가 중단되거나, 그 직전에 소량의 부하를 간신히 처리하는 모습은 비교적 쉽게 확인할 수 있지만, 정작 유저가 서비스를 어떻게 경험하고 있는지는 파악하기 어렵다.

유저 경험을 이해하는 전통적인 방법은 직접 유저에게 설문 조사를 통해 물어보는 것이다. 그러나 서비스의 현재 성능을 파악하는 데 설문 조사가 어느 정도 도움이 될지는 몰라도, 향후 변경 영향도를 예측할 목적으로 활용하기는 어렵다. 가능한 한 변경 사항이 곳곳에 퍼지기 전에 미리 영향도를 파악하는 것이 유리하다. 유저 경험에 미치는 영향도를 최소화하면서 배우는 것이 모든 실험의 주된 목표다.

20.3.2 실험의 전제 조건

어린 시절, 과학 박람회에 갔던 경험이 있는가? 좋은 실험은 모두 좋은 가설에서 시작된다.

이는 서비스 실험에서도 당연한 전제 조건이다. 현재 준비 중인 변화가 유저 경험에 어떤 영향을 미칠지 미리 짐작해보는 것이다.

그러자면 무엇보다 먼저 유저 경험을 측정할 수 있어야 한다. 측정 데이터는 가령 앞서 언급한 설문 조사의 경우, 만족도('별 다섯 개 중 하나로 평가해 주세요')나 NPS(Net Promoter Score[8], '친구에게 어느 정도로 적극 추천하시겠습니까?') 같은 메트릭을 수집하면 된다. 아니면, 유저 행동에 관한 수동적인 메트릭('우리 사이트에서 얼마나 오래 머물렀나?', '얼마나 많은 페이지를 클릭했나?' 등)도 나쁘지 않다.

가설과 유저 경험을 측정할 수단이 확보됐으면 실험을 시작할 준비가 된 것이다.

20.3.3 실험 구축

실험을 구축하는 방법은 크게 두 가지다. 방법은 테스트 대상에 따라 달라진다. 첫째, 한 서비스에 여러 가지 경험을 포함시키는 것이다. 둘째, 2개의 서비스 사본을 배포하고 서비스 메시를 사용하여 두 사본 간에 트래픽을 흘리는 방법이다.

첫 번째 방법은 릴리스 바이너리에 두 버전의 코드를 모두 넣고 서비스가 수신한 요청의 일부 속성을 조작해 실험군과 제어군 사이를 왔다갔다 하게 만든다. HTTP 헤더, 쿠키, 쿼리 파라미터를 잘 활용하면 유저가 실험군에 명시적으로 참여 의사를 밝히게 하거나, 소스 IP 같은 요청 자체의 특성을 이용하여(가령, IP 주소가 1로 끝나는 유저는 실험군에 포함한다) 실험군에 참여할 유저를 무작위로 고를 수 있다.

가장 일반적인 방법은 실험을 활성화하는 쿼리 파라미터나 쿠키를 제공함으로써 유저가 실험군에 참여할 의사를 밝히도록 명시적인 기능 플래그 feature flag를 사용하는 것이다. 고객에게 새로운 기능을 써보도록 안내하거나 공개적으로 출시하지 않아도 미리 검증해 볼 수 있는 좋

---

[8] 옮긴이_ 응답자에게 회사, 제품 또는 서비스를 친구나 동료에게 추천할 가능성을 평가하도록 요청하는 단일 설문 조사 질문을 기반으로 하는 시장 조사 메트릭

은 방법이다. 기능 플래그는 기능 자체가 불안정한 모습을 보이면 재빨리 켜고 끌 수 있으며, 플래거Flagger[9] 같은 다양한 오픈 소스 프로젝트로 구현할 수 있다.

실험군과 제어군을 동일한 바이너리에 넣으면 프로덕션에서 롤아웃하는 작업은 간소화할 수 있지만, 대신 두 가지 단점이 있다. 첫째, 실험 코드가 불안정해서 크래시가 나면 프로덕션 트래픽에도 영향을 미칠 수 있다. 둘째, 모든 변경이 서비스의 전체 릴리스와 묶여 있어서 실험을 업데이트하거나 새로운 실험을 롤아웃하기 위해 변경을 업데이트하는 속도가 느리다.

서비스를 상이한 두(또는 그 이상의) 버전으로 나누어 배포하는 방법도 있다. 이렇게 하면 대부분의 트래픽을 처리하는 제어군 프로덕션 서비스와 일부 트래픽만 받아 처리하는 별도의 실험군 서비스가 동시에 배포된다. 서비스 메시(9장)를 이용하면 전체 트래픽 중 소량을 프로덕션 서비스 대신 실험군 서비스로 흘릴 수 있다. 구현은 더 복잡해질 수 있지만 프로덕션 바이너리에 실험 코드를 함께 넣는 것보다는 훨씬 더 민첩하고 견고하다. 전혀 새로운 코드를 배포하는 것이므로 실험을 구축하는 초기 비용은 많이 들지만, 실험 트래픽 외에 아무 영향도 끼치지 않은 채 언제든지 새로운 버전의 실험(또는 여러 버전의 실험들)을 간편하게 배포할 수 있다.

또한 서비스 메시로 요청의 성공 여부를 판단할 수 있으므로 실험 코드가 실패하기 시작하면 곧바로 사용을 중단시켜 유저 영향도를 최소화할 수 있다. 물론, 장애를 감지하는 일이 쉽지는 않다.

실험 인프라가 표준 프로덕션 모니터링과 독립적으로 모니터링되는지도 확인하자. 둘 간에 간섭이 일어나면 현재 프로덕션 인프라에서 성공적으로 처리된 요청이 실험에서는 실패한 것으로 나올 수도 있다. 파드 또는 디플로이먼트 네임만 봐도 모니터링 신호가 프로덕션에서 온 것인지, 아니면 실험에서 온 것인지 알 수 있도록 네이밍하는 것이 가장 이상적이다.

일반적으로 실험을 할 때는 별도의 디플로이먼트나 서비스 메시 같은 일종의 트래픽 라우터

---

[9] https://flagger.app

를 사용하는 것이 모범 사례지만, 설치할 인프라가 많다는 게 문제다. 초기 실험을 하거나, 이미 애자일 문화가 성숙한 소규모 팀이라면 실험 코드를 체크인하는 것이 실험과 이터레이션을 위한 가장 쉬운 길이다.

> **정리 | 실험 요약**
>
> 실험을 해보면 광범위한 유저층을 상대로 어떤 변경을 적용하기 전에 그것이 유저 경험에 어떤 영향을 미칠지 파악할 수 있다. 어떤 변경이 적용 가능하고 유저에게 더 나은 서비스를 제공하려면 어떻게 서비스를 업데이트해야 할지 신속하게 판단할 수 있어서 더 쉽고, 더 빠르고, 더 안전하게 서비스를 개선할 수 있다.

> **정리**
>
> 서비스의 회복 탄력성, 성능, 효용을 제고하기 위해 서비스를 들여다보는 다양한 방법을 소개했다. 단위 테스트로 코드를 돌려보는 것이 소프트웨어 개발 프로세스의 중요한 부분인 것처럼, 카오스 테스팅, 로드 테스팅, 실험을 통해 서비스를 시험해보는 일은 서비스 설계 및 운영 관점에서 매우 중요한 과정이다.

CHAPTER

21

오퍼레이터 구현

쿠버네티스의 핵심 교리 중 하나는, 시스템 관리자가 쿠버네티스를 코어 API 이상으로 확장시키는 능력이다. 우리를 비롯한 많은 이들이 이러한 확장성이야말로 쿠버네티스가 시장을 지배하게 된 가장 큰 원동력이라고 본다. 개발자가 쿠버네티스에서 작동되는 애플리케이션을 개발하는 동안, 관리자는 애플리케이션의 안정적인 운영에 필요한 대부분의 반복 작업을 자동화하는 (쿠버네티스 API를 호출하는 방법을 알고 있는) 헬퍼 애플리케이션을 개발해왔다. 대부분 클러스터에서 실행되는 배시 스크립트나 헬퍼 컨테이너 형태다.

2016년, 코어OS(현재 레드햇)가 주도한 주요 쿠버네티스 컨트리뷰터[contributor] 그룹은 쿠버네티스 애플리케이션을 더 쉽게 개발/구현하기 위해 오퍼레이터 패턴[Operator pattern]을 발표했다. 애플리케이션의 패키징, 배포, 유지 관리 방법을 제시한 이 패턴은 쿠버네티스 API 및 kubectl 등의 클라이언트 도구와 매끄럽게 연동된다.

애플리케이션 개발자는 오퍼레이터를 사용하여 쿠버네티스에서 실행 가능한 기본 애플리케이션을 만든 다음, 기존 쿠버네티스 프로세스에 통합하거나 조직의 지식 관리 체계에 포함시킨다. 이러한 지식은 애플리케이션 배포에만 국한되지 않고, 원활한 업그레이드, 상이한 서비스 간의 조정, 커스텀 스케일링 프로세스, 복잡한 시스템에 관찰 가능성을 부여하는 일 등을 가능케 했다. 그 결과 오퍼레이터 패턴은 점점 쿠버네티스 체계의 일부로 받아들여지게 되었다.

이 장의 목표는 여러분에게 오퍼레이터의 작성 방법을 가르치는 것이 아니다. 책 한 장으로 다루기에 적합한 분량도 아니며, 인터넷에 수많은 자료가 있으니 참고하기 바란다. 여기서는 오퍼레이터의 기본 개념과 오퍼레이터를 쿠버네티스 환경에 구현해야 하는 시점과 이유를 소개하고, 이를 실천에 옮기기 위한 계획 수립 시 반드시 고려해야 할 점들을 살펴보겠다.

21.1 오퍼레이터 핵심 컴포넌트

오퍼레이터 프레임워크[1]는 체계적인 SDK$^{Software Development Kit}$(소프트웨어 개발 키트), 라이프사이클 관리, 퍼블리싱 도구가 탑재된 오픈 소스 툴킷이다. 오퍼레이터 패턴의 개념에 기반한 몇몇 프로젝트 덕분에 커뮤니티가 더욱 빠르게 발전할 수 있었다.

쿠버네티스 커뮤니티의 API 머시너리^{Machinery} SIG[2] 멤버들은 오퍼레이터의 2대 주요 컴포넌트, 즉 CRD와 컨트롤러로 작업할 때 필요한 베이스 SDK를 제공하기 위해 kubebuilder 개발을 후원했다. 커뮤니티의 일부로 구글의 지원을 받게 된 kubebuilder는 KUDO, KubeOps, Kopf 등 모든 오퍼레이터 프로젝트의 베이스 SDK로 입지를 굳혔다. 이 장의 예제 코드도 kubebuilder 구문으로 작성되었으나, 근본 개념은 다른 많은 오퍼레이터 SDK와 별로 크게 다르지 않다.

21.2 커스텀 리소스 정의

보통 복잡한 애플리케이션의 디펜던시와 리소스는 네이티브 쿠버네티스 리소스만 사용해서 정의한다. 플랫폼 엔지니어는 대규모 애플리케이션 실행에 필요한 커스터마이징을 관리할 목적으로 렌더링 파이프라인을 비롯해 잡과 초기 컨테이너 같은 리소스가 담긴 복잡한 YAML 템플릿을 구축해야 한다. 하지만 CRD를 사용하면 개발자가 쿠버네티스 API를 확장시켜 새로운 리소스 타입을 통해 애플리케이션의 리소스 요건을 선언형으로 더 잘 표현할 수 있다.

쿠버네티스에서 CustomResourceDefinition 인터페이스를 사용하면 새로운 리소스를 다이내믹하게 등록할 수 있다. 유저가 지정한 버전에 맞게 새로운 RESTful 리소스 경로가 자동으

---

[1] *https://oreil.ly/YG0gU*
[2] 옮긴이_ *https://groups.google.com/g/kubernetes-sig-api-machinery*

로 등록된다. 쿠버네티스에 내장된 다른 기본 리소스와 달리, CRD는 독립적으로 관리하면서 필요할 때 업데이트할 수 있다.

CRD는 spec 필드에 리소스 스펙을 정의하며, CRD로 생성된 커스텀 리소스가 네임스페이스의 리소스인지, 클러스터 전체의 리소스인지 spec.scope로 나타낸다. CRD와 커스텀 리소스를 구현하는 방법으로 넘어가기 전에 중요한 쿠버네티스 API 용어를 몇 가지 정리하자.

21.2.1 쿠버네티스 API 오브젝트, 리소스, 버전, 그룹 및 카인드

쿠버네티스에서 오브젝트object는 시스템에 저장되어 클러스터의 상태를 나타내는 실제 엔티티다. 클러스터 내에서 일반적인 CRUD 작업이 일어나는 대상이 바로 이 오브젝트다. 사실상 오브젝트는 파드나 퍼시스턴트볼륨과 같은 상태로 존재하는 모든 리소스 정의를 의미한다.

쿠버네티스 리소스resource는 특정 카인드의 오브젝트 컬렉션을 나타내는 API 엔드포인트다. 이를테면, Pod 오브젝트의 컬렉션은 파드 리소스에 포함된다. 다음 결과만 봐도 쉽게 알 수 있다.

```
kubectl api-versions
NAME                 SHORTNAMES   APIVERSION                   NAMESPACED   KIND
bindings                          v1                           true         Binding
componentstatu...    cs           v1                           false        ComponentS...
configmaps           cm           v1                           true         ConfigMap
edited for space
mutatingwebhoo...                 admissionregistration...     false        MutatingWe...
validatingwebh...                 admissionregistration...     false        Validating...
customresource...    crd,crds     apiextensions.k8s.io/...     false        CustomReso...
apiservices                       apiregistration.k8s.i...     false        APIService
controllerrevi...                 apps/v1                      true         Controller...
daemonsets           ds           apps/v1                      true         DaemonSet
```

```
deployments      deploy      apps/v1      true      Deployment
replicasets      rs          apps/v1      true      ReplicaSet
statefulsets     sts         apps/v1      true      StatefulSet
```

그룹group은 관심사가 비슷한 오브젝트를 묶은 것이다. 오브젝트를 버저닝하고 그룹화까지 하면 동일한 그룹 내의 오브젝트를 개별 관리하면서 필요에 따라 업데이트할 수 있다. 그룹은 오브젝트의 apiVersion 필드에 RESTful 경로로 지정한다. 쿠버네티스에서 코어 그룹(레거시legacy라고도 함)은 /api/REST 경로에 속하는데, 다음과 같이 파드나 디플로이먼트 YAML의 apiVersion 필드에서 베이스 경로가 제거된 경우도 흔히 볼 수 있다.

```
kind: Deployment
apiVersion: apps/v1
metadata:
  name: sample
spec:
  selector:
    matchLabels:
```

다른 훌륭한 API가 그렇듯이, 쿠버네티스 API 역시 버저닝을 지원하며 각기 다른 API 경로로 다시 여러 버전으로 나눠쓸 수 있다. 커스텀 리소스도 여타 오브젝트에 적용하는 것과 동일한 쿠버네티스 버저닝 가이드라인을 준수하는 것이 바람직하다. API는 지원 여부, 안정성에 따라 각기 다른 수준으로 분류할 수 있는데, 흔히 알파Alpha, 베타Beta, 안정Stable API 등으로 표시한다. 이를테면, 한 클러스터에서 같은 그룹이라도 v1과 v1beta1이 공존할 수 있는 구조다.

```
kubectl api-versions
── excerpt
autoscaling/v1
```

```
autoscaling/v2
autoscaling/v2beta1
autoscaling/v2beta2
```

카인드^{kind}와 리소스는 거의 같은 의미로 쓰이는 용어지만, 정확히 말하면 카인드를 구체적으로 구현한 것이 리소스다. 클러스터에 파드 리소스를 생성하는 파드 스펙처럼, 카인드를 정의할 때 카인드와 리소스는 대부분 1:1 관계다. 디플로이먼트나 레플리카셋 같은 다른 리소스에 의해 반환될 수 있는 Scale 카인드처럼 1:n 관계인 경우도 있는데, 이를 서브리소스^{subresource}라고 한다.

이러한 원칙들을 종합해서 커스텀 리소스 API를 모델링할 수 있다. 이 장의 나머지 부분에서는 kubebuilder로 생성한 스니펫을 예로 들어 설명하지만, 전체의 일부만 표현한 것이 지나지 않으며 실제 코드는 중요하지 않다는 점을 밝혀둔다. 중요한 점은 오퍼레이터 구현 시 어느 부분에 중점을 두어야 할지, 모범 사례와 어떻게 연관되는지 이해하는 것이다.

21.3 API 생성

CRD는 YAML로 직접 만들 수도 있지만, kubebuilder와 다른 오퍼레이터 SDK를 사용하여 주어진 코드에 알맞은 API 정의를 자동 생성하는 것이 간편하다. 프로젝트를 초기화한 다음, kubebuilder로 API 스캐폴드 및 필요한 Go 코드를 생성할 수 있다.

kubebuilder를 사용할 준비가 끝나면, 다음과 같이 프로젝트 파일이 위치한 새 디렉터리에서 init 커맨드를 실행하여 프로젝트를 초기화하자.

```
$ kubebuilder init —domain platform.evillgenius.com
    —repo platform.evillgenius.com/platformapp —project-name=pe-app
```

```
Writing kustomize manifests for you to edit...
Writing scaffold for you to edit...
Get controller runtime:
$ go get sigs.k8s.io/controller-runtime@v0.14.1
go: downloading sigs.k8s.io/controller-runtime v0.14.1
go: downloading k8s.io/apimachinery v0.26.0
.................................................... removed for brevity ...
Update dependencies:
$ go mod tidy
go: downloading github.com/go-logr/zapr v1.2.3
go: downloading go.uber.org/zap v1.24.0
go: downloading github.com/onsi/ginkgo/v2 v2.6.0
go: downloading github.com/onsi/gomega v1.24.1
go: downloading gopkg.in/check.v1 v1.0.0-20200227125254-8fa46927fb4f
go: downloading github.com/niemeyer/pretty v0.0.0-20200227124842-a10e7caefd8e
Next: define a resource with:
$ kubebuilder create api
```

실행 결과, 다음과 같이 기본 파일 및 상용구 코드^{boilerplate code}가 생성된다.

```
$ tree
.
├── config
│   ├── default
│   │   ├── kustomization.yaml
│   │   ├── manager_auth_proxy_patch.yaml
│   │   └── manager_config_patch.yaml
│   ├── manager
│   │   ├── kustomization.yaml
│   │   └── manager.yaml
│   ├── prometheus
│   │   ├── kustomization.yaml
│   │   └── monitor.yaml
```

```
│       └── rbac
│           ├── auth_proxy_client_clusterrole.yaml
│           ├── auth_proxy_role_binding.yaml
│           ├── auth_proxy_role.yaml
│           ├── auth_proxy_service.yaml
│           ├── kustomization.yaml
│           ├── leader_election_role_binding.yaml
│           ├── leader_election_role.yaml
│           ├── role_binding.yaml
│           └── service_account.yaml
├── Dockerfile
├── go.mod
├── go.sum
├── hack
│   └── boilerplate.go.txt
├── main.go
├── Makefile
├── PROJECT
└── README.md
```

다음 커맨드로 API를 정의할 스캐폴드를 생성한다.

```
$ kubebuilder create api --group egplatform --version v1alpha1 --kind EGApp
Create Resource [y/n]
y
Create Controller [y/n]
y
Writing kustomize manifests for you to edit...
Writing scaffold for you to edit...
api/v1alpha1/egapp_types.go
controllers/egapp_controller.go
Update dependencies:
$ go mod tidy
```

```
Running make:
$ make generate
mkdir -p /home/eddiejv/dev/projects/operators/platformapp/bin
test -s /home/eddiejv/dev/projects/operators/platformapp/bin/controller-gen
  && /home/eddiejv/dev/projects/operators/platformapp/bin/controller-gen
  --version | grep -q v0.11.1 || \
GOBIN=/home/eddiejv/dev/projects/operators/platformapp/bin
  go install sigs.k8s.io/controller-tools/cmd/controller-gen@v0.11.1
go: downloading sigs.k8s.io/controller-tools v0.11.1
go: downloading github.com/spf13/cobra v1.6.1
go: downloading github.com/gobuffalo/flect v0.3.0
go: downloading golang.org/x/tools v0.4.0
go: downloading k8s.io/utils v0.0.0-20221107191617-1a15be271d1d
go: downloading github.com/mattn/go-colorable v0.1.9
/home/eddiejv/dev/projects/operators/platformapp/bin/controller-gen
  object:headerFile="hack/boilerplate.go.txt" paths="./..."
Next: implement your new API and generate the manifests (e.g. CRDs,CRs) with:
$ make manifests
```

API, bin, controller 디렉터리가 새로 추가됐고, 다른 디렉터리도 더 많은 상용구 코드로 채워졌다. 앞으로 작업할 메인 파일은 api/⟨version⟩/⟨kind⟩_types.go와 controllers/⟨kind⟩_controller.go, 이 두 파일이다.

CRD로 나타내고 싶은 리소스에 API가 매핑되도록 수정하려면 api/⟨version⟩/⟨kind⟩_types.go 파일에서 새 오브젝트에 맞게 생성된 구조에 새 필드를 추가한다.

```
type EGAppSpec struct {
    // INSERT ADDITIONAL SPEC FIELDS - desired state of cluster
    // Important: Run "make" to regenerate code after modifying this file

    // Foo is an example field of EGApp. Edit egapp_types.go to remove/update
    Foo string `json:"foo,omitempty"`
```

```
}

// EGAppStatus defines the observed state of EGApp
// +kubebuilder:subresource:status
type EGAppStatus struct {
    // INSERT ADDITIONAL STATUS FIELD - define observed state of cluster
    // Important: Run "make" to regenerate code after modifying this file

}
```

> **NOTE** Go 언어는 잘 몰라도 괜찮다. 자바나 파이썬으로 오퍼레이터를 빌드할 수 있는 자바 오퍼레이터 SDK와 Kopf 같은 프로젝트가 있다. 오퍼레이터 프레임워크 SDK로 앤서블이나 헬름에서도 오퍼레이터를 생성할 수 있다.

계속해서 이번에는 스펙에 특정 필드를 추가하고 상태도 넣어보자. 다음과 같이 정보를 추가해서 스펙을 업데이트한다.

```
type EGAppSpec struct {
    // INSERT ADDITIONAL SPEC FIELDS - desired state of cluster
    // Important: Run "make" to regenerate code after modifying this file

    // AppId is the unique AppId match to internal catalog systems
    AppId string `json:"appId,omitempty"`

    // +kubebuilder:validation:Enum=java;python;go
    Framework string `json:"framework"`

    // +kubebuilder:validation:Optional
    // +kubebuilder:validation:Enum=lowMem;highMem;highCPU;balanced
    // +kubebuilder:default="lowMem"
```

```
    InstanceType string `json:"instanceType"`

    // +kubebuilder:validation:Enum=dev;stage;prod
    Environment string `json:"environment"`

    // +kubebuilder:validation:Optional
    // +kubebuilder:default:=1
    ReplicaCount int32 `json:"replicaCount"`
}

// EGAppStatus defines the observed state of EGApp
// +kubebuilder:subresource:status
type EGAppStatus struct {
    // INSERT ADDITIONAL STATUS FIELD - define observed state of cluster
    // Important: Run "make" to regenerate code after modifying this file

    Pods []string `json:"pods"`
}
```

애플리케이션을 정의한 스펙에서 우리가 필요로 하는 정보를 데이터 타입에 매핑하고 이를 JSON으로 표현한 부분을 눈여겨보자. 주석처럼 보이는 // +kubebuilder: 라인은 주어진 정보에 따라 코드를 생성하는 마커 주석$^{\text{marker comment}}$이다.

이 예제는 kubebuilder에게 Framework 필드가 java, python, go 셋 중 하나의 문자열인지 유효성을 검사하는 모든 코드를 생성하도록 선언했다. 그래서 kubebuilder create api 커맨드 끝부분에 API를 어떻게 변경하더라도 다른 필요한 생성 코드를 모두 업데이트하려면 make generate가 필요하고, 모든 YAML 매니페스트의 상용구 코드를 업데이트하려면 make manifests가 필요하다고 밝힌 것이다.

여기까지 끝나면 다음과 같이 초기 CRD가 생성된다.

```yaml
apiVersion: apiextensions.k8s.io/v1
kind: CustomResourceDefinition
metadata:
  annotations:
    controller-gen.kubebuilder.io/version: v0.11.1
  creationTimestamp: null
  name: egapps.egplatform.platform.evillgenius.com
spec:
  group: egplatform.platform.evillgenius.com
  names:
    kind: EGApp
    listKind: EGAppList
    plural: egapps
    singular: egapp
  scope: Namespaced
  versions:
  - name: v1alpha1
    schema:
      openAPIV3Schema:
        description: EGApp is the Schema for the egapps API
        properties:
          apiVersion:
            description: 'APIVersion defines the versioned schema of this
              representation of an object. Servers should convert recognized
              schemas to the latest internal value, and may reject unrecognized
              values. More info: https://git.k8s.io/community/contributors/
              devel/sig-architecture/api-conventions.md#resources'
            type: string
          kind:
            description: 'Kind is a string value representing the REST resource
              this object represents. Servers may infer this from the endpoint
              the client submits requests to. Cannot be updated. In CamelCase.
              More info: https://git.k8s.io/community/contributors/devel/
              sig-architecture/api-conventions.md#types-kinds'
```

```yaml
      type: string
metadata:
  type: object
spec:
  description: EGAppSpec defines the desired state of EGApp
  properties:
    appId:
      description: Foo is an example field of EGApp. Edit
        egapp_types.go to remove/update
      type: string
    environment:
      enum:
      - dev
      - stage
      - prod
      type: string
    framework:
      enum:
      - java
      - python
      - go
      type: string
    instanceType:
      default: lowMem
      enum:
      - lowMem
      - highMem
      - highCPU
      - balanced
      type: string
    replicaCount:
      default: 1
      format: int32
      type: integer
```

```
              required:
                - environment
                - framework
              type: object
          status:
            description: EGAppStatus defines the observed state of EGApp
            properties:
              pods:
                items:
                  type: string
                type: array
              required:
              - pods
              type: object
          type: object
      served: true
      storage: true
      subresources:
        status: {}
```

kubebuilder가 OpenAPI 검사 정보를 추가해서 CR(커스텀 리소스)이 CRD 요건에 맞는 지 검사할 수 있다. 웹훅을 경유하는 방식으로 밸리데이터Validator(검사기)를 추가 생성할 수 도 있다. kubebuilder는 Defaulter나 Validator 인터페이스를 구현하는 방식으로 CRD에 어드미션 웹훅을 추가할 수 있도록 웹훅 서버를 생성하고 컨트롤러 매니저에 등록하는 코드 를 대신 생성한다.

kubebuilder CLI에서 다음 커맨드를 실행하면 쉽게 코드를 생성할 수 있다.

```
$ kubebuilder create webhook --group egplatform --version v1alpha1 --kind EGApp
    --defaulting --programmatic-validation
```

커스텀 리소스를 배포하는 작업도 kubebuilder를 이용하면 어렵지 않다.

```
$ make install
test -s /home/eddiejv/dev/projects/operators/platformapp/bin/controller-gen &&
/home/eddiejv/dev/projects/operators/platformapp/bin/controller-gen —version |
grep -q v0.11.1 || \
GOBIN=/home/eddiejv/dev/projects/operators/platformapp/bin go install
sigs.k8s.io/controller-tools/cmd/controller-gen@v0.11.1/home/eddiejv/dev/
projects/operators/platformapp/bin/controller-gen rbac:roleName=manager-role
crd webhook paths="./..." output:crd:artifacts:config=config/crd/bases
/home/eddiejv/dev/projects/operators/platformapp/bin/kustomize build config/crd
| kubectl apply -f -
customresourcedefinition.apiextensions.k8s.io/
egapps.egplatform.platform.evillgenius.com created
```

kubectl 커맨드로 확인해보니 클러스터에 egapp 리소스가 설치되었다. 리소스 자체의 구조도 확인할 수 있다.

```
$ kubectl explain egapp —recursive
KIND:       EGApp
VERSION:    egplatform.platform.evillgenius.com/v1alpha1

DESCRIPTION:
    EGApp is the Schema for the egapps API

FIELDS:
   apiVersion    <string>
   kind  <string>
   metadata      <Object>
      annotations        <map[string]string>
      creationTimestamp <string>
      deletionGracePeriodSeconds     <integer>
```

CHAPTER 21 오퍼레이터 구현 **429**

```
    deletionTimestamp <string>
    finalizers        <[]string>
    generateName      <string>
    generation        <integer>
    labels    <map[string]string>
    managedFields     <[]Object>
        apiVersion    <string>
        fieldsType    <string>
        fieldsV1      <map[string]>
        manager       <string>
        operation     <string>
        subresource   <string>
        time   <string>
    name     <string>
    namespace <string>
    ownerReferences   <[]Object>
        apiVersion    <string>
        blockOwnerDeletion    <boolean>
        controller    <boolean>
        kind   <string>
        name   <string>
        uid    <string>
    resourceVersion   <string>
    selfLink  <string>
    uid      <string>
spec <Object>
    appId    <string>
    environment    <string>
    framework <string>
    instanceType   <string>
    replicaCount   <integer>
status     <Object>
    pods      <[]string>
```

API를 만들어 클러스터에 설치까지 했지만 당장은 할 수 있는 게 아무것도 없다. 이 단계에서 YAML 파일을 작성해 네임스페이스에 있는 클러스터에 배포하면 YAML에 기술된 정보에 맞게 etcd에 엔트리가 생성된다. 그러나 컨트롤러를 만들 때까진 아무 일도 일어나지 않는다. 자, 컨트롤러를 가동시켜보자.

21.4 컨트롤러 조정

컨트롤러 코드는 API가 생성되는 시점에 만들어진다. 필요한 조정 로직을 만드는 데 필요한 대부분의 상용구 코드는 컨트롤러 코드에 들어 있다. 오퍼레이터의 작동 원리를 이해하려면 코드보다 백그라운드에서 벌어지는 일들에 주목할 필요가 있다. 컨트롤러의 코드는 controller/⟨kind⟩_controller.go 파일에 있고, 조정 로직은 Reconcile 메서드에 추가된다.

더 깊이 들어가기 전에 조정 계획 및 단계phase에 관하여 알아보자(그림 21.1).

그림 21.1 오퍼레이터 전체 구성도

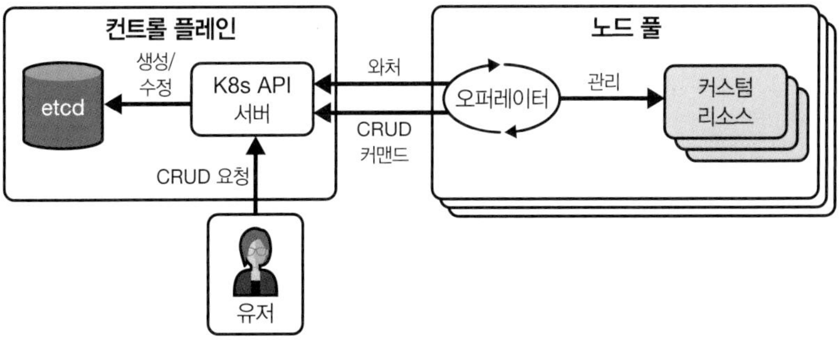

오퍼레이터는 자신이 관심을 가진 리소스 타입에 관한 이벤트를 감시하는 서비스다. 오퍼레이터 패턴에 따르면 프레디킷이라는 기준에 부합하는 이벤트 발생 시 오퍼레이터가 의도한 상태를 실행 중인 상태로 조정하는 프로세스가 개시된다. 상태 변경을 처리하도록 구현된 로직은 모두 이 조정 프로세스 중에 실행된다. 정확히 무엇이 변경됐든지 상관없이 모든 일은 이 조정 사이클이 처리한다. 이를 레벨 기반의 트리거링$^{\text{level-based triggering}}$이라고 한다. 그리 효율적인 방법은 아니지만, 쿠버네티스 같은 복잡한 분산 시스템에서는 잘 맞는 편이다.

개발자는 Reconcile 메서드에 [그림 21.2]에 나타낸 로직을 코딩한다.

1. 커스텀 리소스 인스턴스가 있는가?
2. 만약 그렇다면, 몇 가지 검사를 한다.
3. 검사 결과 문제가 없으면, 상태 변경이 필요한지 체크하고 상태를 변경한다.

리소스가 삭제될 때 정리하는 로직도 여기에 같이 구현한다.

CR 자신이 직접 소유하지 않은 다른 리소스를 구현하는 경우, 해당 소스를 정리하고 파이널 라이저^{finalizer} 프로세스가 끝날 때까지 CR이 삭제되지 않도록 Finalizer를 구현하여 차단해야 한다. 클라우드 프로바이더에서 리소스를 생성하는 커스텀 리소스와 퍼시스턴트볼륨도 볼륨을 삭제된 것으로 간주하기 전에 반드시 준수해야 할 회수 정책$^{\text{reclaim policy}}$이 있을지 모르기 때문에 그렇게 처리한다.

그림 21.2 조정 로직

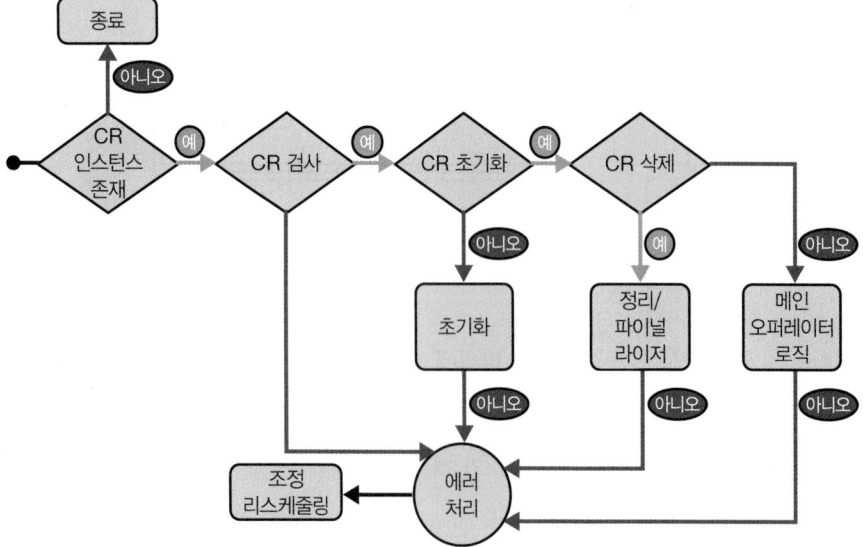

21.5 리소스 검사

요청된 리소스가 유효한지 검사하는 작업은 오퍼레이터의 효율적인 설계 측면에서 중요하다. 리소스가 API 스펙에 부합하는지는 몇 가지 방법으로 검사할 수 있지만, 일관된 동작을 계속 유지하기 위해 이 과정에 반드시 리던던시를 구축할 필요가 있다.

첫 번째 검사 레이어는 CRD 스펙에 정의된 OpenAPI 검증이다. CR이 일개 리소스로서 etcd 서버에 도착해 좋지 않은 후유증을 유발하지 않도록 예방하는 것이다. 두 번째 검사 레이어는 웹훅 요청을 거쳐 API 스펙에 맞는지 리소스를 체크하는 검사 어드미션 컨트롤러 구현체다. 이로써 리소스가 API 서버 안으로 들어가지 못하게 막을 수 있다.

검사 로직을 조정 루프에 추가하는 것도 나쁘지 않은 전략이지만, 클러스터에 이미 존재하는 리소스에 대한 유효성 검사라서 적절한 에러 처리가 필요하다는 사실을 잊지 말자. 이런 일은 보통 검사 웹훅Validating Webhook 구현체에 있는 것과 동일한 검사 로직을 호출하는 IsValid 메서드가 처리한다.

21.6 컨트롤러 구현

지금까지 설명한 내용을 종합하면 컨트롤러의 로직은 다음과 같이 구현할 수 있다.

```
// +kubebuilder:rbac:groups=egplatform.platform.evillgenius.com,
   resources=egapps,verbs=get;list;watch;create;update;patch;delete
// +kubebuilder:rbac:groups=egplatform.platform.evillgenius.com,
   resources=egapps/status,verbs=get;update;patch
// +kubebuilder:rbac:groups=egplatform.platform.evillgenius.com,
   resources=egapps/finalizers,verbs=update

// Reconcile is part of the main Kubernetes reconciliation loop which aims to
```

```go
// move the current state of the cluster closer to the desired state.
// TODO(user): Modify the Reconcile function to compare the state specified by
// the EGApp object against the actual cluster state, and then
// perform operations to make the cluster state reflect the state specified by
// the user.
//
// For more details, check Reconcile and its Result here:
// - https://pkg.go.dev/sigs.k8s.io/controller-runtime@v0.14.1/pkg/reconcile
func (r *EGAppReconciler) Reconcile(ctx context.Context, req ctrl.Request)
  (ctrl.Result, error) {
    _ = log.FromContext(ctx)

    // TODO(user): your logic here
    logger := log.Log.WithValues("EGApp", req.NamespacedName)
    logger.Info("EGApp Reconcile started...")

    // fetch the EGApp CR instance
    egApp := &egplatformv1alpha1.EGApp{}

    err := r.Get(ctx, req.NamespacedName, egApp)
    if err != nil {
        if errors.IsNotFound(err) {
            logger.Info("EGApp resource not found. Object must be deleted")
            return ctrl.Result{}, nil
        }
        logger.Error(err, "Failed to get EGApp")
        return ctrl.Result{}, nil
    }
    // check if the deployment already exists, if not create a new one
    found := &appsv1.Deployment{}
    err = r.Get(ctx, types.NamespacedName{Name: egApp.Name, Namespace:
      egApp.Namespace}, found)
    if err != nil {
        dep := r.deploymentForEGApp(egApp)
```

```go
        logger.Info("Creating a  new deployment", "Deployment.Namespace",
          dep.Namespace, "Deployment.Name", dep.Name)
        err = r.Create(ctx, dep)
        if err != nil {
            logger.Error(err, "Failed to create new deployment",
              "Deployment.Namespace", dep.Namespace, "Deployment.Name", dep.Name)
            return ctrl.Result{}, err
        }
        return ctrl.Result{}, nil
    } else if err != nil {
        logger.Error(err, "Failed to get deployment")
        return ctrl.Result{}, nil
    }
    // This point, we have the deployment object created
    // Ensure the deployment size is same as the spec
    replicas := egApp.Spec.ReplicaCount
    if *found.Spec.Replicas != replicas {
        found.Spec.Replicas = &replicas
        err = r.Update(ctx, found)
        if err != nil {
            logger.Error(err, "Failed to update Deployment",
              "Deployment.Namespace", found.Namespace, "Deployment.Name",
              found.Name)
            return ctrl.Result{}, err
        }
        // Spec updated return and requeue
        // Requeue for any reason other than an error
        return ctrl.Result{Requeue: true}, nil
    }

    // Update the egApp status with pod names
    // List the pods for this egApp's deployment
    podList := &corev1.PodList{}
    listOpts := []client.ListOption{
```

```go
        client.InNamespace(egApp.Namespace),
        client.MatchingLabels(egApp.GetLabels()),
    }

    if err = r.List(ctx, podList, listOpts...); err != nil {
        logger.Error(err, "Failed to list pods", "egApp.Namespace",
          egApp.Namespace, "egApp.Name", egApp.Name)
        return ctrl.Result{}, err
    }
    podNames := getPodNames(podList.Items)

    // Update status.Pods if needed
    if !reflect.DeepEqual(podNames, egApp.Status.Pods) {
        egApp.Status.Pods = podNames
        err := r.Status().Update(ctx, egApp)
        if err != nil {
            logger.Error(err, "Failed to update egApp status")
            return ctrl.Result{}, err
        }
    }

    return ctrl.Result{}, nil
}

func (r *EGAppReconciler) deploymentForEGApp(m *egplatformv1alpha1.EGApp)
  *appsv1.Deployment {
    ls := m.GetLabels()
    replicas := m.Spec.ReplicaCount

    deploy := &appsv1.Deployment{
        ObjectMeta: metav1.ObjectMeta{
            Name:      m.Name,
            Namespace: m.Namespace,
        },
```

```go
        Spec: appsv1.DeploymentSpec{
            Replicas: &replicas,
            Selector: &metav1.LabelSelector{
                MatchLabels: ls,
            },
            Template: corev1.PodTemplateSpec{
                ObjectMeta: metav1.ObjectMeta{
                    Labels: ls,
                },
                Spec: corev1.PodSpec{
                    Containers: []corev1.Container{{
                        Image: "gcr.io/kuar-demo/kuard-amd64:1",   // hard-coded
                          here, make this dynamic
                        Name:  m.Spec.AppId,
                        Ports: []corev1.ContainerPort{{
                            ContainerPort: 8080,
                            Name:          "http",
                        }},
                    }},
                },
            },
        },
    }
    ctrl.SetControllerReference(m, deploy, r.Scheme)
    return deploy
}

// Utility function to iterate over pods and return the names slice
func getPodNames(pods []corev1.Pod) []string {
    var podNames []string
    for _, pod := range pods {
        podNames = append(podNames, pod.Name)
    }
    return podNames
}
```

```
// SetupWithManager sets up the controller with the Manager.
func (r *EGAppReconciler) SetupWithManager(mgr ctrl.Manager) error {
    return ctrl.NewControllerManagedBy(mgr).
        For(&egplatformv1alpha1.EGApp{}).
        Complete(r)
}
```

메인 단계는 조정 프로세스를 통해 구현된다. 여기서 중요한 요점 두 가지를 정리한다.

- CR은 실제로 디플로이먼트를 생성한다. 특정 인스턴스가 발견되지 않으면, CR 스펙에 있는 값을 이용해 디플로이먼트를 생성하고 필요한 데이터를 채운다. ctrl.SetControllerReference(m, deploy, r.scheme) 라인이 바로 CR이 디플로이먼트 소유권을 획득하는 지점이다. 덕분에 리소스를 지울 때 자신이 소유한 모든 디플로이먼트를 깨끗이 정리할 수 있다.

- 상태는 디플로이먼트와 연관된 파드 리스트가 위치한 리소스에서 업데이트된다. err := r.Status(). Update(ctx, egApp) 라인에서 서브리소스로 생성된 CR의 status.pods 프로퍼티에서 업데이트가 일어나는데, 이 부분이 중요하다. ResourceGeneration 메타데이터 필드를 증가시키지 않으면 리소스 상태가 업데이트되지 않기 때문이다. 이 메타데이터 필드를 증가시키지 않은 이벤트에 대해 조정을 트리거하지 않도록 워치에 프레디킷을 구현함으로써 noop인 경우 전체 루프가 반복되지 않게 할 수 있다.

kubebuilder는 작성된 컨트롤러 로직이 앞서 클러스터에 배포된 CR 스펙에 맞는지 로컬에서 코드를 돌려보고 만사가 잘 작동되는지 확인한다. 이제 컨테이너로 패키징했다가 운영 준비가 다 됐을 때 클러스터에 배포하면 된다.

배포 작업은 다음과 같이 진행될 것이다.

```
$ make run
test -s /home/eddiejv/dev/projects/operators/platformapp/bin/controller-gen && 
/home/eddiejv/dev/projects/operators/platformapp/bin/controller-gen --version 
| grep -q v0.11.1 || \
GOBIN=/home/eddiejv/dev/projects/operators/platformapp/bin go install 
sigs.k8s.io/controller-tools/cmd/controller-gen@v0.11.1
```

```
/home/eddiejv/dev/projects/operators/platformapp/bin/controller-gen
rbac:roleName=manager-role crd webhook paths="./..."
output:crd:artifacts:config=config/crd/bases
/home/eddiejv/dev/projects/operators/platformapp/bin/controller-gen
object:headerFile="hack/boilerplate.go.txt" paths="./..."
go fmt ./...
go vet ./...
go run ./main.go
2023-02-24T11:07:21-06:00 INFO controller-runtime.metrics Metrics server is
   starting to listen {"addr": ":8080"}
2023-02-24T11:07:21-06:00 INFO setup starting manager
2023-02-24T11:07:21-06:00 INFO Starting server {"path": "/metrics", "kind":
   "metrics", "addr": "[::]:8080"}
2023-02-24T11:07:21-06:00 INFO Starting server {"kind": "health probe",
   "addr": "[::]:8081"}
2023-02-24T11:07:21-06:00 INFO Starting EventSource {"controller": "egapp",
   "controllerGroup": "egplatform.platform.evillgenius.com", "controllerKind":
   "EGApp", "source": "kind source: *v1alpha1.EGApp"}
2023-02-24T11:07:21-06:00 INFO Starting Controller {"controller": "egapp",
   "controllerGroup": "egplatform.platform.evillgenius.com", "controllerKind":
   "EGApp"}
2023-02-24T11:07:21-06:00 INFO Starting workers {"controller": "egapp",
   "controllerGroup": "egplatform.platform.evillgenius.com", "controllerKind":
   "EGApp", "worker count": 1}
```

로그를 보니 컨트롤러가 가동됐고 이벤트를 리스닝하고 있다. 이제 다음 YAML로 클러스터에 CR을 배포한다.

```yaml
apiVersion: egplatform.platform.evillgenius.com/v1alpha1
kind: EGApp
metadata:
  labels:
    app.kubernetes.io/name: egapp
```

```
        app.kubernetes.io/instance: egapp-sample
        app.kubernetes.io/part-of: pe-app
        app.kubernetes.io/managed-by: kustomize
        app.kubernetes.io/created-by: pe-app
    name: egapp-sample
spec:
    appId: egapp-sample
    framework: go
    instanceType: lowMem
    environment: dev
    replicaCount: 2
```

컨트롤러 로그를 보니 조정 루프가 시작됐다. 디플로이먼트는 원래 없었기 때문에 생성되었다.

```
2023-02-24T11:12:46-06:00 INFO EGApp Reconcile started... {"EGApp":
    "default/egapp-sample"}
2023-02-24T11:12:46-06:00 INFO Creating a  new deployment {"EGApp":
    "default/egapp-sample", "Deployment.Namespace": "default", "Deployment.Name":
    "egapp-sample"}
```

인스턴스에서 kubectl delete를 실행하면 컨트롤러는 또 다른 조정 루프를 통해 오브젝트를 삭제한다.

```
2023-02-24T11:21:39-06:00 INFO EGApp Reconcile started... {"EGApp":
    "default/egapp-sample"}
2023-02-24T11:21:39-06:00 INFO EGApp resource not found. Object must
    be deleted {"EGApp": "default/egapp-sample"}
```

지금까지 살펴보았듯이, 컨트롤러와 API 자체로도 내부적으로 꽤 많은 일을 할 수 있다. 예를 들면, 백업 호출, 노드 간 워크로드 리밸런싱rebalancing, 커스텀 스케일링 등 복잡한 정리 로직을 구현할 수 있다. 시스템의 작동 원리, 배포 방법, 문제 발생 시 대응 방안 등 엔지니어의 숙련된 지식을 코드화한 것이다. 예제만 보아도 오퍼레이터 패턴이 얼마나 유용한지 알 수 있다.

21.7 오퍼레이터 라이프 사이클

오퍼레이터 개발은 결코 만만찮은 일이다. 처음부터 애플리케이션 운영상의 모든 문제를 오퍼레이터로 해결하려고 애쓸 필요는 없다. 일단 가장 큰 걸림돌부터 해결하고, 여러 차례 개발 이터레이션을 반복하면서 조금씩 오퍼레이터의 기능을 개선하면 된다. 코어OS와 레드햇 개발팀은 오퍼레이터 역량 수준Operator Capability Levels[3]이라는 견고한 기능 스펙트럼을 제시했는데, 오퍼레이터가 더 나은 단계로 나아가며 해결해야 할 주요 관심사가 잘 정리되어 있다.

- **기본 설치**

자동화한 애플리케이션 프로비저닝과 구성 관리

- **원활한 업그레이드**

패치 및 마이너 버전 업그레이드 지원

- **전체 라이프 사이클**

앱 라이프 사이클, 스토리지 라이프 사이클(백업, 장애 복구)

---

[3]   https://oreil.ly/X_Lun

■ 심층 분석

메트릭, 알림, 로그 처리, 워크로드 분석

■ 오토 파일럿

수평/수직 스케일링, 자동 구성 튜닝, 이상 징후 감지, 튜닝 스케줄링

오퍼레이터 역량 수준은 시간의 흐름에 따라 오퍼레이터가 성숙해지는 단계를 규정한 견고한 프레임워크다. 오퍼레이터 역시 라이프 사이클, 제품 관리, 지원 중단 정책, 명확하고 일관된 버저닝 등 잘 정의된 다른 소프트웨어 조각처럼 다루어야 한다는 점이 중요하다.

21.7.1 버전 업그레이드

방금 전 예제는 CRD에서 지원되는 v1alphav1 버전으로 출발했지만, 오퍼레이터의 라이프 사이클 동안 API의 단계와 안정성에 따라 여러 버전을 지원해야 하는 경우도 있다.

새 버전이 출시되면 기존 리소스에 문제가 없는지 주의 깊게 잘 살펴야 한다. CR 오브젝트는 모든 버전의 CRD에서 서비스를 제공할 수 있어야 하며, 이는 제공되는 버전과 실제로 저장된 버전이 서로 일치하지 않을 수 있음을 의미한다. 따라서 이렇게 상이한 두 버전 간에도 CR 오브젝트를 변환할 수 있는 프로세스도 함께 구현해야 한다. 스키마 변경이나 커스텀 로직을 적용해야 할 경우에는 변환 웹훅을 사용하여 필요한 업데이트만 하면 되고, 스키마가 없거나 커스텀 로직이 불필요할 때는 apiVersion 필드만 변경하는 디폴트 없음$^{\text{default None}}$ 변환 전략을 사용한다.

다음과 같이 CRD에 변환 전략 필드$^{\text{conversion.strategy}}$를 추가하고 특정 리소스를 리스닝하는 웹훅을 지정한다.

```
apiVersion: apiextensions.k8s.io/v1
kind: CustomResourceDefinition
...
spec:
  ...
  conversion:
    strategy: Webhook
    webhook:
      clientConfig:
        service:
          namespace: egapp-conversion
          name: egapp
          path: /egapp-conversion
          port: 8081
        caBundle: "Hf8j0Kw...<base64-encoded PEM bundle>...tLS0K"
...
```

21.7.2 오퍼레이터 모범 사례

오퍼레이터를 개발하고 유지보수하는 일은 작은 노력으로 가능한 일이 아니므로 아주 신중하게 기획하고 검토할 필요가 있다. 헬름 차트, 쿠스토마이즈 리포지터리, 아니면 테라폼 모듈처럼 단순한 패러다임을 이용해 애플리케이션을 패키징하는 것이 더 쉽다. 오퍼레이터 패턴은 애플리케이션 관리 측면에서 또는 애플리케이션을 사용하는 유저의 부담을 덜고자 특별한 조정 로직이 필요한 경우에 빛을 발할 가능성이 높다. 오퍼레이터를 구축하기로 결심했다면 다음 모범 사례를 참고하자.

✓ 오퍼레이터가 애플리케이션을 둘 이상 관리하도록 과부하를 걸지 말고 오퍼레이터가 제어하는 각 CRD를 소유하자.

✓ 오퍼레이터가 여러 CRD를 관리하는 경우, 오퍼레이터 역시 여러 컨트롤러를 갖고 있

어야 한다. CRD 당 컨트롤러 하나로 단순하게 유지하자.

- ✓ 오퍼레이터가 자신이 리소스를 감시하는 네임스페이스와 자신이 배포될 네임스페이스에 소속되면 안 된다.

- ✓ 오퍼레이터 버저닝은 시맨틱 버저닝semantic versioning[4]을 사용해야 하며, 쿠버네티스 API 익스텐션으로서 쿠버네티스 API 버저닝 가이드라인[5]을 준수해야 한다.

- ✓ CRD는 알려진 스키마를 허용하기 위해 오픈API 스펙을 준수해야 한다. 오퍼레이터 SDK는 대부분 오픈API 스펙 기반으로 상용구 CRD를 생성하는 메서드를 제공하므로 개발하기 쉽다.

- ✓ 여느 쿠버네티스 서비스와 마찬가지로, 오퍼레이터 역시 넌루트 실행, 최소 권한 RBAC, 관찰가능성 등의 보안 지침을 엄격히 준수해야 한다. 메트릭과 로그는 시스템 외부에 두자. 오퍼레이터 상태와 여타 서비스 수준 척도SLI, Service Level Indicator를 들여다볼 수 있도록 계측해야 한다. 프로메테우스, 데이터독, 클라우드 오퍼레이션스, 오픈 텔레메트리 같은 메트릭 익스포트를 활용하자.

- ✓ 오퍼레이터가 다른 오퍼레이터를 설치하지 않도록 하자. 또 오퍼레이터 자신의 CRD를 클러스터 글로벌 리소스로 등록해선 안 된다. 오퍼레이터에게 높은 권한을 부여해야 하기 때문이다.

- ✓ 요청을 수락하기 전, 모든 CRD가 유효한지 검사한다. 오픈API 검사 스키마처럼 알려진 스키마나 CRD 검사가 가능한 어드미션 컨트롤러를 이용하면 된다. 리소스가 API에 전달되지 않기 때문에 etcd에서 공간 낭비를 최소화할 수 있다. 리소스를 검사하고 정리하는 마지막 노력으로, 조정 사이클 안에도 검사 로직을 두자.

---

[4] https://semver.org
[5] https://oreil.ly/O-5lH

✓ 필요 없는 오퍼레이터는 스스로 정리되어야 한다. 오퍼레이터 자신이 만든 리소스는 물론이고, 애플리케이션 요건을 충족시키기 위해 외부 리소스(예: 애플리케이션의 필요에 따라 파드에 붙인 PV, 클러스터 외부 리소스 등)가 만들어졌을지도 모르기 때문에 리소스 삭제 후 잘 정리하는 일도 대단히 중요하다.

✓ 오퍼레이터의 라이프 사이클과 이전 버전을 사용 중인 유저가 업그레이드를 할 수밖에 없는 중대한 변경을 언제 적용할지는 신중하게 생각하자. vX 버전에서 vY 버전으로, 유사 시 다시 vX 버전으로 돌아오는 과정에서 정보가 소실되지 않도록 변환 웹훅을 구현하자.

✓ 오퍼레이터가 관리하는 리소스에 기록된 상태 정보를 유심히 살피자. CR은 유저가 리소스 상태를 파악할 수 있는 유일한 인터페이스다. 컨트롤러가 상태를 간결명료하게 리소스에 기록함으로써 유저는 기존 쿠버네티스 클라이언트 툴로 입맛에 맞게 상태를 쉽게 쿼리하고 조치할 수 있다. 상태는 일종의 서브리소스로 구현하고, 메인 리소스의 ResourceGeneration 메타데이터 필드를 증가시키지 않은 업데이트 이후 조정 루프가 트리거되지 않도록 프레디킷을 사용하자.

> **정리**
>
> 누구나 애플리케이션의 완전 자동화 배포 및 '데이 투(day 2)' 운영[6]을 장담하면서 오퍼레이터 시장은 실험적인 수준을 넘어 쿠버네티스 체계의 핵심 기능으로 자리 잡게 되었다. 오퍼레이터는 조직의 비즈니스를 지원하기 위해 복잡한 애플리케이션이 필요한 경우에 사용해야 하나, 더 쉬운 메커니즘이 있으면 신중하게 잘 검토해 볼 필요가 있다.
>
> 오퍼레이터를 사용하기로 작정했다면 다른 소프트웨어 벤더가 개발한 기존 오퍼레이터(대부분 operatorhub.io[7]에 있다)를 활용하는 것이 바람직하다. 오퍼레이터 패턴은 아주 강력한 툴이 될 수 있지만, 이 툴로 해결 가능한 수준 이상으로 더 많은 문제가 생기지 않도록

---

6 옮긴이_ https://codilime.com/blog/day-0-day-1-day-2-the-software-lifecycle-in-the-cloud-age
7 https://oreil.ly/wMLSA

주의하자. 그러나 이 모든 경고에도 불구하고 쿠버네티스 기반의 대규모 애플리케이션 플랫폼을 구축하는 경우, 오퍼레이터 패턴은 관리자의 수고를 줄일 수 있는 핵심 요소가 될 것이다.

맺음말

쿠버네티스의 주된 강점은 모듈성modularity과 범용성generality이다. 쿠버네티스에는 어떤 종류의 애플리케이션을 개발하든지 거의 다 잘 맞고, 시스템에 어떤 종류의 조정이나 튜닝이 필요해도 대부분 가능하다. 정말 멋지지 않은가?

물론, 이러한 모듈성과 범용성은 공짜가 아니다. 합리적인 수준의 복잡성을 지불하고 받은 대가다. 애플리케이션의 개발, 관리, 배포 작업을 더 쉽고 안정적으로 수행하기 위해 쿠버네티스의 강력함을 십분 활용하려면 쿠버네티스 API와 컴포넌트의 작동 원리를 정확히 이해하는 것이 중요하다.

또 실제 환경에서 온프레미스 데이터베이스, 지속적 배포(CD) 시스템처럼 다양한 외부 시스템과 쿠버네티스를 연결하는 방법을 정확히 모르면 쿠버네티스를 효과적으로 사용하기 어렵다.

우리 필자들은 이 책을 쓰는 내내, 여러분이 쿠버네티스 초심자든, 숙련된 관리자든 현장에서 맞닥뜨리게 될 개별 주제에 관하여 우리가 실제로 경험하며 얻은 인사이트를 전달하고자 노력했다. 독자 중에는 전문가가 되려고 노력하는 과정에서 새로운 문제에 봉착한 이들도 있을 것이고, 그냥 다른 사람들이 익숙한 문제를 어떻게 해결했는지 알고 싶은 사람도 있을 것이다. 어쨌거나 우리의 목표는 여러분이 이 책의 각 장을 읽으며 우리가 한 경험을 자연스럽게 체득하는 것이다. 앞으로도 기나긴 쿠버네티스 여정 내내 이 책을 곁에 두고 실무에서 바로바로 참고하면서 모범 사례를 활용하기 바란다.

우리가 실제로 고생하며 깨달은 모범 사례를 잘 따르기만 해도 여러분은 뻔한 함정에 빠지지 않고 잘 피해 가면서, 그러면서도 성능과 보안까지 최적화하면서 자신감을 갖고 쿠버네티스를 최대한 활용할 수 있을 것이다. 감사드린다. 언젠가 여러분과 함께 일할 기회가 있길 고대한다!

INDEX

ABAC 359
Admission Plugin 203
AppArmor 389
automatic geo-relication 163
baseline 240
Blue/Green deployment 135
Brendan Gregg 79

cAdvisor 82
Canary deployment 136
canary region 171
CD 구축 144
Chaos engineering 138
CI 구축 140
closed-box monitoring 78
ClusterIP 214
Container Storage Interface 40, 337
control plane 81
CRI containerd 245
cri-o 245
CSI 40, 337

dark release 137
Datadog 96
declarative approach 27
default 192
developer workflow 58
Docker daemon 95
docker-registry 108

Elastic Stack 96

etcd 액세스 385
feature flag 135
FlexVolume 337
GCP 스택드라이버 87
generality 447
generic 107
Gremlin 145
gVisor 245

Helm chart 26
horizontal-pod-autoscaler-downscale-delay 201
horizontal-pod-autoscaler-sync-period 200
horizontal-pod-autoscaler-upscale-delay 200
imperative approach 27
InfluxDB 86
Ingress 221
Ingress Controller 221
journal 26

Key Management System 40
KMS 40
Kubeflow 312
KubeMonkey 146
Kubenet 210
kube-public 192
kube-state-metrics 83
kube-system 192

LaaS 70
latency 78
liveness probe 101

LoadBalancer 218
Logging as a Service 70
Loki 96

maxUnavailable 191
Message Passing Interface 312
minAvailable 190
modularity 447
MPI 312

NCCL 312
node component 81
NodeCondition 184
NodePort 216
nodeSelector 182
NoExecute 184
NoSchedule 184
NVIDIA Collective Communications Library 312

OCM 278
open-box monitoring 79
Operator Capability Levels 441

Pachyderm 313
PersistentVolume 43
PodDisruptionBudgets 190
Pod Security Admission 238
PodSecurityPolicy 238
Polyaxon 313
PowerfulSeal 145
predicate 178

PreferNoSchedule 184
privileged 239
progressive exposure control 167
progressive rollout 167
push to deploy 323

RBAC 61, 118, 362
Recommender 202
RED 방법론 80
ReplicaSet 31
resiliency 138
resource limit 187
restricted 240
role 120
Role-Based Access Control 61
Rolebinding 121
rule 120
RuntimeClass 238

SaaS 43
scalability 138
scoring algorithm 178
Seccomp 389
Secure Socket Layer 26
selector-less 283
SELinux 389
Service-Level Objective 101
SLO 101
Software as a Service 43
SSL 26
staged rollout 31
stateless 30
static file server 26

찾아보기 **449**

INDEX

subject 120
Sumo Logic 97
synthetic testing 167
Sysdig 97

taint-based eviction 185
TCP 34
tls 108
TLS 386
Tom Wilkie 80
Transmission Control Protocol 34

UDP 34
Updater 203
USE 방법론 79
USE method 79
User Datagram Protocol 34
versioning 31

가드너 278
가점 알고리즘 178
개발 59
개발자 워크플로 58
개방형 모니터링 79
게이트웨이 API 223
게이트키 251
규칙 120
그라파나 97
글로벌 롤아웃 166
글로벌 분산 162
기능 플래그 135
깃옵스 367

넌루트 393
네트워크 보안 정책 226
노드셀렉터 182
노드 컴포넌트 81
다크 릴리스 137
단계적 롤아웃 31
데이터독 86, 96
데이터셋 준비 300
도커 데몬 95
디버깅 74
디플로이먼트 29

라이브니스 프로브 101
랜처 278
런타임클래스 238
레이턴시 78, 80
레플리카셋 31
로그 78
로깅 103
로드 테스팅 404
로키 96, 97
롤 120
롤링 업데이트 132
롤바인딩 121
롤아웃 152
리밋레인지 195
리소스 리밋 187
리소스쿼터 193
릴리스 151

머신러닝 워크플로 300
멀티클러스터 266

메트릭 78
메트릭 서버 82
명령형 방식 27
모니터링 103
모델 개발 300
모듈성 447
무배포 컨테이너 393

배포 파라미터화 165
버저닝 31, 150
범용성 447
보안 소켓 레이어 26
보편성 299
복합 테스팅 167
볼륨 331
볼륨 마운트 331
분산 훈련 307
브렌던 그레그 79
블루/그린 배포 132

서비스 메시 232
선언형 방식 27
셀렉터리스 서비스 283
셀프 서비스 299
수동 스케일링 197
수모 로직 97
스모크 테스트 128
스케일링 299
스태틱 파일 서버 26
스택드라이버 97
스테이트리스 30
스토리지 310
스토리지클래스 336

스펙 257
시스딕 86, 97
시크릿 107
시크릿 인증 38

아르고CD 379
아마존 클라우드워치 97
알림 104
애저 모니터 97
애플리케이션 로드 테스팅 407
어드미션 웹훅 351
어드미션 컨트롤 348
어드미션 컨트롤러 349
에러 80
역할 기반 액세스 제어 61
오퍼레이터 라이프 사이클 441
오퍼레이터 역량 수준 441
온보딩 58
웹훅 362
유저 온보딩 62
이미지 분산 배포 163
이식성 299
인가 358, 385
인가 모듈 359
인그레스 221
인그레스 컨트롤러 221
인증 385
일래스틱 스택 96

자동 지리 복제 163
저널 26
점진적 롤아웃 167
점진적 표출 제어 167

INDEX

제공 301
주체 120
지속적 배포 131
최대 불용 파드 수 191
최소 가용 파드 수 190

카나리 리전 171
카나리 배포 132
카오스 엔지니어링 138
카오스 테스팅 398
카오스 툴킷 146
카타 컨테이너 246
컨테이너 빌드 129
컨테이너 이미지 태깅 130
컨트롤 플레인 81
컨피그맵 36, 106
코드프레시 380
쿠버네티스 메타데이터 257
쿠버네티스 스케줄러 178
클라우드 프로바이더 서비스 97
클라우드 프로바이더 툴 86
클러스터 구축 60
클러스터 보안 384
클러스터 스케일링 197
클러스터 오토스케일링 198

ㅌ

테스팅 59, 74
테인트 기반 축출 185
톰 윌키 80
트래픽 80

ㅍ

파드 시큐리티 어드미션 238

파드시큐리티폴리시 238
파이어크래커 245
퍼시스턴트볼륨 43, 333
퍼시스턴트볼륨클레임 334
퍼즈 테스팅 403
페더레이션 279
폐쇄형 모니터링 78
포화도 81
푸시-투-디플로이 323
프레디킷 178
프로덕션 테스팅 138
프로메테우스 85
프롬테일 97
플럭스 375, 379
플렉스볼륨 337

ㅎ

하네스 380
헬름 차트 26
확장성 138, 299
활성 프로브 101
회복 탄력성 138
훈련 300